Gruber | Neumann

Erfolg im Mathe-Abi 2023

Übungsbuch für den Pflichtteil
im Leistungsfach Mathematik
Baden-Württemberg
mit Tipps und Lösungen

Helmut Gruber, geb. 1968, studierte Mathematik und Physik in Konstanz und Freiburg und ist seit 1995 Mathematiklehrer in der Oberstufe.

Robert Neumann, geb. 1970, studierte Mathematik und Physik in Freiburg und unterrichtet Mathematik in der Oberstufe seit 1999.

Books for Future®
umweltfreundliche Bücher aus Wertstoffkreisläufen
49/001/003/22
www.books-for-future.de

Dieses Label bürgt für Umweltschutz im Buchprodukt
Papier aus nachhaltiger Forstwirtschaft,
schadstofffreie Druckfarben, schadstofffreier Schutzlack, schadstofffreier Buchleim
Kunststoffreduzierung in und um das Buchprodukt, komplett recyclingfähig.

©2022 Freiburger Verlag GmbH, Freiburg im Breisgau
21. Auflage. Alle Rechte vorbehalten
Printed in EU
www.freiburger-verlag.de

Inhaltsverzeichnis

Analysis

1 Ableiten   **8**
    1.1   Potenzfunktionen mit natürlichen Exponenten 9
    1.2   Potenzfunktionen mit negativen Exponenten 9
    1.3   Wurzelfunktionen 9
    1.4   Exponentialfunktionen 9
    1.5   Logarithmusfunktionen 9
    1.6   Trigonometrische Funktionen 10
    1.7   Vermischte Aufgaben 10

2 Stammfunktionen und Integrale   **11**
    2.1   Stammfunktionen 11
    2.2   Integrale 12
    2.3   Integralgleichungen 13
    2.4   Flächeninhalt zwischen zwei Kurven 13
    2.5   Integrale interpretieren 14
    2.6   Rekonstruierter Bestand 15
    2.7   Rotationskörper 16
    2.8   Ins Unendliche reichende Flächen 16

3 Gleichungen   **17**
    3.1   Potenzgleichungen 17
    3.2   Potenzgleichungen mit Parameter 18
    3.3   Exponentialgleichungen 18
    3.4   Bruchgleichungen 19
    3.5   Trigonometrische Gleichungen 20
    3.6   Wurzelgleichungen 21
    3.7   Betragsgleichungen 21
    3.8   Ungleichungen 22

4 Funktionen und Graphen — 23

- 4.1 Von der Gleichung zur Kurve 23
- 4.2 Aufstellen von Funktionen mit Randbedingungen 25
- 4.3 Von der Kurve zur Gleichung 28
- 4.4 Graphen von f, f' und F 31
- 4.5 Kurvendiskussion 37
- 4.6 Extremwertaufgaben 42
- 4.7 Verständnis von Zusammenhängen 43
- 4.8 Umkehrfunktionen 44

Geometrie

5 Punkte, Geraden und Ebenen — 46

- 5.1 Rechnen mit Vektoren 46
- 5.2 Geraden 48
- 5.3 Ebenen 50
- 5.4 Gegenseitige Lage von Geraden und Ebenen 54
- 5.5 Gegenseitige Lage von Ebenen 55

6 Abstände, Winkel und Spiegelungen — 58

- 6.1 Abstandsberechnungen 58
- 6.2 Winkelberechnungen 60
- 6.3 Spiegelungen 62
- 6.4 Verständnis von Zusammenhängen 63
- 6.5 Flächen- und Volumenberechnungen 63

Stochastik

7 Baumdiagramme und Vierfeldertafeln — 65

- 7.1 Ziehen mit Zurücklegen 65
- 7.2 Ziehen ohne Zurücklegen 67
- 7.3 Vierfeldertafeln 70

8 Kombinatorik — 73

- 8.1 Geordnete Stichproben mit Zurücklegen — 74
- 8.2 Geordnete Stichproben ohne Zurücklegen — 75
- 8.3 Ungeordnete Stichproben ohne Zurücklegen — 76
- 8.4 Vermischte Aufgaben — 77

9 Wahrscheinlichkeitsverteilungen — 78

- 9.1 Binomialverteilung — 78
- 9.2 Erwartungswert und Standardabweichung — 82
- 9.3 Normalverteilung — 86

Tipps — 89

Lösungen — 127

Abituraufgaben — 270

Pflichtteil 2020 — 270

Pflichtteil 2021 – Aufgabensatz 1 — 279

Pflichtteil 2021 – Aufgabensatz 2 — 290

Pflichtteil 2022 – Aufgabensatz 1 — 320

Pflichtteil 2022 – Aufgabensatz 2 — 309

Stichwortverzeichnis — 319

Vorwort

Erfolg von Anfang an

...ist das Geheimnis eines guten Abiturs.

Das vorliegende Übungsbuch ist speziell auf die grundlegenden Anforderungen des Pflichtteils (hilfsmittelfreier Teil: HMF) des Mathematik-Abiturs im Leistungsfach ab 2023 in Baden-Württemberg abgestimmt. Es umfasst die drei großen Themenbereiche Analysis, Geometrie und Stochastik sowie angepasste und erweiterte Abituraufgaben seit 2020 in einem Buch. Seit 2023 ist die Struktur des hilfsmittelfreien Teils geändert: Es sind insgesamt maximal 15 Verrechnungspunkte (VP) zu erreichen, davon 7,5-10 VP in Analysis (3-4 Aufgaben a 2,5 VP), 2,5-5 VP in Geometrie (1-2 Aufgaben a 2,5 VP) und 2,5-5 VP in Stochastik (1-2 Aufgaben a 2,5 VP). *Daher haben wir Original-Prüfungsaufgaben teilweise gekürzt oder erweitert und an die neuen Bestimmungen angepasst.* Somit erhalten Sie die bestmögliche Vorbereitung auf die Abiturprüfung.

Der Pflichtteil (HMF) besteht aus mehreren kleinen Aufgaben, die ohne Taschenrechner und ohne Formelsammlung zu lösen sind. Genau hierfür wurde das vorliegende Buch konzipiert: Es fördert das Grundwissen und die Grundkompetenzen in Mathematik, vom einfachen Rechnen und Formelanwenden bis hin zum Verstehen von gedanklichen Zusammenhängen. Das Übungsbuch ist eine Hilfe zum Selbstlernen (learning by doing) und bietet die Möglichkeit, sich intensiv auf die Prüfung vorzubereiten und gezielt Themen zu vertiefen. Hat man Erfolg bei den grundlegenden Aufgaben, machen Mathematik und das Lernen mehr Spaß.

Unter www.freiburger-verlag.de erhalten Sie **weitere Aufgaben** kostenfrei als pdf zum Download.

Der blaue Tippteil

Hat man keine Idee, wie man eine Aufgabe angehen soll, hilft der blaue Tippteil zwischen Aufgaben und Lösungen weiter: Zu jeder Aufgabe gibt es dort Tipps, die helfen, einen Ansatz zu finden, ohne die Lösung vorwegzunehmen.

Die Kontrollkästchen

Damit Sie immer den Überblick behalten können, welche Aufgaben Sie schon bearbeitet haben, befindet sich neben jedem Aufgabentitel ein Kontrollkästchen zum Abhaken.

Wie arbeiten Sie mit diesem Buch?

Am Anfang jedes Kapitels finden Sie eine kurze Übersicht über die jeweiligen Themen. Die einzelnen Kapitel bauen zwar aufeinander auf, doch ist es nicht zwingend notwendig, das Buch der Reihe nach durchzuarbeiten. Die Aufgaben sind in der Regel in ihrer Schwierigkeit gestaffelt. Von fast jeder Aufgabe gibt es mehrere Variationen zum Vertiefen.

Der Aufbau des Mathematik-Abiturs

- Die gesamte Prüfungszeit beträgt 270 Minuten (4,5 Zeitstunden).
- Die Schülerinnen und Schüler erhalten zu Beginn der Prüfung alle Aufgaben (den Pflichtteil (HMF) und den vom Lehrer ausgesuchten Wahlteil Analysis, Geometrie und Stochastik). Sie erhalten zu diesem Zeitpunkt noch keine Hilfsmittel.
- Die Schülerinnen und Schüler bearbeiten zuerst den Pflichtteil (HMF). Nach dessen Abgabe erhalten sie die Hilfsmittel (Taschenrechner, Merkhilfe) für den Wahlteil.

Insgesamt können maximal 60 Verrechnungspunkte in der Prüfung erzielt werden, davon 15 VP im Pflichtteil (HMF) und 45 VP im Wahlteil. Aus den Verrechnungspunkten ergeben sich folgende Notenpunkte:

Verrechnungspunkte	Notenpunkte	Note
0 - 11	0	ungenügend
12 - 15	1	
16 - 19	2	mangelhaft
20 - 23	3	
24 - 26	4	
27 - 29	5	ausreichend
30 - 32	6	
33 - 35	7	
36 - 38	8	befriedigend
39 - 41	9	
42 - 44	10	
45 - 47	11	gut
48 - 50	12	
51 - 53	13	
54 - 56	14	sehr gut
57 - 60	15	

Allen Schülerinnen und Schülern, die sich auf das Abitur vorbereiten, wünschen wir viel Erfolg.

Helmut Gruber, Robert Neumann

Analysis

1 Ableiten

Tipps ab Seite 89, Lösungen ab Seite 127

```
Potenzregel                                      Potenzfunktionen
Summenregel                                      e-Funktionen
            Ableitungsregeln    spezielle Funktionen
Faktorregel                                      sin-Funktionen
                      Ableiten
Kettenregel                                      cos-Funktionen
Produktregel                                     Tangentensteigung
                          Bedeutung
                                                 Momentane
Grafisch Ableiten                                Änderungsrate
```

Name	$f(x)$	$f'(x)$	Bemerkungen
Potenzregel	$a \cdot x^r$	$r \cdot a \cdot x^{r-1}$	Gilt auch für negative und gebrochene Exponenten
Summenregel	$g(x) + h(x)$	$g'(x) + h'(x)$	Terme einzeln ableiten
Faktorregel	$a \cdot g(x)$	$a \cdot g'(x)$	Ein Faktor a bleibt erhalten
Kettenregel	$u(v(x))$	$u'(v(x)) \cdot v'(x)$	«äußere Ableitung mal innere Ableitung»
Produktregel	$u(x) \cdot v(x)$	$u'(x) \cdot v(x) + u(x) \cdot v'(x)$	«u-Strich mal v plus u mal v-Strich»
e-Funktion	e^x	e^x	Ableitung $=$ Funktion
Sinusfunktion	$\sin(x)$	$\cos(x)$	
Kosinusfunktion	$\cos(x)$	$-\sin(x)$	
Logarithmusfunktion	$\ln(x)$	$\frac{1}{x}$	$x > 0$
Wurzelfunktion	$\sqrt{x} = x^{\frac{1}{2}}$	$\frac{1}{2} \cdot x^{-\frac{1}{2}} = \frac{1}{2 \cdot x^{\frac{1}{2}}} = \frac{1}{2\sqrt{x}}$	Umschreiben der Wurzelfunktion.

1.1 Potenzfunktionen mit natürlichen Exponenten

Leiten Sie alle angegebenen Funktionen einmal ab:

a) $f(x) = 4x^5 - 2x^3$ b) $f(x) = 2x^3 - 6x^2$ c) $f(x) = x^4 - 3x^2 + 4$

d) $f(x) = (4x+1)^3$ e) $f(x) = 5 \cdot (2x^2+1)^4$ f) $f(x) = 2 \cdot (3x^2+x)^3$

g) $f(x) = x^3 \cdot (3x+2)$ h) $f(x) = x^3 \cdot (2x+1)^4$ i) $f(x) = 2x^3 \cdot (3x^2+x)^3$

j) $f_a(x) = ax^3 + 2ax^2 + a^2$ k) $f_t(x) = t^2 x^3 - 4tx + 2t$ l) $f_t(x) = (3tx^2 + t^2 x)^3$

1.2 Potenzfunktionen mit negativen Exponenten

Leiten Sie alle angegebenen Funktionen einmal ab:

a) $f(x) = \frac{2}{x^2}$ b) $f(x) = 4 - \frac{2}{x}$ c) $f(x) = 2x + \frac{2}{x^3}$ d) $f(x) = \frac{2}{3x-4}$

e) $f(x) = \frac{2}{3x^2-4}$ f) $f(x) = \frac{4}{(2x+1)^2}$ g) $f(x) = 3x^2 - \frac{5}{(3x-1)^3}$ h) $f(x) = \frac{3}{(2x^2+3)^4}$

i) $f_a(x) = \frac{2a}{x^2-a}$ j) $f_t(x) = \frac{4t}{(2x+t)^2}$ k) $f_a(x) = 3ax^2 - \frac{a}{x^2}$

1.3 Wurzelfunktionen

Leiten Sie alle angegebenen Funktionen einmal ab:

a) $f(x) = \sqrt{x^2+4}$ b) $f(x) = \sqrt{4x^2-2x}$ c) $f(x) = 6 \cdot \sqrt[3]{2x-3}$

d) $f(x) = 2x \cdot \sqrt{x^2+1}$ e) $f_a(x) = 2 \cdot \sqrt{ax^2+1}$

1.4 Exponentialfunktionen

Leiten Sie alle angegebenen Funktionen einmal ab:

a) $f(x) = 3x^2 \cdot e^{-4x}$ b) $f(x) = \frac{1}{2}x^3 \cdot e^{2x}$ c) $f(x) = (2x+5) \cdot e^{-x}$

d) $f(x) = (3x^2-4) \cdot e^{-2x}$ e) $f(x) = (4x+e^{-x})^2$ f) $f(x) = (e^x + e^{-x})^3$

g) $f_a(x) = x^2 \cdot e^{-ax}$ h) $f_t(x) = (2tx + e^{-tx})^2$ i) $f_a(x) = a^2 \cdot (1 - e^{ax})^3$

1.5 Logarithmusfunktionen

Leiten Sie alle angegebenen Funktionen einmal ab:

a) $f(x) = 4 \cdot \ln(2x-3)$ b) $f(x) = 3 \cdot \ln(x^2+3)$ c) $f(x) = 2 \cdot \ln\left(\frac{1}{2} \cdot x^2 + x\right)$

d) $f(x) = 3x \cdot \ln(2x+3)$ e) $f(x) = 2x \cdot \ln(x^2+3)$ f) $f_a(x) = 3 \cdot \ln(ax+3)$

g) $f_a(x) = 2a \cdot \ln(ax^2+3)$ h) $f_t(x) = t^2 \cdot \ln(tx^2+2t)$

1.6 Trigonometrische Funktionen

Leiten Sie alle angegebenen Funktionen einmal ab:

a) $f(x) = \frac{1}{6} \cdot \sin(3x^2)$
b) $f(x) = \frac{1}{2} \cdot \cos(2x^3)$
c) $f(x) = 2x \cdot \cos\left(\frac{1}{2}x^2 + 4\right)$

d) $f(x) = x^2 \cdot \sin(4x+3)$
e) $f(x) = x^2 \cdot \cos\left(\frac{1}{2}x - 1\right)$
f) $f(x) = (x + \cos(x))^3$

g) $f_a(x) = a^2 \cdot \sin(ax)$
h) $f_t(x) = tx^2 \cdot \cos(t^2 x)$
i) $f_a(x) = ax \cdot \sin(ax)$

1.7 Vermischte Aufgaben

Leiten Sie alle angegebenen Funktionen einmal ab:

a) $f(x) = e^{3x} \cdot \sin(2x)$
b) $f(x) = \sqrt{e^{4x}+1}$
c) $f(x) = \frac{x^2}{e^{2x}}$

d) $f(x) = 4x^2 \cdot \sin(e^{2x})$
e) $f(x) = \frac{2x+3}{e^{2x}}$
f) $f(x) = 2x \cdot \frac{1}{2x+3}$

g) $f(x) = e^x \cdot (4-2x)^3$
h) $f(x) = \frac{\sin(x^2)}{e^{2x}}$
i) $f_a(x) = \frac{ax^2}{e^{ax}}$

2 Stammfunktionen und Integrale

Tipps ab Seite 91, Lösungen ab Seite 131

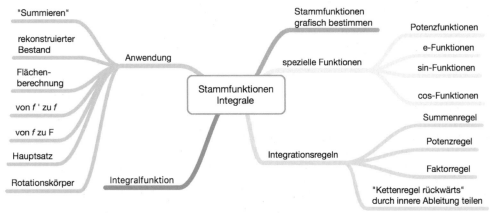

Für eine Stammfunktion F einer Funktion f gilt: $F'(x) = f(x)$.
Das Bilden einer Stammfunktion kann man daher als die Umkehrung des Ableitens bezeichnen. Die Stammfunktion ist nur bis auf die Konstante c bestimmt, da diese beim Ableiten wieder wegfällt. Folgende Stammfunktionen werden häufig benötigt:

$f(x)$	$F(x)$	$f(x)$	$F(x)$
$x^r;\ r \neq -1$	$\frac{1}{r+1} \cdot x^{r+1} + c$	$a \cdot x^r;\ r \neq -1$	$\frac{1}{r+1} \cdot a \cdot x^{r+1} + c$
e^x	$e^x + c$	$a \cdot e^{k \cdot x + b}$	$\frac{a}{k} \cdot e^{k \cdot x + b} + c$
$\frac{1}{x}$	$\ln|x| + c$	$\frac{a}{k \cdot x + b}$	$\frac{a}{k} \ln|k \cdot x + b| + c$
$\sin(x)$	$-\cos(x) + c$	$a \cdot \sin(k \cdot x + b)$	$-\frac{a}{k} \cdot \cos(k \cdot x + b) + c$
$\cos(x)$	$\sin(x) + c$	$a \cdot \cos(k \cdot x + b)$	$\frac{a}{k} \cdot \sin(k \cdot x + b) + c$
$a \cdot (kx + b)^n$	$a \cdot \frac{\frac{1}{n+1}(kx+b)^{n+1}}{k} + c$		

2.1 Stammfunktionen

Geben Sie je eine Stammfunktion für alle folgenden Funktionen an.

2.1.1 Potenzfunktionen mit natürlichen Exponenten

a) $f(x) = 2x^3 - \frac{4}{3}x^2 + 2$ b) $f(x) = 10x^4 + 2x^3 - x$ c) $f(x) = 3x^3 - 4x$
d) $f(x) = 6(3x - 1)^3$ e) $f(x) = -12(2x - 3)^2$ f) $f(x) = 5(3x - 4)^4$

2.1.2 Potenzfunktionen mit negativen Exponenten

a) $f(x) = 3x^{-2} + 4x^2$ 　　b) $f(x) = -\frac{4}{x^3} + 2x^3$ 　　c) $f(x) = \frac{3}{x^4} - 6x^2$

d) $f(x) = \frac{4}{(2x-3)^2}$ 　　e) $f(x) = \frac{12}{(4x-2)^4}$ 　　f) $f(x) = \frac{3}{2x}$

g) $f(x) = \frac{6}{x-2}$ 　　h) $f(x) = \frac{4}{2x-1}$

2.1.3 Wurzelfunktionen

a) $f(x) = 2 \cdot \sqrt{2x+1}$ 　　b) $f(x) = \frac{3}{\sqrt{6x+1}}$ 　　c) $f(x) = \frac{4}{\sqrt[3]{2x+1}}$

2.1.4 Exponentialfunktionen

a) $f(x) = 3e^{2x}$ 　　b) $f(x) = 4e^{-x}$ 　　c) $f(x) = 3 \cdot e^{-3x} + x^3$

d) $f(x) = 6 \cdot e^{3x+2}$ 　　e) $f(x) = 2(x^2 - 6e^{3x})$ 　　f) $f(x) = 2 \cdot e^{-2x} + \frac{1}{x^2}$

2.1.5 Trigonometrische Funktionen

a) $f(x) = 3 \cdot \cos(2x+1)$ 　　b) $f(x) = 4 \cdot \sin(-3x+2)$ 　　c) $f(x) = \frac{2}{3} \cdot \cos(\pi x)$

d) $f(x) = 4 \cdot \cos(4x+4)$ 　　e) $f(x) = 3 \cdot \sin(3x-9)$

2.1.6 Bestimmte Stammfunktionen

a) Bestimmen Sie zu $f(x) = 8x + 3e^{-x}$ diejenige Stammfunktion, deren Graph durch den Punkt $P(0 \mid 5)$ geht.

b) Bestimmen Sie zu $f(x) = \frac{1}{2} \cdot \cos(2x)$ diejenige Stammfunktion, deren Graph durch den Punkt $R\left(\frac{\pi}{4} \mid 1\right)$ geht.

2.2 Integrale

Tipps ab Seite 92, Lösungen ab Seite 133

Berechnen Sie folgende Integrale:

a) $\int_1^2 (4x + 3x^2)\,dx$ 　　b) $\int_{-1}^0 (1 + e^{-x})\,dx$ 　　c) $\int_1^4 \left(x + \frac{1}{\sqrt{x}}\right)dx$

d) $\int_0^1 \left(2 - \frac{1}{\sqrt[3]{x}}\right)dx$ 　　e) $\int_1^2 \left(1 + \frac{3}{x^2}\right)dx$ 　　f) $\int_2^3 \frac{1}{x+2}\,dx$

g) $\int_2^3 \frac{4}{2x+3}\,dx$ 　　h) $\int_0^1 (2x+1)^3\,dx$ 　　i) $\int_0^3 \frac{4}{(x+1)^2}\,dx$

j) $\int_0^{\frac{\pi}{6}} (6 \cdot \cos(3x))\,dx$ 　　k) $\int_0^2 (2x - 2e^{-2x})\,dx$ 　　l) $\int_0^{\frac{\pi}{2}} (4 \cdot \sin(2x))\,dx$

2.3 Integralgleichungen

a) Bestimmen Sie $u > 0$ so, dass gilt: $\int_0^u \frac{1}{2}x^2 \, dx = \frac{9}{2}$.

b) Bestimmen Sie $u > 0$ so, dass gilt: $\int_1^u x^4 \, dx = \frac{31}{5}$.

c) Bestimmen Sie $u > 0$ so, dass gilt: $\int_0^u 2e^x \, dx = 1$.

2.4 Flächeninhalt zwischen zwei Kurven

Um den Flächeninhalt zwischen zwei Kurven zu bestimmen, berechnet man das Integral der Differenz der Funktionen über dem Intervall der beiden Schnittstellen. Dabei gilt «obere Kurve minus untere Kurve»:

$$A = \int_{x_1}^{x_2} (f(x) - g(x)) \, dx$$

Sind die Schnittstellen x_1 und x_2 nicht bekannt, müssen diese zuerst bestimmt werden.

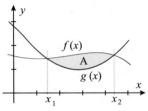

Berechnen Sie jeweils den Flächeninhalt zwischen den zwei Kurven:

a) $f(x) = x + 1$
   $g(x) = x^2 + 1$

b) $f(x) = 4 - x^2$
   $g(x) = x^2 - 4$

c) $f(x) = 2 \cdot \sin(x)$
   $g(x) = -\sin(x)$
   $x \in [0; \pi]$

d) $f(x) = e^x$
   $g(x) = 2x$
   $x \in [0; 1]$

Tipp: Machen Sie sich eine Skizze der Graphen.

e) Gegeben sind die Gerade g mit der Gleichung $y = 2$ und die Funktion f mit $f(x) = \frac{1}{2}x^2$.
   Berechnen Sie den Flächeninhalt der schraffierten Fläche.

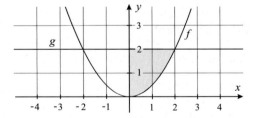

f) Gegeben sind die Gerade g mit der Gleichung $y = 3$ und die Funktion f mit $f(x) = x^2 - 1$.
   Berechnen Sie den Flächeninhalt der schraffierten Fläche.

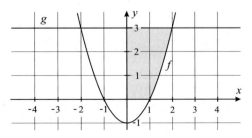

g) Gegeben ist der Graph der Funktion f mit $f(x) = \sqrt{3x+9}$.
Berechnen Sie den Flächeninhalt der schraffierten Fläche.

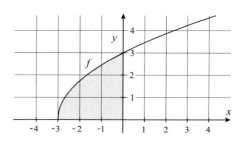

2.5 Integrale interpretieren

Tipps ab Seite 93, Lösungen ab Seite 137

a) Es gilt: $\int_{-\frac{\pi}{2}}^{\frac{\pi}{2}} \cos(x)\,dx = 2$.
Bestimmen Sie ohne Rechnung folgende Integrale und geben Sie eine kurze Begründung für Ihre Antwort an.

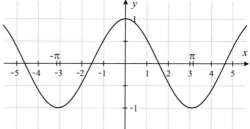

I) $\int_{0}^{\frac{\pi}{2}} \cos(x)\,dx$ \quad II) $\int_{0}^{\frac{\pi}{2}} 2 \cdot \cos(x)\,dx$ \quad III) $\int_{0}^{\pi} \cos(x)\,dx$

b) Gegeben ist der Graph einer Funktion f. Begründen Sie anhand der Abbildung, dass gilt:
$$\int_{0}^{2} f(x)\,dx \approx 5$$

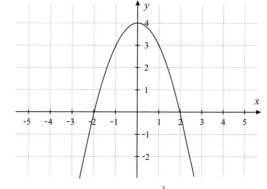

c) Erläutern Sie anhand einer Skizze, ob der Wert des Integrals $\int_{0}^{\frac{3}{2}\pi} \sin(x)\,dx$ größer, kleiner oder gleich Null ist.

d) Gegeben ist der Graph der Funktion $f(x) = e^x$.
Begründen Sie ohne Rechnung, dass gilt:
$$\int_{-1}^{0} e^x\,dx < \int_{0}^{1} e^x\,dx$$

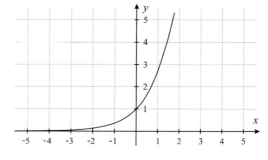

2.6 Rekonstruierter Bestand

Tipps ab Seite 94, Lösungen ab Seite 139

a) Die Produktionskosten eines Werkstücks in Abhängigkeit von der produzierten Stückzahl werden durch die Funktion P mit $P(x) = \frac{20}{(x+2)^2} + 4$; $x \geq 0$ beschrieben.
(x: Stückzahl, $P(x)$: Herstellungskosten des x-ten Werkstücks in Euro).
Erläutern Sie, was durch das Integral $\int_0^{50} \left(\frac{20}{(x+2)^2} + 4 \right) dx$ berechnet wird.

b) Die wöchentlichen Verkaufszahlen von Zahnpasta in einem Supermarkt werden durch die Funktion $f(t)$ beschrieben.
Dabei ist t die Anzahl der Wochen ab dem 1. Januar eines Jahres.
Erläutern Sie die Bedeutung des Integrals $\int_0^{52} f(t) dt$.

c) Die momentane Änderungsrate des Wasservolumens in einem Wassertank wird modellhaft beschrieben durch die Funktion f mit $f(t) = (t^2 - 15t + 44) \cdot e^{0,2t}$ (t in Tagen, $f(t)$ in Liter pro Tag).
Erläutern Sie die Bedeutung der Rechnung $\int_0^{12} \left((t^2 - 15t + 44) \cdot e^{0,2t} \right) dt \approx -128,5$ im Sachzusammenhang.

d) Die Niederschlagsrate während eines etwa 8-tägigen Dauerregens wird modellhaft beschrieben durch die Funktion f mit $f(t) = 25 - 0,02 \cdot e^t$ (t in Tagen seit Beginn des Regens und $f(t)$ in Liter pro m² und Tag).

   I) Bestimmen Sie einen Rechenausdruck für die Wassermenge, die insgesamt pro Quadratmeter Fläche des betroffenen Gebietes niederging.

   II) Erläutern Sie die Bedeutung des Integrals $\int_3^5 f(t) dt$.

e) Die momentane Zuwachsrate von Bakterien wird modellhaft beschrieben durch die Funktion $f(t) = 300 \cdot e^{0,02 \cdot t}$ (t in Tagen, $f(t)$ in Anzahl der Bakterien pro Tag). Zu Beginn gibt es 500 Bakterien.

   I) Erläutern Sie die Bedeutung des Integrals $\int_0^{30} \left(300 \cdot e^{0,02 \cdot t} \right) dt$.

   II) Geben Sie einen Rechenausdruck an, mit dem man die Anzahl der Bakterien nach 15 Tagen berechnen kann.

f) Der Zu- und Abfluss eines Wasserbeckens kann durch die Funktion f mit $f(t) = -0,5t + 3$ (t in Stunden, $f(t)$ in Liter pro Stunde) beschrieben werden. Am Anfang ist das Becken mit 10 Litern gefüllt.
Berechnen Sie, wieviel Wasser das Becken nach 9 Stunden enthält.

2.7 Rotationskörper

Tipps ab Seite 94, Lösungen ab Seite 141

Lässt man eine Kurve um die x-Achse rotieren, entsteht ein sogenannter «Rotationskörper». Die Formel zur Berechnung des Volumens V eines solchen Rotationskörpers ist

$$V_{rot} = \pi \cdot \int_{x_1}^{x_2} \left(f(x)\right)^2 dx$$

a) Der Graph der Funktion f mit $f(x) = \frac{1}{4}e^{2x}$ über dem Intervall $[0;1]$ rotiert um die x-Achse. Berechnen Sie das Volumen des Rotationskörpers.

b) Der Graph der Funktion f mit $f(x) = x^2 + 1$ über dem Intervall $[0;2]$ rotiert um die x-Achse. Berechnen Sie das Volumen des Rotationskörpers.

c) Der Graph der Funktion f mit $f(x) = \frac{2}{x}$ über dem Intervall $[1;2]$ rotiert um die x-Achse. Berechnen Sie das Volumen des Rotationskörpers.

d) Erläutern Sie anhand einer Skizze, was durch folgenden Term berechnet wird:

$$V = \pi \cdot \int_{2}^{4} (x+1)^2 dx$$

2.8 Ins Unendliche reichende Flächen

Tipps ab Seite 94, Lösungen ab Seite 141

Wenn Sie die Fläche unter einer Kurve berechnen wollen, die sich ins Unendliche erstreckt, können Sie dies nicht direkt durchführen. In diesem Fall berechnen Sie zuerst die Fläche bis zu einer Grenze z. Anschließend untersuchen Sie, ob es einen Grenzwert gibt, wenn z gegen Unendlich läuft. Dieser Grenzwert ist dann genau der Flächeninhalt.

a) Berechnen Sie die ins Unendliche reichende Fläche im 1. Quadranten zwischen der Kurve und den beiden Koordinatenachsen:

   I) $f(x) = e^{-x}$ II) $f(x) = e^{-3x+1}$ III) $f(x) = 2e^{-4x-2}$

b) Gegeben sei die Funktion f durch $f(x) = e - e^x$ mit $x \in \mathbb{R}$, ihr Graph sei G.

   I) Der Graph schließt mit der x- und der y-Achse eine Fläche ein. Berechnen Sie dessen Inhalt.

   II) Bestimmen Sie die waagerechte Asymptote von G.

   III) Die y-Achse, die waagerechte Asymptote und G schließen ein ins Unendliche reichendes Flächenstück ein. Berechnen Sie den Inhalt dieses Flächenstücks und prüfen Sie nach, ob dieses Flächenstück so groß ist wie das Flächenstück aus Aufgabe I.

3 Gleichungen

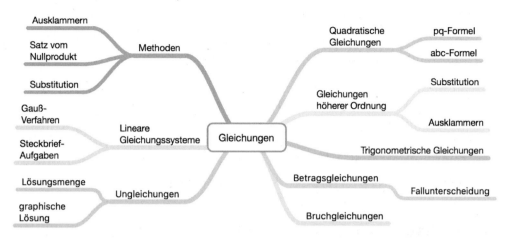

3.1 Potenzgleichungen

Tipps ab Seite 95, Lösungen ab Seite 143

Bei Gleichungen, in denen x als Quadrat oder höhere Potenz vorliegt, sollten Sie zuerst versuchen, x auszuklammern. Geht das nicht, z.B. weil ein absolutes Glied vorliegt, so hilft entweder die *pq-Formel* oder die *abc-Formel* (Mitternachtsformel) weiter. Sie sollten eine dieser beiden Formeln auswendig können.

Oft hilft der Satz vom *Nullprodukt*: «Ein Produkt ist genau dann gleich Null, wenn (mindestens) einer der Faktoren gleich Null ist.» Hierzu setzt man die einzelnen Faktoren gleich Null.

Beispiel:

Gesucht sind die Lösungen der Gleichung $x^3 - 5x^2 + 4x = 0$

Zuerst wird ausgeklammert: $x(x^2 - 5x + 4) = 0$. Also ist entweder $x_1 = 0$ oder $x^2 - 5x + 4 = 0$. Die Gleichung lässt sich mit der pq- bzw. der abc-Formel lösen. Man erhält $x_2 = 1$ und $x_3 = 4$. Die Lösungen der Ausgangsgleichung sind damit $x_1 = 0$, $x_2 = 1$ und $x_3 = 4$.

Aufgaben:

Lösen Sie folgende Gleichungen:

a) $x^2 + 3x - 4 = 0$
b) $x^2 + \frac{2}{5}x - \frac{3}{5} = 0$
c) $(x-1) \cdot (x-4)^2 = 0$
d) $x^2 \cdot (3x - 6) = 0$
e) $x^3 - 4x = 0$
f) $2x^4 - 3x^3 = 0$
g) $x^4 - 3x^3 + 2x^2 = 0$
h) $x^3 - 5x^2 + 6x = 0$
i) $x^4 - 4x^2 + 3 = 0$
j) $2x^4 - 5x^2 + 2 = 0$
k) $2x^3 - 5 = 15$
l) $3x^4 + 8 = 29$
m) $(1-x)^{10} = 0{,}3$

3.2 Potenzgleichungen mit Parameter

Beim Lösen von Gleichungen mit Parameter geht man genauso vor wie beim Lösen von Potenzgleichungen. Dabei ist zu beachten, dass Lösungen nur existieren, wenn nicht durch Null geteilt wird und unter der Wurzel keine negative Zahl steht. Die Anzahl der Lösungen hängt also vom Parameter ab.

Beispiel:
Bestimmen Sie die Anzahl der Lösungen der Gleichung $\frac{1}{2}x^2 - 6x + 2a = 0$ in Abhängigkeit vom Parameter a.

Zuerst wird die gegebene Gleichung mithilfe der abc-Formel gelöst:

$$x_{1,2} = \frac{-(-6) \pm \sqrt{(-6)^2 - 4 \cdot \frac{1}{2} \cdot 2a}}{2 \cdot \frac{1}{2}} = \frac{6 \pm \sqrt{36 - 4a}}{1}$$

Die Anzahl der Lösungen erhält man durch folgende Überlegungen:
Ist der Term unter der Wurzel negativ, gibt es keine Lösung, ist er Null, gibt es eine Lösung, ist er positiv, gibt es zwei Lösungen. Dies führt zu folgenden Fallunterscheidungen:
Keine Lösung für $36 - 4a < 0$ bzw. $9 < a$.
Eine Lösung für $36 - 4a = 0$ bzw. $a = 9$.
Zwei Lösungen für $36 - 4a > 0$ bzw. $9 > a$.

Aufgaben:
Bestimmen Sie die Anzahl der Lösungen in Abhängigkeit vom Parameter:

a) $x^2 + 4x + 2t = 0$ b) $3x^2 - 4x = 2a$ c) $x^2 - 3tx + \frac{9}{4} = 0$

d) $9x^2 - 3ux + 1 = 0$ e) $ax - 2x = 5$ f) $tx = 3x + 4$

g) $2x - 4tx = 8t$ h) $tx = 2t$

3.3 Exponentialgleichungen

Beim Lösen von Exponentialgleichungen gelten die gleichen Regeln, die oben schon erwähnt wurden. Zusätzlich ist zu beachten:

- Der Satz vom Nullprodukt hilft oft weiter, beachten Sie, dass $e^x \neq 0$ ist.
- Es gilt $e^{2x} = (e^x)^2$, sowie $e^0 = 1$ und $\ln(1) = 0$.
- Um eine Exponentialgleichung nach x aufzulösen, wird die Gleichung auf beiden Seiten «logarithmiert», da $\ln(e^z) = z$ ist. Beispiel:

$$e^{2x} = 3 \mid \ln$$
$$\ln(e^{2x}) = \ln(3)$$
$$2x = \ln(3)$$
$$x = \frac{\ln(3)}{2}$$

Aufgaben:

Lösen Sie folgende Gleichungen:

a) $3 \cdot e^{2x-1} = 9$ b) $e^{3x} - 3e^x = 0$ c) $e^{5x} = 4e^{2x}$

d) $(2x+4) \cdot (e^{2x} - 4) = 0$ e) $(2x^2 - 2) \cdot (e^{-x} - 2) = 0$ f) $e^{2x} - 6e^x + 5 = 0$

g) $e^{4x} - 5e^{2x} + 6 = 0$ h) $2e^x - 5e^{\frac{1}{2}x} + 2 = 0$ i) $e^x - 8e^{-x} = 2$

j) $3 \cdot 4^x = 9$ k) $2 \cdot 3^{4x} = 10$ l) $4 \cdot 2^{-3x} + 1 = 17$

3.4 Bruchgleichungen

Tipps ab Seite 96, Lösungen ab Seite 146

Beim Lösen von Bruchgleichungen multiplizieren Sie die Gleichung mit einer Potenz oder einem Term so, dass kein Nenner mehr vorhanden ist.

Beispiel:

Gesucht sind die Lösungen der Gleichung

$$4x^2 - \frac{1}{x^2} = 3$$

Multipliziert man die Gleichung mit x^2 erhält man:

$$4x^4 - 1 = 3x^2 \quad \text{bzw.} \quad 4x^4 - 3x^2 - 1 = 0$$

Substituiert man $x^2 = z$, ergibt sich:

$$4z^2 - 3z - 1 = 0$$

Mithilfe der pq- bzw. abc-Formel erhält man: $z_1 = 1$ und $z_2 = -\frac{1}{4}$.
Die Resubstitution $x^2 = 1$ ergibt $x_1 = 1$ und $x_2 = -1$, die Resubstitution $x^2 = -\frac{1}{4}$ ergibt keine weiteren Lösungen.

Aufgaben:

Lösen Sie folgende Gleichungen:

a) $\frac{4}{x^2} + \frac{2}{x} = 2$ b) $6 - \frac{12}{x^2+1} = 0$ c) $x^2 - \frac{4}{x^2} = 3$

d) $\frac{2}{x^4} - \frac{1}{x^2} = 1$ e) $1 - \frac{4x}{x^2+3} = 0$ f) $\frac{4}{x-2} - x = 1$

g) $\frac{x}{x+2} = \frac{3}{4}$ h) $x^{-4} - 1 = 15$ i) $\frac{2x}{\sqrt{x^2+15}} = \frac{1}{2}$

3.5 Trigonometrische Gleichungen

Tipps ab Seite 96, Lösungen ab Seite 147

Bei trigonometrischen Gleichungen ist das angegebene Intervall zu beachten.
In jedem Fall ist es hilfreich, sich eine Skizze der zugehörigen Sinusfunktion (bzw. Kosinusfunktion) zu machen. Steht im Argument des Sinus bzw. Kosinus mehr als nur x, geht man wie folgt vor:
Zuerst wird substituiert, dann die entsprechende Gleichung gelöst und zum Schluss wieder resubstituiert. Diese Lösungen der Gleichung müssen im angegebenen Intervall liegen. Ansonsten verwendet man den Satz vom Nullprodukt oder führt eine andere geeignete Substitution durch.

Beispiel:

Gesucht ist die Lösungsmenge der Gleichung $\sin(2x) = 1$; $x \in [0; 2\pi]$.

Die Substitution $2x = z$ führt zu $\sin(z) = 1$. Um diese Gleichung zu lösen, ist eine Skizze hilfreich:

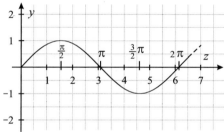

Da $\sin(z)$ die Periode 2π besitzt, sind

$$z_1 = \frac{\pi}{2},\ z_2 = \frac{5}{2}\pi,\ z_3 = \frac{9}{2}\pi, \ldots$$

mögliche Lösungen.
Die Resubstitution $z_1 = \frac{\pi}{2} = 2x_1$ ergibt $x_1 = \frac{\pi}{4}$, $z_2 = \frac{5}{2}\pi = 2x_2$ ergibt $x_2 = \frac{5}{4}\pi$, $z_3 = \frac{9}{2}\pi = 2x_3$ ergibt $x_3 = \frac{9}{4}\pi = 2,25\pi$, wobei diese Lösung nicht mehr im angegebenen Intervall $[0; 2\pi]$ liegt. Als Lösungsmenge erhält man also $L = \left\{ \frac{1}{4}\pi;\ \frac{5}{4}\pi \right\}$.

Aufgaben:

Bestimmen Sie für das angegebene Intervall jeweils die Lösungsmenge der Gleichung:

a) $\sin(3x) = 1$; $x \subset [0; 2\pi]$ \hspace{1em} b) $\cos\left(x - \frac{\pi}{2}\right) = -1$; $x \in [-\pi; 2\pi]$

c) $\cos(x) \cdot (\sin(x) - 1) = 0$; $x \in [0; \pi]$ \hspace{1em} d) $\sin(x) \cdot (\sin(x) + 1) = 0$; $x \in [0; 2\pi]$

e) $\cos(x) \cdot (\cos(x) + 1) = 0$; $x \in [0; \pi]$ \hspace{1em} f) $\sin^2(x) - 2\sin(x) = 0$; $x \in [0; 2\pi]$

g) $\cos^2(x) + \cos(x) - 2 = 0$; $x \in [0; 2\pi]$ \hspace{1em} h) $\sin^2(x) + 4\sin(x) + 3 = 0$; $x \in [0; 2\pi]$

i) $(x^2 - 4) \cdot \sin\left(x - \frac{\pi}{2}\right) = 0$; $x \in [0; 2\pi]$

3.6 Wurzelgleichungen

Tipps ab Seite 96, Lösungen ab Seite 148

Wurzelgleichungen kann man in der Regel durch Quadrieren lösen.

Beispiel:

Gesucht ist die Lösung der Gleichung $\sqrt{3x^2+x+5} = x+2$.
Durch Quadrieren erhält man:
$$3x^2+x+5 = (x+2)^2$$
$$3x^2+x+5 = x^2+4x+4$$
$$2x^2-3x+1 = 0$$

Mithilfe der *abc*-Formel erhält man die Lösungen $x_1 = 1$ und $x_2 = \frac{1}{2}$.
Zur Überprüfung der erhaltenen Lösungen setzt man diese in die Ursprungsgleichung ein:
$$\sqrt{3 \cdot 1^2 + 1 + 5} = 1+2 \Leftrightarrow \sqrt{9} = 3$$
$$\sqrt{3 \cdot \left(\frac{1}{2}\right)^2 + \frac{1}{2} + 5} = \frac{1}{2}+2 \Leftrightarrow \sqrt{\frac{25}{5}} = \frac{5}{2} = 2{,}5$$

Aufgrund der wahren Aussagen sind $x_1 = 1$ und $x_2 = \frac{1}{2}$ Lösungen der Gleichung.

Aufgaben:

Lösen Sie folgende Gleichungen:

a) $\sqrt{2x^2-5x+6} = x$
b) $\sqrt{2x+3}+3 = 2x$
c) $\sqrt{(2t-1)^2+4^2+0^2} = 5$

3.7 Betragsgleichungen

Betragsgleichungen löst man durch Fallunterscheidung.

Beispiel:

Gesucht ist die Lösung der Gleichung
$$|2t-3| = 4$$

Durch Fallunterscheidung erhält man:

- Aus $2t-3 = 4$ ergibt sich $t_1 = \frac{7}{2}$
- Aus $2t-3 = -4$ ergibt sich $t_2 = -\frac{1}{2}$

Aufgaben:

Lösen Sie folgende Gleichungen:

a) $|6-2t| = 4$
b) $\frac{|2t-4|}{3} = 2$
c) $\frac{|12-4t|}{\sqrt{3}} = \sqrt{12}$

3.8 Ungleichungen

Tipps ab Seite 96, Lösungen ab Seite 150

Bei Ungleichungen kommen nicht einzelne Zahlen als Lösung in Betracht, sondern es geht darum, alle möglichen Zahlen zu finden, die die angegebene Ungleichung erfüllen. Die zugehörige Lösung kann entweder als geschlossenes oder offenes Intervall angegeben werden.

Beispiel:

Gesucht ist die Lösungsmenge der Ungleichung $3x > x^2$. Diese kann man umformen zur Ungleichung $0 > x^2 - 3x$.

Die Lösungsmenge der Ungleichung $0 > x^2 - 3x$ kann man sich anhand des Graphen der zugehörigen Funktion überlegen.

Die Funktion $f(x) = x^2 - 3x$ ist eine nach oben geöffnete Normalparabel.

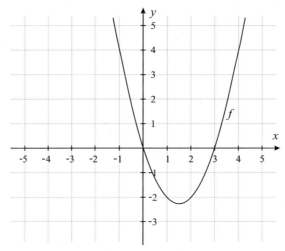

Die Lösungsmenge der Ungleichung $0 > x^2 - 3x$ sind alle x-Werte, für die die Parabel unterhalb der x-Achse verläuft. Die Nullstellen der Funktion erhält man durch Lösen der Gleichung

$$x^2 - 3x = 0 \text{ bzw. } x \cdot (x-3) = 0$$

Mithilfe des Satzes vom Nullprodukt erhält man die Lösungen $x_1 = 0$ oder $x_2 = 3$.
Damit verläuft die Parabel für x-Werte zwischen 0 und 3 unterhalb der x-Achse.

Damit gilt für die Lösung der Ungleichung: $L = \{x \in \mathbb{R} \mid 0 < x < 3\}$ oder $L = \,]0;3[$.

Aufgaben:

Bestimmen Sie die Lösungsmenge folgender Ungleichungen:

a) $2x > x^2$
b) $4x < x^2$
c) $x^2 + 2x < 3$
d) $x^2 + 2x > 8$
e) $(x+2) \cdot e^{2x} > 0$
f) $(2x-2) \cdot e^{-2x} < 0$
g) $4 - 2^x > 1$
h) $|4 - 2x| < 2$

4 Funktionen und Graphen

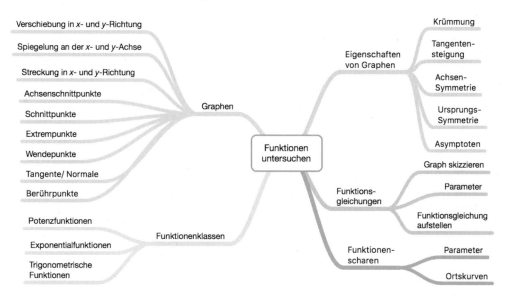

4.1 Von der Gleichung zur Kurve

Tipps ab Seite 97, Lösungen ab Seite 153

In diesem Kapitel geht es um die Grundfunktionen und ihre Verschiebung, Streckung und Spiegelung. Dazu sollten Sie die Graphen der wichtigsten Grundfunktionen kennen:

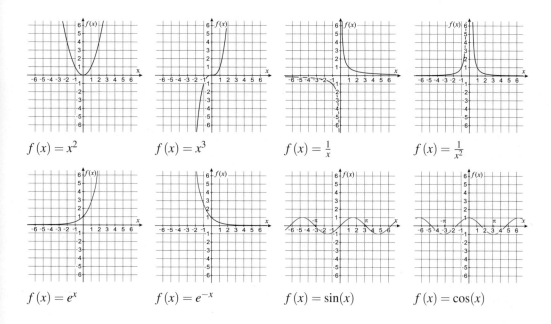

4.1 Von der Gleichung zur Kurve

Diese Grundfunktionen lassen sich verschieben und strecken:

Beispiel:

Die Parabel $f(x) = x^2$

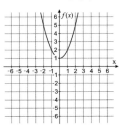
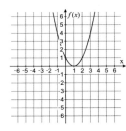
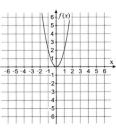
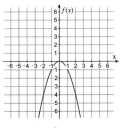

$f(x) = x^2 + 1$
Verschiebung um 1 LE in y-Richtung: das absolute Glied ist 1.

$f(x) = (x-1)^2$
Verschiebung um 1 LE in x-Richtung: x wird ersetzt durch $(x-1)$.

$f(x) = 2 \cdot x^2$
Streckung in y-Richtung um den Faktor 2. Die Funktionsgleichung wird mit 2 multipliziert.

$f(x) = -x^2$
Spiegelung an der x-Achse: Die Funktionsgleichung wird mit -1 multipliziert.

Weitere Variationen:

- Spiegelung an der y-Achse: Hierzu wird x ersetzt durch $(-x)$
- Stauchen in x-Richtung: Hierzu wird x ersetzt durch $a \cdot x$. Der Graph wird bei einem Faktor, der größer als 1 ist, gestaucht, d.h. in x-Richtung «kürzer» und bei einem Faktor, der kleiner als 1 ist, gestreckt, d.h. in x-Richtung «länger».

> **Tipp:** Skizzieren Sie zuerst den Graphen der zugehörigen Grundfunktion und anschließend schrittweise eine eventuelle Spiegelung, Streckung/Stauchung sowie die Verschiebungen in x-bzw. y-Richtung.

4.1.1 Ganzrationale Funktionen

Skizzieren Sie die Graphen folgender Funktionen und bestimmen Sie die Schnittpunkte mit den Koordinatenachsen.

a) $f(x) = \frac{1}{2}x + 1$
b) $f(x) = -\frac{3}{4}x$
c) $f(x) = (x-1)^2 - 4$
d) $f(x) = -x^2 + 4$
e) $f(x) = -\frac{1}{2}x^2 + 4{,}5$
f) $f(x) = (x-1)^3 + 1$

4.1.2 Potenzfunktionen

Skizzieren Sie die Graphen folgender Funktionen und bestimmen Sie jeweils die Asymptoten.

a) $f(x) = \frac{1}{x+1} + 2$
b) $f(x) = -\frac{2}{x-1}$
c) $f(x) = -\frac{3}{x-1} - 2$
d) $f(x) = \frac{1}{(x+1)^2} - 1$
e) $f(x) = -\frac{2}{(x+1)^2}$
f) $f(x) = -\frac{3}{(x-1)^2} + 2$

4.1.3 Trigonometrische Funktionen

Skizzieren Sie die Graphen folgender Funktionen und geben Sie jeweils die Periode an.

a) $f(x) = 2\sin(x)$ b) $f(x) = \frac{1}{2}\cos(x)$ c) $f(x) = \sin(2x)$

d) $f(x) = -\sin(2x) + 1$ e) $f(x) = \sin\left(\frac{1}{2}\pi(x+1)\right)$ f) $f(x) = \frac{1}{2}\sin(\frac{\pi}{4}x) + \frac{3}{2}$

4.1.4 Exponentialfunktionen

Skizzieren Sie den Graphen folgender Funktionen und bestimmen Sie jeweils die Asymptote.

a) $f(x) = e^{x-1} + 1$ b) $f(x) = -e^{x-1} + 1$ c) $f(x) = e^{-(x-1)} + 2$

d) $f(x) = e^{-x+3} + 1$

4.2 Aufstellen von Funktionen mit Randbedingungen

Tipps ab Seite 98, Lösungen ab Seite 158

In diesem Abschnitt geht es darum, eine Funktion so aufzustellen, dass sie bestimmte vorgegebene Bedingungen erfüllt («Steckbriefaufgabe»). Dazu wird die gesuchte Funktion zuerst in ihrer allgemeinen Form aufgeschrieben. Aus dieser können Sie die Anzahl der benötigten Parameter ablesen. Für jeden dieser Parameter brauchen Sie eine «Information» aus der Aufgabenstellung. Aus jeder «Information» ergibt sich eine Gleichung. Damit erhalten Sie ein Gleichungssystem, welches Sie mit dem Gaußschen Eliminationsverfahren lösen können.

Beispiel

Gesucht ist die Gleichung einer Parabel mit Tiefpunkt $(1 \mid -4)$, die durch $(0 \mid -3)$ geht.

Die allgemeine Parabelgleichung lautet: $f(x) = ax^2 + bx + c$, die Ableitung ist $f'(x) = 2ax + b$. Es sind also drei Parameter zu bestimmen. Folgende Bedingungen müssen gelten:
$f(1) = a \cdot 1^2 + b \cdot 1 + c = -4$,
$f'(1) = 2a \cdot 1 + b = 0$ (weil es sich um einen Tiefpunkt mit Steigung Null handelt) und
$f(0) = a \cdot 0^2 + b \cdot 0 + c = -3$. Daraus ergibt sich folgendes Gleichungssystem:

$$\begin{array}{rrcrcrcr}
\text{I} & a & + & b & + & c & = & -4 \\
\text{II} & 2a & + & b & & & = & 0 \\
\text{III} & & & & & c & = & -3
\end{array}$$

Aus Gleichung III liest man $c = -3$ ab. Damit erhält man:

$$\begin{array}{rrcrcrcr}
\text{Ia} & a & + & b & & & = & -1 \\
\text{II} & 2a & + & b & & & = & 0 \\
\text{III} & & & & & c & = & -3
\end{array}$$

Subtrahiert man Gleichung Ia von Gleichung II, erhält man $a = 1$ und durch Einsetzen $b = -2$. Damit lautet die Gleichung der gesuchten Parabel $f(x) = x^2 - 2x - 3$.

Für andere Funktionenklassen (*e*-Funktionen, etc.) ist die Vorgehensweise analog: Immer müssen Sie zuerst die allgemeine Funktionsgleichung aufstellen, anschließend bestimmen Sie die Parameter. Zur konkreten Vorgehensweise können Sie im Tippteil nachsehen.

4.2.1 Ganzrationale Funktionen

a) Eine Parabel geht durch $P_1(0 \mid 4)$, $P_2(1 \mid 0)$ und $P_3(2 \mid 18)$. Bestimmen Sie die Gleichung dieser Parabel.

b) Eine Parabel hat den Hochpunkt $M(1 \mid 3)$ und geht durch $Q(0 \mid 2)$. Bestimmen Sie die Gleichung der Parabel.

c) Eine zur *y*-Achse symmetrische Parabel hat in $P(1 \mid 6)$ die Steigung 2. Bestimmen Sie die Gleichung der Parabel.

d) Eine zur *y*-Achse symmetrische Parabel schneidet die *x*-Achse an der Stelle $x = \sqrt{3}$ und geht durch $T(0 \mid -3)$. Bestimmen Sie die Gleichung der dazugehörigen Funktion.

e) Das Schaubild einer ganzrationalen Funktion 3. Grades hat den Wendepunkt $W(0 \mid 0)$ und den Hochpunkt $H(2 \mid 2)$. Bestimmen Sie die Gleichung der Funktion.

f) Eine Parabel dritten Grades hat im Punkt $P(0 \mid 1)$ die Steigung $m_P = -1$ und den Wendepunkt $W(-1 \mid 4)$. Bestimmen Sie die Gleichung dieser Parabel.

g) Bestimmen Sie a und b so, dass der Graph der Funktion f mit $f(x) = ax^4 + bx^2$ den Wendepunkt $W(1 \mid -2{,}5)$ hat.

4.2.2 Potenzfunktionen

Tipp: Machen Sie sich für die Potenzfunktionen unbedingt eine Skizze, anhand derer Sie die Funktionsgleichung stückweise entwickeln können – ein guter Ansatz ist die halbe Lösung!

a) Der Graph einer Potenzfunktion hat eine Polstelle mit Vorzeichenwechsel (abgekürzt: VZW) bei $x = 1$, die Gerade mit der Gleichung $y = 4$ ist die waagerechte Asymptote und der Punkt $P(2 \mid 6)$ liegt auf der Kurve. Bestimmen Sie eine mögliche Funktionsgleichung.

b) Der Graph einer Potenzfunktion hat eine Polstelle mit Vorzeichenwechsel (VZW) bei $x = 2$, die Gerade mit der Gleichung $y = -1$ ist die waagerechte Asymptote und der Punkt $P(1 \mid 4)$ liegt auf der Kurve. Bestimmen Sie eine mögliche Funktionsgleichung.

c) Der Graph einer Potenzfunktion geht durch $P(-1 \mid 2)$, hat einen Pol ohne VZW bei $x = 1$ und die Gerade $y = 3$ als waagerechte Asymptote. Bestimmen Sie eine mögliche Funktionsgleichung.

d) Der Graph einer Potenzfunktion geht durch $P(0 \mid 4)$, hat einen Pol ohne VZW bei $x = 2$ und die x-Achse als waagerechte Asymptote. Bestimmen Sie eine mögliche Funktionsgleichung.

4.2.3 Exponentialfunktionen

Bestimmen Sie jeweils die zugehörige Funktionsgleichung:

a) Der Graph der Funktion $f(x) = a \cdot e^{kx}$ geht durch die Punkte $P(0 \mid 2)$ und $Q(4 \mid 2e^{12})$.

b) Der Graph der Funktion $f(x) = a \cdot e^{kx}$ geht durch die Punkte $A(0 \mid 3)$ und $B(2 \mid 3e^8)$.

c) Bei der Funktion $f(x) = a \cdot e^{kx}$ gilt: $f'(0) = 6$ und $f(0) = 3$.

d) Bei der Funktion $f(x) = a \cdot e^{kx}$ gilt: $f'(0) = 4$ und $f(0) = 2$.

e) Der Graph der Funktion $g(x) = e^x$ wird an der x-Achse gespiegelt und um 2 LE nach rechts und 3 LE nach unten verschoben.

4.2.4 Trigonometrische Funktionen

Tipp: Eine verallgemeinerte Sinusfunktion hat die Gleichung:
$f(x) = a \cdot \sin(b \cdot (x - c)) + d$.
Eine verallgemeinerte Kosinusfunktion hat die Gleichung:
$f(x) = a \cdot \cos(b \cdot (x - c)) + d$.

a) Der Graph der Sinusfunktion g mit $g(x) = \sin(x)$ ist um 3 LE nach oben verschoben und hat die Periode $p = \pi$. Bestimmen Sie die Funktionsgleichung der modifizierten Funktion.

b) Der Graph der Sinusfunktion g mit $g(x) = \sin(x)$ ist um den Faktor 2,5 in y-Richtung gestreckt, hat die Periode $p = \frac{\pi}{2}$ und ist um 3 LE nach rechts und sowie 1,5 LE nach unten verschoben. Bestimmen Sie die Funktionsgleichung der modifizierten Funktion.

c) Der Graph der Kosinusfunktion g mit $g(x) = \cos(x)$ ist um 2 LE nach links und um 4 LE nach oben verschoben, um den Faktor 0,8 in y-Richtung gestaucht und der Abstand zwischen zwei Hochpunkten beträgt 3π LE. Bestimmen Sie die Funktionsgleichung der modifizierten Funktion.

d) Der Graph der Kosinusfunktion g mit $g(x) = \cos(x)$ ist um 1 LE nach rechts und um 2 LE nach unten verschoben, um den Faktor 1,7 in y-Richtung gestreckt und der Abstand zwischen zwei Wendepunkten beträgt $\frac{\pi}{2}$ LE. Bestimmen Sie die Funktionsgleichung der modifizierten Funktion.

4.3 Von der Kurve zur Gleichung

Tipps ab Seite 99, Lösungen ab Seite 162

Wenn der Graph einer Funktion gegeben ist und die Funktionsgleichung gesucht ist, gibt es drei Möglichkeiten, diese aufzustellen:

1. Man kann besondere Punkte und ihre Steigungen sowie Asymptoten am gegebenen Schaubild ablesen und mithilfe eines allgemeinen Ansatzes die Funktionsgleichung, analog wie im Kapitel «Aufstellen von Funktionen» beschrieben, bestimmen.

2. Sind alle Nullstellen bekannt, kann man bei ganzrationalen Funktionen den sogenannten «Linearfaktoren»-Ansatz wählen. Sind $x_1, x_2, \ldots x_n$ Nullstellen, so gilt:
$f(x) = a \cdot (x - x_1) \cdot (x - x_2) \cdot \ldots \cdot (x - x_n)$; den Faktor a erhält man, indem man die Koordinaten eines gegebenen Punktes in die Funktionsgleichung einsetzt.

3. Man erkennt, dass es sich um den Graphen einer verschobenen, gestreckten oder gespiegelten Grundfunktion handelt.

4.3.1 Ganzrationale Funktionen

Nachfolgend sind die Graphen einiger Funktionen angegeben. Bestimmen Sie einen möglichen Funktionsterm.

a)
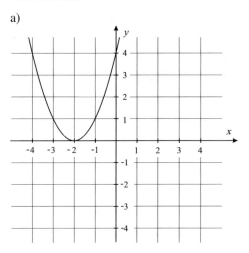

b)
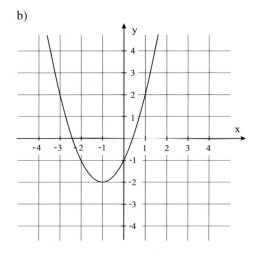

c)
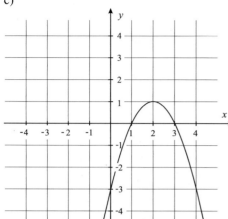

d)
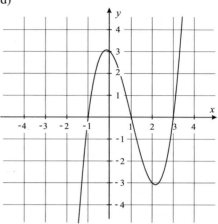

4.3.2 Potenzfunktionen

Bestimmen Sie einen möglichen Funktionsterm.

Tipp: Überlegen Sie, ob es sich bei den gegebenen Graphen um nach rechts / links oder oben / unten verschobene Grundfunktionen von Potenzfunktionen handelt. Ansonsten bestimmen Sie die Polstellen (mit bzw. ohne Vorzeichenwechsel), die waagerechte Asymptote und die Koordinaten eines gegebenen Punktes des Schaubildes.

a)
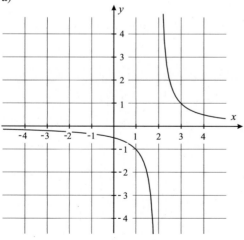

b)
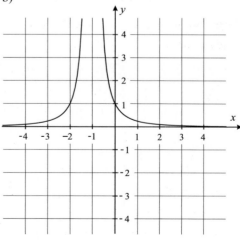

4.3 Von der Kurve zur Gleichung

c)
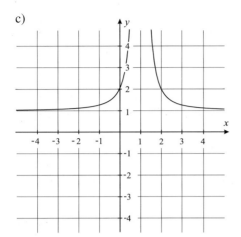

d)
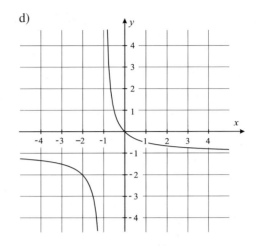

4.3.3 Trigonometrische Funktionen

Bestimmen Sie einen möglichen Funktionsterm.

a)
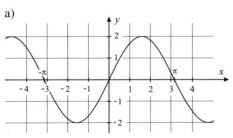

b)
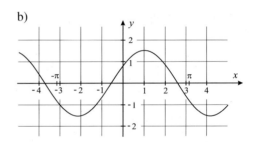

c)
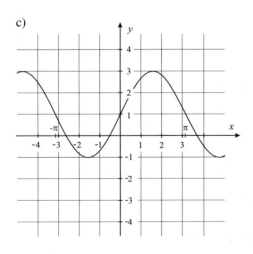

d)
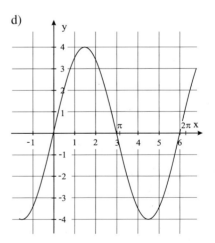

4.4 Graphen von f, f' und F

Tipps ab Seite 100, Lösungen ab Seite 166

In diesem Kapitel geht es darum, Zusammenhänge zwischen den Graphen von f, f' und F zu erkennen und Aussagen zu beurteilen. Außerdem sollen die Graphen der Ableitungsfunktion oder der Integralfunktion skizziert werden, ohne dass der Funktionsterm bekannt sein muss.

4.4.1 Von f zu f'

Man kann der Graph einer Ableitungsfunktion zeichnen, ohne den Funktionsterm zu kennen.

Dabei gilt, dass die Steigungswerte der Tangente an f in jedem Punkt genau die Werte der Ableitung sind. Verläuft der Graph flach, sind die Werte der Ableitung nahe Null, verläuft es steil, besitzt die Ableitung große Funktionswerte.

Für die charakteristischen Punkte und Eigenschaften der Kurve gilt:

Funktion	Ableitung
Hochpunkt	Nullstelle mit VZW von $+$ nach $-$
Tiefpunkt	Nullstelle mit VZW von $-$ nach $+$
Wendepunkt	Extrempunkt
Sattelpunkt (Wendepunkt mit Steigung Null)	Nullstelle ohne VZW bzw. Extrempunkt, der die x-Achse berührt
monoton steigend	verläuft oberhalb oder auf der x-Achse
streng monoton steigend	verläuft stets oberhalb der x-Achse
monoton fallend	verläuft unterhalb oder auf der x-Achse
streng monoton fallend	verläuft stets unterhalb der x-Achse

4.4 Graphen von f, f' und F

Um den Graphen der Ableitungsfunktion zu skizzieren, ist es nötig, den wesentlichen Verlauf der Steigung des Schaubilds der Funktion zu erfassen. Dazu betrachten Sie z.B.

- Die Lage der Extrem- und Wendepunkte
- Das Monotonieverhalten
- Die «Steigungsentwicklung» für $x \to -\infty$ und $x \to +\infty$

Beispiel

Gesucht ist der Graph der Ableitungsfunktion der linken Kurve.
An der linken Zeichnung liest man ab:

- Hochpunkt bei $x = 1$, also Nullstelle der Ableitung mit VZW von + nach − bei $x = 1$.
- Wendepunkt bei $x \approx 2$ mit Krümmungsänderung von rechts nach links, also Tiefpunkt beim Graphen der Ableitungsfunktion bei $x \approx 2$.
- Für $x \to -\infty$ gehen die Funktionswerte gegen $-\infty$. Also werden die Steigungswerte immer größer, die Werte der Ableitung müssen also auch immer größer werden.
- Für und $x \to +\infty$ gehen die Funktionswerte gegen Null. Für $x > 1$ ist f monoton fallend, d.h. der Graph der Ableitungsfunktion verläuft unterhalb der x-Achse und nähert sich für $x \to +\infty$ der x-Achse an.

In der rechten Zeichnung ist der ungefähre Verlauf der Ableitungsfunktion gezeichnet.

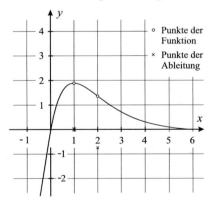 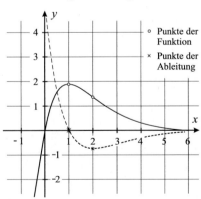

4.4 Graphen von f, f' und F

Bei den folgenden Aufgaben ist der Graph einer Funktion f gegeben. Zeichnen Sie die Graphen der ersten Ableitung und entscheiden Sie, ob die folgenden Aussagen richtig, falsch oder unentscheidbar sind. Begründen Sie dabei Ihre Entscheidung.

a)

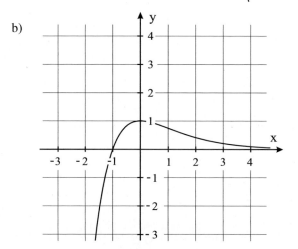

I) f' hat bei $x = 0,5$ ein relatives Maximum.

II) f' ist für $x > 0$ monoton fallend.

III) $f'(x) < 0$ für $x > 1$.

b)

I) An der Stelle $x = 1$ besitzt der Graph von f' einen Extrempunkt.

II) Der Graph von f' hat einen Wendepunkt.

III) f' ist für $x > 1$ negativ

c)

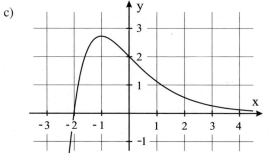

I) $f'(x) < 0$

II) $f''(0) = 0$

III) $f'(0) = f(-1)$

4.4.2 Von f' zu f

Die Vorgehensweise ist ähnlich wie bei der Bestimmung des Schaubilds der Ableitungsfunktion, nur gehen Sie umgekehrt vor: Hat das angegebene Schaubild der Ableitungsfunktion $f'(x)$ z.B. für $x = 1$ den Wert 0 mit Vorzeichenwechsel von + nach −, dann hat der Graph der Funktion f an dieser Stelle einen Hochpunkt usw.

Bei den folgenden Aufgaben ist der Graph der Ableitungsfunktion f' einer Funktion f gegeben. Entscheiden Sie, ob die folgenden Aussagen über f richtig, falsch oder unentscheidbar sind. Begründen Sie dabei Ihre Entscheidung.

a)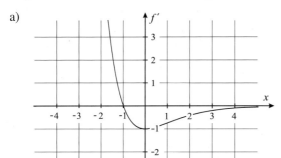

I) Bei $x = 0$ besitzt der Graph von f einen Extrempunkt.

II) Bei $x = -1$ besitzt der Graph von f eine waagerechte Tangente.

III) Der Graph der Funktion f besitzt keine Wendepunkte.

IV) $f(2) > f(0)$.

b)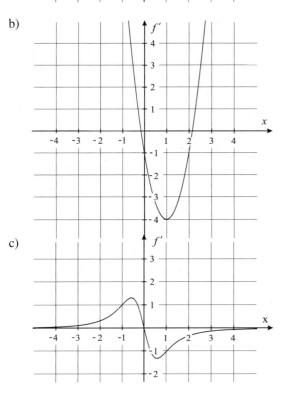

I) An der Stelle $x = 1$ besitzt der Graph von f einen Extrempunkt.

II) An der Stelle $x \approx -0,2$ hat der Graph von f einen Hochpunkt.

III) Der Grad von f ist größer oder gleich 2.

IV) Bei $x \approx 2,4$ besitzt der Graph der Funktion f eine Tangente, die parallel zur Geraden $y = 2x$ ist.

c)

I) Der Graph von f ist achsensymmetrisch.

II) Der Graph von f ist für $x > 0$ streng monoton fallend.

III) Der Graph von f besitzt bei $x = 0$ einen Tiefpunkt.

IV) Der Graph von f besitzt 2 Extrempunkte.

4.4 Graphen von f, f' und F

4.4.3 Von f zu F

Zu einer Funktion gibt es unendlich viele Stammfunktionen, die sich durch eine Konstante (das «absolute Glied») unterscheiden. Die Graphen dieser Stammfunktionen unterscheiden sich somit durch Verschiebung in y-Richtung. Erst wenn das absolute Glied gegeben ist, ist der Graph der Stammfunktion in Bezug auf diese Verschiebung festgelegt.

Die Stammfunktion

Gegeben ist der Graph einer Funktion f.

1. Skizzieren Sie den Graphen der Ableitungsfunktion f' und den Graphen einer Stammfunktion F.
2. Es sind einige Aussagen zur Funktion f bzw. zur Ableitungsfunktion f' und zur Stammfunktion F gegeben. Begründen oder widerlegen Sie diese.

a)
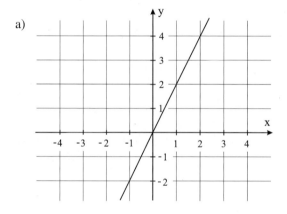

I) Der Graph der Ableitungsfunktion ist parallel zur Geraden $y = 1$.

II) Die Stammfunktion $F(x)$ hat an der Stelle $x = 1$ die Steigung 2.

III) Die Ableitungsfunktion f' ist streng monoton wachsend.

IV) Der Graph der Ableitungsfunktion ist y-achsensymmetrisch.

b)
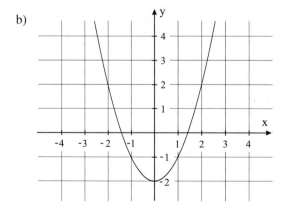

I) f' besitzt im Intervall $[-5;5]$ genau eine Nullstelle.

II) F ist im Intervall $[0;1]$ streng monoton wachsend.

III) F besitzt Extremstellen im Intervall $[-5;5]$.

4.4 Graphen von f, f′ und F

Die Integralfunktion

Jede Integralfunktion $J_a(x)$ hat an der Stelle $x = a$ eine Nullstelle, also geht $J_0(x)$ durch den Koordinatenursprung $(0 \mid 0)$. Bei den folgenden Aufgaben ist der Graph einer quadratischen Funktion f im Intervall $I = [0; 5]$ gegeben.

1. Skizzieren Sie den Graphen der Integralfunktion $J_0(x) = \int_0^x f(t)\,dt$.
2. Es sind einige Aussagen zur Funktion J_0 gegeben. Begründen oder widerlegen Sie diese.

a)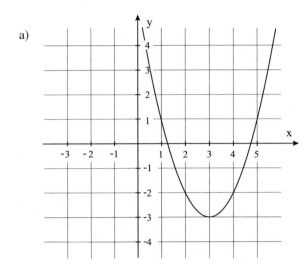

I) Die Integralfunktion $J_0(x)$ besitzt im Intervall I genau zwei Nullstellen.

II) $J_0(x)$ besitzt im Intervall I genau zwei Extremstellen.

b)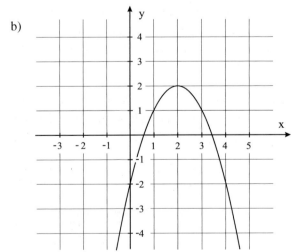

I) $J_0(x)$ besitzt genau drei Nullstellen im Intervall I.

II) $J_0(x)$ besitzt genau zwei Extremstellen im Intervall I.

III) $J_0(x)$ besitzt insgesamt drei Extremstellen.

4.5 Kurvendiskussion

Tipps ab Seite 103, Lösungen ab Seite 174

In diesem Kapitel geht es um Aufgaben aus der Kurvendiskussion. Die «klassische» Kurvendiskussion wird als Ganzes im Abitur meist nicht mehr verlangt, doch die einzelnen Elemente sind oft Bestandteil umfangreicherer Aufgaben. Meist geht es dabei um das Bestimmen von Extrem- und Wendepunkten, um Symmetrieuntersuchungen oder um das Verhalten der Funktion, wenn x gegen $\pm\infty$ strebt (waagerechte Asymptoten).

4.5.1 Elemente der Kurvendiskussion

Die wichtigsten Elemente einer Kurvendiskussion sind:

- Schnittpunkte mit der x-Achse: $f(x) = 0$

- Schnittpunkte mit der y-Achse: $x = 0$ in die Funktionsgleichung einsetzen

- (Lokales) Minimum: $f'(x) = 0$ und $f''(x) > 0$ oder $f'(x) = 0$ und Vorzeichenwechsel von $f'(x)$ von $-$ nach $+$

- (Lokales) Maximum: $f'(x) = 0$ und $f''(x) < 0$ oder $f'(x) = 0$ und Vorzeichenwechsel von $f'(x)$ von $+$ nach $-$

- Wendepunkt: $f''(x) = 0$ und $f'''(x) \neq 0$ oder $f''(x) = 0$ und Vorzeichenwechsel von $f''(x)$

- Bei Potenzfunktionen kann es noch Definitionslücken und Polstellen geben. Eine Definitionslücke tritt auf, wenn der Nenner gleich Null ist. Ist an dieser Stelle auch der Zähler gleich Null, kann es sich um eine hebbare Lücke handeln; ist der Zähler an dieser Stelle nicht gleich Null, handelt es sich um eine Polstelle.

- Bei der Untersuchung für $x \to \pm\infty$ müssen Sie untersuchen, wie sich die Funktionswerte verhalten, wenn die Werte für x gegen $+\infty$ oder $-\infty$ gehen, bzw. ob Asymptoten existieren.

Aufgaben

a) Prüfen Sie, ob der Graph von $f(x) = \frac{1}{4}x^4 - x^3 + 4x - 2; x \in \mathbb{R}$ an der Stelle $x = 2$ einen Tiefpunkt hat.

b) Gegeben sind die Funktionen f und g mit $f(x) = \frac{1}{x}$ und $g(x) = x^2 + 1$. Berechnen Sie $f(g(2))$ und $g(f(2))$. Bestimmen Sie, für welche Werte von x gilt: $f(g(x)) = 0,1$.

c) Bestimmen Sie die x-Werte, für die der Funktionsgraph von f mit $f(x) = (x+3) \cdot (x-1)$ oberhalb der x-Achse verläuft.

d) Bestimmen Sie die Definitions- und Wertemenge der Funktion f mit $f(x) = 3 \cdot \ln(2x-4)$.

4.5 Kurvendiskussion

e) Für eine ganzrationale Funktion 3. Grades gilt: $f(1) = 4$, $f'(1) = 0$, $f''(1) < 0$, $f(0) = 2$, $f''(0) = 0$ und $f'''(0) \neq 0$.
Welche Aussagen lassen sich damit über der Graph von f machen?

f) Zeigen Sie, dass der Graph von f mit $f(x) = x^2 \cdot e^x$; $x \in \mathbb{R}$ bei $x = 0$ einen Tiefpunkt besitzt.

g) Bestimmen Sie, für welche Werte von x der Graph der Funktion f mit $f(x) = -x^2 + 3x + 7$ oberhalb der Geraden mit der Gleichung $y = 3$ verläuft.

h) Zeigen Sie, dass der Graph von $f(x) = 3x^3 + 4$; $x \in \mathbb{R}$ an der Stelle $x = 0$ einen Sattelpunkt besitzt.

i) Bestimmen Sie die Koordinaten des Extrempunkts des Schaubilds der Funktion f mit $f(x) = \frac{4}{x^2+1}$.

j) Zeigen Sie, dass der Graph der Funktion f mit $f(x) = x^2 e^{-x}$ zwei Punkte mit waagerechter Tangente hat. Bestimmen Sie die Gleichung der Geraden durch diese beiden Punkte.

k) Zeigen Sie, dass der Graph der Funktion f mit $f(x) = x \cdot e^{-x}$ genau einen Wendepunkt hat.

l) Gegeben ist eine Funktion f und ihre Ableitung $f'(x) = (x-2)^3$. Prüfen Sie, ob der Graph von f einen Tiefpunkt besitzt.

m) Zeigen Sie, dass der Graph der Funktion f mit $f(x) = 2 \cdot \sin\left(x - \frac{\pi}{2}\right)$ im Punkt $P(\pi \mid 2)$ eine waagrechte Tangente hat.

n) Weisen Sie nach, dass der Graph der Funktion f mit $f(x) = \frac{1}{2} \cdot \sin(2x - \pi)$ an der Stelle $x = \pi$ einen Wendepunkt hat.

4.5.2 Symmetrie

Graphen von Funktionen können achsen- oder punktsymmetrisch sein. Handelt es sich bei der Achse um die y-Achse, so spricht man von y-Achsensymmetrie; handelt es sich beim Punkt, zu dem die Funktion symmetrisch ist, um den Ursprung, spricht man von Ursprungssymmetrie.

- Für y-Achsensymmetrie gilt: $f(-x) = f(x)$.
- Für Ursprungssymmetrie gilt: $f(-x) = -f(x)$.

Sie können die Symmetrie zeigen, indem Sie $(-x)$ für x einsetzen und dann umformen. Dabei ist zu beachten, dass gilt: $(-x)^2 = x^2$ und $(-x)^3 = -x^3$.

Aufgaben

a) Begründen Sie, dass der Graph von $f(x) = \frac{1}{x^2} + 3$; $x \in \mathbb{R} \setminus \{0\}$ achsensymmetrisch zur y-Achse ist.

b) Begründen Sie, dass der Graph von $f(x) = 3x^5 - 7{,}2x^3 + x$; $x \in \mathbb{R}$ punktsymmetrisch zum Ursprung ist.

c) Zeigen Sie, dass der Graph der Funktion f mit $f(x) = 2 \cdot e^{x^2+2} + 3$; $x \in \mathbb{R}$ achsensymmetrisch zur y-Achse ist.

d) Weisen Sie nach, dass der Graph der Funktion f mit $f(x) = -\frac{4}{x}$; $x \in \mathbb{R} \setminus \{0\}$ punktsymmetrisch zum Ursprung ist.

4.5.3 Tangenten und Normalen

Um die Gleichung einer Tangente t an eine Kurve in einem Punkt $P_1(x_1 \mid f(x_1))$ zu bestimmen, benutzt man meist die Punkt-Steigungsform
$$y - y_1 = m \cdot (x - x_1)$$
Es gilt: $y_1 = f(x_1)$ und für die Steigung $m = f'(x_1)$, d.h. der Wert der Ableitung an der Stelle x_1. Die Normale steht senkrecht auf der Tangente; für die Steigungen gilt $m_n \cdot m_t = -1$ bzw. $m_n = -\frac{1}{m_t}$.

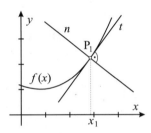

Aufgaben

a) Bestimmen Sie die Gleichung der Tangente und der Normalen im Punkt $P(1 \mid -1)$ an den Graphen der Funktion f mit $f(x) = x^2 - 4x + 2$.

b) Bestimmen Sie die Gleichung der Tangente und der Normalen im Wendepunkt an den Graphen der Funktion f mit $f(x) = x^3 + x + 1$.

c) Gegeben ist die Funktion f mit $f(x) = x^2 + 4x - 3$. Gesucht ist:

   I) Die Gleichung der Tangente mit Steigung $m = -2$.

   II) Die Gleichung der Tangente, welche orthogonal ist zur Geraden mit der Gleichung $y = -\frac{1}{3}x + 4$.

   III) Die Gleichung der Tangente, welche parallel ist zur Geraden $y = 4x - \frac{7}{2}$.

d) Gegeben ist die Funktion f mit $f(x) = \frac{4}{(x-1)^2}$. Bestimmen Sie die Gleichung der Tangente und der Normalen im Punkt $P(3 \mid f(3))$.

e) Gegeben ist die Funktion f mit $f(x) = x^2 - 2x + 3$.
Vom Punkt $P(0 \mid -6)$, welcher nicht auf dem Graphen von f liegt, werden Tangenten an den Graphen von f gelegt. Bestimmen Sie die Koordinaten der Berührpunkte sowie die Tangentengleichungen.

4.5 Kurvendiskussion

4.5.4 Berührpunkte zweier Kurven

Wenn sich zwei Kurven schneiden, dann müssen ihre Funktionswerte im Schnittpunkt gleich sein. Wenn sie sich berühren, dann müssen nicht nur die Funktionswerte im Berührpunkt gleich sein, sondern auch die Steigungen. Für einen Berührpunkt B $(x_B \mid y_B)$ muss also gelten:

1. B ist ein gemeinsamer Punkt beider Kurven: $f(x_B) = g(x_B)$.
2. Im Punkt B haben die Graphen eine gemeinsame Tangente, also die gleiche Tangentensteigung: $f'(x_B) = g'(x_B)$.

Aufgaben:

a) Zeigen Sie, dass sich die Graphen der Funktion f mit $f(x) = \frac{1}{5}x^3 - 2x^2 + 5x + 3$ und der Funktion g mit $g(x) = -x^2 + 5x + 3$ im Punkt B $(0 \mid 3)$ berühren.

b) Zeigen Sie, dass sich die Graphen der Funktion f mit $f(x) = x^2 + \frac{1}{2}$ und der Funktion g mit $g(x) = -4x^4 + 4x^3 + \frac{1}{2}$ im Punkt B $\left(\frac{1}{2} \mid \frac{3}{4}\right)$ berühren.

c) Berechnen Sie den Berührpunkt der Graphen der Funktion f mit $f(x) = \frac{1}{3}x^3 - 2x^2 + 3x + 4$ und der Funktion g mit $g(x) = -x^2 + 3x + 4$.

d) Berechnen Sie die Berührpunkte der Graphen der Funktion f mit $f(x) = x^2 + 1$ und der Funktion g mit $g(x) = -\frac{1}{4}x^4 + x^3 + 1$.

4.5.5 Funktionenscharen / Funktionen mit Parameter

Als Funktionenscharen werden Funktionen bezeichnet, die einen Parameter enthalten. Die dazugehörigen Graphen nennt man Kurvenscharen.

a) Gegeben ist die Funktionenschar $f_t(x) = tx - 2t$ mit $t \in \mathbb{R}$.

  I) Skizzieren Sie die Graphen für einige Werte von t. Beschreiben Sie die Veränderung der Graphen bei der Variation von t.

  II) Bestimmen Sie t so, dass der Graph von f_t durch $P_1(3 \mid 2)$ bzw. durch $P_2(1 \mid \frac{1}{2})$ geht.

b) Gegeben ist die Funktionenschar $f_t(x) = tx^2$ mit $t \in \mathbb{R}$.

  I) Skizzieren Sie die Graphen für einige Werte von t. Beschreiben Sie die Veränderung der Graphen bei der Variation von t.

  II) Bestimmen Sie den Parameter t so, dass der Graph von f_t durch $P_1(2 \mid 2)$ bzw. durch $P_2(-1 \mid -2)$ geht.

c) Gegeben sind die Funktionen $f(x) = -x^2 + 2$ und $g_t(x) = tx^2 - 1$ mit $t \in \mathbb{R}$. Bestimmen Sie t so, dass die Graphen der beiden Funktionen in ihrem Schnittpunkt senkrecht aufeinander stehen.

d) Gegeben ist die Funktionenschar f_t mit $f_t(x) = (2x+t) \cdot e^{-x}$ mit $x \in \mathbb{R}$ und $t \geq 0$.
Ordnen Sie den abgebildeten Graphen von f_t die zugehörigen Parameter t zu.

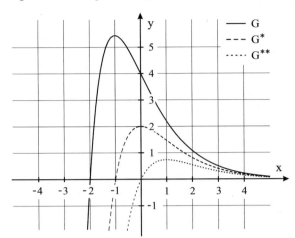

e) Bestimmen Sie t so, dass der Graph der Funktionenschar f_t mit $f_t(x) = x \cdot e^{tx}$; $x \in \mathbb{R}$; $t < 0$ an der Stelle $x = 2$ einen Extrempunkt hat.

f) Bestimmen Sie k so, dass der Graph der Funktionenschar $f_k(x) = k \cdot \sin(kx)$; $x \in \mathbb{R}$; $k > 0$ im Ursprung die gleiche Steigung wie der Graph der Funktion $g(x) = 2x^3 + 4x$ hat.

g) Bestimmen Sie a so, dass der Graph der Funktionenschar
$f_a(x) = \sin(ax)$; $x \in \mathbb{R}$; $0 < a < \frac{\pi}{2}$ bei $x = 3$ einen Extrempunkt hat.

4.5.6 Krümmungsverhalten von Kurven

Eine Kurve kann links- oder rechtsgekrümmt sein. Eine Kurve ist linksgekrümmt, wenn die Steigung streng monoton zunehmend ist. Das bedeutet, dass die Ableitung der Steigung positiv sein muss: $(f'(x))' > 0 \Rightarrow f''(x) > 0$. Entsprechend gilt:
Eine Kurve ist rechtsgekrümmt, wenn gilt: $f''(x) < 0$.

Bestimmen Sie diejenigen Werte von x, für die der Graph der Funktion f links- bzw. rechtsgekrümmt ist.

a) $f(x) = \frac{1}{3}x^3 - x$ b) $f(x) = (x-1)^5$ c) $f(x) = (2x-3) \cdot e^{-x}$

4.5.7 Monotonie

Eine Funktion kann in einem bestimmten Bereich (streng) monoton wachsend oder (streng) monoton fallend sein; dies hängt von der 1. Ableitung der Funktion ab.

Untersuchen Sie jeweils das Monotonieverhalten der Funktion f:

a) $f(x) = 6x \cdot e^x$ b) $f(x) = 3x \cdot e^{-x}$ c) $f(x) = x^3 + 2x$

4.6 Extremwertaufgaben

Tipps ab Seite 106, Lösungen ab Seite 184

Bei Extremwertaufgaben mit Nebenbedingungen geht es darum, dass das Maximum oder Minimum einer Größe (meist eine Länge oder Fläche) gesucht ist. Dabei muss in der Regel zuerst eine Funktion aufgestellt werden, die diese Größe beschreibt. Der Extremwert wird dann mithilfe der ersten und zweiten Ableitung dieser Funktion bestimmt. Für alle Anwendungsaufgaben ist es sehr hilfreich, eine Skizze der Aufgabenstellung anzufertigen.

a) Ein rechteckiger Spielplatz soll eingezäunt werden. Dafür stehen 40 m Zaun zur Verfügung. Wie lang sind die Seitenlängen des Spielplatzes, wenn dieser möglichst groß sein soll und außerdem noch eine 2 m breite Einfahrt besitzt?

b) Gegeben sei eine Funktion f mit $f(x) = 6 - \frac{1}{4}x^2$; $x \in \mathbb{R}$. Zwischen Kurve und x-Achse ist im 1. und 2. Quadranten ein Rechteck einzuschreiben

    I) mit maximalem Umfang   II) mit maximaler Fläche

Berechnen Sie den maximalen Umfang bzw. die maximale Fläche.

c) Gegeben ist die Funktion f durch $f(x) = -(x+2)e^{-x}$; $x \in \mathbb{R}$. Ihr Graph sei G. Bestimmen Sie die Gleichung der Normalen im Punkt $W(0\,|-2)$.
Die Normale schneidet G in einem weiteren Punkt Q. Berechnen Sie dessen Koordinaten.
$P(u\,|\,v)$ mit $-2 < u < 0$ sei ein Punkt auf G. Der Ursprung O und die Punkte P und Q sind die Eckpunkte eines Dreiecks OPQ. Für welchen Wert von u wird die Fläche $A(u)$ maximal?

d) Gegeben sind die Funktion f durch $f(x) = (2x+3)\cdot e^{-x}$; $x \in \mathbb{R}$ und die Funktion g durch $g(x) = e^{-x}$; $x \in \mathbb{R}$. Ihre Graphen seien G_f bzw. G_g.
Die Gerade $x = u$ mit $u > -1$ schneidet G_f im Punkt P und G_g im Punkt Q.
Für welchen Wert von u wird die Länge der Strecke PQ maximal?
Berechnen Sie die maximale Länge der Strecke PQ.

4.7 Verständnis von Zusammenhängen

Tipps ab Seite 107, Lösungen ab Seite 186

Bei diesen Aufgaben geht es darum, Methoden und Verfahren zu beschreiben und das Verständnis von Zusammenhängen zu dokumentieren. Rechnungen werden in der Regel nicht verlangt, es genügen Skizzen sowie Ansätze für die Rechenwege.

a) Gegeben sind die Funktionen $f(x) = 9 - x^2$ und $g(x) = x^2 - 9$.
   Erläutern Sie, was durch folgende Rechenschritte bestimmt wird:

   (1) $9 - x^2 = x^2 - 9 \Rightarrow x_1 = -3$ und $x_2 = 3$

   (2) $\int_{-3}^{3} \left(9 - x^2 - (x^2 - 9)\right) dx = 72$

b) Gegeben ist die Funktion f durch $f(x) = \frac{1}{2}x^3 - 3x + 3$.
   Erläutern Sie folgende Rechenschritte:

   (1) $f(2) = 1$

   (2) $f'(x) = \frac{3}{2}x^2 - 3 \, ; \, f'(2) = 3$

   (3) $y - 1 = 3 \cdot (x - 2) \Rightarrow y = 3x - 5$

c) Gegeben ist die Funktion f durch $f(x) = \frac{1}{(x+1)^2} \, ; \, x \neq -1$.
   Erläutern Sie folgende Rechenschritte und ergänzen Sie die fehlende Rechnung:

   (1) $A(z) = \int_0^z f(x) dx$

   (2) $\int_0^z \frac{1}{(x+1)^2} dx = -\frac{1}{z+1} + 1$

   (3) $\lim_{z \to \infty} A(z) = 1$

d) Gibt es eine ganzrationale Funktion vierten Grades, deren Graph drei Wendepunkte besitzt? Begründen Sie Ihre Antwort.

e) Gegeben sind die Funktionen f und g mit $f(x) = \frac{1}{4}x^3 - 3x^2 + 9x + 2$ und $g(x) = x + 2$.
   Die Graphen von f und g zeigt folgende Abbildung:

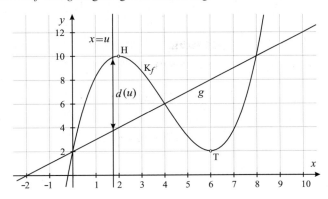

Erläutern Sie folgende Rechenschritte und ihre Bedeutung:

(1) $d(u) = f(u) - g(u) = \frac{1}{4}u^3 - 3u^2 + 8u$; $0 \leqslant u \leqslant 4$

(2) $d'(u) = 0 \Rightarrow u_1 \approx 6,31$; $u_2 \approx 1,69$

(3) $d''(1,69) < 0$

f) Gegeben ist die Funktion f mit $f(x) = x^2$. Ihr Schaubild sei K_f.
Erläutern Sie folgende Rechenschritte und ihre Bedeutung:

(1) $P \in K_f \Rightarrow P(x \mid x^2)$

(2) $\sqrt{(x-0)^2 + (x^2-0)^2} = \sqrt{20}$

(3) $x_{1,2} = \pm 2 \Rightarrow P_1(-2 \mid 4)$ und $P_2(2 \mid 4)$

4.8 Umkehrfunktionen

Tipps ab Seite 107, Lösungen ab Seite 188

Wenn eine Funktion f streng monoton wachsend oder fallend ist, existiert eine zugehörige Umkehrfunktion $\overline{f}$, deren Graph durch Spiegelung an der 1. Winkelhalbierenden aus dem Graphen von f hervorgeht. Man erhält den Funktionsterm von $\overline{f}$, indem man die Gleichung $y = f(x)$ nach x auflöst; anschließend vertauscht man die Variablen x und y. Die Definitionsmenge $D_{\overline{f}}$ von $\overline{f}$ ist die Wertemenge W_f von f, die Wertemenge $W_{\overline{f}}$ von $\overline{f}$ ist die Definitionsmenge D_f von f.

Beispiel

Es ist die folgende Funktion f gegeben: $f(x) = 2 \cdot e^{-0,5x} + 1$.

Die Funktion f hat die Definitionsmenge $D_f = \mathbb{R}$ und die Wertemenge $W_f = \,]1\,;\infty[$.

Um zu zeigen, dass eine Umkehrfunktion von f existiert, bestimmt man die 1. Ableitung von f mit Hilfe der Kettenregel:

$$f'(x) = 2 \cdot e^{-0,5x} \cdot (-0,5) = -e^{-0,5x} < 0$$

Damit ist f streng monoton fallend und es existiert eine Umkehrfunktion $\overline{f}$.
Löst man $y = f(x) = 2 \cdot e^{-0,5x} + 1$ nach x auf, so erhält man:

$$y - 1 = 2 \cdot e^{-0,5x} \Rightarrow \frac{y-1}{2} = e^{-0,5x} \Rightarrow \ln\left(\frac{y-1}{2}\right) = -0,5x \Rightarrow -2\ln\left(\frac{y-1}{2}\right) = x$$

Vertauscht man die Variablen x und y, so gilt:

$$-2\ln\left(\frac{x-1}{2}\right) = y.$$

Der Definitionsbereich von $\overline{f}$ ist die Wertemenge von f, also $D_{\overline{f}} = \;]1;\infty[$, die Wertemenge von $\overline{f}$ ist die Definitionsmenge von f, also $W_{\overline{f}} = \mathbb{R}$. Damit ergibt sich für die Umkehrfunktion von f:

$$\overline{f}(x) = -2\ln\left(\frac{x-1}{2}\right) \; ; \; x > 1$$

Aufgaben

Zeigen Sie, dass die Funktion f umkehrbar ist und bestimmen Sie jeweils die Umkehrfunktion $\overline{f}$ der gegebenen Funktion f. Geben Sie die Definitions- und Wertemenge von $\overline{f}$ an:

a) $f(x) = (x+1)^2 \; ; \; x > -1$

b) $f(x) = \frac{2}{x-1} \; ; \; x > 1$

c) $f(x) = \sqrt{4+2x} \; ; \; x \geq -2$

d) $f(x) = 4 \cdot e^{-2x} + 2$

e) $f(x) = 4 \cdot \ln(x-2) \; ; \; x > 2$

f) Zeigen Sie, dass die Funktion $\overline{f}$ mit $\overline{f}(x) = \frac{1}{2}e^x + 2$ eine Umkehrfunktion der Funktion f mit $f(x) = \ln(2x-4)$ ist.

g) Zeigen Sie, dass die Funktion $\overline{f}$ mit $\overline{f}(x) = \sqrt{4+8x}$ eine Umkehrfunktion der Funktion f mit $f(x) = \frac{1}{8}x^2 - \frac{1}{2}$ ist.

Geometrie

5 Punkte, Geraden und Ebenen

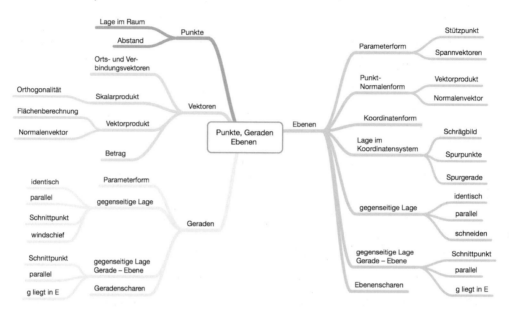

5.1 Rechnen mit Vektoren

Tipps ab Seite 108, Lösungen ab Seite 192

In diesem Kapitel geht es darum, die Grundkenntnisse des Rechnens mit Vektoren zu wiederholen. Dazu gehören die Addition und Subtraktion von Vektoren. Neben diesen Rechenoperationen ist es wichtig, das Skalarprodukt zu kennen und zu wissen, dass es genau dann gleich Null ist, wenn zwei Vektoren senkrecht aufeinander stehen.

Da mit Vektoren geometrische Objekte wie Dreiecke, Parallelogramme und verschiedene Körper beschrieben werden können, sollten Sie die grundlegenden Eigenschaften dieser Objekte kennen. Rechenregeln für das Rechnen mit Vektoren finden Sie bei den Tipps auf Seite 108. Wenn nicht anders angegeben gilt für alle Parameter: $r, s, t, \ldots \in \mathbb{R}$.

5.1.1 Rechenregeln und Betrag

Gegeben sind die Vektoren $\vec{a} = \begin{pmatrix} -1 \\ 2 \\ 4 \end{pmatrix}$ und $\vec{b} = \begin{pmatrix} 3 \\ 1 \\ 2 \end{pmatrix}$. Berechnen Sie:

a) $\vec{a}+\vec{b}$ b) $\vec{a}-\vec{b}$ c) $2 \cdot \vec{a}$ d) $-\vec{a}$ e) $2\vec{a}+3\vec{b}$
f) $\vec{a} \cdot \vec{b}$ g) $|\vec{a}|$ h) $|\vec{b}|$ i) $|\vec{a}+\vec{b}|$ j) $\vec{a} \times \vec{b}$

5.1.2 Orts- und Verbindungsvektoren

Tipp: Fertigen Sie eine Skizze an und stellen Sie Vektorketten auf.

a) Gegeben sind die Punkte A(2|3|2), B(7|4|3) und C(1|5|−2).
Bestimmen Sie die Ortsvektoren $\vec{a}$, $\vec{b}$ und $\vec{c}$, die Verbindungsvektoren $\overrightarrow{AB}$, $\overrightarrow{AC}$ und $\overrightarrow{BC}$ und zeigen Sie, dass das Dreieck ABC nicht gleichschenklig ist.

b) Prüfen Sie, ob das Dreieck ABC gleichschenklig ist:

   I) A(3|7|2), B(−1|5|1), C(2|3|0)

   II) A(−5|2|−1), B(0|5|−3), C(−1|6|−3)

c) I) Bestimmen Sie den Mittelpunkt M von A(4|1|3) und B(−2|5|−5).

   II) Bestimmen Sie die Koordinaten des Punktes P so, dass B(4|2|5) der Mittelpunkt von A(3|−1|−4) und P ist.

d) Gegeben sind die Punkte A(4|2|3), B(1|8|5) und C(−2|1|−3).

   I) Bestimmen Sie den Punkt D so, dass das Viereck ABCD ein Parallelogramm ist.

   II) Bestimmen Sie den Punkt D* so, dass das Viereck ABD*C ein Parallelogramm ist.

   III) Bestimmen Sie den Punkt D′ so, dass das Viereck AD′BC ein Parallelogramm ist.

e) Von einem Spat (Körper mit jeweils 4 parallelen Kanten) sind die Punkte A(3|1|4), B(−2|1|−3), C(5|−2|3) und F(9|2|6) gegeben.

   I) Bestimmen Sie die Koordinaten der übrigen Punkte des Spats.

   II) Berechnen Sie die Länge der Raumdiagonalen AG.

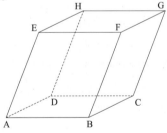

f) Ein schiefes Dreiecksprisma ist gegeben durch die Punkte A(4|1|−3), B(5|−2|−1), C(−1|3|−2) und D(7|4|2).
Bestimmen Sie die Koordinaten der Punkte E und F sowie die Länge der Kante EF.

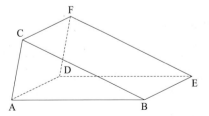

5.1.3 Orthogonalität von Vektoren

a) Prüfen Sie, ob folgende Vektoren senkrecht (orthogonal) aufeinander stehen.

I) $\vec{a} = \begin{pmatrix} -1 \\ 0 \\ 1 \end{pmatrix}$, $\vec{b} = \begin{pmatrix} 2 \\ 2 \\ 0 \end{pmatrix}$ II) $\vec{r} = \begin{pmatrix} 5 \\ -1 \\ 3 \end{pmatrix}$, $\vec{n} = \begin{pmatrix} 2 \\ 1 \\ -3 \end{pmatrix}$

III) $\vec{z} = \begin{pmatrix} 2 \\ -2 \\ 4 \end{pmatrix}$, $\vec{w} = \begin{pmatrix} 1 \\ 3 \\ 1 \end{pmatrix}$

b) Geben Sie drei verschiedene Vektoren an, die zu $\vec{n} = \begin{pmatrix} 1 \\ 2 \\ -3 \end{pmatrix}$ orthogonal sind.

c) Prüfen Sie, ob das Dreieck ABC rechtwinklig ist:
A(5 | 1 | 0), B(1 | 5 | 2), C(−1 | 1 | 6)

5.2 Geraden

Tipps ab Seite 109, Lösungen ab Seite 196

Die Parameterform der Geradengleichung in der vektoriellen Geometrie lautet:

$$g: \vec{x} = \vec{p} + t \cdot \vec{u} \text{ mit } t \in \mathbb{R}$$

Dabei wird der Vektor $\vec{p}$ als Stützvektor bezeichnet, weil er die Gerade «stützt», entsprechend ist der Punkt P der «Stützpunkt». Der Vektor $\vec{u}$ ist der Richtungsvektor der Geraden, da er die Richtung der Geraden angibt. t ist der Parameter, der angibt, mit welchem Faktor der Richtungsvektor vervielfacht wird.

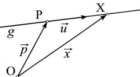

5.2.1 Aufstellen von Geradengleichungen

Stellen Sie eine Gleichung der Geraden auf, die durch die beiden Punkte geht:

a) A(1 | 0 | 2), B(3 | 1 | 3)   b) C(2 | 1 | −4), D(4 | 0 | 1)   c) E(1 | 1 | 0), F(0 | 0 | 1)

5.2.2 Punktprobe

Liegen die gegebenen Punkte A, B, C auf der Geraden $g: \vec{x} = \begin{pmatrix} 1 \\ 3 \\ -2 \end{pmatrix} + r \cdot \begin{pmatrix} 1 \\ 4 \\ 2 \end{pmatrix}$?

a) A(2 | 7 | 0)   b) B(3 | 11 | 3)   c) C(−2 | −9 | −8)

5.2.3 Gegenseitige Lage von Geraden

Zwei Geraden können auf vier verschiedene Weise zueinander liegen: Sie können parallel liegen, identisch sein, sich schneiden oder windschief sein. Die genauen Rechenwege zur Bestimmung der gegenseitigen Lage sind in den Tipps auf Seite 109 beschrieben.

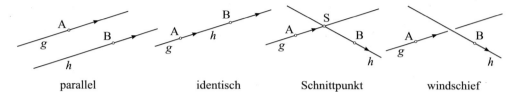

parallel · identisch · Schnittpunkt · windschief

Bestimmen Sie die gegenseitige Lage der beiden gegebenen Geraden:

a) $g_1: \vec{x} = \begin{pmatrix} 4 \\ 2 \\ 5 \end{pmatrix} + t \cdot \begin{pmatrix} 1 \\ 1 \\ 2 \end{pmatrix}$ $g_2: \vec{x} = \begin{pmatrix} 5 \\ -4 \\ -1 \end{pmatrix} + r \cdot \begin{pmatrix} -3 \\ 4 \\ 2 \end{pmatrix}$

b) $g_1: \vec{x} = \begin{pmatrix} -4 \\ 0 \\ 4 \end{pmatrix} + r \cdot \begin{pmatrix} -2 \\ 1 \\ 3 \end{pmatrix}$ $g_2: \vec{x} = \begin{pmatrix} 3 \\ 2 \\ 3 \end{pmatrix} + t \cdot \begin{pmatrix} 3 \\ 4 \\ 5 \end{pmatrix}$

c) $g: \vec{x} = \begin{pmatrix} 1 \\ -3 \\ 5 \end{pmatrix} + s \cdot \begin{pmatrix} 2 \\ 1 \\ -3 \end{pmatrix}$ $h: \vec{x} = \begin{pmatrix} 5 \\ 1 \\ -3 \end{pmatrix} + t \cdot \begin{pmatrix} 4 \\ -5 \\ -1 \end{pmatrix}$

d) $g: \vec{x} = \begin{pmatrix} 1 \\ 2 \\ 1 \end{pmatrix} + t \cdot \begin{pmatrix} 2 \\ 0 \\ 1 \end{pmatrix}$ $h: \vec{x} = \begin{pmatrix} 2 \\ 3 \\ 4 \end{pmatrix} + r \cdot \begin{pmatrix} 0 \\ 1 \\ -1 \end{pmatrix}$

e) $g: \vec{x} = \begin{pmatrix} 4 \\ 0 \\ 1 \end{pmatrix} + s \cdot \begin{pmatrix} 2 \\ -1 \\ 3 \end{pmatrix}$ $h: \vec{x} = \begin{pmatrix} 6 \\ -1 \\ 4 \end{pmatrix} + t \cdot \begin{pmatrix} -2 \\ 1 \\ -3 \end{pmatrix}$

f) $g: \vec{x} = \begin{pmatrix} 1 \\ 2 \\ 3 \end{pmatrix} + r \cdot \begin{pmatrix} 1 \\ -1 \\ 2 \end{pmatrix}$ $h: \vec{x} = \begin{pmatrix} -1 \\ 4 \\ -1 \end{pmatrix} + s \cdot \begin{pmatrix} -3 \\ 3 \\ -6 \end{pmatrix}$

g) $g: \vec{x} = \begin{pmatrix} 1 \\ 4 \\ -2 \end{pmatrix} + t \cdot \begin{pmatrix} -2 \\ -1 \\ 3 \end{pmatrix}$ $h: \vec{x} = \begin{pmatrix} -1 \\ 3 \\ -1 \end{pmatrix} + r \cdot \begin{pmatrix} 4 \\ 2 \\ -6 \end{pmatrix}$

h) $g: \vec{x} = \begin{pmatrix} 0 \\ 1 \\ 4 \end{pmatrix} + s \cdot \begin{pmatrix} 4 \\ 6 \\ -8 \end{pmatrix}$ $h: \vec{x} = \begin{pmatrix} 4 \\ 8 \\ -4 \end{pmatrix} + t \cdot \begin{pmatrix} 2 \\ 3 \\ -4 \end{pmatrix}$

5.3 Ebenen

Tipps ab Seite 110, Lösungen ab Seite 200

Um eine Ebene zu beschreiben, gibt es verschiedene Gleichungen: Ähnlich wie für die Gerade gibt es eine *Parametergleichung*, diese lautet:

$$E: \vec{x} = \vec{p} + r \cdot \vec{u} + s \cdot \vec{v}$$

Der Vektor $\vec{p}$ ist auch hier der Stützvektor, die Vektoren $\vec{u}$ und $\vec{v}$ sind die Spannvektoren, da sie die Ebene «aufspannen».

Bei der *Punkt-Normalenform* der Ebene wird die Ebene durch einen Stützpunkt und einen Normalenvektor beschrieben. Der Normalenvektor $\vec{n}$ steht immer senkrecht auf der Ebene. Die dazugehörige Gleichung ist

$$E: (\vec{x} - \vec{p}) \cdot \vec{n} = 0$$

Anschaulich gesprochen bedeutet die Gleichung, dass das Skalarprodukt zwischen dem Normalenvektor $\vec{n}$ und jedem Vektor in der Ebene immer Null sein muss.

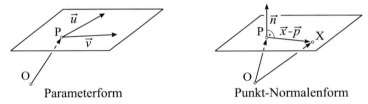

Parameterform　　　　Punkt-Normalenform

Die Koordinatenform erhalten Sie durch Ausrechnen der Punkt-Normalenform. Sie lautet

$$E: a \cdot x_1 + b \cdot x_2 + c \cdot x_3 = d$$

Dabei sind a, b und c die Komponenten des Normalenvektors $\vec{n}$.

Ist eine Ebene in Parameterform gegeben und sucht man die Koordinatenform, so ist zuerst ein Normalenvektor gesucht, der senkrecht auf den beiden Spannvektoren $\vec{u}$ und $\vec{v}$ stehen muss. Diesen kann man mithilfe des Skalarprodukts berechnen, indem man verwendet, dass $\vec{n} \cdot \vec{u} = 0$ und $\vec{n} \cdot \vec{v} = 0$ sein muss. Man erhält so ein Gleichungssystem aus zwei Gleichungen, mit dessen Hilfe man den Vektor $\vec{n}$ bestimmen kann. Ein weiterer Weg führt über das Vektorprodukt, siehe nächste Seite. Anschließend kann man die Punkt-Normalenform aufstellen und diese ausrechnen oder den gegebenen Punkt in den Ansatz der Koordinatenform einsetzen und d bestimmen.

Das Vektorprodukt

Tipp: Wenn man einen Vektor $\vec{n}$ sucht, der senkrecht auf zwei gegebenen Vektoren $\vec{a}$ und $\vec{b}$ steht, geschieht dies einfach und schnell mit dem **Vektorprodukt**:

$$\vec{n} = (\vec{a} \times \vec{b}) = \begin{pmatrix} a_2 b_3 - a_3 b_2 \\ a_3 b_1 - a_1 b_3 \\ a_1 b_2 - a_2 b_1 \end{pmatrix}$$

Die Merkhilfe dazu:

1. Beide Vektoren werden je zweimal untereinander geschrieben, dann werden die erste und die letzte Zeile gestrichen.

2. Anschließend wird «über Kreuz» multipliziert. Dabei erhalten die abwärts gerichteten Pfeile ein positives und die aufwärts gerichteten Pfeile ein negatives Vorzeichen.

3. Die einzelnen Komponenten werden subtrahiert – fertig!

$$\begin{array}{cc} \cancel{a_1} & \cancel{b_1} \\ a_2 & b_2 \\ a_3 & b_3 \\ a_1 & b_1 \\ a_2 & b_2 \\ \cancel{a_3} & \cancel{b_3} \end{array} \Rightarrow \begin{array}{cc} a_2 & b_2 \\ a_3 & b_3 \\ a_1 & b_1 \\ a_2 & b_2 \end{array} \Rightarrow \begin{pmatrix} a_2 b_3 - a_3 b_2 \\ a_3 b_1 - a_1 b_3 \\ a_1 b_2 - a_2 b_1 \end{pmatrix}$$

Beispiel:

Sind $\vec{a} = \begin{pmatrix} 1 \\ 3 \\ 2 \end{pmatrix}$ und $\vec{b} = \begin{pmatrix} -1 \\ 4 \\ 0 \end{pmatrix}$, ergibt sich für den gesuchten Vektor:

$$\begin{array}{cc} \cancel{1} & \cancel{-1} \\ 3 & 4 \\ 2 & 0 \\ 1 & -1 \\ 3 & 4 \\ \cancel{2} & \cancel{0} \end{array} \Rightarrow \begin{array}{cc} 3 & 4 \\ 2 & 0 \\ 1 & -1 \\ 3 & 4 \end{array} \Rightarrow \begin{pmatrix} 3 \cdot 0 - 2 \cdot 4 \\ 2 \cdot (-1) - 1 \cdot 0 \\ 1 \cdot 4 - 3 \cdot (-1) \end{pmatrix} = \begin{pmatrix} -8 \\ -2 \\ 7 \end{pmatrix}$$

Anmerkung:
Mithilfe des Vektorprodukts lässt sich die Fläche des Dreiecks ABC direkt ausrechnen. Es ist

$$A_\triangle = \frac{1}{2} |\overrightarrow{AB} \times \overrightarrow{AC}|$$

5.3 Ebenen

5.3.1 Parameterform der Ebenengleichung □

Im Folgenden sind jeweils drei Punkte bzw. eine Gerade und ein Punkt gegeben, die eine Ebene festlegen. Geben Sie zu diesen Ebenen jeweils eine Ebenengleichung in Parameterform an.

a) $A(1|4|3), B(2|7|-3), C(3|5|1)$ b) $P(3|1|2), Q(4|7|3), R(4|0|-1)$

c) $A(1|3|6), g: \vec{x} = \begin{pmatrix} -1 \\ 2 \\ 4 \end{pmatrix} + t \cdot \begin{pmatrix} 3 \\ 6 \\ -1 \end{pmatrix}$ d) $B(0|1|2), g: \vec{x} = \begin{pmatrix} 7 \\ 3 \\ 2 \end{pmatrix} + t \cdot \begin{pmatrix} 1 \\ 2 \\ 1 \end{pmatrix}$

5.3.2 Koordinatengleichung einer Ebene □

Bestimmen Sie eine Koordinatengleichung der Ebene E. Es sind entweder die Normalenform, drei Punkte, ein Punkt und eine Gerade oder zwei Geraden, die die Ebene aufspannen, gegeben.

a) $E: \left(\vec{x} - \begin{pmatrix} 3 \\ 1 \\ 2 \end{pmatrix} \right) \cdot \begin{pmatrix} 2 \\ 3 \\ 1 \end{pmatrix} = 0$ b) $E: \left(\vec{x} - \begin{pmatrix} -5 \\ 4 \\ -1 \end{pmatrix} \right) \cdot \begin{pmatrix} 2 \\ -1 \\ 3 \end{pmatrix} = 0$

c) $A(2|2|2), B(4|1|3), C(8|4|5)$ d) $P(1|3|5), Q(2|7|3), R(5|1|3)$

e) $A(4|1|2), g: \vec{x} = \begin{pmatrix} 3 \\ 5 \\ 7 \end{pmatrix} + t \cdot \begin{pmatrix} 1 \\ 1 \\ 1 \end{pmatrix}$ f) $C(4|3|4), g: \vec{x} = \begin{pmatrix} 7 \\ 2 \\ 3 \end{pmatrix} + t \cdot \begin{pmatrix} 1 \\ -3 \\ -3 \end{pmatrix}$

g) $g_1: \vec{x} = \begin{pmatrix} 1 \\ 2 \\ 3 \end{pmatrix} + t \cdot \begin{pmatrix} 1 \\ 3 \\ 4 \end{pmatrix}$ $g_2: \vec{x} = \begin{pmatrix} 1 \\ 2 \\ 3 \end{pmatrix} + s \cdot \begin{pmatrix} 2 \\ -1 \\ 3 \end{pmatrix}$

h) $g_1: \vec{x} = \begin{pmatrix} 1 \\ 2 \\ 4 \end{pmatrix} + s \cdot \begin{pmatrix} 1 \\ 3 \\ 2 \end{pmatrix}$ $g_2: \vec{x} = \begin{pmatrix} 3 \\ 3 \\ 7 \end{pmatrix} + t \cdot \begin{pmatrix} 2 \\ 1 \\ 3 \end{pmatrix}$

i) $g_1: \vec{x} = \begin{pmatrix} 3 \\ 1 \\ 6 \end{pmatrix} + s \cdot \begin{pmatrix} 2 \\ 1 \\ 4 \end{pmatrix}$ $g_2: \vec{x} = \begin{pmatrix} -1 \\ -8 \\ 4 \end{pmatrix} + t \cdot \begin{pmatrix} 1 \\ 4 \\ -1 \end{pmatrix}$

j) $g_1: \vec{x} = \begin{pmatrix} 1 \\ 0 \\ 2 \end{pmatrix} + s \cdot \begin{pmatrix} 3 \\ 1 \\ 2 \end{pmatrix}$ $g_2: \vec{x} = \begin{pmatrix} 4 \\ 1 \\ 1 \end{pmatrix} + t \cdot \begin{pmatrix} 6 \\ 2 \\ 4 \end{pmatrix}$

k) $g: \vec{x} = \begin{pmatrix} 0 \\ 1 \\ 0 \end{pmatrix} + s \cdot \begin{pmatrix} 2 \\ 1 \\ 2 \end{pmatrix}$ $h: \vec{x} = \begin{pmatrix} 2 \\ 0 \\ 2 \end{pmatrix} + t \cdot \begin{pmatrix} -4 \\ -2 \\ -4 \end{pmatrix}$

l) Die Ebene E ist Spiegelebene zwischen $A(1|4|7)$ und $A^*(3|2|3)$.

m) Die Ebene E enthält die Gerade $g: \vec{x} = \begin{pmatrix} 3 \\ 1 \\ 2 \end{pmatrix} + t \cdot \begin{pmatrix} 2 \\ 0 \\ -1 \end{pmatrix}$ und ist orthogonal zur Ebene F: $-x_1 + x_2 + 2x_3 + 2 = 0$.

n) Prüfen Sie, ob die vier Punkte A(2 | 1 | 2), B(4 | 3 | 4), C(7 | 2 | 3) und D(8 | −1 | 0) in einer Ebene liegen.

5.3.3 Punktprobe

Prüfen Sie, ob die gegebenen Punkte A, B, C in den Ebenen

E: $\vec{x} = \begin{pmatrix} 1 \\ 2 \\ -1 \end{pmatrix} + s \cdot \begin{pmatrix} 2 \\ 1 \\ 0 \end{pmatrix} + t \cdot \begin{pmatrix} -1 \\ 0 \\ 3 \end{pmatrix}$ und F: $4x_1 + 2x_2 - 3x_3 = -4$

liegen.

a) A(1 | 3 | 5) b) B(0 | 1 | 2) c) C(5 | 4 | −1)

5.3.4 Spurpunkte

Es sind verschiedene Ebenen angegeben. Zeichnen Sie diese mithilfe ihrer Spurpunkte in ein kartesisches Koordinatensystem ein:

Tipp: Spurpunkte sind die Punkte, in denen die Ebene die Koordinatenachsen schneidet.

a) E: $3x_1 + 4x_2 + 3x_3 = 12$ b) E: $4x_1 - 8x_2 + 4x_3 = 16$ c) E: $3x_1 - 3x_2 - 3x_3 = 9$

d) E: $2x_1 + 4x_2 = 8$ e) E: $x_1 + 2x_3 = 4$ f) E: $3x_2 + x_3 = 3$

g) E: $x_2 = 3$ h) E: $x_1 - x_2 = 0$

5.3.5 Bestimmen von Geraden und Ebenen in einem Quader

In der Abbildung ist ein Quader dargestellt, M und N seien die Mittelpunkte der beiden Kanten $\overline{BE}$ bzw. $\overline{CF}$.

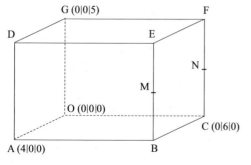

a) Bestimmen Sie die Koordinaten der übrigen Punkte.

b) Geben Sie eine Koordinatengleichung der Ebene durch B, E und F an.

c) Geben Sie je eine Geradengleichung der Geraden durch A und N sowie G und M an.

d) Bestimmen Sie die Koordinatengleichung der Ebene durch A, O, E und F.

5.4 Gegenseitige Lage von Geraden und Ebenen

Tipps ab Seite 111, Lösungen ab Seite 212

Eine Gerade und eine Ebene können auf drei verschiedene Weisen zueinander liegen: Die Gerade kann die Ebene schneiden, sie kann parallel zu ihr liegen und sie kann in der Ebene liegen. Liegt die Ebene in der Parameterform vor, werden Geraden- und Ebenengleichung gleichgesetzt. Liegt sie in der Punkt-Normalenform oder der Koordinatenform vor, schreiben Sie die Gerade als «allgemeinen Punkt» um und setzten diesen in die Ebenengleichung ein.

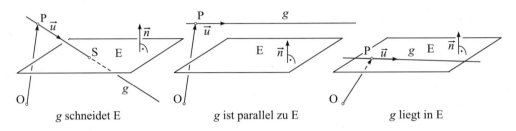

g schneidet E   g ist parallel zu E   g liegt in E

5.4.1 Gegenseitige Lage

Bestimmen Sie die gegenseitige Lage der Gerade und der Ebene:

a) $g: \vec{x} = \begin{pmatrix} 4 \\ 6 \\ 2 \end{pmatrix} + t \cdot \begin{pmatrix} 1 \\ 2 \\ 3 \end{pmatrix}$ $E: 2x_1 + 4x_2 + 6x_3 + 12 = 0$

b) $g: \vec{x} = \begin{pmatrix} 3 \\ 2 \\ 2 \end{pmatrix} + s \cdot \begin{pmatrix} 2 \\ 5 \\ 7 \end{pmatrix}$ $E: 2x_1 + x_2 - 3x_3 = 4$

c) $g: \vec{x} = \begin{pmatrix} 4 \\ 1 \\ 3 \end{pmatrix} + t \cdot \begin{pmatrix} 2 \\ -1 \\ 1 \end{pmatrix}$ $E: \left(\vec{x} - \begin{pmatrix} 1 \\ -2 \\ -2 \end{pmatrix}\right) \cdot \begin{pmatrix} 1 \\ -3 \\ -5 \end{pmatrix} = 0$

d) $g: \vec{x} = \begin{pmatrix} 3 \\ 4 \\ 7 \end{pmatrix} + t \cdot \begin{pmatrix} 1 \\ 0 \\ 1 \end{pmatrix}$ $E: \left(\vec{x} - \begin{pmatrix} 4 \\ 6 \\ 8 \end{pmatrix}\right) \cdot \begin{pmatrix} -1 \\ 6 \\ -5 \end{pmatrix} = 0$

e) $g: \vec{x} = \begin{pmatrix} 1 \\ -2 \\ 3 \end{pmatrix} + s \cdot \begin{pmatrix} 2 \\ 1 \\ 2 \end{pmatrix}$ $E: x_1 - x_3 = 0$

f) $g: \vec{x} = \begin{pmatrix} 1 \\ 2 \\ 3 \end{pmatrix} + t \cdot \begin{pmatrix} 1 \\ 3 \\ 4 \end{pmatrix}$ \hspace{1cm} $E: 13x_1 + 5x_2 - 7x_3 - 2 = 0$

5.4.2 Vermischte Aufgaben

a) Gegeben ist die Ebene $E: 2x_1 + x_2 - 2x_3 = 12$. Bestimmen Sie die Gleichung einer Geraden, welche parallel zu E ist und durch den Punkt $P(4 \mid 9 \mid 7)$ verläuft.

b) Die Ebene E hat die Gleichung $E: 4x_1 - 3x_2 + 5x_3 = 17$. Bestimmen Sie die Gleichung der Geraden, die orthogonal zu E ist und durch den Punkt $Q(4 \mid -1 \mid 3)$ verläuft.

c) Zeigen Sie, dass die Gerade $g: \vec{x} = \begin{pmatrix} 4 \\ 6 \\ 8 \end{pmatrix} + t \cdot \begin{pmatrix} 1 \\ 2 \\ 2 \end{pmatrix}$ und die Ebene $E: 4x_1 - 3x_2 + x_3 = 7$ keine gemeinsamen Punkte haben.

d) Zeigen Sie, dass die Ebene $E: 4x_1 - 2x_2 = 4$ die Gerade $g: \vec{x} = \begin{pmatrix} 4 \\ 6 \\ 8 \end{pmatrix} + t \cdot \begin{pmatrix} 1 \\ 2 \\ 3 \end{pmatrix}$ enthält.

5.5 Gegenseitige Lage von Ebenen

Tipps ab Seite 112, Lösungen ab Seite 213

Zwei Ebenen können auf drei verschiedene Arten zueinander liegen: Die beiden Ebenen können sich schneiden, sie können identisch sein oder parallel zueinander liegen. Wenn sich die beiden Ebenen schneiden, entsteht eine Schnittgerade s.

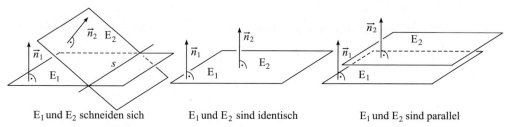

E_1 und E_2 schneiden sich \hspace{1cm} E_1 und E_2 sind identisch \hspace{1cm} E_1 und E_2 sind parallel

Liegen die Ebenen in Koordinatenform vor, so lässt sich die Aufgabe relativ einfach dadurch lösen, dass man die beiden Gleichungen als Gleichungssystem mit drei Unbekannten auffasst.

5.5 Gegenseitige Lage von Ebenen

Beispiel:

Gegeben sind die Ebenen $E_1: 3x_1 - 2x_2 + x_3 = 6$ und $E_2: 2x_1 + 2x_2 - x_3 = -1$.
Damit erhält man folgendes Gleichungssystem:

$$\begin{array}{rrrrrrr} \text{I} & 3x_1 & - & 2x_2 & + & x_3 & = & 6 \\ \text{II} & 2x_1 & + & 2x_2 & - & x_3 & = & -1 \end{array}$$

Subtrahiert man das 3-fache von Gleichung II vom 2-fachen von Gleichung I, erhält man:
$-10x_2 + 5x_3 = 15$.
Wählt man $x_2 = t$, so ergibt sich: $-10t + 5x_3 = 15 \Rightarrow x_3 = 3 + 2t$.
Setzt man $x_2 = t$ und $x_3 = 3 + 2t$ in Gleichung I ein, erhält man:
$3x_1 - 2 \cdot t + 3 + 2t = 6 \Rightarrow x_1 = 1$.
Umschreiben zu einer Geradengleichung ergibt:

$$g: \vec{x} = \begin{pmatrix} 1 \\ 0 \\ 3 \end{pmatrix} + t \cdot \begin{pmatrix} 0 \\ 1 \\ 2 \end{pmatrix}$$

5.5.1 Schnitt von zwei Ebenen □

Bestimmen Sie eine Gleichung der Schnittgeraden der beiden Ebenen:

a) $E_1: 6x_1 - x_2 + x_3 = 6$
   $E_2: 2x_1 + x_2 - x_3 = -2$

b) $E_1: -x_1 + 2x_2 - 3x_3 = 6$
   $E_2: 2x_1 + 4x_2 - 2x_3 = 8$

c) $E_1: 2x_2 + 4x_3 = 8$
   $E_2: 2x_1 + x_2 = -2$

d) $E_1: x_1 + 2x_3 = 6$
   $E_2: x_1 + x_2 + x_3 = 1$

e) $E_1: 4x_2 = 8$
   $E_2: 2x_1 + 6x_3 = 0$

5.5.2 Parallele Ebenen □

Zeigen Sie, dass die beiden Ebenen parallel sind bzw. keine gemeinsamen Punkte haben:

a) $E: 4x_1 + 3x_2 - 2x_3 = -7$

   $F: 8x_1 + 6x_2 - 4x_3 = -15$

b) $E: -x_1 + x_2 + 2x_3 = 0$

   $F: \left(\vec{x} - \begin{pmatrix} 5 \\ 2 \\ -1 \end{pmatrix} \right) \cdot \begin{pmatrix} 2 \\ -2 \\ -4 \end{pmatrix} = 0$

c) $E: 3x_1 + 6x_2 = 5$

   $F: \left(\vec{x} - \begin{pmatrix} -1 \\ 4 \\ -1 \end{pmatrix} \right) \cdot \begin{pmatrix} -1 \\ -2 \\ 0 \end{pmatrix} = 0$

5.5.3 Orthogonale Ebenen

a) Zeigen Sie, dass die Ebene $E: 3x_1 + 4x_2 - 2x_3 = 7$ orthogonal zur Ebene $F: 2x_1 + x_2 + 5x_3 = 9$ ist.

b) Prüfen Sie, ob die Ebenen $E: 2x_1 - 4x_2 - 2x_3 = 7$ und $F: 3x_1 + 2x_2 + x_3 = 9$ orthogonal zueinander sind.

c) Prüfen Sie, ob die Ebene $E: 2x_1 - x_2 - 4x_3 = 7$ orthogonal ist zur Ebene
$$F: \left(\vec{x} - \begin{pmatrix} -1 \\ 4 \\ -1 \end{pmatrix}\right) \cdot \begin{pmatrix} -1 \\ -2 \\ 0 \end{pmatrix} = 0$$

5.5.4 Lineare Gleichungssysteme

Geben Sie die Lösungsmengen der folgenden linearen Gleichungssysteme sowie deren geometrische Interpretation an:

a)
$$\begin{aligned} 4x_1 + x_2 - 2x_3 &= 9 \\ -2x_1 + 3x_2 + 3x_3 &= 4 \\ x_1 - 2x_2 - x_3 &= -4 \end{aligned}$$

b)
$$\begin{aligned} x_1 + 2x_2 - 2x_3 &= 7 \\ 2x_1 + x_3 &= 8 \\ -3x_1 + x_2 + 2x_3 &= -1 \end{aligned}$$

c)
$$\begin{aligned} x_1 + x_2 + 7x_3 &= 2 \\ 2x_1 - x_2 - 3x_3 &= -5 \\ -x_2 + 4x_3 &= -3 \end{aligned}$$

d)
$$\begin{aligned} x_1 + 2x_2 - x_3 &= 4 \\ -x_1 + 2x_2 - 3x_3 &= 6 \\ 2x_1 + 2x_3 &= -2 \end{aligned}$$

e)
$$\begin{aligned} 2x_1 + x_2 + x_3 &= 4 \\ 2x_2 - 6x_3 &= 4 \\ -3x_1 - 6x_3 &= -3 \end{aligned}$$

f)
$$\begin{aligned} x_1 + 2x_2 + x_3 &= 4 \\ -x_1 - 4x_2 + x_3 &= 7 \\ 2x_1 + 8x_2 - 2x_3 &= 18 \end{aligned}$$

g)
$$\begin{aligned} x_1 - 2x_2 + x_3 &= 3 \\ -5x_2 + x_3 &= 6 - 2r \\ x_1 + 3x_2 - 3x_3 &= 5r \end{aligned}$$

h)
$$\begin{aligned} 2x_1 - x_2 + x_3 &= 2r \\ x_1 - 5x_2 + 2x_3 &= 7 \\ 9x_2 - 3x_3 &= r - 12 \end{aligned}$$

i) Geben Sie zwei Ebenen an, die die Gerade g mit $g: \vec{x} = \begin{pmatrix} 1 \\ 0 \\ 3 \end{pmatrix} + t \cdot \begin{pmatrix} 0 \\ 1 \\ 2 \end{pmatrix}$ als Schnittgerade besitzen.

6 Abstände, Winkel und Spiegelungen

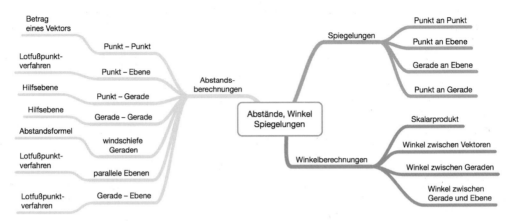

6.1 Abstandsberechnungen

Tipps ab Seite 113, Lösungen ab Seite 221

Die verschiedenen Aufgaben der Abstandsberechnungen lassen sich oft auf die Berechnung des Abstands eines Punktes von einer Ebene oder des Abstands eines Punktes zu einem Punkt zurückführen. So können Sie den Abstand eines Punktes P zu einer Geraden g mit einer Hilfsebene E_H berechnen. Diese steht senkrecht auf g und enthält den Punkt P. Der Abstand ist dann die Länge des Vektors $\overrightarrow{LP}$. (Alternativ können Sie auch das Skalarprodukt benutzen.)

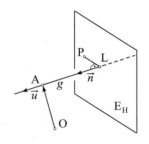

Den Abstand eines Punktes von einer Ebene berechnet man mit der Abstandsformel.

6.1.1 Abstand Punkt – Ebene

Berechnen Sie den Abstand des Punktes von der Ebene:

a) $P(2 \mid 4 \mid -1)$, $E: 2x_1 - x_2 + 2x_3 = 1$ b) $S(9 \mid 4 \mid -3)$, $E: x_1 + 2x_2 + 2x_3 = -3$

c) $Q(8 \mid 1 \mid 1)$, $E: x_1 - 4x_2 - 4x_3 = 0$ d) $R(6 \mid 9 \mid 4)$, $E: \left(\vec{x} - \begin{pmatrix} 7 \\ 5 \\ 2 \end{pmatrix}\right) \cdot \begin{pmatrix} 2 \\ 2 \\ 1 \end{pmatrix} = 0$

6.1.2 Abstand Punkt – Gerade

Berechnen Sie den Abstand des Punktes von der Geraden:

a) $g: \vec{x} = \begin{pmatrix} 4 \\ 5 \\ 6 \end{pmatrix} + t \cdot \begin{pmatrix} -2 \\ 1 \\ 1 \end{pmatrix}$, $T(6 \mid -6 \mid 9)$ b) $g: \vec{x} = \begin{pmatrix} -2 \\ -4 \\ 2 \end{pmatrix} + t \cdot \begin{pmatrix} 3 \\ 0 \\ -2 \end{pmatrix}$, $P(-1 \mid 2 \mid -3)$

6.1.3 Abstand paralleler Geraden

Zeigen Sie, dass die beiden Geraden parallel sind, und berechnen Sie den Abstand der beiden Geraden:

a) $g: \vec{x} = \begin{pmatrix} 2 \\ 1 \\ 2 \end{pmatrix} + t \cdot \begin{pmatrix} 1 \\ 0 \\ 1 \end{pmatrix}$ \qquad $h: \vec{x} = \begin{pmatrix} 2 \\ 3 \\ 4 \end{pmatrix} + s \cdot \begin{pmatrix} 3 \\ 0 \\ 3 \end{pmatrix}$

b) $g: \vec{x} = \begin{pmatrix} 5 \\ -1 \\ 3 \end{pmatrix} + t \cdot \begin{pmatrix} 1 \\ 3 \\ 4 \end{pmatrix}$ \qquad $h: \vec{x} = \begin{pmatrix} 7 \\ -7 \\ 7 \end{pmatrix} + s \cdot \begin{pmatrix} -2 \\ -6 \\ -8 \end{pmatrix}$

6.1.4 Abstand Gerade – Ebene

a) Zeigen Sie, dass $g: \vec{x} = \begin{pmatrix} 1 \\ 2 \\ 3 \end{pmatrix} + t \cdot \begin{pmatrix} 2 \\ -1 \\ 3 \end{pmatrix}$ parallel zu

$E: 4x_1 - x_2 - 3x_3 = 19$ ist und berechnen Sie den Abstand von g zu E.

b) Zeigen Sie, dass $g: \vec{x} = \begin{pmatrix} 1 \\ 8 \\ 1 \end{pmatrix} + t \cdot \begin{pmatrix} -2 \\ 1 \\ -1 \end{pmatrix}$ parallel zu

$E: 2x_1 + x_2 - 3x_3 = 14$ ist und berechnen Sie den Abstand von g zu E.

6.1.5 Abstand paralleler Ebenen

a) Zeigen Sie, dass die Ebene $E_1: 2x_1 - 3x_2 + x_3 = 4$ parallel ist zu $E_2: -2x_1 + 3x_2 - x_3 = -7$ und berechnen Sie den Abstand von E_1 zu E_2.

b) Zeigen Sie, dass die Ebene $E: -x_1 + x_2 + 2x_3 = 0$ parallel ist zu

$F: \left(\vec{x} - \begin{pmatrix} 5 \\ 2 \\ -1 \end{pmatrix}\right) \cdot \begin{pmatrix} 2 \\ -2 \\ -4 \end{pmatrix} = 0$ und berechnen Sie den Abstand von F zu E.

6.1.6 Abstand windschiefer Geraden

Berechnen Sie jeweils den Abstand der beiden windschiefen Geraden:

a) $g: \vec{x} = \begin{pmatrix} -1 \\ -3 \\ 5 \end{pmatrix} + s \cdot \begin{pmatrix} 4 \\ 1 \\ -1 \end{pmatrix}$ \qquad $h: \vec{x} = \begin{pmatrix} 0 \\ -4 \\ 8 \end{pmatrix} + t \cdot \begin{pmatrix} 2 \\ 0 \\ -1 \end{pmatrix}$

b) $g: \vec{x} = \begin{pmatrix} 6 \\ 1 \\ 3 \end{pmatrix} + t \cdot \begin{pmatrix} 2 \\ 1 \\ -2 \end{pmatrix}$ \qquad $h: \vec{x} = \begin{pmatrix} 4 \\ 5 \\ -3 \end{pmatrix} + s \cdot \begin{pmatrix} 0 \\ 1 \\ 2 \end{pmatrix}$

6.1.7 Vermischte Aufgaben

a) Bestimmen Sie denjenigen Punkt A auf $g: \vec{x} = \begin{pmatrix} 2 \\ 1 \\ 3 \end{pmatrix} + t \cdot \begin{pmatrix} 2 \\ 1 \\ 2 \end{pmatrix}$,

welcher von $P(5 \mid 1 \mid 0)$ und $Q(6 \mid 3 \mid 7)$ die gleiche Entfernung hat.

b) Welche Punkte der Geraden $g: \vec{x} = \begin{pmatrix} -1 \\ 4 \\ 1 \end{pmatrix} + t \cdot \begin{pmatrix} 2 \\ -2 \\ 1 \end{pmatrix}$ haben von der

Ebene E: $x_1 - x_3 = 1$ den Abstand $\sqrt{8}$?

c) Bestimmen Sie diejenigen Punkte auf $g: \vec{x} = \begin{pmatrix} 1 \\ 0 \\ 2 \end{pmatrix} + t \cdot \begin{pmatrix} 2 \\ 1 \\ 2 \end{pmatrix}$,

welche von $A(3 \mid 1 \mid 4)$ die Entfernung 3 LE haben.

d) Die Punkte $A(1 \mid 1 \mid 1)$, $B(3 \mid 3 \mid 1)$ und $C(0 \mid 4 \mid 5)$ sowie $S(6 \mid -2 \mid 8)$ bilden eine Pyramide mit der Grundfläche ABC. Berechnen Sie die Höhe der Pyramide.

e) Für welche Werte von a hat der Punkt $P(4 \mid 3 \mid -2)$ den Abstand $\sqrt{20}$ von der Ebene $E_a: 2x_2 - x_3 = a$?

6.2 Winkelberechnungen

Tipps ab Seite 115, Lösungen ab Seite 227

Die verschiedenen Aufgaben der Winkelberechnungen lassen sich auf die Berechnung des Winkels φ zwischen zwei Vektoren $\vec{a}$ und $\vec{b}$ zurückführen, den man mithilfe der Formel $\cos(\varphi) = \frac{\vec{a} \cdot \vec{b}}{|\vec{a}||\vec{b}|}$ bestimmen kann.

Will man den spitzen Winkel φ zwischen zwei Geraden oder zwei Ebenen berechnen, verwendet man die Formel $\cos(\varphi) = \frac{|\vec{u}_1 \cdot \vec{u}_2|}{|\vec{u}_1||\vec{u}_2|}$ bzw. $\cos(\varphi) = \frac{|\vec{n}_1 \cdot \vec{n}_2|}{|\vec{n}_1||\vec{n}_2|}$, wobei $\vec{u}_1$ und $\vec{u}_2$ die beiden Richtungsvektoren der Geraden bzw. $\vec{n}_1$ und $\vec{n}_2$ die beiden Normalenvektoren der Ebenen sind.

Will man den spitzen Winkel φ zwischen einer Geraden und einer Ebene berechnen, verwendet man die Formel $\sin(\varphi) = \frac{|\vec{u} \cdot \vec{n}|}{|\vec{u}||\vec{n}|}$, wobei $\vec{u}$ der Richtungsvektor der Geraden und $\vec{n}$ der Normalenvektor der Ebene ist.

Ohne Taschenrechner lässt sich der Winkel in der Regel nur dann bestimmen, wenn es sich um einen rechten Winkel handelt. Bestimmen Sie ansonsten den Ausdruck für den Kosinus bzw. den Sinus des Winkels.

6.2.1 Winkel zwischen Vektoren und zwischen Geraden

Tipp: Machen Sie eine Skizze. Überlegen Sie, welche Vektoren der Geraden den Winkel einschließen.

a) Berechnen Sie die Innenwinkel des Dreiecks ABC: A$(6|-1|1)$, B$(4|3|-3)$, C$(0|5|1)$.

b) Berechnen Sie den Winkel zwischen den beiden Geraden oder bestimmen Sie einen Rechenausdruck:

I) $g: \vec{x} = \begin{pmatrix} 2 \\ 1 \\ -1 \end{pmatrix} + s \cdot \begin{pmatrix} -1 \\ 3 \\ 5 \end{pmatrix}$ $h: \vec{x} = \begin{pmatrix} 2 \\ 1 \\ -1 \end{pmatrix} + t \cdot \begin{pmatrix} 7 \\ -1 \\ 2 \end{pmatrix}$

II) $g: \vec{x} = \begin{pmatrix} 4 \\ 0 \\ 1 \end{pmatrix} + s \cdot \begin{pmatrix} 2 \\ -6 \\ 10 \end{pmatrix}$ $h: \vec{x} = \begin{pmatrix} 4 \\ 0 \\ 1 \end{pmatrix} + t \cdot \begin{pmatrix} 2 \\ 3 \\ 5 \end{pmatrix}$

6.2.2 Winkel zwischen Ebenen

Berechnen Sie den Winkel zwischen den Ebenen oder bestimmen Sie einen Rechenausdruck:

a) $E_1: x_1 - x_2 + 2x_3 = 7$

  $E_2: 6x_1 + x_2 - x_3 + 7 = 0$

b) $E_1: 4x_2 = 5$

  $E_2: \left(\vec{x} - \begin{pmatrix} 5 \\ 2 \\ -6 \end{pmatrix} \right) \cdot \begin{pmatrix} 6 \\ 0 \\ 5 \end{pmatrix} = 0$

6.2.3 Winkel zwischen Gerade und Ebene

Bestimmen Sie einen Rechenausdruck für den Winkel zwischen der Gerade und der Ebene:

a) $g: \vec{x} = \begin{pmatrix} 3 \\ 7 \\ -4 \end{pmatrix} + t \cdot \begin{pmatrix} 1 \\ 2 \\ -1 \end{pmatrix}$ $E: 3x_1 + 5x_2 - 2x_3 - 7 = 0$

b) $g: x_2$-Achse $E: 6x_1 + 10x_2 - 4x_3 = 14$

c) $g: \vec{x} = \begin{pmatrix} 4 \\ 6 \\ 2 \end{pmatrix} + t \cdot \begin{pmatrix} 1 \\ 2 \\ 3 \end{pmatrix}$ $E: x_1$-x_2-Ebene

6.3 Spiegelungen

Tipps ab Seite 115, Lösungen ab Seite 229

Die Aufgaben der Spiegelungen lassen sich oft auf die Spiegelung eines Punktes an einem Punkt zurückführen. Hierzu stellt man eine geeignete Vektorkette mithilfe des Ursprungs auf.
Um einen Punkt an einer Ebene zu spiegeln, schneidet man die Lotgerade durch diesen Punkt mit der Ebene.
Um einen Punkt an einer Geraden zu spiegeln, stellt man eine orthogonale Hilfsebene durch diesen Punkt auf und schneidet sie mit der Geraden.

6.3.1 Punkt an Punkt

Spiegeln Sie den Punkt $P(3 \mid 4 \mid 5)$ jeweils an dem angegebenen Punkt:

a) $Q(2 \mid 1 \mid 2)$ b) $R(0 \mid 3 \mid -2)$ c) $S(-3 \mid 1 \mid 4)$

6.3.2 Punkt an Ebene

Spiegeln Sie jeweils den Punkt an der Ebene:

a) $A(1 \mid 4 \mid 7)$
$E: x_1 - x_2 - 2x_3 + 11 = 0$

b) $S(-1 \mid -4 \mid -9)$
$E: 2x_1 - 2x_2 + x_3 = 6$

c) $P(2 \mid 3 \mid 4)$
$E: 4x_1 + x_2 - x_3 = 3$

6.3.3 Punkt an Gerade

Spiegeln Sie jeweils den Punkt an der Geraden:

a) $P(2 \mid 3 \mid 4)$, $g: \vec{x} = \begin{pmatrix} 2 \\ 1 \\ 2 \end{pmatrix} + t \cdot \begin{pmatrix} 1 \\ 0 \\ 1 \end{pmatrix}$

b) $B(5 \mid -2 \mid 1)$, $g: \vec{x} = \begin{pmatrix} -1 \\ 6 \\ 5 \end{pmatrix} + t \cdot \begin{pmatrix} 4 \\ -1 \\ -1 \end{pmatrix}$

6.3.4 Gerade an Ebene

Spiegeln Sie jeweils die Gerade an der Ebene:

a) $E: x_1 - x_2 = 0$, $g: \vec{x} = \begin{pmatrix} 6 \\ 2 \\ 0 \end{pmatrix} + t \cdot \begin{pmatrix} 3 \\ 1 \\ 5 \end{pmatrix}$

b) $E: x_1 + 2x_2 + 2x_3 = 5$, $g: \vec{x} = \begin{pmatrix} 4 \\ 9 \\ 5 \end{pmatrix} + t \cdot \begin{pmatrix} 4 \\ -1 \\ -1 \end{pmatrix}$

6.4 Verständnis von Zusammenhängen

Tipps ab Seite 116, Lösungen ab Seite 232

Bei diesen Aufgaben geht es darum, Methoden und Verfahren zu beschreiben und das Verständnis von Zusammenhängen zu dokumentieren. Rechnungen werden in der Regel nicht verlangt, es genügen Skizzen sowie Ansätze für die Rechenwege.

a) Gegeben sind eine Ebene E und eine Gerade g, die in E liegt.
   Beschreiben Sie ein Verfahren, mit dem man eine Gleichung einer Geraden h ermitteln kann, die orthogonal zu g ist und ebenfalls in E liegt.

b) Gegeben sind die Vektoren $\vec{u}$ und $\vec{v}$ mit $|\vec{u}| = 1$, $|\vec{v}| = 2$ und $\vec{u} \cdot \vec{v} = 0$.
   Alle Punkte X mit den Ortsvektoren $\vec{x} = r \cdot \vec{u} + s \cdot \vec{v}$ mit $0 \leqslant r, s \leqslant 1$ bilden eine geometrische Figur.
   Skizzieren Sie diese Figur und geben Sie den Flächeninhalt der Figur an.

c) Gegeben ist eine Kugel K mit Mittelpunkt M und Radius r sowie eine Gerade g.
   Die Kugel K und die Gerade g haben keine gemeinsamen Punkte.
   Beschreiben Sie ein Verfahren, wie man den Abstand von K und g bestimmen kann.

d) Die Gerade g und die Ebene E schneiden sich im Punkt S.
   Die Gerade g' ist das Bild von g bei der Spiegelung an der Ebene E.
   Beschreiben Sie ein Verfahren, um eine Gleichung der Geraden g' zu ermitteln.

e) Gegeben sind eine Gerade g und ein Punkt A, der nicht auf g liegt.
   Beschreiben Sie ein Verfahren, mit dem man denjenigen Punkt B auf g bestimmt, der den kleinsten Abstand von A hat.

f) Gegeben sind der Mittelpunkt einer Kugel K sowie eine Ebene E.
   Die Kugel berührt diese Ebene.
   Beschreiben Sie, wie man den Kugelradius und den Berührpunkt B bestimmen kann.

6.5 Flächen- und Volumenberechnungen

Tipps ab Seite 116, Lösungen ab Seite 235

a) Berechnen Sie den Flächeninhalt des Parallelogramms ABCD, welches durch die Punkte A$(4 \mid 2 \mid -1)$, B$(6 \mid 3 \mid 1)$, C$(-1 \mid 0 \mid 3)$ und D$(-3 \mid -1 \mid 1)$ gegeben ist.

b) Berechnen Sie den Flächeninhalt des Dreiecks ABC mit A$(2 \mid 1 \mid -3)$, B$(0 \mid 4 \mid 1)$ und C$(-1 \mid 2 \mid 2)$.

6.5 Flächen- und Volumenberechnungen

c) Bestimmen Sie die Spurpunkte der Ebene E: $2x_1 + 3x_2 + 4x_3 = 12$ und bestimmen Sie das Volumen der Pyramide, welche von den Spurpunkten und dem Ursprung gebildet wird.

d) Gegeben sind die Punkte $A\,(2\mid 3\mid 0)$, $B\,(1\mid 2\mid -2)$ und $C\,(3\mid 1\mid 2)$ sowie $S(1\mid 3\mid 5)$. Berechnen Sie den Flächeninhalt der Grundfläche ABC und das Volumen der Pyramide ABCS.

Stochastik

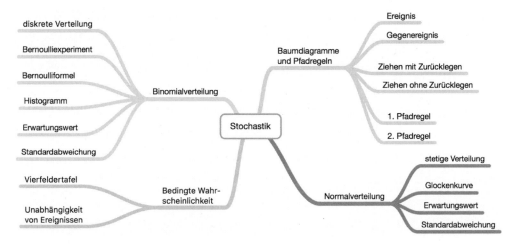

7 Baumdiagramme und Vierfeldertafeln

7.1 Ziehen mit Zurücklegen

Tipps ab Seite 118, Lösungen ab Seite 238

In diesem Kapitel geht es darum, mithilfe bereits bekannter Wahrscheinlichkeiten von einzelnen Ergebnissen die Wahrscheinlichkeiten weiterer, oft «komplizierterer» Ereignisse zu bestimmen. Ein wichtiges Hilfsmittel zur Veranschaulichung hierfür sind *Baumdiagramme*. Sie sind insbesondere bei mehrstufigen Zufallsexperimenten hilfreich. Eine Verzweigung entspricht dabei den möglichen Versuchsausgängen der jeweiligen Stufe; längs der «Äste» werden die zugehörigen Wahrscheinlichkeiten notiert. Beim Ziehen mit Zurücklegen ändert sich die Wahrscheinlichkeit bei jedem Zug nicht. Manchmal ist es auch geschickt oder hilfreich die Wahrscheinlichkeit eines Ereignisses A mit der Wahrscheinlichkeit des Gegenereignisses $\bar{A}$ zu berechnen; dies ist vor allem (aber nicht immer) bei den Signalwörtern «mindestens» oder «höchstens» der Fall. Es gilt dann für die entsprechenden Wahrscheinlichkeiten:

$$P(A) = 1 - P(\bar{A})$$

Beispiel:

Ein Gefäß enthält 4 blaue und 6 rote Kugeln. Es werden 2 Kugeln mit Zurücklegen gezogen.
Da 4 blaue und 6 rote, also insgesamt 10 Kugeln in der Urne sind, beträgt die Wahrscheinlichkeit bei jedem Ziehen für die Ergebnisse blau (b): $\frac{4}{10}$ und für rot (r): $\frac{6}{10}$.
Damit erhält man folgendes Baumdiagramm:

7.1 Ziehen mit Zurücklegen

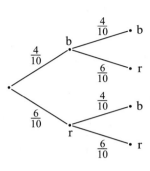

Wichtige Rechenregeln für Baumdiagramme sind die *1. Pfadregel* und die *2. Pfadregel*:
Die 1. Pfadregel (Produktregel) besagt, dass man die Wahrscheinlichkeit längs eines Pfades berechnet, indem man die Wahrscheinlichkeiten der zugehörigen Äste miteinander multipliziert.
Mit der 2. Pfadregel (Summenregel) kann man die Wahrscheinlichkeit eines Ereignisses berechnen, indem man die Wahrscheinlichkeiten aller zugehörigen Pfade addiert.

Will man beispielsweise die Wahrscheinlichkeit berechnen, dass beide Kugeln rot sind, so ergibt sich mithilfe der 1. Pfadregel:

$$P(\text{«beide Kugeln rot»}) = P(rr) = \frac{6}{10} \cdot \frac{6}{10} = \frac{36}{100} = 0{,}36$$

Will man die Wahrscheinlichkeit berechnen, dass beide Kugeln gleichfarbig sind, so ergibt sich mithilfe der 1. und 2. Pfadregel:

$$P(\text{«beide Kugeln gleichfarbig»}) = P(rr) + P(bb) = \frac{6}{10} \cdot \frac{6}{10} + \frac{4}{10} \cdot \frac{4}{10} = \frac{36}{100} + \frac{16}{100} = \frac{52}{100} = 0{,}52$$

Aufgaben:

a) Eine Urne enthält 4 rote, 3 weiße und 2 gelbe Kugeln. Es werden 2 Kugeln mit Zurücklegen gezogen.
Berechnen Sie die Wahrscheinlichkeit folgender Ereignisse:
A: Es werden eine weiße und eine gelbe Kugel gezogen.
B: Es wird keine weiße Kugel gezogen.

b) Ein Gefäß enthält 8 rote, 4 blaue und 2 weiße Kugeln. Es werden 2 Kugeln mit Zurücklegen gezogen.
Berechnen Sie die Wahrscheinlichkeit folgender Ereignisse:
A: Es wird keine rote Kugel gezogen.
B: Es wird höchstens eine rote Kugel gezogen.

c) In einem Behälter befinden sich 3 rote und 5 gelbe Kugeln. Es werden 2 Kugeln mit Zurücklegen gezogen.
   I) Berechnen Sie die Wahrscheinlichkeit, dass mindestens eine der beiden Kugeln gelb ist.
   II) Zeichnen Sie ein Baumdiagramm, wenn im Behälter 3 rote und eine unbekannte Anzahl gelber Kugeln vorhanden sind und zwei Kugeln mit Zurücklegen gezogen werden.

d) In einer Urne befinden sich rote und schwarze Kugeln. Es ergibt sich das nebenstehende Baumdiagramm.

I) Beschreiben Sie eine Situation, die zu diesem Baumdiagramm passt.

II) Berechnen Sie die Wahrscheinlichkeit, dass mindestens eine Kugel rot ist.

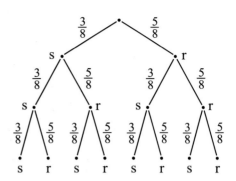

7.2 Ziehen ohne Zurücklegen

Tipps ab Seite 118, Lösungen ab Seite 241

Bei der Erstellung des Baumdiagrammes muss man darauf achten, dass sich bei Stichproben ohne Zurücklegen die Wahrscheinlichkeiten bei jeder Stufe ändern.

Beispiel:

Eine Urne enthält 2 rote und 9 schwarze Kugeln. Es werden 2 Kugeln gleichzeitig gezogen. Das gleichzeitige Ziehen entspricht dem Ziehen ohne Zurücklegen. Man erhält folgendes Baumdiagramm:

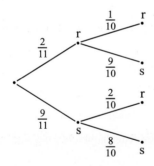

Da 2 rote und 9 schwarze, also insgesamt 11 Kugeln in der Urne sind, beträgt die Wahrscheinlichkeit beim 1. Ziehen für rot (r): $\frac{2}{11}$ und für schwarz (s): $\frac{9}{11}$.

Beim 2. Ziehen sind nur noch 10 Kugeln vorhanden und die Wahrscheinlichkeiten hängen davon ab, welche Farbe schon gezogen wurde.

Will man beispielsweise die Wahrscheinlichkeit berechnen, dass genau eine Kugel schwarz ist, ergibt sich mithilfe der 1. und 2. Pfadregel (Produkt- und Summenregel):

$$P(\text{«genau eine schwarze Kugel»}) = P(rs) + P(sr) = \frac{2}{11} \cdot \frac{9}{10} + \frac{9}{11} \cdot \frac{2}{10} = \frac{9}{55} + \frac{9}{55} = \frac{18}{55}$$

Will man die Wahrscheinlichkeit berechnen, dass mindestens eine der beiden Kugeln schwarz ist, erhält man mithilfe des Gegenereignisses:

$$P(\text{«mindestens eine schwarze Kugel»}) = 1 - P(\text{«keine schwarze Kugel»})$$
$$= 1 - P(rr)$$
$$= 1 - \frac{2}{11} \cdot \frac{1}{10}$$
$$= 1 - \frac{1}{55}$$
$$= \frac{54}{55}$$

Aufgaben:

a) In einer Urne befinden sich 2 grüne, 3 rote und 5 blaue Kugeln. Es werden 2 Kugeln ohne Zurücklegen gezogen.
Berechnen Sie die Wahrscheinlichkeit folgender Ereignisse:
A: Es werden eine grüne und eine rote Kugel gezogen.
B: Es wird keine blaue Kugel gezogen.

b) In einer Urne befinden sich rote und schwarze Kugeln. Es ergibt sich folgendes Baumdiagramm:

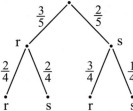

I) Beschreiben Sie eine Situation, die zu diesem Baumdiagramm passt.

II) Berechnen Sie die Wahrscheinlichkeit, dass beide Kugeln gleichfarbig sind.

c) In einer Urne sind 7 weiße, 5 schwarze und 3 rote Kugeln. Es werden 3 Kugeln gleichzeitig gezogen.
Berechnen Sie die Wahrscheinlichkeit folgender Ereignisse:
A: Es werden eine weiße und zwei schwarze Kugeln gezogen.
B: Es wird mindestens eine weiße Kugel gezogen.

d) In einer Urne sind 4 weiße und eine unbekannte Anzahl roter Kugeln. Es werden 2 Kugeln ohne Zurücklegen gezogen.

I) Berechnen Sie die Anzahl roter Kugeln, wenn die Wahrscheinlichkeit, dass beide Kugeln weiß sind, $\frac{1}{6}$ beträgt.

II) Berechnen Sie die Anzahl roter Kugeln, wenn die Wahrscheinlichkeit, dass mindestens eine Kugel weiß ist, $\frac{2}{3}$ beträgt.

e) In einem Gefäß G_1 befinden sich 2 rote und 3 blaue Kugeln, in einem Gefäß G_2 sind 2 rote und 4 blaue Kugeln.

   I) Aus G_1 werden 2 Kugeln mit Zurücklegen gezogen, anschließend wird aus G_2 eine Kugel gezogen.
   Berechnen Sie die Wahrscheinlichkeit, dass mindestens 2 rote Kugeln gezogen wurden.

   II) Aus G_1 werden 2 Kugeln ohne Zurücklegen gezogen und in Gefäß G_2 gelegt, anschließend wird aus G_2 eine Kugel gezogen.
   Berechnen Sie die Wahrscheinlichkeit, dass genau 1 rote Kugel gezogen wurde.

f) In einer Lostrommel sind 3 Gewinne und 7 Nieten. Eine Person kauft 3 Lose.

   I) Berechnen Sie die Wahrscheinlichkeit, dass genau 2 Gewinne gezogen werden.

   II) Berechnen Sie die Wahrscheinlichkeit, dass der Gewinn erst beim dritten Zug gezogen wird.

g) In drei Tablettenpackungen mit je 10 Tabletten sind gelbe und weiße Tabletten. In der ersten Packung gibt es eine gelbe Tablette, in der zweiten Packung sind zwei gelbe Tabletten und in der dritten Packung sind drei gelbe Tabletten.

   I) Aus der dritten Packung werden 3 Tabletten entnommen. Berechnen Sie die Wahrscheinlichkeit, dass mindestens 2 gelbe Tabletten gezogen werden.

   II) Es wird eine Packung ausgewählt und dieser werden 2 Tabletten entnommen. Berechnen Sie die Wahrscheinlichkeit, dass beide Tabletten gelb sind.

h) Ein Kartenspiel besteht aus 2 Stapeln Karten. Im ersten Stapel sind 2 rote und 3 schwarze Karten, im zweiten Stapel gibt es 2 rote und 4 schwarze Karten.

   I) Vom ersten und vom zweiten Stapel werden jeweils 2 Karten ohne Zurücklegen gezogen. Berechnen Sie die Wahrscheinlichkeit, dass alle Karten rot sind.

   II) Vom ersten Stapel werden 2 Karten gezogen und mit den Karten des 2. Stapels vermischt. Anschließend wird vom 2. Stapel eine Karte gezogen. Berechnen Sie die Wahrscheinlichkeit, dass diese gezogene Karte schwarz ist.

7.3 Vierfeldertafeln

7.3.1 Unabhängigkeit von Ereignissen ☐

Tipps ab Seite 120, Lösungen ab Seite 248

Zwei Ereignisse A und B heißen *(stochastisch) unabhängig* genau dann, wenn der *spezielle Multiplikationssatz* gilt:

$$P(A \cap B) = P(A) \cdot P(B)$$

$A \cap B$ bedeutet: A und B treten ein

Ein wichtiges Hilfsmittel zur Darstellung und Prüfung der Unabhängigkeit zweier Ereignisse sind *Vierfeldertafeln*.

1. Beispiel:

In einer Eisdiele wurde über längere Zeit das Kaufverhalten der Kunden beobachtet. Bei Kunden, die genau zwei Kugeln Eis bestellten, konnte folgende Regelmäßigkeit festgestellt werden: Die Wahrscheinlichkeit, dass die 1. der genannten Sorten Vanille ist, liegt bei $p = 0,4$. Für die Wahrscheinlichkeit, dass die 2. genannte Sorte Schokolade ist, gilt $p = 0,3$.

Mit A bezeichnet man das Ereignis «Die 1. bestellte Sorte ist Vanille», mit $\overline{A}$ entsprechend «Die 1. bestellte Sorte ist nicht Vanille». Mit B bezeichnet man das Ereignis «Die 2. Sorte ist Schokolade»:

Zuerst werden die Werte in den Randspalten bzw. Zeilen eingetragen, also $P(A) = 0,4$ und $P(B) = 0,3$ sowie die Differenz zu 1. Da die Ereignisse A und B unabhängig sind, ergeben sich die Werte in der Mitte durch Multiplikation der Randwerte, z.B.
$P(A \cap \overline{B}) = P(A) \cdot P(\overline{B}) = 0,4 \cdot 0,7 = 0,28$.

	A	$\overline{A}$	
B	0,12	0,18	0,3
$\overline{B}$	0,28	0,42	0,7
	0,4	0,6	1

2. Beispiel:

Die Wahrscheinlichkeit, an einer bestimmten Infektion zu erkranken, beträgt 60 %. Die Wahrscheinlichkeit, einen Mann oder eine Frau anzutreffen, beträgt jeweils 50 %. Bezeichnet man mit M: Mann und mit K: Krank, so ist für die Wahrscheinlichkeit der Infizierung von Männern und Frauen folgende Vierfeldertafel gegeben:

	M	$\overline{M}$	
K	0,25	0,35	0,6
$\overline{K}$	0,25	0,15	0,4
	0,5	0,5	1

Anhand der Vierfeldertafel kann man beispielsweise ablesen, wie groß die Wahrscheinlichkeit ist, dass man eine gesunde Frau trifft:

$$P\left(\overline{K} \cap \overline{M}\right) = 0,15 = 15\%$$

Um zu prüfen, ob die beiden Ereignisse K und M unabhängig voneinander sind, verwendet man den Multiplikationssatz:

Es ist $P(K \cap M) = 0,25$ und $P(K) \cdot P(M) = 0,6 \cdot 0,5 = 0,3$.
Wegen $P(K \cap M) \neq P(K) \cdot P(M)$ sind die Ereignisse K und M nicht unabhängig voneinander.

Aufgaben:

a) Vervollständigen Sie die folgenden Vierfeldertafeln unter der Bedingung, dass A und B unabhängige Ereignisse sind.

I)

	A	$\overline{A}$	
B		0,4	
$\overline{B}$			
	0,8		

II)

	A	$\overline{A}$	
B	$\frac{3}{5}$		
$\overline{B}$			
		$\frac{1}{10}$	

III)

	A	$\overline{A}$	
B	$\frac{1}{20}$		
$\overline{B}$			
		$\frac{1}{5}$	

b) Ein Fragebogen enthält die Zeilen

   männlich ☐   weiblich ☐

   Raucher ☐   Nichtraucher ☐

Von 200 befragten Personen waren 90 männlich (m), 80 waren Raucher (R). Es gab 36 männliche Raucher. Ist auf Grund der Umfrage zu schließen, dass Geschlecht und Rauchverhalten der befragten Personen unabhängig voneinander sind?

c) Ergänzen Sie die folgenden Vierfeldertafeln und prüfen Sie, ob A und B unabhängig voneinander sind:

I)

	A	$\overline{A}$	
B	0,3		
$\overline{B}$		0,1	
	0,8		

II)

	A	$\overline{A}$	
B			
$\overline{B}$	$\frac{1}{4}$	$\frac{3}{8}$	
		$\frac{5}{8}$	

d) In einer Schule begeistern sich 70 % der Schüler für Fußball, 60 % für Schwimmen, 10 % mögen keine der beiden Sportarten.
Stellen Sie eine Vierfeldertafel auf und bestimmen Sie daraus den Anteil der Schüler, die sich für beide Sportarten begeistern.

7.3.2 Bedingte Wahrscheinlichkeit

Tipps ab Seite 120, Lösungen ab Seite 249

Die *bedingte Wahrscheinlichkeit* $P_B(A)$ ist die Wahrscheinlichkeit dafür, dass das Ereignis A eintritt, unter der Bedingung, dass B bereits eingetreten ist. Dafür gilt:

$$P_B(A) = \frac{P(A \cap B)}{P(B)}$$

Beispiel:

Die Wahrscheinlichkeit, an einer gewissen Infektion zu erkranken, ist für Männer und Frauen unterschiedlich (die Merkmale «Geschlecht» und «Infektion positiv/negativ» sind also *nicht* unabhängig). Die Wahrscheinlichkeit, eine infizierte Person anzutreffen, liegt bei 2 %. Trifft man auf eine infizierte Person, so beträgt die Wahrscheinlichkeit, dass es sich dabei um einen Mann handelt, etwa 53 %. Bezeichne A die Merkmalsausprägung «Mann», und bezeichne «B» die Merkmalsausprägung «Infektion positiv». Es ist damit $P(B) = 0,02$ und $P_B(A) = 0,53$.

Die Wahrscheinlichkeit, eine infizierte männliche Person zu treffen, erhält man mit der bedingten Wahrscheinlichkeit:

$$P_B(A) = \frac{P(A \cap B)}{P(B)} \Rightarrow P(A \cap B) = P(B) \cdot P_B(A) = 0,02 \cdot 0,53 = 0,0106 = 1,06\%$$

Aufgaben:

a) Eine Frauenzeitschrift machte eine Umfrage unter 100 Frauen. 60 Frauen waren über 40 Jahre alt. Insgesamt gaben 40 Frauen an, die Zeitschrift zu lesen. Unter den Leserinnen waren 25 Frauen über 40 Jahre alt.

   I) Wie groß war der Anteil der Leserinnen unter den über 40-jährigen?

   II) Wie groß war der Anteil der Nicht-Leserinnen unter den jüngeren Befragten (bis 40 Jahre)?

b) In einer Stadt sind 20 % der Bevölkerung HIV-positiv. Von einem «Aids-Test» weiß man, dass er nicht ganz sicher ist. Es können zwei Fehler auftreten:

   1. Bei 95 % der HIV-positiven fällt der Test positiv aus, beim Rest wird die Krankheit nicht erkannt.
   2. Bei 90 % der HIV-negativen fällt der Test negativ aus, beim Rest wird fälschlicherweise ein Aidsverdacht ausgesprochen.

   I) Wie groß ist die Wahrscheinlichkeit, dass eine Person, bei der der Test positiv ausfällt, wirklich HIV-positiv ist?

   II) Wie groß ist die Wahrscheinlichkeit, dass eine Person, bei der der Test negativ ausfällt, wirklich HIV-negativ ist?

c) In einem Stadtteil sind 30 % der Einwohner über 70 Jahre alt, davon sind 40 % Männer. Unter den jüngeren Einwohnern (bis 70 Jahre) beträgt der Anteil der Männer 50 %.

   I) Welcher Anteil der Männer ist höchstens 70 Jahre alt?

   II) Welcher Anteil der Frauen ist über 70 Jahre alt?

8 Kombinatorik

Tipps ab Seite 121, Lösungen ab Seite 251

Bei mehrstufigen Anordnungen werden die Baumdiagramme oft sehr unübersichtlich, so dass es einfacher ist, kombinatorische Methoden anzuwenden. Man unterscheidet *geordnete Stichproben* (sogenannte Variationen) *mit oder ohne Zurücklegen* von *ungeordneten Stichproben* (sogenannte Kombinationen) *ohne Zurücklegen*.

Geordnete Stichproben mit Zurücklegen

Bei geordneten Stichproben (der Größe k) mit Zurücklegen gilt für die Anzahl der möglichen Ergebnisse (bei einem Grundraum der Größe n): n^k

Beispiel:
Bei 5-maligem Ziehen mit Zurücklegen aus einer Urne mit 20 verschiedenen Kugeln gibt es insgesamt $20^5 = 3\,200\,000$ verschiedene Variationen.

Geordnete Stichproben ohne Zurücklegen

Bei geordneten Stichproben (der Größe k) ohne Zurücklegen gilt für die Anzahl der möglichen Ergebnisse (bei einem Grundraum der Größe n):

$$n \cdot (n-1) \cdot (n-2) \cdot \ldots \cdot (n-k+1) = \frac{n \cdot (n-1) \cdot \ldots \cdot 1}{(n-k) \cdot (n-k-1) \cdot \ldots \cdot 1} = \frac{n!}{(n-k)!}$$

Dabei steht n! (sprich: *n-Fakultät*) für $n \cdot (n-1) \cdot (n-2) \cdot \ldots \cdot 1$, bzw. $1 \cdot 2 \cdot 3 \cdot \ldots \cdot (n-1) \cdot n$
Falls $n = k$, so gilt als Spezialfall für die Anzahl der möglichen Ergebnisse:

$$n \cdot (n-1) \cdot (n-2) \cdot \ldots \cdot 1 = n!$$

Beispiele:
Bei 5-maligem Ziehen ohne Zurücklegen aus einer Urne mit 20 verschiedenen Kugeln gibt es insgesamt $20 \cdot 19 \cdot 18 \cdot 17 \cdot 16 = 1\,860\,480$ verschiedene Variationen.
Bei der Anordnung von fünf verschiedenen Farben gibt es insgesamt $5! = 5 \cdot 4 \cdot 3 \cdot 2 \cdot 1 = 120$ verschiedene Permutationen.

Ungeordnete Stichproben ohne Zurücklegen

Bei ungeordneten Stichproben (der Größe k) ohne Zurücklegen gilt für die Anzahl der möglichen Ergebnisse (bei einem Grundraum der Größe n):

$$\binom{n}{k} = \frac{n!}{(n-k)! \cdot k!} = \frac{n \cdot (n-1) \cdot \ldots \cdot (n-k+1)}{k!}$$

Dabei ist $\binom{n}{k}$ ein sogenannter *Binomialkoeffizient*.

Beispiel: verschiedene Spielarten von Lotto, beispielsweise «3 aus 20»: Beim Ziehen von 3 Kugeln ohne Zurücklegen aus insgesamt 20 durchnummerierten Kugeln gibt es

$$\binom{20}{3} = \frac{20 \cdot 19 \cdot 18}{3 \cdot 2 \cdot 1} = 1140$$

verschiedene Kombinationen.

8.1 Geordnete Stichproben mit Zurücklegen

a) Ein Kilometerzähler zeigt 4 Ziffern an. Bestimmen Sie die Wahrscheinlichkeit für folgende Ereignisse:
A: Alle Ziffern sind ungerade.
B: Es kommen nur die Ziffern 0 und 1 vor.
C: Die Zahl ist eine «Spiegelzahl», d.h. die erste und die letzte sowie die zweite und die dritte Ziffer sind gleich.

b) Zum Auffädeln einer Kette stehen rote, blaue und grüne Perlen zur Verfügung. Es werden 6 Perlen aufgefädelt.
Bestimmen Sie die Wahrscheinlichkeit für folgende Ereignisse, wenn die Farben zufällig gewählt werden:
A: Es kommt keine rote Perle vor.
B: Die ersten 3 Perlen sind grün.
C: Es kommen immer abwechselnd nur rote und grüne Perlen vor.

c) Aus schwarzen und weißen Mühlesteinen werden Türme gebaut, indem immer 8 Steine übereinander gestapelt werden. Bestimmen Sie die Wahrscheinlichkeit für folgende Ereignisse, wenn die Farbe jedesmal zufällig gewählt wird:
A: Alle Steine haben dieselbe Farbe.
B: Nur ein Stein ist weiß.
C: Der erste und der letzte Stein haben dieselbe Farbe.

d) In einer Urne sind 5 nummerierte Kugeln (von 1 bis 5). Man zieht dreimal nacheinander eine Kugel, notiert die Ziffer und legt sie zurück in die Urne. Die Ergebnisse sind dreistellige Zahlen.
Bestimmen Sie die Wahrscheinlichkeit folgender Ereignisse:
A: Die Zahl ist durch 5 teilbar.
B: Es kommen nur die Ziffern 1 und 5 vor.
C: Es kommt keine 1 vor.

e) Aus den Buchstaben des Wortes TIGER werden nacheinander mit Zurücklegen 4 Buchstaben gezogen und der Reihe nach notiert.
Bestimmen Sie die Wahrscheinlichkeit folgender Ereignisse:

A: Man erhält das Wort TEIG.
B: Man erhält das Wort TEER.
C: Man erhält eine Buchstabenkombination, die mit T beginnt.
D: Man erhält eine Buchstabenkombination die mit einem doppelten T endet.
E: T kommt genau dreimal vor.
F: Ein Buchstabe kommt dreimal, ein anderer einmal vor.

f) Aus den Buchstaben HANNA werden nacheinander mit Zurücklegen 3 Buchstaben gezogen und notiert.
Bestimmen Sie die Wahrscheinlichkeit folgender Ereignisse:

A: Es entsteht das Wort NAH.   D: Man zieht dreimal N.

B: Es entsteht das Wort AHA.   E: Man zieht kein H.

C: Man zieht dreimal H.

8.2 Geordnete Stichproben ohne Zurücklegen

a) In einer Urne sind 6 rote und 4 weiße Kugeln. Es werden nacheinander 5 Kugeln ohne Zurücklegen gezogen.
Bestimmen Sie die Wahrscheinlichkeit folgender Ereignisse:
A: Man zieht nur rote Kugeln.
B: Man zieht zuerst alle weißen, dann eine rote Kugel.
C: Die erste Kugel ist weiß.
D: Man zieht abwechselnd weiße und rote Kugeln.

b) Auf einer Geburtstagsfeier werden unter 10 Mädchen ein 1., ein 2. und ein 3. Preis verlost.
Bestimmen Sie die Wahrscheinlichkeit folgender Ereignisse:
A: Anja gewinnt den 1., Inge den 2. und Karin den 3. Preis.
B: Anja, Inge und Karin gewinnen je einen Preis.
C: Anja gewinnt keinen Preis.
D: Keines der drei Mädchen Anja, Inge und Karin gewinnt einen Preis.

c) Für eine Varietee-Veranstaltung stehen 5 Nummern zur Verfügung, darunter eine Jonglier-Nummer. Die Reihenfolge des Programms wird ausgelost.
Bestimmen Sie die Wahrscheinlichkeit folgender Ereignisse:
A: Die Jongliernummer steht an der 3. Stelle im Programm.
B: Die Jongliernummer steht nicht am Schluss.

d) Bei dem Spiel «Reise nach Jerusalem» scheidet in jeder Runde eine Person aus. Es nehmen 8 Personen teil. Bestimmen Sie die Wahrscheinlichkeit der folgenden Ereignisse:

A: Hans bleibt als letzter übrig.

B: Klaus und Peter bestreiten die letzte Runde.

e) Die Buchstaben des Wortes ANANAS werden geschüttelt und neu angeordnet.
Bestimmen Sie die Wahrscheinlichkeit folgender Ereignisse:
A: Es entsteht wieder das Wort ANANAS.
B: Die Buchstabenkombination beginnt mit AAA.
C: Es entsteht ein Wort mit dreifachem A direkt hintereinander.

8.3 Ungeordnete Stichproben ohne Zurücklegen

a) In einer Urne befinden sich 25 nummerierte Kugeln (Zahlen 1 bis 25). Es werden gleichzeitig 4 Kugeln aus der Urne gezogen.
Bestimmen Sie die Wahrscheinlichkeit folgender Ereignisse:
A: Alle Zahlen sind durch 5 teilbar.
B: Alle Zahlen sind gerade.
C: Die Summe der vier Zahlen ist kleiner als 12.
D: Das Produkt der vier Zahlen ist 12.

b) In einer Urne sind 7 weiße, 5 schwarze und 3 rote Kugeln. Es werden 3 Kugeln gleichzeitig gezogen.
Bestimmen Sie die Wahrscheinlichkeit folgender Ereignisse:

A: Alle Kugeln sind weiß.   D: Es ist keine rote Kugel dabei.

B: Alle Kugeln haben dieselbe Farbe.   E: Von jeder Farbe ist eine Kugel dabei.

C: Eine Kugel ist weiß, zwei sind schwarz. F: Es ist mindestens eine weiße Kugel dabei.

c) In einer Packung sind 10 Glühbirnen, davon sind zwei defekt.
Bestimmen Sie die Wahrscheinlichkeit folgender Ereignisse, wenn drei Glühbirnen «blind» herausgegriffen werden:
A: Alle 3 Glühbirnen sind in Ordnung.
B: Genau eine Glühbirne ist defekt.
C: Genau 2 Glühbirnen sind defekt.

d) Bestimmen Sie einen Rechenausdruck für die Wahrscheinlichkeit, beim Lotto 6 aus 49 mit einem Tipp genau 4 Richtige zu treffen.

e) Vier Paare wollen einen Ausflug machen. Es steht nur ein Auto mit 4 Plätzen zur Verfügung, die anderen müssen auf den Bus warten. Es wird ausgelost, wer mit dem Auto fahren darf.

I) Ermitteln Sie die Wahrscheinlichkeit, dass 2 Frauen und 2 Männer mit dem Auto fahren dürfen.

II) Bestimmen Sie die Wahrscheinlichkeit, dass die 4 Frauen mit dem Auto fahren.

III) Beim nächsten Mal haben die 4 Paare zwei Autos mit je 4 Plätzen zur Verfügung. Die Verteilung auf die Wagen wird wieder ausgelost.
Bestimmen Sie die Wahrscheinlichkeit, dass die vier Frauen in einem Auto fahren.

8.4 Vermischte Aufgaben

In der Stochastik gibt es für viele Aufgaben mehrere verschiedene Lösungswege. Die folgenden Aufgaben lassen sich u.a. mit Hilfe der in den vorangegangenen Abschnitten geübten Gedankengänge lösen.

a) 4 Freunde gehen ins Kino, sie haben in einer Reihe 4 nummerierte Plätze nebeneinander und verteilen die Karten zufällig.
Bestimmen Sie die Wahrscheinlichkeit folgender Ereignisse:
A: Horst sitzt zwischen 2 Freunden.
B: Horst und Peter sitzen außen.
C: Horst und Peter sitzen nebeneinander.

b) Für eine Prüfung werden 10 mögliche Themen vereinbart, 3 davon werden in der Prüfung abgefragt. Ein Prüfling lernt nur 6 der 10 Themen.
Bestimmen Sie die Wahrscheinlichkeit, dass keines (eines, zwei, alle drei) der Prüfungsthemen von ihm vorbereitet wurden.

c) Bei einem Multiple-Choice-Test gibt es 10 Fragen mit je drei möglichen Antworten, von denen jeweils genau eine richtig ist. Jemand kreuzt nach dem Zufallsprinzip bei jeder Frage eine Antwort an.
Bestimmen Sie die Wahrscheinlichkeit folgender Ereignisse:
A: Alle Antworten sind falsch.
B: Die ersten 5 sind richtig, die letzten 5 sind falsch angekreuzt.
C: Genau die Hälfte der Antworten sind richtig.
D: 4 Antworten sind richtig, 6 sind falsch.

d) Bestimmen Sie die Wahrscheinlichkeit, dass unter 8 Personen mindestens 2 Personen im selben Monat Geburtstag haben. Nehmen Sie näherungsweise an, dass alle Monate gleich lang sind.

9 Wahrscheinlichkeitsverteilungen

9.1 Binomialverteilung ☐

Tipps ab Seite 123, Lösungen ab Seite 257

Ein Zufallsexperiment, das genau zwei mögliche Ausgänge hat (z.B. Münzwurf mit Ausgängen «Kopf» und «Zahl», Wurf eines Würfels mit Ausgängen «Zahl gerade» und «Zahl ungerade» oder «1» und «Zahl größer als 1», Ziehen einer Kugel mit den Ausgängen «rot» und «nicht rot») heißt *Bernoulliexperiment*.

Bernoulliketten sind Versuchsreihen, bei denen das gleiche Bernoulliexperiment mehrmals durchgeführt wird. Bernoulliketten sind charakterisiert durch ihre *Länge* n («Anzahl der Versuche / Beobachtungen») und durch die sogenannte *Trefferwahrscheinlichkeit* p.

Eine *Wahrscheinlichkeitsverteilung* gibt an, mit welchen Wahrscheinlichkeiten eine Zufallsgröße X die möglichen Werte annimmt. Immer dann, wenn das einer Zufallsgröße zugrunde liegende Zufallsexperiment eine *Bernoullikette* ist, liegt eine Binomialverteilung vor.

Ist X Zufallsgröße für die «Anzahl der Treffer» in insgesamt n Bernoulliversuchen, so wird die Wahrscheinlichkeit P eines Ereignisses mit genau k Treffern ($0 \leq k \leq n$) mit der Trefferwahrscheinlichkeit p und der Kettenlänge n (Anzahl der Durchführungen des Experiments) mit folgender Formel berechnet:

$$P(X = k) = \binom{n}{k} \cdot p^k \cdot (1-p)^{n-k}$$

Beispiel 1:
Eine verbeulte Münze mit $P(\text{«Zahl»}) = \frac{1}{3}$ wird fünfmal geworfen. Um die Wahrscheinlichkeit, dass genau zweimal «Zahl» erscheint, zu berechnen, bestimmt man die Kettenlänge $n = 5$ und die Trefferwahrscheinlichkeit $p = \frac{1}{3}$. Damit gilt:

$$P(X = 2) = \binom{5}{2} \cdot \left(\frac{1}{3}\right)^2 \cdot \left(\frac{2}{3}\right)^3$$

Manchmal ist es auch geschickt oder hilfreich, mit dem Gegenereignis zu rechnen; dies ist vor allem (aber nicht immer) bei den Signalwörtern «mindestens» oder «höchstens» der Fall. Ist A ein Ereignis und Ā das zugehörige Gegenereignis, so gilt für die entsprechenden Wahrscheinlichkeiten:

$$P(A) = 1 - P(\bar{A})$$

Beispiel 2:
Eine verbeulte Münze mit $P(\text{«Zahl»}) = \frac{1}{3}$ wird viermal geworfen. Um die Wahrscheinlichkeit, dass mindestens einmal «Zahl» erscheint, zu berechnen, bestimmt man die Kettenlänge $n = 4$

und die Trefferwahrscheinlichkeit p $= \frac{1}{3}$. Damit erhält man mithilfe des Gegenereignisses:

$$P(\text{«mindestens einmal Zahl»}) = 1 - P(\text{«keine Zahl»})$$
$$P(X \geq 1) = 1 - P(X = 0)$$
$$= 1 - \binom{4}{0} \cdot \left(\frac{1}{3}\right)^0 \cdot \left(\frac{2}{3}\right)^4$$

Oft ist auch von Interesse, mit welcher Wahrscheinlichkeit eine Zufallsgröße einen Wert kleiner oder größer als ein vorgegebenes k erzielt. Dafür müssen die einzelnen Wahrscheinlichkeiten addiert werden:

$$P(X \leq k) = P(X = 0) + P(X = 1) + P(X = 2) + \ldots + P(X = k)$$

bzw.

$$P(X > k) = 1 - P(X \leq k) = 1 - \Big[P(X = 0) + P(X = 1) + P(X = 2) + \ldots + P(X = k)\Big]$$

Beispiel 3:
Eine verbeulte Münze mit P(«Zahl») $= \frac{2}{3}$ wird viermal geworfen. Um die Wahrscheinlichkeit, dass höchstens zweimal «Zahl» erscheint, zu berechnen, bestimmt man die Kettenlänge n = 4 und die Trefferwahrscheinlichkeit p $= \frac{2}{3}$. Damit gilt:

$$P(\text{«höchst. zweimal Zahl»}) = P(\text{«keine Zahl»}) + P(\text{«einmal Zahl»}) + P(\text{«zweimal Zahl»})$$
$$P(X \leq 2) = P(X = 0) + P(X = 1) + P(X = 2)$$
$$= \underbrace{\binom{4}{0} \cdot \left(\frac{2}{3}\right)^0 \cdot \left(\frac{1}{3}\right)^4}_{\text{keine Zahl}} + \underbrace{\binom{4}{1} \cdot \left(\frac{2}{3}\right)^1 \cdot \left(\frac{1}{3}\right)^3}_{\text{einmal Zahl}} + \underbrace{\binom{4}{2} \cdot \left(\frac{2}{3}\right)^2 \cdot \left(\frac{1}{3}\right)^2}_{\text{zweimal Zahl}}$$

Aufgaben

a) Ein Basketballer hat eine Trefferwahrscheinlichkeit von 90%. Er wirft 10 Mal.

   I) Bestimmen Sie einen Rechenausdruck für die Wahrscheinlichkeit, dass er genau 9 Mal trifft.

   II) Bestimmen Sie einen Rechenausdruck für die Wahrscheinlichkeit, dass er höchstens einen Fehlwurf hat.

b) Von einer großen Ladung Apfelsinen sind 20% verdorben. Es wird eine Stichprobe von 5 Stück entnommen.

   I) Berechnen Sie die Wahrscheinlichkeit, dass in der Stichprobe genau eine Apfelsine verdorben ist.

9.1 Binomialverteilung

II) Geben Sie ein Ereignis A und ein Ereignis B an, so dass gilt:

$$P(A) = \binom{5}{3} \cdot 0,2^3 \cdot 0,8^2$$

und

$$P(B) = 1 - 0,2^5$$

c) Die Zufallsgröße X ist binomialverteilt mit n = 20 und p = 0,2.

   I) Bestimmen Sie einen Rechenausdruck für $P(X = 2)$.

   II) Bestimmen Sie einen Rechenausdruck für $P(X < 2)$ sowie für $P(X \neq 1)$.

d) Eine Blumenzwiebel keimt mit einer Wahrscheinlichkeit von 90%. Es werden 20 Zwiebeln gekauft.

   I) Berechnen Sie die Wahrscheinlichkeit, dass alle 20 Zwiebeln keimen.

   II) Geben Sie ein Ereignis A und ein Ereignis B an, so dass gilt:

$$P(A) = \binom{20}{18} \cdot 0,9^{18} \cdot 0,1^2 + \binom{20}{19} \cdot 0,9^{19} \cdot 0,1^1 + 0,9^{20}$$

und

$$P(B) = 1 - 0,1^{20}$$

e) Eine Zufallsgröße X ist binomialverteilt mit der Trefferwahrscheinlichkeit p und dem Stichprobenumfang n = 2.

   I) Bestimmen Sie für p = 0,4 einen Rechenausdruck für die Wahrscheinlichkeit $P(X \leq 1)$.

   II) Zeigen Sie, dass für jeden Wert von p gilt:

$$P(X \neq 0) + P(X \neq 1) + P(X \neq 2) = 2$$

f) Die Zufallsgröße X ist binomialverteilt mit n = 10 und p = 0,4.

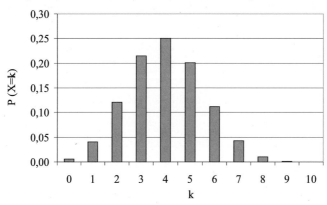

I) Bestimmen Sie einen Rechenausdruck für P(X = 1).

II) Bestimmen Sie mithilfe der Abbildung näherungsweise P(3 < X < 6) sowie P(X > 6).

g) Zur Premiere eines Films bringt eine Schokoladenfirma Überraschungseier mit Filmfiguren auf den Markt. Die Firma wirbt damit, dass sich in jedem 5. Überraschungsei eine Filmfigur befindet.
Für einen Kindergeburtstag werden 20 Überraschungseier gekauft, wobei man davon ausgehen kann, dass die Verteilung der Figuren zufällig ist.
Erklären Sie, welche Bedeutung in diesem Zusammenhang die folgende Rechnung hat:

$$\binom{20}{2} \cdot \left(\frac{1}{5}\right)^2 \cdot \left(\frac{4}{5}\right)^{18} \approx 0{,}137.$$

h) Laut Verpackungsangabe kommt es bei sachgerechter Pflanzung einer Tulpenzwiebel im nächsten Frühjahr mit einer Wahrscheinlichkeit von 98 % zu einer Blüte. Erklären Sie die Ungleichungen (I) und (II) im Kasten und interpretieren Sie das Ergebnis im Sachzusammenhang.

$$0{,}98^n > 0{,}75 \text{ (I)}$$
$$n < 14{,}24 \text{ (II)}$$

i) Zehn Raucher entschließen sich zu einer Entwöhnungskur. Zwei von ihnen sind starke Raucher, d.h. ihr Zigarettenkonsum übersteigt 20 Zigaretten pro Tag. Die Erfolgschancen der Behandlung liegen bei einem starken Raucher bei 60 %, bei einem nicht starken Raucher bei 70 %.
Wählen Sie die beiden Terme aus, welche die Wahrscheinlichkeit beschreiben, dass bei genau fünf der acht nicht starken Raucher die Entwöhnung erfolgreich ist. Begründen Sie kurz.

(i) $\binom{8}{3} \cdot 0{,}3^3 \cdot 0{,}7^5$

(ii) $0{,}7^5 \cdot 0{,}3^3$

(iii) $1 - \binom{8}{3} \cdot 0{,}3^3 \cdot 0{,}7^5$

(iv) $\binom{8}{5} \cdot 0{,}3^5 \cdot 0{,}7^3$

(v) $\binom{8}{5} \cdot 0{,}7^5 \cdot 0{,}3^3$

(vi) $\binom{8}{3} \cdot 0{,}7^3 \cdot 0{,}3^5$

9.2 Erwartungswert und Standardabweichung

Tipps ab Seite 124, Lösungen ab Seite 262

In diesem Kapitel geht es um den Erwartungswert und die Standardabweichung von *Zufallsgrößen*. Bei Zufallsgrößen handelt es sich um Funktionen. Eine Zufallsgröße ordnet den konkreten Beobachtungen eines Zufallsexperiments Werte zu.

Bei der Ziehung von 4 Kugeln aus einer Urne mit 15 grünen und 5 gelben Kugeln kann man X definieren als Zufallsgröße für die Anzahl der gezogenen gelben Kugeln. Für den Versuchsausgang $\omega = \{\text{grün; gelb; gelb; gelb}\}$ gilt dann $X(\omega) = 3$, weil gelb drei Mal gezogen wurde. Eine weitere Zufallsgröße Y kann beispielsweise definiert werden für die Anzahl der gezogenen grünen Kugeln. Es ist dann $Y(\omega) = 1$.

Der *Erwartungswert* einer Zufallsgröße wird häufig für die Gewinnerwartung eines Spiels oder für die Beurteilung der «Fairness» eines Spiels herangezogen. Anschaulich ergibt sich der Erwartungswert einer Zufallsgröße X bei genügend häufiger Wiederholung eines Zufallsexperiments als Mittelwert der Realisierungen von X.

Kann eine Zufallsgröße X bei jeder Durchführung des Zufallsexperiments n verschiedene Werte $x_1; x_2; \ldots; x_n$ annehmen und sind die zugehörigen Wahrscheinlichkeiten $P(x_1); P(x_2); \ldots; P(x_n)$, so ergibt sich als Erwartungswert μ von X:

$$\mu = E[X] = x_1 \cdot P(x_1) + x_2 \cdot P(x_2) + \ldots + x_n \cdot P(x_n)$$

Ist die Zufallsgröße X binomialverteilt mit Kettenlänge n und Trefferwahrscheinlichkeit p, so gilt:

$$\mu = E(X) = n \cdot p$$

Die *Varianz* und *Standardabweichung* einer Zufallsgröße sind Maße für die Streuung der Zufallsgröße, das heißt, Maße für die mittlere quadratische Abweichung der Zufallsgröße von ihrem Erwartungswert. Ist μ der Erwartungswert der Zufallsgröße X, so gilt für die zugehörige Varianz:

$$V(X) = \sum_{i=1}^{n} \left[(x_i - \mu)^2 \cdot P(x_i)\right]$$

Die Quadratwurzel der Varianz wird als Standardabweichung σ bezeichnet. Es ist:

$$\sigma = \sqrt{V(X)}$$

Ist die Zufallsgröße X binomialverteilt mit Kettenlänge n und Trefferwahrscheinlichkeit p, so gilt:

$$V(X) = n \cdot p \cdot (1-p)$$
$$\sigma = \sqrt{n \cdot p \cdot (1-p)}$$

1. Beispiel:

Bei einem Spiel mit einem fairen Würfel erhält der Spieler die von ihm erwürfelte Augenzahl in Euro ausgezahlt. Die Zufallsgröße X, die die Höhe des Gewinns beschreibt, kann also die Werte 1; 2; ...; 6 annehmen. Da die Wahrscheinlichkeit für jede Zahl bei einem Wurf $p = \frac{1}{6}$ ist, beträgt der zu erwartende Gewinn:

$$\mu = E[X] = 1 \cdot \frac{1}{6} + 2 \cdot \frac{1}{6} + 3 \cdot \frac{1}{6} + 4 \cdot \frac{1}{6} + 5 \cdot \frac{1}{6} + 6 \cdot \frac{1}{6} = \frac{1}{6} + \frac{2}{6} + \frac{3}{6} + \frac{4}{6} + \frac{5}{6} + \frac{6}{6} = \frac{21}{6} = \frac{7}{2}$$

Ein Spieler hat also mit einem durchschnittlichen Gewinn von 3,50 Euro zu rechnen. Soll das Spiel fair sein, so müsste der Einsatz des Spielers ebenfalls 3,50 Euro betragen. Zahlt er einen höheren Einsatz, so begünstigt das Spiel die Bank; zahlt er einen geringeren Einsatz, so wird der Spieler begünstigt.

2. Beispiel:

Bei einem Glücksspiel zieht ein Spieler eine von insgesamt 30 Kugeln (mit Zurücklegen) aus einer Urne. 18 dieser Kugeln sind mit dem Wert 1, die übrigen 12 sind mit dem Wert -2 beschriftet. Im ersten Fall bekommt der Spieler einen Euro von der Bank, im zweiten Fall muss er zwei Euro an die Bank zahlen. Die Zufallsgröße X für den «Gewinn» des Spielers kann die Werte 1 und -2 annehmen. Es ist $P(X = 1) = \frac{18}{30} = \frac{3}{5}$ und $P(X = -2) = \frac{12}{30} = \frac{2}{5}$.

Der Erwartungswert von X ist:

$$\mu = E[X] = 1 \cdot \frac{3}{5} - 2 \cdot \frac{2}{5} = \frac{3}{5} - \frac{4}{5} = -\frac{1}{5}$$

Das Spiel ist also nicht fair; die Bank wird bevorzugt, da der Spieler durchschnittlich 0,20 Euro pro Spiel verliert.

Für die zugehörige Varianz ergibt sich:

$$V(X) = \sum_{i=1}^{2} \left[\left(x_i - \left(-\frac{1}{5}\right)\right)^2 \cdot P(x_i) \right] = \sum_{i=1}^{2} \left[\left(x_i + \frac{1}{5}\right)^2 \cdot P(x_i) \right]$$

$$= \left(1 + \frac{1}{5}\right)^2 \cdot \frac{3}{5} + \left(-2 + \frac{1}{5}\right)^2 \cdot \frac{2}{5}$$

$$= \left(\frac{6}{5}\right)^2 \cdot \frac{3}{5} + \left(-\frac{9}{5}\right)^2 \cdot \frac{2}{5}$$

$$= \frac{36}{25} \cdot \frac{3}{5} + \frac{81}{25} \cdot \frac{2}{5} = \frac{270}{125} = \frac{54}{25}$$

Die Varianz von X beträgt demnach $V(X) = \frac{54}{25}$.

Als Standardabweichung von X erhält man damit direkt:

$$\sigma = \sqrt{V(X)} = \sqrt{\frac{54}{25}} \approx 1,5$$

9.2 Erwartungswert und Standardabweichung

Aufgaben

a) Bei einem Glücksspiel sind in einer Urne 10 Kugeln: 1 weiße, 1 rote und 8 schwarze. Es wird eine Kugel gezogen. Bei «weiß» erhält man 4 Euro, bei «rot» 8 Euro und bei «schwarz» nichts.
Bestimmen Sie den Erwartungswert sowie die Standardabweichung für den Gewinn.

b) Die Zufallsgröße X sei binomialverteilt.
   I) Bestimmen Sie den Erwartungswert und die Standardabweichung von X für $n = 80$ und $p = 0{,}3$.
   II) Berechnen Sie die Trefferwahrscheinlichkeit p für $n = 50$ und Erwartungswert $E(X) = 20$ sowie die zugehörige Standardabweichung.
   III) Bestimmen Sie die Kettenlänge n für $p = 0{,}6$ und Erwartungswert $E(X) = 12$ sowie die zugehörige Standardabweichung.

c) Bei einem Glücksspiel wird das abgebildete Glücksrad verwendet.
Die Mittelpunktswinkel betragen 180°, 120° und 60°.
Als Einsatz bezahlt man zwei Euro. Das Glücksrad wird einmal gedreht.
Man erhält den Betrag ausbezahlt, in dessen Sektor der Zeiger zu stehen kommt.
Berechnen Sie den Erwartungswert für den Gewinn.

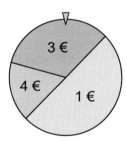

d) Ein Händler behauptet, dass höchstens 4 % der von ihm gelieferten Glühbirnen defekt sind. Berechnen Sie, wie viele defekte Glühbirnen man bei einer Entnahme von 150 Glühbirnen durchschnittlich erwarten kann. Bestimmen Sie die zugehörige Standardabweichung.

e) In einer Urne sind 10 Kugeln: 4 weiße, 4 rote und 2 schwarze. Es wird eine Kugel gezogen. Der Einsatz beträgt 1 Euro. Man erhält bei «weiß» 1 Euro, bei «rot» 2 Euro und bei «schwarz» nichts.
Bestimmen Sie den Erwartungswert für den Gewinn. Ist das Spiel fair?

f) Von einer großen Ladung Tomaten sind 20 % verdorben. Berechnen Sie, wie viele verdorbene Tomaten man bei einer Entnahme von 30 Tomaten erwarten kann. Bestimmen Sie die zugehörige Standardabweichung.

g) Ein Glücksrad hat die Sektoren A, B und C mit folgender Wahrscheinlichkeitsverteilung:

Sektor	A	B	C
Wahrscheinlichkeit	0,3	0,5	0,2

Das Glücksrad wird für folgendes Glücksspiel verwendet:
Der Spieler zahlt einen Einsatz von 4 Euro. Dann wird das Glücksrad zweimal gedreht. Sind die zwei ermittelten Buchstaben gleich, erhält der Spieler 10 Euro. Sonst erhält er nichts. Prüfen Sie, ob das Spiel fair ist.

h) Die Zufallsgröße X hat folgende Wahrscheinlichkeitsverteilung:

x_i	-5	-1	0	3
$P(x_i)$	0,1	a	b	0,3

Der Erwartungswert von X beträgt 0,3.
Berechnen Sie a und b.

i) Die Zufallsgröße X kann die Werte 0, 1, 2 und 3 annehmen. Die Tabelle zeigt die Wahrscheinlichkeitsverteilung von X mit $p_1, p_2 \in [0; 1]$.

k	0	1	2	3
$P(X=k)$	p_1	$\frac{3}{10}$	$\frac{1}{5}$	p_2

Zeigen Sie, dass der Erwartungswert von X nicht größer als 2,2 sein kann.

j) Eine binomialverteilte Zufallsgröße X hat den Erwartungswert 8 und die Standardabweichung $\sqrt{1,6}$.
Bestimmen Sie die Kettenlänge n und die Trefferwahrscheinlichkeit p von X.

9.3 Normalverteilung

Tipps ab Seite 125, Lösungen ab Seite 266

In diesem Kapitel geht es um eine weitere Wahrscheinlichkeitsverteilung, die sogenannte *Normalverteilung*. Viele naturwissenschaftliche Vorgänge lassen sich in guter Näherung durch normalverteilte Zufallsgrößen beschreiben. Im Gegensatz zur Binomialverteilung, die nur ganzzahlige Werte annehmen kann (diskrete Verteilung), sind bei der Normalverteilung alle Werte möglich (stetige Verteilung). Die zur Normalverteilung zugehörige Kurve ist sehr bekannt und wird oft als *Gaußsche Glockenkurve* bezeichnet. Eine normalverteilte Zufallsgröße X mit dem Erwartungswert μ und der Standardabweichung σ hat folgende Glockenkurve:

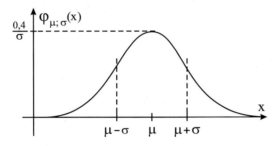

Sie hat folgende besondere Eigenschaften:

- Das Maximum der Kurve liegt bei $x = \mu$.

- Der Maximalwert beträgt $\varphi_{\mu;\sigma}(\mu) = \frac{0{,}4}{\sigma}$.

- Die Wendestellen sind bei $x_1 = \mu - \sigma$ und $x_2 = \mu + \sigma$.

- Der Flächeninhalt zwischen Kurve und x-Achse beträgt 1.

- Die Wahrscheinlichkeit, dass X in einem Intervall $[x_1; x_2]$ liegt, erhält man mithilfe eines Integrals:

$$P(x_1 \leqslant X \leqslant x_2) = \int_{x_1}^{x_2} \varphi_{\mu;\sigma} dx$$

und damit erhält man die Wahrscheinlichkeit mithilfe der zugehörigen Fläche unter der Kurve im Intervall $[x_1; x_2]$.

- Die Wahrscheinlichkeit, dass X einen konkreten Wert k annimmt, beträgt Null, da

$$\int_{k}^{k} \varphi_{\mu;\sigma} dx = 0$$

9.3 Normalverteilung

Aufgaben:

a) Eine normalverteilte Zufallsgröße X hat den Erwartungswert $\mu = 6$ und die Standardabweichung $\sigma = 2$.
Skizzieren Sie die zugehörige Dichtefunktion (Glockenkurve).

b) Eine normalverteilte Zufallsgröße X hat folgende Dichtefunktion:

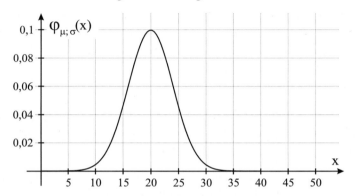

Bestimmen Sie den Erwartungswert und die Standardabweichung von X.

c) Eine normalverteilte Zufallsgröße X hat folgende Dichtefunktion:

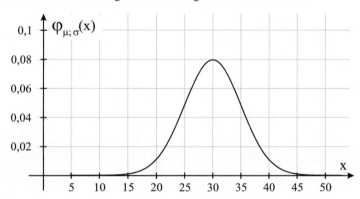

Erläutern Sie anhand der gegebenen Abbildung, wie man folgende Wahrscheinlichkeiten bestimmen kann:

I) $P(X < 20)$ II) $P(30 \leqslant X < 35)$ III) $P(X > 40)$ IV) $P(X = 37)$

d) Die normalverteilte Zufallsgröße X hat den Erwartungswert $\mu = 12$ und die Standardabweichung $\sigma = 2$, die normalverteilte Zufallsgröße Y hat ebenfalls den Erwartungswert $\mu = 12$, aber die Standardabweichung $\sigma = 4$.
Erläutern Sie anhand einer Skizze, wie sich die zugehörigen Glockenkurven voneinander unterscheiden.

e) Eine normalverteilte Zufallsgröße X mit der Standardabweichung $\sigma = 3$ hat folgende Dichtefunktion:

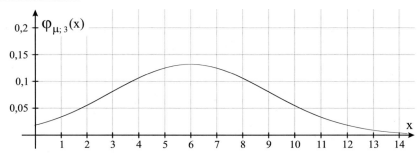

I) Geben Sie den Erwartungswert von X an.

II) Erläutern Sie anhand der gegebenen Abbildung, wie man folgende Wahrscheinlichkeiten bestimmen kann:

1) $P(X = 5)$ 2) $P(6 - \sigma < X < 6 + \sigma)$

III) Es gilt: $P(0 \leqslant X \leqslant 12) \approx 0{,}954$.
Erläutern Sie die Bedeutung der angegebenen Rechnung.

f) In der Abbildung sind die Dichtefunktionen der normalverteilten Zufallsgrößen X, Y und Z dargestellt.

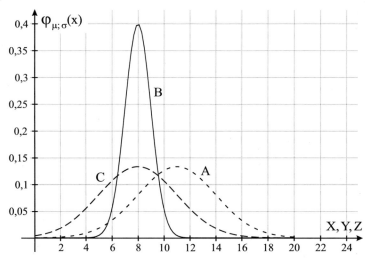

I) Ordnen Sie die Graphen A, B und C den folgenden Wertepaaren zu:
X) $\mu = 8$ und $\sigma = 1$;   Y) $\mu = 8$ und $\sigma = 3$;   Z) $\mu = 11$ und $\sigma = 3$

II) Skizzieren Sie den Graphen D der Dichtefunktion einer normalverteilten Zufallsgröße mit Erwartungswert 15 und Standardabweichung 1 in die gegebene Abbildung.

III) Beschreiben Sie den Einfluss von μ auf den Graphen der Dichtefunktion einer normalverteilten Zufallsgröße.

Tipps

Analysis

1 Ableiten

1.1 Potenzfunktionen mit natürlichen Exponenten

a) - c) Verwenden Sie die Potenzregel $(a \cdot x^r)' = a \cdot r \cdot x^{r-1}$ und die Summenregel $(g(x) + h(x))' = g'(x) + h'(x)$.

d) - f) Wenden Sie die Kettenregel an: $(u(v(x)))' = u'(v(x)) \cdot v'(x)$ (äußere Ableitung mal innere Ableitung).

g) - i) Wenden Sie die Produktregel $(u(x) \cdot v(x))' = u'(x) \cdot v(x) + u(x) \cdot v'(x)$ und die Kettenregel (äußere Ableitung mal innere Ableitung) an.

j) - k) Verwenden Sie die Potenzregel $(a \cdot x^r)' = a \cdot r \cdot x^{r-1}$.

l) Wenden Sie die Kettenregel an: $(u(v(x)))' = u'(v(x)) \cdot v'(x)$ (äußere Ableitung mal innere Ableitung).

1.2 Potenzfunktionen mit negativen Exponenten

a) - c) Schreiben Sie den Bruch als Potenz mit negativem Exponenten und verwenden Sie die Potenzregel.

d) - j) Schreiben Sie den Bruch als Potenz mit negativem Exponenten und verwenden Sie die Potenzregel sowie die Kettenregel.

k) Schreiben Sie den Bruch als Potenz mit negativem Exponenten und verwenden Sie die Potenzregel.

1.3 Wurzelfunktionen

a) - c) Schreiben Sie die Wurzel als Potenz mit gebrochenen Exponenten und verwenden Sie die Potenzregel sowie die Kettenregel.

d) Schreiben Sie die Wurzel als Potenz mit gebrochenen Exponenten und verwenden Sie die Produkt- und Kettenregel.

e) Schreiben Sie die Wurzel als Potenz mit gebrochenen Exponenten und verwenden Sie die Potenzregel.

1.4 Exponentialfunktionen

a) - d) Verwenden Sie zuerst die Produktregel und die Kettenregel.

e) - f) Verwenden Sie die Kettenregel, teilweise mehrfach.

g) Verwenden Sie zuerst die Produktregel und die Kettenregel.

h) - i) Verwenden Sie die Kettenregel, teilweise mehrfach.

1.5 Logarithmusfunktionen

a) - c) Verwenden Sie die Kettenregel.

d) - e) Verwenden Sie die Produktregel und die Kettenregel.

f) - h) Verwenden Sie die Kettenregel.

1.6 Trigonometrische Funktionen

a) - b) Verwenden Sie die Kettenregel.

c) - e) Verwenden Sie die Produktregel und teilweise die Kettenregel.

f) - g) Verwenden Sie die Kettenregel.

h) - i) Verwenden Sie die Produktregel und teilweise die Kettenregel.

1.7 Vermischte Aufgaben

a) Verwenden Sie die Produktregel und die Kettenregel.

b) Schreiben Sie die Wurzel als Potenz mit gebrochenem Exponenten und verwenden Sie die Potenz- und Kettenregel.

c) Schreiben Sie den Bruch als Potenz mit negativem Exponenten und verwenden Sie die Produktregel und die Kettenregel.

d) Verwenden Sie die Produkt- und Kettenregel.

e) - f) Schreiben Sie den Bruch als Potenz mit negativem Exponenten und verwenden Sie die Produktregel und die Kettenregel.

g) Verwenden Sie die Produkt- und Kettenregel.

h) - i) Schreiben Sie den Bruch als Potenz mit negativem Exponenten und verwenden Sie die Produktregel und die Kettenregel.

2 Stammfunktionen und Integrale

2.1 Stammfunktionen

2.1.1 Potenzfunktionen mit natürlichen Exponenten

a) - c) Benutzen Sie die Integrationsregel für Potenzfunktionen: Besitzt f die Form
$f(x) = a \cdot x^r$, dann ist $F(x) = a \cdot \frac{1}{r+1} x^{r+1} + c$; $r \neq -1$ eine Stammfunktion.

d) - f) Für verkettete (verschachtelte) Funktionen mit innerem *linearem* Ausdruck gilt die Integrationsregel für lineare Integration:
«Äußere Stammfunktion geteilt durch innere Ableitung»

2.1.2 Potenzfunktionen mit negativen Exponenten

a) - c) Schreiben Sie ggf. den Bruch als Potenz mit negativem Exponenten und verwenden Sie die Integrationsregel für Potenzfunktionen.

d) - e) Schreiben Sie den Bruch als Potenz mit negativem Exponenten und verwenden Sie die Integrationsregel für lineare Integration: «Äußere Stammfunktion geteilt durch innere Ableitung»

f) - h) Für verkettete (verschachtelte) Funktionen mit innerem *linearen* Ausdruck gilt die Integrationsregel für lineare Integration:
«Äußere Stammfunktion geteilt durch innere Ableitung».
Bei Potenzfunktionen mit $f(x) = a \cdot \frac{1}{kx+b}$, bei denen der Wert des Exponenten im Nenner gleich 1 ist, ist $\frac{a}{(...)}$ die äußere Funktion und $kx+b$ die innere Funktion. Eine Stammfunktion der äußeren Funktion ist $\ln|(...)|$. Der Parameter a verändert sich nicht beim Integrieren.

2.1.3 Wurzelfunktionen

a) Schreiben Sie die Funktionsgleichung als Potenz mit gebrochenem Exponenten und verwenden Sie die Integrationsregel für Potenzfunktionen:
Besitzt f die Form $f(x) = a \cdot x^r$, dann ist $F(x) = a \cdot \frac{1}{r+1} x^{r+1} + c$; $r \neq -1$ eine Stammfunktion.
Für verkettete (verschachtelte) Funktionen mit innerem *linearen* Ausdruck gilt die Integrationsregel für lineare Integration:
«Äußere Stammfunktion geteilt durch innere Ableitung».

b) - c) Schreiben Sie die Funktionsgleichung als Potenz mit negativem gebrochenen Exponenten und verwenden Sie die Integrationsregel für Potenzfunktionen bzw. lineare Integration.

2. Stammfunktionen und Integrale   *Tipps*

2.1.4 Exponentialfunktionen

a) - d) Für verkettete (verschachtelte) Funktionen mit innerem *linearen* Ausdruck gilt die Integrationsregel für lineare Integration:
«Äußere Stammfunktion geteilt durch innere Ableitung».
Bei einer *e*-Funktion mit $f(x) = a \cdot e^{k \cdot x + b}$ ist $e^{(\ldots)}$ die äußere Funktion und $k \cdot x + b$ die innere Funktion. Der Parameter *a* verändert sich nicht beim Integrieren.

e) Lösen Sie zunächst die Klammer auf und verwenden Sie die Integrationsregeln für Potenzfunktionen bzw. lineare Integration.

f) Schreiben Sie den Bruch als Potenz mit negativem Exponenten und verwenden Sie die Integrationsregeln für Potenzfunktionen bzw. lineare Integration.

2.1.5 Trigonometrische Funktionen

a) - e) Beachten Sie, dass $\sin(x)$ eine Stammfunktion von $\cos(x)$ und $-\cos(x)$ eine Stammfunktion von $\sin(x)$ ist.
Auch bei diesen Aufgaben gilt die Regel für verkettete Funktionen mit innerem *linearen* Ausdruck:
«Äußere Stammfunktion geteilt durch innere Ableitung».
Ist $f(x) = a \cdot \sin(kx + b)$, so ist $\sin(\ldots)$ die äußere Funktion und $kx + b$ die innere Funktion. Der Parameter *a* verändert sich nicht beim Integrieren.

2.1.6 Bestimmte Stammfunktionen

a) - b) Bestimmen Sie entsprechend der vorangehenden Aufgaben eine Stammfunktion mit absolutem Glied ($+c$) und berechnen Sie c durch Einsetzen des Punktes in Ihren Ansatz.

2.2 Integrale

a) - l) Verwenden Sie den Hauptsatz der Differential- und Integralrechnung
$$\int_a^b f(x)dx = F(b) - F(a),$$ wobei F eine Stammfunktion von f ist.
Verwenden Sie die Regeln für die Stammfunktionen (siehe die Tipps zu 2.1).

2.3 Integralgleichungen

a) - c) Verwenden Sie den Hauptsatz der Differential- und Integralrechnung
$$\int_a^b f(x)dx = F(b) - F(a),$$ wobei F eine Stammfunktion von f ist. Lösen Sie die entstandene Gleichung durch Wurzelziehen oder Logarithmieren nach u auf.

2.4 Flächeninhalt zwischen zwei Kurven

a) - e) Bestimmen Sie jeweils die Integrationsgrenzen durch Gleichsetzen der Funktionsterme. Prüfen Sie, welche Kurve die obere Kurve ist. Stellen Sie nun ein Integral auf und wenden Sie den Hauptsatz der Differential- und Integralrechnung an: $\int_a^b f(x)dx = F(b) - F(a)$.

f) Den Inhalt A der markierten Fläche erhalten Sie, indem Sie die markierte Fläche in zwei Teilflächen A_1 und A_2 aufteilen. Die Teilfläche A_1 ist ein Rechteck, dessen Flächeninhalt Sie mit der Formel $A_1 = a \cdot b$ berechnen. Die Seiten a und b des Rechtecks erhalten Sie, indem Sie die positive Schnittstelle der Geraden mit der Gleichung $y = 3$ und dem Graphen von f durch Gleichsetzen der Funktionsgleichungen bestimmen. Die Fläche A_2 wird durch die Gerade und den Graphen von f begrenzt. Den Flächeninhalt von A_2 erhalten Sie mithilfe eines Integrals. Verwenden Sie den Hauptsatz der Differential- und Integralrechnung. Addieren Sie die beiden Flächeninhalte der Teilflächen.

g) Den Flächeninhalt A zwischen dem Graphen von f und der x-Achse erhalten Sie mithilfe eines Integrals. Zur Bestimmung der Integrationsgrenzen lösen Sie die Gleichung $f(x) = 0$ nach x auf. Zur Bestimmung der Stammfunktion von f schreiben Sie die Wurzel als Potenz mit gebrochenem Exponenten um. Verwenden Sie die lineare Integration.

2.5 Integrale interpretieren

a) I) Beachten Sie, dass der Graph von $g(x) = \cos(x)$ achsensymmetrisch zur y-Achse ist und die Fläche, die vom Graphen und der x-Achse begrenzt wird, durch die y-Achse halbiert wird. Interpretieren Sie das Integral als Flächeninhalt.

II) Überlegen Sie, wie der Graph des Schaubildes von $f(x) = 2 \cdot \cos(x)$ aus dem Graphen von $g(x) = \cos(x)$ hervorgeht.

III) Beachten Sie, dass der Graph von $g(x) = \cos(x)$ punktsymmetrisch zu $P\left(\frac{\pi}{2} \mid 0\right)$ ist. Interpretieren Sie das Integral als Flächeninhalt (skizzieren) und beachten Sie, dass der Graph einmal oberhalb und einmal unterhalb der x-Achse verläuft.

b) Interpretieren Sie das Integral als Flächeninhalt und schätzen Sie den Flächeninhalt mithilfe der Karos ab.

c) Skizzieren Sie den Graphen von $f(x) = \sin(x)$ im Intervall $\left[0; \frac{3}{2}\pi\right]$. Interpretieren Sie das Integral als Flächeninhalt und überlegen Sie, ob der Inhalt der Fläche oberhalb der x-Achse größer ist als der Inhalt der Fläche unterhalb der x-Achse.

d) Interpretieren Sie die Integrale als Flächeninhalte und schätzen Sie ab, welche Fläche größer ist.

2. Stammfunktionen und Integrale   *Tipps*

2.6 Rekonstruierter Bestand

a) Überlegen Sie, welche Summe durch das Integral gebildet wird.

b) Überlegen Sie, welche Summe durch das Integral bestimmt wird und welche Bedeutung die Integrationsgrenzen haben. Beachten Sie, dass ein Jahr 52 Wochen hat.

c) Überlegen Sie, welche Summe durch das Integral gebildet wird und welche Bedeutung das negative Ergebnis hat.

d)   I) Die Wassermenge, die insgesamt auf jeden Quadratmeter Fläche des betroffenen Gebietes niederging, erhalten Sie mithilfe eines Integrals, da alle Niederschlagsraten während der ersten 8 Tage summiert werden.

    II) Beachten Sie die Integrationsgrenzen und überlegen Sie, welche Summe gebildet wird.

e)   I) Überlegen Sie, welche Summe mithilfe des Integrals gebildet wird.

    II) Die Anzahl A der Bakterien nach 15 Tagen erhalten Sie mithilfe eines Integrals, indem Sie zur Anfangsanzahl den gesamten Zuwachs addieren.

f) Die gegebene Funktion f beschreibt die Änderungsrate. Um zu berechnen, wieviel Wasser das Becken nach 9 Stunden enthält, müssen Sie zuerst eine allgemeine Stammfunktion F von f bestimmen. Die Integrationskonstante c bestimmen Sie mithilfe des Anfangswerts. Anschließend müssen Sie $t = 9$ in die Integralfunktion einsetzen.

2.7 Rotationskörper

a) - c) Rotiert der Graph einer Funktion f über dem Intervall $[a;b]$ um die x-Achse, so verwenden Sie die Formel: $V_{rot} = \pi \cdot \int_a^b (f(x))^2 \, dx$. Beachten Sie, dass Sie unter Umständen die binomischen Formeln verwenden müssen, um den Ausdruck in der Klammer zu vereinfachen. Anschließend verwenden Sie den Hauptsatz der Differential- und Integralrechnung: $\int_a^b f(x)dx = F(b) - F(a)$, wobei F eine Stammfunktion von f ist.

d) Skizzieren Sie die Gerade $y = x + 1$ und spiegeln Sie diese an der x-Achse. Überlegen Sie, welcher Rotationskörper berechnet werden muss.

2.8 Ins Unendliche reichende Flächen

a) Die Fläche wird anfänglich durch die vertikale Gerade $x = z$ mit $z > 0$ begrenzt. Setzen Sie z als obere Grenze ein und bestimmen Sie A(z). Lassen Sie dann $z \to \infty$ gehen.

b)   I) Bestimmen Sie die Grenzen des Integrals und integrieren Sie die Funktion.

    II) Betrachten Sie das Verhalten der Funktion für $x \to -\infty$. Welcher Term fällt weg?

III) Die Fläche zwischen zwei Kurven wird berechnet, indem man die Funktionsgleichung der unteren Kurve von der der oberen Kurve abzieht und dann integriert. Für die ins Unendliche reichende Fläche setzt man als untere Grenze z ein und bildet dann den Grenzwert $\lim\limits_{z \to -\infty} A(z)$.

3 Gleichungen

3.1 Potenzgleichungen

a) - b) Verwenden Sie die pq- bzw. abc-Formel.

c) - d) Verwenden Sie den Satz vom Nullprodukt: Setzen Sie jeden einzelnen Faktor gleich Null und lösen Sie die entstandenen Gleichungen nach x auf.

e) - h) Klammern Sie x oder x^2 oder x^3 aus und bestimmen Sie die Lösungen mithilfe des Satzes vom Nullprodukt. Verwenden Sie die pq- oder abc-Formel.

i) - j) Es handelt sich um biquadratische Gleichungen. Substituieren Sie x^2 durch z. und lösen Sie die quadratische Gleichung mithilfe der pq- oder abc-Formel nach z auf. Anschließend resubstituieren Sie wieder und lösen die Gleichungen durch Wurzelziehen.

k) - m) Formen Sie die Gleichung um, so dass die Potenz durch Wurzelziehen gelöst werden kann.

3.2 Potenzgleichungen mit Parameter

a) - d) Verwenden Sie zur Lösung der quadratischen Gleichung die abc-Formel. Führen Sie eine Fallunterscheidung durch: Ist der Term unter der Wurzel negativ, gibt es keine Lösung, ist er Null, gibt es eine Lösung, ist er positiv, gibt es zwei Lösungen. Lösen Sie die entsprechenden Ungleichungen.

e) - g) Lösen Sie die Gleichungen durch Ausklammern von x. Beachten Sie, dass es keine Lösung gibt, wenn der Nenner gleich Null ist; ansonsten gibt es genau eine Lösung.

h) Lösen Sie die Gleichung durch Fallunterscheidung.

3.3 Exponentialgleichungen

a) Vereinfachen Sie und lösen Sie die Gleichung durch Logarithmieren.

b) - c) Klammern Sie zuerst e^x bzw. e^{2x} aus und verwenden Sie dann den Satz vom Nullprodukt.

d) - e) Verwenden Sie den Satz vom Nullprodukt.

f) - h) Substituieren Sie $e^x = z$ bzw. $e^{2x} = z$ oder $e^{\frac{1}{2}x} = z$ und lösen Sie dann die quadratische Gleichung mit der pq- oder abc-Formel. Durch anschließende Rücksubstitution von z können Sie x berechnen (Zahlen unter der Wurzel als Bruch schreiben).

i) Multiplizieren Sie die Gleichung mit e^x, substituieren Sie $e^x = z$ und lösen Sie dann die quadratische Gleichung mit der pq- oder abc-Formel, anschließend rücksubstituieren und x berechnen.

j) - l) Lösen Sie die Gleichung durch Logarithmieren zu einer allgemeinen Basis.

3.4 Bruchgleichungen

a) - h) Multiplizieren Sie mit einer Potenz oder einem Term so, dass kein Nenner mehr vorhanden ist. Lösen Sie anschließend die entstandene Potenzgleichung mithilfe von Substitution und pq- bzw. abc-Formel.

i) Lösen Sie die Gleichung durch Quadrieren.

3.5 Trigonometrische Gleichungen

Skizzieren Sie den Verlauf von $\sin(x)$ bzw. $\cos(x)$. Achten Sie auf das Lösungsintervall.

a) - b) Substituieren Sie den Term in der Klammer durch z, lösen Sie die Gleichung und resubstituieren Sie wieder.

c) - f) Verwenden Sie den Satz vom Nullprodukt. Eventuell müssen Sie $\sin x$ ausklammern.

g) - h) Substituieren Sie $\sin(x) = z$ bzw. $\cos(x) = z$, lösen Sie mithilfe der pq- oder abc-Formel die entstandene quadratische Gleichung und resubstituieren Sie wieder.

i) Verwenden Sie den Satz vom Nullprodukt und substituieren Sie den Term in der Klammer durch z, lösen Sie die Gleichung und resubstituieren Sie wieder.

3.6 Wurzelgleichungen

Lösen Sie die angegebene Gleichung durch Quadrieren. Verwenden Sie eventuell die binomischen Formeln und die *abc*-Formel zur Lösung der entstandenen quadratischen Gleichung. Zur Überprüfung der erhaltenen Lösungen setzen Sie diese in die Ursprungsgleichung ein. Bei einer wahren Aussage kommen die Lösungen in Frage.

3.7 Betragsgleichungen

Lösen Sie die Gleichungen durch Fallunterscheidung.

3.8 Ungleichungen

a) - d) Formen Sie die gegebene Ungleichung so um, dass Null auf einer Seite steht. Überlegen Sie, ob der Graph der zugehörigen Funktion (Parabel) nach oben oder nach unten geöffnet ist und bestimmen Sie die Nullstellen der Funktion mithilfe des Satzes vom Nullprodukt oder der *abc*-Formel. Beachten Sie, ob die x-Werte gesucht sind, für die der Graph oberhalb oder unterhalb der x-Achse verläuft.

e) - f) Beachten Sie, dass e^{kx} stets größer als Null ist und überlegen Sie, was dann für den anderen Faktor des Produkts gelten muss.

g) - h) Überlegen Sie, wie der Graph der zugehörigen Funktion aussieht und bestimmen Sie grafisch den gesuchten Bereich.

4 Funktionen und Graphen

4.1 Von der Gleichung zur Kurve

4.1.1 Ganzrationale Funktionen

Den Schnittpunkt mit der y-Achse erhalten Sie durch Einsetzen von $x = 0$ in $f(x)$, die Schnittpunkte mit der x-Achse erhalten Sie durch Lösen der Gleichung $f(x) = 0$.
Zuerst wird gespiegelt und gestreckt, anschließend verschoben (Reihenfolge beachten!).

a) - b) Die Graphen sind Geraden. Hat eine Gerade die Gleichung $y = mx + b$, so ist b der y-Achsenabschnitt und m die Steigung der Geraden.

c) - f) Die Graphen sind Variationen der Graphen der beiden Grundfunktionen $f(x) = x^2$ (Parabel) oder $g(x) = x^3$ (kubische Parabel).

Ist $f(x) = a(x-b)^2 + c$ bzw. $g(x) = a(x-b)^3 + c$, so gibt es folgende Verwandlungen:
a: Streckfaktor in y-Richtung; $a < 0$: zusätzlich Spiegelung an der x-Achse.
$b > 0$ bzw. $b < 0$: Verschiebung nach rechts bzw. links.
$c > 0$ bzw. $c < 0$: Verschiebung nach oben bzw. unten.

4.1.2 Potenzfunktionen

Die senkrechte Asymptote des Schaubilds der Funktionen erhalten Sie, indem Sie den Nenner gleich Null setzen, die waagrechte Asymptote erhalten Sie, indem Sie $f(x)$ für $x \to \pm\infty$ betrachten.
Die Graphen sind Variationen der Graphen der Grundfunktionen $f(x) = \frac{1}{x}$ bzw. $g(x) = \frac{1}{x^2}$.
Falls vor dem Bruch ein Minuszeichen steht, müssen Sie zuerst an der x-Achse spiegeln und anschließend in x- bzw. y-Richtung verschieben.
Ist $f(x) = \frac{a}{x-b} + c$ bzw. $g(x) = \frac{a}{(x-b)^2} + c$, so gibt es folgende Verwandlungen:
a: Streckfaktor in y-Richtung; $a < 0$: zusätzlich Spiegelung an der x-Achse.
$b > 0$ bzw. $b < 0$: Verschiebung nach rechts bzw. links.
$c > 0$ bzw. $c < 0$: Verschiebung nach oben bzw. unten.
Asymptoten: $x = b$ senkrechte Asymptote (Pol) und $y = c$ waagrechte Asymptote.

4.1.3 Trigonometrische Funktionen

Die Graphen sind Variationen der Grundfunktionen $f(x) = \sin(x)$ bzw. $g(x) = \cos(x)$.
Ist $f(x) = a \cdot \sin(b \cdot (x-c)) + d$ bzw. $g(x) = a \cdot \cos(b \cdot (x-c)) + d$, so gibt es folgende Verwandlungen:

a: Streckfaktor in y-Richtung; $a < 0$: zusätzlich Spiegelung an der x-Achse.
b: Streckfaktor in x-Richtung.
$c > 0$ bzw. $c < 0$: Verschiebung nach rechts bzw. links.
$d > 0$ bzw. $d < 0$: Verschiebung nach oben bzw. unten.
Periode: $p = \frac{2\pi}{b}$.

4.1.4 Exponentialfunktionen

Zur Bestimmung der Asymptoten betrachten Sie $f(x)$ für $x \to \pm\infty$.
Die Graphen sind Variationen der Grundfunktionen $f(x) = e^x$ bzw. $g(x) = e^{-x}$.
Ist $f(x) = a \cdot e^{x-b} + c$ bzw. $g(x) = a \cdot e^{-(x-b)} + c$, so gibt es folgende Verwandlungen:
a: Streckfaktor in y-Richtung; $a < 0$: zusätzlich Spiegelung an der x-Achse.
$b > 0$ bzw. $b < 0$: Verschiebung nach rechts bzw. links.
$c > 0$ bzw. $c < 0$: Verschiebung nach oben bzw. unten.

4.2 Aufstellen von Funktionen mit Randbedingungen

4.2.1 Ganzrationale Funktionen

Für alle ganzrationalen Funktionen gilt:

- Parabel 2. Grades: $f(x) = ax^2 + bx + c$
- Zur y-Achse symmetrische Parabel 2. Grades: $f(x) = ax^2 + c$
- Parabel 3. Grades: $f(x) = ax^3 + bx^2 + cx + d$

Zu den gegebenen Aufgaben:

1. Bilden Sie die 1. und 2. Ableitung des jeweiligen Ansatzes (dies ist nicht nötig, falls es keine Angaben über die Steigung oder über die Extrempunkte gibt).

2. Verwenden Sie die Bedingungen der Kurvendiskussion:

    - Schnittpunkt mit der x-Achse: $f(x) = 0$
    - Schnittpunkt mit der y-Achse: $x = 0$
    - Extrempunkt: $f'(x) = 0$
    - Wendepunkt: $f''(x) = 0$

3. Sie brauchen so viele Gleichungen wie Unbekannte! Stellen Sie die Gleichungen auf und lösen Sie sie nach den Parametern ($a, b, c, \ldots$) auf.

4.2.2 Potenzfunktionen

- Stellen Sie möglichst einfache Bruchterme auf.
- Eine Potenzfunktion, deren Schaubild eine waagerechte Asymptote besitzt, hat folgenden Ansatz: «$f(x) = $ Asymptotengleichung $+$ Bruchterm»
- Polstelle: Der Nenner des Bruchterms muss an der Polstelle $x = p$ Null sein.
- Hat der Bruchterm die Form $\frac{1}{(x-p)^n}$, so gilt:

    n ist ungerade $\quad \Leftrightarrow \quad$ Pol mit Vorzeichenwechsel

    n ist gerade $\quad \Leftrightarrow \quad$ Pol ohne Vorzeichenwechsel

4.2.3 Exponentialfunktionen

Stellen Sie zwei Gleichungen mit zwei Unbekannten auf und lösen Sie das Gleichungssystem; dazu müssen Sie eventuell noch ableiten. Verwenden Sie die Tipps aus dem vorgehenden Kapitel.

4.2.4 Trigonometrische Funktionen

Eine verallgemeinerte Sinusfunktion hat die Gleichung $f(x) = a \cdot \sin(b \cdot (x-c)) + d$, eine verallgemeinerte Kosinusfunktion die Gleichung $f(x) = a \cdot \cos(b \cdot (x-c)) + d$.
Die Eigenschaften des Schaubildes und die Koeffizienten a, b, c, d hängen dabei folgendermaßen zusammen:

- Streckfaktor in y-Richtung: a
- Streckfaktor in x-Richtung: b
- Verschiebung nach links bzw. rechts: $c < 0$ bzw. $c > 0$
- Verschiebung nach unten bzw. oben: $d < 0$ bzw. $d > 0$
- Periode: $p = \frac{2\pi}{b}$ bzw. $b = \frac{2\pi}{p}$

4.3 Von der Kurve zur Gleichung

4.3.1 Ganzrationale Funktionen

Es handelt sich bei allen Graphen um Funktionen 2. bis 4. Grades. Es gibt verschiedene Lösungswege:

1. Ansatz als allgemeine Funktion (ähnlich wie das Aufstellen von Funktionen mit Randbedingungen), z.B. $f(x) = ax^2 + bx + c$. Aus der Zeichnung werden drei Punkte bestimmt und drei Gleichungen aufgestellt, die man anschließend nach a, b und c auflöst. Dieser Weg ist etwas langwierig, führt aber immer zum Ziel.

2. Ansatz mithilfe der Linearfaktoren. Dieser Ansatz funktioniert nur dann, wenn die Funktion eindeutig ablesbare Nullstellen besitzt (z.B. bei den Aufgaben c) bis f)). Sind $x_1, ..., x_n$ Nullstellen, so gilt: $f(x) = a \cdot (x - x_1) \cdot ... \cdot (x - x_n)$. Der Faktor a kann mithilfe eines abgelesenen Punktes bestimmt werden.

4. Funktionen und Graphen — Tipps

3. Ansatz als verschobene Grundfunktion: Wenn man eine Normalparabel $f(x) = x^2$ nach oben oder unten verschieben will, so addiert man eine Konstante c. Will man sie nach rechts oder links verschieben, so setzt man für eine Verschiebung nach rechts um eine Längeneinheit den Ausdruck $(x-1)$ statt x ein. Bei einer Verschiebung um 2 LE nach links entsprechend $(x+2)$ statt x.

Tipps für die Aufgaben:

a) $f(x) = x^2$, nach links verschoben

b) $f(x) = x^2$, nach links und unten verschoben

c) $f(x) = -x^2$, nach rechts und oben verschoben

d) Ansatz mithilfe der Nullstellen (Linearfaktorzerlegung)

4.3.2 Potenzfunktionen

Die einfachsten Potenzfunktionen sind:

$f(x) = \frac{1}{x}$ (Pol mit VZW) bzw. $f(x) = \frac{1}{x^2}$ (Pol ohne VZW)

a) - b) Nach rechts/links verschobene Grundfunktionen

c) - d) Nach rechts/links *und* oben/unten verschobene Grundfunktionen

4.3.3 Trigonometrische Funktionen

Allgemeine Tipps: Siehe Tipps zu Kapitel 4.2.4

Es handelt sich um Sinus- bzw. Kosinusfunktionen der Form $f(x) = a \cdot \sin(b \cdot (x-c)) + d$ bzw. $f(x) = a \cdot \cos(b \cdot (x-c)) + d$. Überlegen Sie, welche der in Kapitel «Von der Kurve zur Gleichung» aufgezählten Veränderungen des Schaubilds in Frage kommen. Prüfen Sie zuerst, ob der Graph nach oben verschoben ist (bestimmen Sie die waagerechte «Mittelachse»). Prüfen Sie dann, ob der Graph nach links oder rechts verschoben ist (eine unverschobene Sinusfunktion hat einen Wendepunkt bei $x = 0$) und bestimmen Sie anschließend die Periode p. Zum Schluß bestimmen Sie den Abstand des Hoch-bzw. Tiefpunkts zur «Mittelachse» und damit die Amplitude/Streckung a.

4.4 Graphen von f, f' und F

4.4.1 Von f zu f'

a)   I) Prüfen Sie, ob die *Ableitungs*kurve an der Stelle $x = 0,5$ eine waagrechte Tangente hat.

      II) Überlegen Sie, welche Steigung die Tangenten an die Ableitungskurve haben.

      III) Prüfen Sie, ob die Ableitungskurve für $x > 1$ unterhalb der x-Achse verläuft.

b)   I) Prüfen Sie, ob die Ableitungskurve an der Stelle $x = 1$ eine Tangente mit waagrechter Steigung sowie ein Minimum oder Maximum hat.

II) Prüfen Sie, ob die Steigung der Tangente an die Ableitungskurve bei $x = 2$ extremal ist.

III) Prüfen Sie, ob die Ableitungskurve für $x > 1$ unterhalb der x-Achse verläuft.

c) I) Prüfen Sie ob die Ableitungskurve für $x < -1$ stets unterhalb der x-Achse verläuft.

II) Prüfen Sie, ob die Ableitungskurve bei $x = 0$ eine waagrechte Tangente hat.

III) Bestimmen Sie anhand der Graphen die Werte $f'(0)$ und $f(-1)$.

4.4.2 Von f' zu f

Es sind Aussagen über eine Stammfunktion f der gezeichneten Kurve von f' zu bewerten. Dabei gilt für alle Stammfunktionen f:

- $f'(x) = 0$ und VZW von + nach − ⇒ Der Graph von f hat einen Hochpunkt.
- $f'(x) = 0$ und VZW von − nach + ⇒ Der Graph von f hat einen Tiefpunkt.
- $f'(x)$ hat einen Extrempunkt ⇒ Der Graph von f hat einen Wendepunkt.

a) I) Überlegen Sie, was es für die Ableitung einer Funktion bedeutet, wenn der Graph der Funktion einen Extrempunkt besitzt.

II) Was bedeutet es für eine Kurve, wenn sie in einem Punkt eine waagerechte Tangente besitzt? Welche Steigung hat die Kurve in einem derartigen Punkt?

III) Was bedeutet es für die Ableitungskurve, wenn der Graph der Funktion f einen Wendepunkt besitzt? Finden Sie solche Punkte in der Kurve von f'?

IV) Beachten Sie, ob der Graph von f' für $0 \leqslant x \leqslant 2$ oberhalb oder unterhalb der x-Achse verläuft.

b) I) Überlegen Sie, was es für die Ableitung einer Funktion bedeutet, wenn der Graph der Funktion einen Extrempunkt besitzt.

II) Welchen Wert nimmt die Ableitung einer Funktion an einem Extremwert an? Was muss zusätzlich noch gelten, damit es sich um einen Hochpunkt handelt (wie sehen die Vorzeichenwechsel der Steigung aus)?

III) Überlegen Sie, welchen Grad das Polynom der gezeichneten Ableitungskurve besitzt.

IV) Überlegen Sie, was man tun muss, um Informationen über die Steigung einer Kurve in einem Punkt zu bekommen. Welche Funktion gibt «Auskunft» über die Steigungswerte der Kurve in jedem Punkt?

c) I) Skizzieren Sie den Graphen einer Funktion zur gegebenen Ableitungsfunktion; benutzen Sie dazu die Extremwerte und die Nullstelle der angegebenen Ableitungsfunktion. Hat der Graph von f bei $x = 0$ einen Hoch- oder Tiefpunkt (Vorzeichenwechsel beachten)?

4. Funktionen und Graphen *Tipps*

II) Beachten Sie, ob der Graph von f' stets oberhalb oder unterhalb der x-Achse verläuft.

III) Prüfen Sie, welche Bedingungen die Kurve der angegebenen Ableitungsfunktion erfüllen muss, damit die Funktion f an der Stelle $x = 0$ einen Tiefpunkt hat. Beachten Sie den Vorzeichenwechsel.

IV) Überlegen Sie, was es für den Graphen der Ableitung bedeutet, wenn eine Kurve einen oder mehrere Extrempunkte besitzt.

4.4.3 Von f zu F

Allgemeine Tipps:

- Skizzieren Sie zuerst die Ableitung bzw. eine Stammfunktion.
- Der Graph von F hat einen Hochpunkt an der Stelle x_1, wenn $f(x_1) = 0$ und an dieser Nullstelle bei f ein Vorzeichenwechsel (VZW) von $+$ nach $-$ stattfindet.
- Der Graph von F hat einen Tiefpunkt an der Stelle x_2, wenn $f(x_2) = 0$ und bei f an dieser Stelle ein VZW von $-$ nach $+$ stattfindet.
- Der Graph von F hat einen Wendepunkt an der Stelle x_3, wenn f einen Extrempunkt an dieser Stelle hat.

Die Stammfunktion

a)   I) Überlegen Sie, welche Art von Funktion vorliegt. Wie sieht der Graph der Ableitungsfunktion einer Geraden aus?

II) Bestimmen Sie $f(1)$ und beachten Sie, dass $f(x) = F'(x)$ ist.

III) Streng monoton zunehmend für f bedeutet, dass f' immer > 0 ist. In der Aufgabe ist allerdings gefragt, ob f' monoton zunehmend ist. Also muss man f'' untersuchen.

IV) y-achsensymmetrisch bedeutet $f(-x) = f(x)$.

b)   I) Welche Gestalt besitzt der Graph der Ableitungsfunktion einer Parabel 2. Grades? Überlegen Sie, welche Aussagen Sie sicher über dieses Schaubild treffen können.

II) Beachten Sie, ob der Graph von f für $0 \leqslant x \leqslant 1$ oberhalb oder unterhalb der x-Achse verläuft.

III) Überlegen Sie, was es für die Funktion f bedeutet, wenn die Stammfunktion Extremstellen besitzt (f ist die 1. Ableitung von F).

Die Integralfunktion

Allgemeine Tipps zur Integralfunktion:

Wie man an den Aufgaben I und II sehen kann, lässt sich die Stammfunktion einer Funktion f in y-Richtung verschieben. Dies geschieht durch die Konstante c im unbestimmten Integral, das sogenannte absolute Glied.

Bei der Integralfunktion wird die Variable x als obere Grenze behandelt und die Funktion erst nach t integriert. Durch das Einsetzen der Grenzen entsteht zum Schluss eine Funktion $J_0(x)$.

- Falls es möglich ist, stellen Sie zuerst einen Funktionsterm für f auf (Parabeln, nach rechts und unten verschoben). Bilden Sie dann die Integralfunktion und skizzieren Sie die Integralfunktion zum Schluss in das Koordinatensystem.
- Falls es nicht möglich ist, einen Funktionsterm aufzustellen, benutzt man die Tatsache, dass der Funktionswert der Integralfunktion dem orientierten Flächeninhalt entspricht. Die Funktion $J_0(x)$ geht durch $(0 \mid 0)$. Man bestimmt zuerst die charakteristischen Stellen (Extrem- und Wendestellen). Für diese bestimmt man den Funktionswert von $J_0(x)$ durch das Aufsummieren der orientierten Flächeninhalte. (Orientierter Flächeninhalt bedeutet, dass Flächen unterhalb der x-Achse ein negatives Vorzeichen erhalten.)

a) I) Skizzieren Sie die Integralfunktion. Prüfen Sie die Intervallgrenzen.

   II) Überlegen Sie, was eine Extremstelle der Integralfunktion für die Funktion f bedeuten würde.

b) I) Bilden Sie die Integralfunktion. Prüfen Sie anhand der Zeichnung, ob die Nullstellen von J_0 im Intervall liegen.

   II) Überlegen Sie, was eine Extremstelle der Integralfunktion für die Funktion f bedeuten würde.

   III) Überlegen Sie mithilfe der Ausgangsfunktion, welche Art von Funktion die Integralfunktion ist und wie viele Extremstellen ganzrationale Funktionen 3.Grades besitzen können.

4.5 Kurvendiskussion

4.5.1 Elemente der Kurvendiskussion

a) Die Bedingungen für ein Minimum sind $f'(x) = 0$ und Vorzeichenwechsel von f' von $-$ nach $+$. Prüfen Sie, ob diese auf den Punkt zutreffen.

b) Zur Berechnung von $f(g(2))$ setzen Sie $x = 2$ in $g(x)$ und das Ergebnis in $f(x)$ ein. Zur Berechnung von $g(f(2))$ setzen Sie $x = 2$ in $f(x)$ und das Ergebnis in $g(x)$ ein.
Setzen Sie $g(x)$ in $f(x)$ ein und lösen Sie die Gleichung $f(g(x)) = 0{,}1$ durch Wurzelziehen.

c) Lösen Sie die Ungleichung $(x+3) \cdot (x-1) > 0$ durch funktionale Betrachtung: Überlegen Sie, wie der Graph von f verläuft und bestimmen Sie die Nullstellen von f. Alternativ können Sie die Ungleichung auch durch Fallunterscheidung lösen.

d) Beachten Sie, dass die ln-Funktion nur für positive Zahlen definiert ist, die Wertemenge aber alle reellen Zahlen enthält.

e) Überlegen Sie, durch welche Punkte der Graph von f verläuft und ob es Extrem- oder Wendepunkte gibt. Beachten Sie Symmetrien.

f) Die Bedingungen für einen Tiefpunkt sind: $f'(x) = 0$ und Vorzeichenwechsel von f' von − nach + bzw. $f''(x) > 0$. Prüfen Sie, ob diese auf den Punkt zutreffen. Benutzen Sie zum Ableiten die Produktregel.

g) Lösen Sie die Ungleichung $-x^2 + 3x + 7 > 3$ durch funktionale Betrachtung: Überlegen Sie, wie der Graph von f verläuft und bestimmen Sie die Schnittstellen von f mit der Geraden $y = 3$. Lösen Sie die entstandene Gleichung mithilfe der pq- oder abc-Formel.

h) Die Bedingung für einen Sattelpunkt ist $f'(x_0) = 0$ und kein Vorzeichenwechsel von f' an der Stelle x_0.

i) Schreiben Sie den Bruch als Potenz mit negativem Exponenten und bestimmen Sie die 1. Ableitung mit der Kettenregel. Setzen Sie $f'(x) = 0$ und lösen Sie die Gleichung nach x auf. Berechnen Sie den zugehörigen y-Wert und prüfen Sie, ob bei $f'(x)$ an der berechneten Stelle ein Vorzeichenwechsel vorliegt.

j) Punkte mit waagerechter Tangente haben die Steigung Null, also wird die 1. Ableitung Null gesetzt. Für die Gleichung der Geraden durch die beiden Punkte ist zuerst die Steigung zu berechnen: $m = \frac{y_2 - y_1}{x_2 - x_1}$.

k) Wendepunkte bestimmen Sie mithilfe von $f''(x)$ und $f'''(x)$.

l) Überlegen Sie, an welcher Stelle x die 1. Ableitung Null ist und ob die 1. Ableitung das Vorzeichen von − nach + wechselt.

m) Berechnen Sie die Steigung in P mithilfe der 1. Ableitung. Überlegen Sie, welche Art von Punkten eine waagerechte Tangente hat.

n) Für den Nachweis eines Wendepunkts verwenden Sie die 2. und 3. Ableitung.

4.5.2 Symmetrie

Die Bedingung für y-Achsensymmetrie ist $f(-x) = f(x)$, die Bedingung für Ursprungssymmetrie ist $f(-x) = -f(x)$. Setzen Sie $-x$ in $f(x)$ ein und formen Sie den Term um.

4.5.3 Tangenten und Normalen

Die Gleichung einer Tangente lautet: $y = f'(u) \cdot (x - u) + f(u)$, die entsprechende Normale hat die Gleichung $y = -\frac{1}{f'(u)} \cdot (x - u) + f(u)$.

a) Bestimmen Sie die Tangentensteigung in P mithilfe der 1. Ableitung. Setzen Sie die Koordinaten des Punktes P und die Tangentensteigung in die Tangentengleichung ein. Für die Normalensteigung m_n gilt: $m_n = -\frac{1}{m_t}$ mit $m_t = $ Steigung der Tangente.

b) Bestimmen Sie zuerst den Wendepunkt und dann die Steigung der Tangente bzw. der Normalen und stellen Sie die Geradengleichungen auf.

c) I) Da die Tangentensteigung schon bekannt ist, muss in dieser Aufgabe der Punkt P bestimmt werden, in dem der Graph von f die Steigung $m = -2$ besitzt. Also wird die erste Ableitung gleich -2 gesetzt und x_P bestimmt. Mit den Koordinaten des Punktes und der Steigung wird anschließend die Tangentengleichung aufgestellt.

II) Man verfährt ähnlich wie bei I), nur muss die Steigung der Tangente erst aus der Steigung der angegebenen Geraden ermittelt werden. Für die Steigung zweier aufeinander senkrecht stehender Geraden m_1 und m_2 gilt: $m_2 = -\frac{1}{m_1}$.

III) Man verfährt ähnlich wie bei I), die Steigung paralleler Geraden ist gleich: $m_t = m_g$.

d) Schreiben Sie den Bruch als Potenz mit negativem Exponenten und bestimmen Sie die 1. Ableitung mithilfe der Kettenregel. Bestimmen Sie die Tangentensteigung in P mithilfe der 1. Ableitung. Benutzen Sie dann die Steigung und den Punkt, um die Geradengleichung aufzustellen. Für die Normalensteigung m_n gilt: $m_n = -\frac{1}{m_t}$ mit $m_t =$ Steigung der Tangente.

e) Wenn von einem Punkt P, der nicht auf einer Kurve liegt, eine Tangente an eine Kurve gelegt werden soll, kann man folgendermaßen vorgehen:

I) Der Berührpunkt hat die Koordinaten B $(u \mid f(u))$.

II) Mithilfe der 1. Ableitung und B bestimmt man die Tangentengleichung in Abhängigkeit von u.

III) Der Punkt P wird in die Tangentengleichung eingesetzt und die Gleichung nach u aufgelöst.

4.5.4 Berührpunkte zweier Kurven

a) - b) Bei diesen Aufgaben müssen Sie zeigen, dass die Bedingungen für das Berühren erfüllt sind.

c) - d) Gesucht sind die Punkte, an denen sich die Kurven berühren. Dazu müssen beide Bedingungen erfüllt sein. Sie können also die Ableitungen der beiden Funktionen gleichsetzen, um mögliche Punkte zu bestimmen. Anschließend müssen Sie aber noch prüfen, ob es sich tatsächlich um gemeinsame Punkte beider Kurven handelt.

4.5.5 Funktionenscharen / Funktionen mit Parameter

a) - b) I) Setzen Sie für t Werte wie $\pm 1; \pm 2$ bzw. 0 ein und skizzieren Sie die Kurven.

II) Setzen Sie die entsprechenden Punkte in die Funktionsgleichung ein und stellen Sie nach t um.

c) Bestimmen Sie zuerst die Schnittstelle x_s. Für die Ableitungen im Schnittpunkt muss gelten: $f'(x_s) \cdot g'(x_s) = -1$. Setzen Sie die Ableitungen ein, setzen Sie dann den Ausdruck für x_s ein und lösen Sie nach t auf.

d) Berechnen Sie die Nullstelle des Graphen der Funktion f_t in Abhängigkeit von t und lesen Sie die Nullstellen der abgebildeten Graphen ab. Setzen Sie diese Terme gleich. Alternativ können Sie auch die Schnittpunkte der Graphen mit der y-Achse ablesen und den Schnittpunkt des Graphen von f_t mit der y-Achse in Abhängigkeit von t berechnen.

e) Bestimmen Sie mithilfe der Produkt- und Kettenregel die 1. und 2. Ableitung von f_t. Setzen Sie die 1. Ableitung gleich Null und berechnen Sie die Extremstelle von $f_t(x)$. Prüfen Sie mithilfe der 2. Ableitung, ob es sich tatsächlich um eine Extremstelle handelt. Schließlich setzen Sie $x = 2$ mit der berechneten Extremstelle gleich und lösen die Gleichung nach t auf.

f) Berechnen Sie mithilfe der 1. Ableitung von $f_k(x)$ und $g(x)$ jeweils die Steigung der Graphen von g und von f_k im Ursprung und setzen diese gleich; lösen Sie die Gleichung nach k auf und beachten Sie den Wertebereich von k.

g) Bestimmen Sie mögliche Extremstellen in Abhängigkeit von a und setzen Sie $x = 3$ ein; beachten Sie den Wertebereich von a.

4.5.6 Krümmungsverhalten von Kurven

Bestimmen Sie mithilfe von Ketten-, Produkt- und Quotientenregel die 1. und 2. Ableitung. Eine Kurve ist linksgekrümmt, wenn gilt: $f''(x) > 0$, sie ist rechtsgekrümmt, wenn $f''(x) < 0$. Lösen Sie jeweils die entstandene Ungleichung.
Manchmal ist es hilfreich, die linke Seite der Ungleichung als weitere Kurve aufzufassen und sich zu überlegen, wann diese oberhalb bzw. unterhalb der x-Achse verläuft.

4.5.7 Monotonie

Bestimmen Sie jeweils mithilfe der Produkt- oder Potenzregel die 1. Ableitung von f. Ist $f'(x) > 0$, so ist f streng monoton zunehmend, ist $f'(x) < 0$, so ist f streng monoton abnehmend.

4.6 Extremwertaufgaben

a) Die gesuchte Größe ist die Fläche. Die Nebenbedingung ist die Länge des Zauns. Von der Gesamtlänge der 4 Seiten des Spielplatzes müssen noch 2 m abgezogen werden. Anschließend wird die Zielfunktion aufgestellt und das Maximum bestimmt.

b) I) Die gesuchte Größe ist der Umfang des Rechtecks. Die Grundseite des Rechtecks wird als $2x$ gewählt. Nebenbedingung: Für die Höhe h gilt $h = f(x)$. Stellen Sie die Zielfunktion für den Umfang auf, setzen Sie die Nebenbedingung ein und bestimmen Sie das Maximum mithilfe der 1. und 2. Ableitung.

II) Die gesuchte Größe ist die Fläche des Rechtecks. Die Grundseite des Rechtecks wird als $2x$ gewählt. Nebenbedingung: Für die Höhe h gilt $h = f(x)$. Stellen Sie die Zielfunktion für die Fläche auf und setzen Sie die Nebenbedingung ein.

c) Die gesuchte Größe ist der Flächeninhalt des Dreiecks OPQ. Nach dem Ableiten stellt man die Gleichung der Normalen auf. Für die Normalensteigung gilt $m_n = -\frac{1}{m_t}$ (wobei m_t die Tangentensteigung ist). Diese wird mit der Kurve G geschnitten, um den Schnittpunkt Q zu bestimmen. Anschließend wird eine Flächenfunktion aufgestellt, wobei die Strecke $\overline{OQ}$ die Grundseite des Dreiecks bildet und $|f(u)|$ die Höhe. Die Flächenfunktion wird abgeleitet und der Extremwert bestimmt.

d) Skizzieren Sie die Graphen der beiden Funktionen.
Bestimmen Sie die Koordinaten der Punkte P und Q und überlegen Sie sich, wie Sie die Länge von PQ in Abhängigkeit von u bestimmen können. Stellen Sie hierzu eine Funktionsgleichung (Zielfunktion) auf. Zur Berechnung des Maximums verwenden Sie die 1. und 2. Ableitung (Produkt- und Kettenregel).
Die maximale Länge erhalten Sie, indem Sie das berechnete u in die Zielfunktion einsetzen.

4.7 Verständnis von Zusammenhängen

a) Überlegen Sie, welche Stellen durch das Gleichsetzen der Funktionsterme bestimmt werden und welche Bedeutung das Integral haben kann.

b) Überlegen Sie, welcher Punkt des Schaubilds bestimmt wird, welche Steigung die Funktion an diesem Punkt hat und was für eine Gerade beschrieben wird.

c) Skizzieren Sie den Graphen von f. Überlegen Sie, welche Fläche durch das Integral beschrieben wird und welche Bedeutung der Grenzwert hat.
Bestimmen Sie zur Ergänzung des Rechenwegs eine Stammfunktion von f und verwenden Sie den Hauptsatz der Differential- und Integralrechnung: $\int_a^b f(x)dx = F(b) - F(a)$.

d) Verwenden Sie als Ansatz für eine ganzrationale Funktion f vierten Grades die Gleichung $f(x) = ax^4 + bx^3 + cx^2 + dx + e$ sowie deren Ableitungen. Beachten Sie, dass als notwendige Bedingung für Wendepunkte des Graphen von f die Gleichung $f''(x) = 0$ zu lösen wäre. Überlegen Sie, wie viele Lösungen diese Gleichung maximal hat und was dies für die maximale Anzahl der Wendepunkte des Graphen von f bedeutet.

e) Überlegen Sie, welche Bedeutung $x = u$ und damit $d(u)$ hat. Beachten Sie, dass durch $d'(u) = 0$ Extremstellen berechnet werden. Überlegen Sie, welche Bedeutung ein negatives Ergebnis der 2. Ableitung hat.

f) Beachten Sie, dass mithilfe der angegebenen Formel der Abstand zweier Punkte bestimmt wird. Überlegen, Sie, welches der zweite Punkt neben P ist und welche Bedeutung die Gleichung dann hat.

4.8 Umkehrfunktionen

a) - e) Lösen Sie die Gleichung $y = f(x)$ nach x auf; vertauschen Sie anschließend die Variablen x und y und geben Sie die Umkehrfunktion $\overline{f}$ an. Die Definitionsmenge von $\overline{f}$ ist die Wertemenge von f, die Wertemenge von $\overline{f}$ ist die Definitionsmenge von f.

f) - g) Um zu zeigen, dass die Funktion $\overline{f}$ eine Umkehrfunktion der Funktion f ist, setzen Sie den Term von $\overline{f}$ in $f(x)$ ein. Falls $f(\overline{f}(x)) = x$ gilt, ist $\overline{f}$ eine Umkehrfunktion der Funktion f.

Geometrie

5 Punkte, Geraden und Ebenen

5.1 Rechnen mit Vektoren

5.1.1 Rechenregeln und Betrag

Für das Rechnen mit Vektoren gelten folgende Gesetze:

Addition: $\begin{pmatrix} a_1 \\ a_2 \\ a_3 \end{pmatrix} + \begin{pmatrix} b_1 \\ b_2 \\ b_3 \end{pmatrix} = \begin{pmatrix} a_1+b_1 \\ a_2+b_2 \\ a_3+b_3 \end{pmatrix}$ Subtraktion: $\begin{pmatrix} a_1 \\ a_2 \\ a_3 \end{pmatrix} - \begin{pmatrix} b_1 \\ b_2 \\ b_3 \end{pmatrix} = \begin{pmatrix} a_1-b_1 \\ a_2-b_2 \\ a_3-b_3 \end{pmatrix}$

Skalare Multiplikation: $s \cdot \begin{pmatrix} a_1 \\ a_2 \\ a_3 \end{pmatrix} = \begin{pmatrix} s \cdot a_1 \\ s \cdot a_2 \\ s \cdot a_3 \end{pmatrix}$ (Zahl · Vektor = Vektor), für $s \in \mathbb{R}$

Skalarprodukt: $\begin{pmatrix} a_1 \\ a_2 \\ a_3 \end{pmatrix} \cdot \begin{pmatrix} b_1 \\ b_2 \\ b_3 \end{pmatrix} = a_1 \cdot b_1 + a_2 \cdot b_2 + a_3 \cdot b_3$ (Vektor · Vektor = Zahl)

Betrag bzw. Länge: $\left| \begin{pmatrix} a_1 \\ a_2 \\ a_3 \end{pmatrix} \right| = \sqrt{a_1^2 + a_2^2 + a_3^2}$

Vektorprodukt: $\begin{pmatrix} a_1 \\ a_2 \\ a_3 \end{pmatrix} \times \begin{pmatrix} b_1 \\ b_2 \\ b_3 \end{pmatrix} = \begin{pmatrix} a_2 \cdot b_3 - a_3 \cdot b_2 \\ a_3 \cdot b_1 - a_1 \cdot b_3 \\ a_1 \cdot b_2 - a_2 \cdot b_1 \end{pmatrix}$

5.1.2 Orts- und Verbindungsvektoren

a) Ortsvektoren setzen am Ursprung $O(0|0|0)$ an. Verbindungsvektoren zwischen zwei Punkten erhalten Sie mithilfe der Differenz der Ortsvektoren. Bestimmen Sie jeweils die Länge (Betrag) der Verbindungsvektoren.

b) Stellen Sie jeweils drei Verbindungsvektoren zwischen je zwei Punkten auf und berechnen Sie deren Länge.

c) Tragen Sie in Ihre Skizze jeweils die gegebenen und gesuchten Punkte sowie den Ursprung O ein. Bestimmen Sie mithilfe einer Vektorkette den Ortsvektor des gesuchten Punktes. Geben Sie die Koordinaten des gesuchten Punktes an.

d) Tragen Sie in Ihre Skizze die gegebenen und gesuchten Punkte sowie den Ursprung O ein. Achten Sie dabei auf die Reihenfolge der Punkte (*gegen* den Uhrzeigersinn). Bestimmen Sie mithilfe einer Vektorkette den Ortsvektor des gesuchten Punktes. Geben Sie die Koordinaten des gesuchten Punktes an.

Tipps 5. Punkte, Geraden und Ebenen

e) Da je vier Kanten parallel sind, gilt
$\overrightarrow{BF} = \overrightarrow{CG} = \overrightarrow{DH} = \overrightarrow{AE}$, $\overrightarrow{BC} = \overrightarrow{AD} = \overrightarrow{FG} = \overrightarrow{EH}$ und $\overrightarrow{AB} = \overrightarrow{EF} = \overrightarrow{DC} = \overrightarrow{HG}$.
Bestimmen Sie mithilfe einer Vektorkette den Ortsvektor des gesuchten Punktes. Geben Sie die Koordinaten des gesuchten Punktes an.

f) Tragen Sie in Ihre Skizze die gegebenen und gesuchten Punkte sowie den Ursprung O ein. Bestimmen Sie mithilfe einer Vektorkette den Ortsvektor des gesuchten Punktes. Geben Sie die Koordinaten des gesuchten Punktes an. Die Länge einer Kante ist die Länge des Verbindungsvektors der beiden Eckpunkte.

5.1.3 Orthogonalität von Vektoren

a) Zwei Vektoren stehen genau dann senkrecht aufeinander, wenn das Skalarprodukt gleich Null ist. Ist das Skalarprodukt ungleich Null, dann sind die beiden Vektoren nicht orthogonal.

b) Es sind Vektoren zu suchen, deren Skalarprodukt mit $\vec{n}$ Null ergibt.

c) Bestimmen Sie das Skalarprodukt von je zwei Verbindungsvektoren. Falls ein Ergebnis Null ergibt, sind die beiden Vektoren orthogonal.

5.2 Geraden

5.2.1 Aufstellen von Geradengleichungen

Verwenden Sie den Ortsvektor des einen Punktes als Stützvektor. Bilden Sie den Richtungsvektor, indem Sie den Verbindungsvektor zwischen den beiden Punkten aufstellen.

5.2.2 Punktprobe

Setzen Sie den Ortsvektor des Punktes in die Geradengleichung ein und prüfen Sie, ob sich für alle drei Komponenten der gleiche Parameter ergibt.

5.2.3 Gegenseitige Lage von Geraden

Für die gegenseitige Lage von zwei Geraden gibt es vier Möglichkeiten: Die Geraden können sich schneiden, parallel, identisch oder windschief sein.

Zur Bestimmung der gegenseitigen Lage prüft man zuerst die Richtungsvektoren auf lineare Abhängigkeit bzw. Unabhängigkeit:

1. Sind die Richtungsvektoren ein Vielfaches voneinander (linear abhängig), können die Geraden parallel oder identisch sein.
Sie sind identisch, wenn ein Punkt der einen Geraden auf der anderen Geraden liegt (positive Punktprobe), sonst sind sie parallel (negative Punktprobe).

2. Sind die Richtungsvektoren kein Vielfaches voneinander (linear unabhängig), können die Geraden sich schneiden oder windschief sein.
Durch Gleichsetzen erhält man den Schnittpunkt oder einen Widerspruch, welcher angibt, dass die Geraden windschief sind.

5.3 Ebenen

5.3.1 Parameterform der Ebenengleichung

a), b) Nehmen Sie einen der Punkte als «Stützpunkt». Die Verbindungsvektoren zwischen den Punkten ergeben die Spannvektoren.

c), d) Der Stützvektor der Geraden dient als Stützvektor der Ebene, der Richtungsvektor bildet den ersten Spannvektor. Den zweiten Spannvektor erhalten Sie, indem Sie den Verbindungsvektor zwischen dem Stützpunkt und dem angegebenen Punkt bilden.

5.3.2 Koordinatengleichung einer Ebene

Um eine Ebenengleichung aufzustellen, braucht man in der Regel entweder einen Punkt, der in der Ebene liegt, und zwei Spannvektoren oder einen Punkt A, der in der Ebene liegt, und einen Normalenvektor $\vec{n}$, welche man dann in die Punkt-Normalenform $(\vec{x} - \vec{a}) \cdot \vec{n} = 0$ einsetzt.

Ein Normalenvektor $\vec{n}$ errechnet sich mithilfe des Vektorprodukts aus den beiden Spannvektoren (siehe Seite 51).

Zur Koordinatengleichung kommt man durch Ausmultiplizieren der Punkt-Normalenform. Alternativ können Sie die Koordinaten eines gegebenen Punktes in den Ansatz $ax_1 + bx_2 + cx_3 = d$ einsetzen und d bestimmen.

a), b) Berechnen Sie das Skalarprodukt der gegebenen Punkt-Normalenform, um die Koordinatengleichung zu erhalten.

c), d) Wählen Sie einen der 3 Punkte als «Stützpunkt» und bestimmen Sie die Spannvektoren als Verbindungsvektoren zwischen dem ersten Punkt und den beiden anderen Punkten. Anschließend bestimmt man einen Normalenvektor wie oben beschrieben und rechnet über die Punkt-Normalenform die Koordinatenform aus.

e), f) Als Stützvektor bietet sich der Stützvektor der Geraden an. Als 1. Spannvektor benutzt man den Richtungsvektor der Geraden, als 2. Spannvektor nimmt man den Verbindungsvektor zwischen dem Punkt außerhalb der Geraden und dem «Stützpunkt» der Geraden.

g) - i) Bestimmen Sie zuerst den Stützvektor der Ebene. Bestimmen Sie dazu den Schnittpunkt der beiden Geraden. Der Ortsvektor des Schnittpunktes dient als Stützvektor, die beiden Richtungsvektoren der Geraden werden als Spannvektoren der Ebene genommen. (Wichtig: Wenn man s und t mithilfe von zwei Gleichungen bestimmt hat, muss man s und t in der 3. Gleichung überprüfen).

j), k) Wenn das Gleichungssystem zu einem Widerspruch wie z.B. $3 = 0$ führt, besitzt es keine Lösung. Die Geraden schneiden sich dann nicht. Untersuchen Sie die beiden Richtungsvektoren. Sind diese linear abhängig, dann sind die Geraden parallel.

Tipps   5. *Punkte, Geraden und Ebenen*

l) Um die Ebenengleichung aufzustellen, brauchen Sie einen Punkt der Ebene und einen Normalenvektor. Die Spiegelebene befindet sich genau in der Mitte zwischen A und A*. Anhand einer Skizze kann man sich gut klarmachen, wie der Normalenvektor aussehen muss.

m) Bestimmen Sie den Normalenvektor von E mithilfe des Vektorprodukts (siehe Seite 51) des Richtungsvektors der Geraden g und des Normalenvektors der Ebene F. Setzen Sie $\vec{n}$ und den Stützvektor von g in die Punkt-Normalenform ein, um die Koordinatenform zu erhalten. Alternativ können Sie die Koordinaten eines gegebenen Punktes in den Ansatz $ax_1 + bx_2 + cx_3 = d$ einsetzen und d bestimmen.

n) Verwenden Sie drei der gegebenen Punkte, um eine Ebene in Koordinatenform aufzustellen. Mit dem vierten Punkt machen Sie eine Punktprobe.

5.3.3 Punktprobe

Parameterform: Setzen Sie den Ortsvektor des Punktes in die Ebenengleichung ein lösen Sie das zugehörige LGS. Wenn es lösbar ist, liegt der Punkt in der Ebene. (Probe in der dritten Gleichung nicht vergessen!)

Koordinatenform: Setzen Sie die Koordinaten des Punktes in die Ebenengleichung ein. Wenn sich eine wahre Aussage ergibt, liegt der Punkt in der Ebene.

5.3.4 Spurpunkte

Setzen Sie jeweils zwei Koordinaten gleich Null, um die Spurpunkte, also die Schnittpunkte der Ebene mit den Koordinatenachsen zu erhalten.

5.3.5 Bestimmen von Geraden und Ebenen in einem Quader

a) Der Punkt O des Quaders liegt im Ursprung des Koordinatensystems. Bestimmen Sie die übrigen Punkte, indem Sie die Ortsvektoren addieren.

b) Die Gleichung kann wie im vorherigen Kapitel rechnerisch bestimmt werden, oder durch Überlegung und Ablesen an der Zeichnung.

c) Um eine Geradengleichung aufzustellen, braucht man einen Stützvektor und einen Richtungsvektor.

d) Wählen Sie drei der angegebenen Punkte und stellen Sie die Ebenengleichung wie im vorangegangenen Kapitel auf.

5.4 Gegenseitige Lage von Geraden und Ebenen

5.4.1 Gegenseitige Lage

Eine Gerade und eine Ebene können auf drei verschiedene Arten zueinander liegen: g schneidet E, g ist parallel zu E oder g liegt in E.

Liegt die Ebene in Koordinatenform vor, wird die Gerade als «allgemeiner Punkt» geschrieben und in die Ebenengleichung eingesetzt. Anschließend wird der Parameter der Geraden bestimmt und gegebenenfalls in die Geradengleichung eingesetzt, um den Schnittpunkt zu bestimmen. Liegt die Ebene in der Normalenform vor, wird sie zuerst in die Koordinatenform umgewandelt.

Beim Lösen der Gleichung können drei Fälle auftreten:

1. Es gibt eine eindeutige Lösung: Die Gerade schneidet die Ebene.
2. Es tritt ein Widerspruch auf (wie z.B. $3 = 0$): Die Gerade ist parallel zur Ebene.
3. Die Gleichung hat unendlich viele Lösungen (beim Lösen ergibt sich z.B. $3 = 3$ oder $0 = 0$): Die Gerade liegt in der Ebene.

5.4.2 Vermischte Aufgaben

a) Wenn $g \parallel E$, so gilt: $\vec{u} \cdot \vec{n} = 0$. Für den Richtungsvektor $\vec{u}$ der Geraden gibt es unendlich viele Möglichkeiten.

b) Da $g \perp E$, so gilt: $\vec{u} = k \cdot \vec{n}$; $k \in \mathbb{R}$, d.h. der Richtungsvektor $\vec{u}$ ist linear abhängig zum Normalenvektor zu wählen.

c) Setzen Sie den allgemeinen Punkt von g in die Ebenengleichung ein; bei einem Widerspruch haben g und E keine gemeinsamen Punkte.

d) Setzen Sie den allgemeinen Punkt von g in die Ebenengleichung ein; bei einer wahren Aussage enthält E die Gerade g.

5.5 Gegenseitige Lage von Ebenen

Zwei Ebenen können auf drei verschiedene Arten zueinander liegen: Die beiden Ebenen schneiden sich, sie liegen parallel zueinander oder sie sind identisch.

Auch hier gibt es verschiedene Lösungswege, abhängig davon, welche Art von Ebenengleichung vorliegt. Da der Weg über die Koordinatengleichung gut nachvollziehbar ist, werden die Aufgaben auf diese Weise gelöst.

Die beiden Ebenengleichungen bilden ein lineares Gleichungssystem mit zwei Gleichungen und drei Variablen.

Beim Lösen des Gleichungssystems bzw. der Gleichung können drei Fälle auftreten:

1. Es gibt eine Lösung, wenn man eine Variable als t einsetzt und nach den anderen Variablen auflöst: Die Ebenen schneiden sich in einer Schnittgerade.
2. Es tritt ein Widerspruch auf (wie z.B. $3 = 0$): Die beiden Ebenen sind parallel.
3. Die eine Gleichung ist ein Vielfaches der anderen Gleichung: Die beiden Ebenen sind identisch.

Tipps   6. Abstände, Winkel und Spiegelungen

5.5.1 Schnitt von zwei Ebenen

Eliminieren Sie eine Unbekannte, so dass Sie nur noch zwei Unbekannte haben. Setzen Sie bei einer Gleichung mit zwei Unbekannten die eine Unbekannte gleich t und bestimmen Sie die übrigen Unbekannten in Abhängigkeit von t. Stellen Sie anschließend die Gleichung der Schnittgeraden s auf. Bei Aufgabe e) lässt sich x_2 direkt berechnen.

5.5.2 Parallele Ebenen

Entweder Sie lösen das zugehörige Gleichungssystem oder Sie prüfen, ob der Normalenvektor der einen Ebene ein Vielfaches des Normalenvektors der anderen Ebene ist; anschließend machen Sie noch eine Punktprobe.

5.5.3 Orthogonale Ebenen

Berechnen Sie das Skalarprodukt der beiden Normalenvektoren. Ist das Ergebnis Null, sind die beiden Ebenen orthogonal zueinander.

5.5.4 Lineare Gleichungssysteme

Verwenden Sie das Gaußsche Eliminierungsverfahren und bringen Sie das Gleichungssystem auf Dreiecksform.
Bei einer eindeutigen Lösung gibt es genau einen Schnittpunkt, bei einem Widerspruch haben die Ebenen keinen gemeinsamen Punkt, bei einer wahren Aussage wählen Sie beispielsweise $x_3 = t$ und bestimmen x_1 und x_2 in Abhängigkeit von t. Stellen Sie damit die Gleichung der Schnittgeraden auf.
Bei Aufgabe i) schreiben Sie die gegebene Gerade als allgemeinen Punkt P_t um und überlegen sich zwei Ebenen, welche diesen Punkt enthalten.

6 Abstände, Winkel und Spiegelungen

6.1 Abstandsberechnungen

6.1.1 Abstand Punkt – Ebene

Für den Punkt $P(p_1 \mid p_2 \mid p_3)$ und die Ebene E: $ax_1 + bx_2 + cx_3 = d$ mit dem Normalenvektor $\vec{n} = \begin{pmatrix} a \\ b \\ c \end{pmatrix}$ gilt folgende Abstandsformel: $d(P;E) = \frac{|a \cdot p_1 + b \cdot p_2 + c \cdot p_3 - d|}{\sqrt{a^2+b^2+c^2}}$.

6.1.2 Abstand Punkt – Gerade

Den Abstand eines Punktes P von einer Geraden g bestimmt man in drei Schritten:

1. Zuerst stellt man eine Hilfsebene E_H auf. Diese Hilfsebene enthält den Punkt P und ist orthogonal zu g, d.h. der Richtungsvektor von g dient als Normalenvektor der Ebene.

2. Die Hilfsebene wird mit g geschnitten, dies ergibt den Schnittpunkt L.

3. Der Verbindungsvektor $\overrightarrow{LP}$ wird aufgestellt, sein Betrag ist der gesuchte Abstand.

6.1.3 Abstand paralleler Geraden

Zuerst muss bewiesen werden, dass die beiden Geraden echt parallel sind. Dies geschieht mithilfe der Richtungsvektoren und einer Punktprobe. Anschließend berechnet man den Abstand eines Punktes der Geraden h zur Geraden g wie in den vorangehenden Aufgaben.

6.1.4 Abstand Gerade – Ebene

Zuerst ist zu zeigen, dass die Gerade parallel zur Ebene ist. Dazu benötigt man das Skalarprodukt. Anschließend setzt man einen Punkt der Geraden und die Ebene in die Abstandsformel ein und berechnet den Abstand.

6.1.5 Abstand paralleler Ebenen

Zeigen Sie, dass der Normalenvektor der einen Ebene ein Vielfaches des Normalenvektors der anderen Ebene ist. Dann bestimmen Sie einen Punkt in einer der Ebenen und setzen diesen und die andere Ebene in die Abstandsformel ein und berechnen so den Abstand.

6.1.6 Abstand windschiefer Geraden

a), b) Um den Abstand von zwei windschiefen Geraden $g: \vec{x} = \vec{a} + s \cdot \vec{u}$ und $h: \vec{x} = \vec{b} + t \cdot \vec{v}$ zu berechnen, benötigt man einen Vektor $\vec{n}$, der auf den beiden Richtungsvektoren $\vec{u}$ und $\vec{v}$ senkrecht steht. Für den Abstand d gilt dann

$$d(g;h) = \frac{|(\vec{a}-\vec{b}) \cdot \vec{n}|}{|\vec{n}|}.$$

Den Vektor $\vec{n}$ bestimmt man mithilfe des Vektorproduktes: $\vec{n} = \vec{u} \times \vec{v}$.

6.1.7 Vermischte Aufgaben

a) Schreiben Sie die Gerade als «allgemeinen Punkt» A. Wenn dieser von P und Q gleich weit entfernt sein soll, muss gelten: $|\overrightarrow{PA}| = |\overrightarrow{QA}|$. Man setzt ein, löst nach t auf und setzt in die Geradengleichung ein.

b) Schreiben Sie die Gerade g als «allgemeine Punkt» P_t. Setzen Sie P_t und die Ebene E in die Abstandsformel ein. Lösen Sie die Gleichung $d(P_t; E) = \sqrt{8}$ nach t auf; beachten Sie, dass bei einer Betragsgleichung eine Fallunterscheidung erforderlich ist. Setzen Sie die erhaltenen t-Werte in P_t ein.

c) Auch bei dieser Aufgabe wird die Gerade als «allgemeiner Punkt» P_t geschrieben. Lösen Sie die Gleichung $|\overrightarrow{AP_t}| = 3$ nach t auf.

d) Stellen Sie zuerst die Gleichung der Ebene E durch ABC auf und berechnen Sie den Abstand des Punktes S zu E mithilfe der Abstandsformel.

e) Setzen Sie die Koordinaten von P und die Ebene E_a in die Abstandsformel ein. Lösen Sie die Gleichung $d(P; E_a) = \sqrt{20}$ nach a auf; beachten Sie, dass bei einer Betragsgleichung eine Fallunterscheidung erforderlich ist.

6.2 Winkelberechnungen

6.2.1 Winkel zwischen Vektoren und zwischen Geraden

a) Überlegen Sie, zwischen welchen Vektoren man den Winkel berechnet (Orts- oder Verbindungsvektoren). Wenn zwei Kosinuswerte gleich sind, was gilt dann für die entsprechenden Winkel? Machen Sie sich eine Skizze.

b) Auf welche Vektoren kommt es bei der Winkelberechnung zwischen zwei Geraden an?

6.2.2 Winkel zwischen Ebenen

Überlegen Sie, mithilfe welcher Vektoren man den Winkel zwischen den beiden Ebenen bestimmen könnte.

6.2.3 Winkel zwischen Gerade und Ebene

Welche Vektoren der Geraden und der Ebene kommen für die Winkelbestimmung in Betracht? Machen Sie eine Skizze. Wird in diesem Fall der Kosinus oder der Sinus des Winkels berechnet?

6.3 Spiegelungen

6.3.1 Punkt an Punkt

Machen Sie eine Skizze. Überlegen Sie, welche Vektoren man aneinanderhängen muss, um von P zum Spiegelpunkt P* zu gelangen, wenn z.B. Q in der Mitte liegen soll.

6.3.2 Punkt an Ebene

Machen Sie eine Skizze. Der Punkt A wird an dem Punkt der Ebene, der A am nächsten ist, gespiegelt. Um diesen Punkt zu bestimmen, braucht man eine Hilfsgerade durch A, die senkrecht auf der Ebene steht.

6.3.3 Punkt an Gerade

Machen Sie eine Skizze. Der Punkt P wird an dem Punkt der Gerade gespiegelt, der den kleinsten Abstand zu P besitzt. Um diesen zu bestimmen, braucht man eine Hilfsebene. Diese geht durch P und steht senkrecht zur Geraden.

6.3.4 Gerade an Ebene

Machen Sie eine Skizze. Überlegen Sie, ob die Gerade die Ebene schneidet oder parallel zu ihr liegt. Berechnen Sie gegebenenfalls den Schnittpunkt. Spiegeln Sie den Stützpunkt der Geraden an der Ebene mithilfe einer Lotgeraden und einer Vektorkette. Überlegen Sie, welchen Richtungsvektor die Spiegelgerade hat.

6.4 Verständnis von Zusammenhängen

a) Skizzieren Sie die Problemstellung. Als Stützpunkt der Geraden h können Sie den Stützpunkt von g oder einen beliebigen Punkt A der Ebene E verwenden. Überlegen Sie, auf welchen Vektoren der Richtungsvektor $\vec{v}$ der Geraden h orthogonal steht; verwenden Sie das Vektorprodukt oder das Skalarprodukt.
Alternativ können Sie auch eine zur Geraden g orthogonale Hilfsebene E_H durch einen beliebigen Punkt A von E aufstellen und diese mit g schneiden; überlegen Sie, wie Sie mithilfe des Schnittpunkts den Richtungsvektor $\vec{v}$ der Geraden h erhalten.

b) Beachten Sie, dass zwei Vektoren senkrecht aufeinander stehen, wenn das Skalarprodukt Null ergibt und dass die beiden Vektoren $\vec{u}$ und $\vec{v}$ aufgrund der verschiedenen Beträge unterschiedlich lang sind. Skizzieren Sie die beiden Vektoren. Beachten Sie die Parameter r und s und skizzieren Sie damit die Figur, in welcher alle Punkte X liegen müssen. Bestimmen Sie die Länge und die Breite der Figur und damit ihren Flächeninhalt.

c) Skizzieren Sie die Problemstellung. Überlegen Sie, wie Sie den Abstand vom Mittelpunkt M der Kugel K zur Geraden g mithilfe einer Hilfsebene E_H bestimmen können.

d) Skizzieren Sie die Problemstellung.
Überlegen Sie, wie Sie den Spiegelpunkt A′ des Stützpunktes A der Geraden erhalten können.
Stellen Sie mithilfe von S und A′ eine Geradengleichung der Spiegelgeraden g' auf.

e) Skizzieren Sie die Problemstellung.
Überlegen Sie, wie man eine Hilfsebene E_H aufstellen kann, die durch A geht und orthogonal zu g ist. Überlegen Sie, wie man den Punkt B mithilfe von E_H und g erhalten kann.

f) Skizzieren Sie die Problemstellung.
Überlegen Sie, wie Sie den Abstand von M zur Ebene E bestimmen können.
Zur Bestimmung des Berührpunkts B verwenden Sie eine geeignete Lotgerade.

6.5 Flächen- und Volumenberechnungen

a) Stellen Sie die Verbindungsvektoren $\vec{AB}$ und $\vec{AD}$ auf und verwenden Sie für den Flächeninhalt A des Parallelogramms die Formel:
$A = \left| \vec{AB} \times \vec{AD} \right|$.

b) Stellen Sie die Verbindungsvektoren $\vec{AB}$ und $\vec{AC}$ auf und verwenden Sie für den Flächeninhalt A des Dreiecks die Formel:
$A = \frac{1}{2} \cdot \left| \vec{AB} \times \vec{AC} \right|$.

c) Die Spurpunkte der Ebene E erhalten Sie, indem Sie jeweils zwei Koordinaten gleich Null setzen. Skizzieren Sie die Pyramide. Das Volumen V der Pyramide, welche von den Spurpunkten und dem Ursprung gebildet wird, erhalten Sie mit der Formel $V = \frac{1}{3} \cdot G \cdot h$. Die

Grundfläche G wird vom Ursprung, S_1 und S_2 gebildet. Beachten Sie, dass dies ein rechtwinkliges Dreieck ist. Die Höhe h der Pyramide ist der x_3-Wert von S_3.

d) Stellen Sie die Verbindungsvektoren $\overrightarrow{AB}$ und $\overrightarrow{AC}$ auf und verwenden Sie für den Flächeninhalt G des Dreiecks ABC die Formel: $G = \frac{1}{2} \cdot \left| \overrightarrow{AB} \times \overrightarrow{AC} \right|$. Das Volumen der Pyramide ABCS erhalten Sie mit der Formel $V = \frac{1}{3} \cdot G \cdot h$.

Die Höhe h ist der Abstand des Punktes S zur Ebene E, in der die Punkte A, B und C liegen.

Stellen Sie eine Koordinatengleichung von E auf, indem Sie zuerst einen Normalenvektor $\vec{n}$ mithilfe des Vektorprodukts der Spannvektoren $\overrightarrow{AB}$ und $\overrightarrow{AC}$ bestimmen. Anschließend setzen Sie die Koordinaten von A in den Ansatz der Koordinatenform ein. Den Abstand h des Punktes S zu E erhalten Sie mit der Abstandsformel eines Punktes zu einer Ebene:
$h = d(S; E) = \frac{|a \cdot s_1 + b \cdot s_2 + c \cdot s_3 - d|}{\sqrt{a^2 + b^2 + c^2}}$.

Stochastik

7 Baumdiagramme und Vierfeldertafeln

7.1 Ziehen mit Zurücklegen

a) Zeichnen Sie ein Baumdiagramm mit den Ästen rot (r), weiß (w) und gelb (g). Beachten Sie, dass die Wahrscheinlichkeiten bei jedem Ziehen gleich bleiben. Überlegen Sie, welche Ergebnisse zum gesuchten Ereignis A gehören und verwenden Sie die Pfadregeln.
Zeichnen Sie ein Baumdiagramm mit den Ästen weiß (w) und nicht weiß ($\bar{w}$). Beachten Sie, dass die Wahrscheinlichkeiten bei jedem Ziehen gleich bleiben. Überlegen Sie, welches Ergebnis zum gesuchten Ereignis B gehört und verwenden Sie die 1. Pfadregel.

b) Zeichnen Sie ein Baumdiagramm mit den Ästen rot (r) und nicht rot ($\bar{r}$). Beachten Sie, dass die Wahrscheinlichkeiten bei jedem Ziehen gleich bleiben. Überlegen Sie, welches Ergebnis zum gesuchten Ereignis A gehört und verwenden Sie die 1. Pfadregel.
Überlegen Sie, welche Ergebnisse zum gesuchten Ereignis B gehören und verwenden Sie die Pfadregeln oder rechnen Sie alternativ mit dem Gegenereignis $\bar{B}$ und verwenden Sie $P(B) = 1 - P(\bar{B})$.

c) I) Zeichnen Sie ein Baumdiagramm mit den Ästen rot (r) und gelb (g). Beachten Sie, dass die Wahrscheinlichkeiten bei jedem Ziehen gleich bleiben. Überlegen Sie, welche Ergebnisse zum gesuchten Ereignis gehören und verwenden Sie die Pfadregeln oder rechnen Sie alternativ mit dem Gegenereignis $\bar{A}$ und verwenden Sie $P(A) = 1 - P(\bar{A})$.

   II) Wählen Sie n als Anzahl der gelben Kugeln und überlegen Sie, wie viele Kugeln insgesamt vorhanden sind.

d) I) Überlegen Sie, wie viele Kugeln insgesamt mindestens vorhanden sein müssen und beachten Sie, ob sich die Wahrscheinlichkeiten für rot oder schwarz bei jedem Ziehen ändern oder nicht.

   II) Rechnen Sie mit dem Gegenereignis $\bar{A}$ und verwenden Sie $P(A) = 1 - P(\bar{A})$ sowie die 1. Pfadregel.

7.2 Ziehen ohne Zurücklegen

a) Zeichnen Sie ein Baumdiagramm mit den Ästen rot (r), grün (g) und blau (b). Beachten Sie, dass sich die Wahrscheinlichkeiten bei jedem Ziehen ändern. Überlegen Sie, welche Ergebnisse zum gesuchten Ereignis A gehören und verwenden Sie die Pfadregeln.
Zeichnen Sie ein Baumdiagramm mit den Ästen blau (b) und nicht blau ($\bar{b}$). Beachten Sie, dass sich die Wahrscheinlichkeiten bei jedem Ziehen ändern. Überlegen Sie, welches Ergebnis zum gesuchten Ereignis B gehört und verwenden Sie die 1. Pfadregel.

Tipps   7. Baumdiagramme und Vierfeldertafeln

b) I) Überlegen Sie, wie viele Kugeln insgesamt mindestens vorhanden sein müssen und beachten Sie, ob sich die Wahrscheinlichkeiten für rot oder schwarz bei jedem Ziehen ändern oder nicht.

II) Überlegen Sie, welche Ergebnisse zum gesuchten Ereignis gehören und verwenden Sie die Pfadregeln.

c) Beachten Sie, dass gleichzeitiges Ziehen einem Ziehen ohne Zurücklegen entspricht und dass sich die Wahrscheinlichkeiten bei jedem Ziehen ändern. Überlegen Sie, welche Ergebnisse zum gesuchten Ereignis A gehören und verwenden Sie die Pfadregeln.
Zeichnen Sie ein Baumdiagramm mit den Ästen weiß (w) und nicht weiß ($\bar{w}$). Beachten Sie, dass sich die Wahrscheinlichkeiten bei jedem Ziehen ändern. Rechnen Sie mit dem Gegenereignis $\bar{B}$ und verwenden Sie $P(B) = 1 - P(\bar{B})$ sowie die 1. Pfadregel.

d) I) Wählen Sie n als Anzahl der roten Kugeln und zeichnen Sie ein Baumdiagramm mit den Ästen rot (r) und weiß (w). Beachten Sie, dass sich die Wahrscheinlichkeiten bei jedem Ziehen ändern. Bestimmen Sie die Wahrscheinlichkeit für das gesuchte Ereignis mithilfe der 1. Pfadregel in Abhängigkeit von n, stellen Sie eine quadratische Gleichung auf und lösen Sie diese mithilfe der *pq*- bzw. *abc*-Formel. Beachten Sie, dass $n > 0$ sein muss.

II) Bestimmen Sie die Wahrscheinlichkeit für das gesuchte Ereignis mithilfe des Gegenereignisses in Abhängigkeit von n; verwenden Sie $P(A) = 1 - P(\bar{A})$. Stellen Sie eine quadratische Gleichung auf und lösen Sie diese mithilfe der *pq*- bzw. *abc*-Formel. Beachten Sie, dass $n > 0$ sein muss.

e) I) Zeichnen Sie ein Baumdiagramm mit den Ästen rot (r) und blau (b). Beachten Sie, dass es sich um ein dreistufiges Experiment handelt und sich beim Ziehen mit Zurücklegen die Wahrscheinlichkeiten nicht ändern. Überlegen Sie, welche Ergebnisse zum gesuchten Ereignis gehören und verwenden Sie die Pfadregeln.

II) Zeichnen Sie ein Baumdiagramm mit den Ästen rot (r) und blau (b). Beachten Sie, dass es sich um ein dreistufiges Experiment handelt und sich die Wahrscheinlichkeiten bei jedem Ziehen ändern. Überlegen Sie, welche Ergebnisse zum gesuchten Ereignis gehören und verwenden Sie die Pfadregeln.

f) I) Zeichnen Sie ein Baumdiagramm mit den Ästen Gewinn (g) und Niete (n). Beachten Sie, dass sich beim Ziehen ohne Zurücklegen die Wahrscheinlichkeiten bei jedem Ziehen ändern. Überlegen Sie, welche Ergebnisse zum gesuchten Ereignis gehören und verwenden Sie die Pfadregeln.

II) Überlegen Sie, welche Lose zuerst gezogen werden müssen und verwenden Sie die 1. Pfadregel.

g) I) Zeichnen Sie ein Baumdiagramm mit den Ästen Packung (P_1 bzw. P_2 und P_3) sowie gelb (g) und weiß (w). Beachten Sie, dass sich beim Ziehen ohne Zurücklegen die

7. Baumdiagramme und Vierfeldertafeln   Tipps

Wahrscheinlichkeiten bei jedem Ziehen ändern. Überlegen Sie, welche Ergebnisse zum gesuchten Ereignis gehören und verwenden Sie die Pfadregeln.

II) Beachten Sie, dass es sich um ein dreistufiges Experiment handelt. Bestimmen Sie jeweils die Wahrscheinlichkeit für das Wählen einer Schachtel und anschließend die Wahrscheinlichkeiten für das Ziehen von zwei gelben Tabletten (falls möglich). Beachten Sie, dass sich beim Ziehen ohne Zurücklegen die Wahrscheinlichkeiten bei jedem Zug ändern.

h) I) Beachten Sie, dass es sich um ein vierstufiges Experiment handelt, bei welchem die Wahrscheinlichkeiten miteinander multipliziert werden. Die Wahrscheinlichkeiten einer jeden Stufe erhalten Sie mithilfe der 1. Pfadregel für das Ziehen ohne Zurücklegen.

II) Zeichnen Sie ein Baumdiagramm mit den Ästen rot (r) und schwarz (s). Beachten Sie, dass sich beim Ziehen ohne Zurücklegen die Wahrscheinlichkeiten bei jedem Ziehen ändern. Überlegen Sie, wie viele Karten am Ende in Stapel 2 sind und welche Ergebnisse zum gesuchten Ereignis gehören; verwenden Sie die Pfadregeln.

7.3 Vierfeldertafeln

7.3.1 Unabhängigkeit von Ereignissen

a) Wenn A und B unabhängig sind, so sind auch A und $\overline{B}$, $\overline{A}$ und B bzw. $\overline{A}$ und $\overline{B}$ voneinander unabhängig und es gilt jeweils der spezielle Multiplikationssatz.

b) $P(R)$, $P(m)$ und $P(m \cap R)$ entsprechen den jeweiligen relativen Häufigkeiten. Prüfen Sie nach, ob dafür der spezielle Multiplikationssatz gilt.

c) Ergänzen Sie zunächst die Zeile oder Spalte, in der schon zwei Zahlen stehen. Beachten Sie, dass sich «rechts unten» 1 ergeben muss. Prüfen Sie Unabhängigkeit mit dem speziellen Multiplikationssatz: $P(A \cap B) = P(A) \cdot P(B)$.

d) Überlegen Sie, welche der angegebenen Zahlen bei der Vierfeldertafel innen und welche außen stehen.

7.3.2 Bedingte Wahrscheinlichkeit

Bei Fragen nach der bedingten Wahrscheinlichkeit sind Vierfeldertafeln und Baumdiagramme hilfreich, wenn Sie folgendes beachten:

	A	$\overline{A}$	
B	$P(A \cap B)$	$P(\overline{A} \cap B)$	$P(B)$
$\overline{B}$	$P(A \cap \overline{B})$	$P(\overline{A} \cap \overline{B})$	$P(\overline{B})$
	$P(A)$	$P(\overline{A})$	1

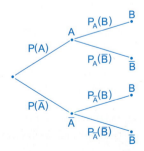

120

$P(A \cap B) = P(A) \cdot P_A(B) = P(B) \cdot P_B(A)$.
Damit kann man auch bei anspruchsvollen Aufgabenstellungen die Orientierung behalten.

a) Erstellen Sie eine Vierfeldertafel und verwenden Sie: a: über 40 Jahre, j: bis 40 Jahre, L: Leserin. Schreiben Sie zunächst alle Wahrscheinlichkeiten, die sich aus den Angaben errechnen lassen, als relative Häufigkeiten formal auf.

  I) Bestimmen Sie mit Hilfe der Vierfeldertafel und der bedingten Wahrscheinlichkeit $P_a(L)$.

  II) Bestimmen Sie mit Hilfe der Vierfeldertafel und der bedingten Wahrscheinlichkeit $P_j(\overline{L})$.

b) Verwenden Sie: H: HIV-positiv, $\overline{H}$: HIV-negativ, «+»: positiv getestet, «−»: negativ getestet.
Aus der Aufgabenstellung lassen sich $P(H)$, $P_H(+)$ und $P_{\overline{H}}(-)$ ablesen.
Erstellen Sie eine Vierfeldertafel und bestimmen Sie $P(\overline{H})$, $P(H \cap +)$, $P(\overline{H} \cap -)$.

  I) Bestimmen Sie mit Hilfe der Vierfeldertafel und der bedingten Wahrscheinlichkeit $P_+(H)$.

  II) Bestimmen Sie mit Hilfe der Vierfeldertafel und der bedingten Wahrscheinlichkeit $P_-(\overline{H})$.

c) Notieren Sie zunächst formal, welche Wahrscheinlichkeiten den verschiedenen %-Angaben entsprechen.
Stellen Sie eine Vierfeldertafel auf (a: über 70 Jahre, j: bis 70 Jahre, m: männlich, w: weiblich).
Beachten Sie, dass gilt: $P(m \cap a) = P(a) \cdot P_a(m)$ und $P(m \cap j) = P(j) \cdot P_j(m)$.

  I) Bestimmen Sie mit Hilfe der Vierfeldertafel und der bedingten Wahrscheinlichkeit $P_m(j)$.

  II) Bestimmen Sie mit Hilfe der Vierfeldertafel und der bedingten Wahrscheinlichkeit $P_w(a)$.

8 Kombinatorik

8.1 Geordnete Stichproben mit Zurücklegen

a) - e) Bestimmen Sie zuerst mit Hilfe der Formel die Anzahl aller möglichen Ergebnisse, dann für jedes einzelne Ereignis die Anzahl der günstigen Ergebnisse und berechnen Sie die entsprechende Laplace-Wahrscheinlichkeit.

f) Es sind 5 Buchstaben, aus denen gezogen wird, von denen je 2 doppelt vorkommen, was zu verschiedenen Wahrscheinlichkeiten z.B. für H und A führt.

8.2 Geordnete Stichproben ohne Zurücklegen

Benutzen Sie wieder die Formel für Laplace-Wahrscheinlichkeiten. Zur Berechnung der Anzahl der günstigen Ergebnisse gehen Sie Schritt für Schritt die einzelnen Stufen durch und multiplizieren Sie die gefundenen Anzahlen.

a) zu D: Beachten Sie die Fälle «zuerst rot» und «zuerst weiß» getrennt.

b) zu B: Beachten Sie die verschiedenen Reihenfolgen.

c) zu B: Benutzen Sie das Gegenereignis.

d) zu B: Betrachten Sie nur die ersten 6 Runden.

e) zu C: Überlegen Sie, wo die 3 «A» stehen können und verwenden Sie die Wahrscheinlichkeit von Ereignis B.

8.3 Ungeordnete Stichproben ohne Zurücklegen

Bestimmen Sie zuerst die Anzahl aller möglichen Ergebnisse und anschließend für das jeweilige Ereignis die Anzahl der günstigen Ergebnisse.

a) zu A: Bestimmen Sie die durch 5 teilbaren Zahlen und die Anzahl der Möglichkeiten, davon 4 auszuwählen.
zu B: Bestimmen Sie die geraden Zahlen und die Anzahl der Möglichkeiten, davon 4 auszuwählen.
zu C und D: Probieren Sie einfach aus, welche Ergebnisse günstig sind.

b) zu A: Bestimmen Sie die Anzahl der Möglichkeiten, von 7 weißen Kugeln 3 auszuwählen.
zu B: Teilen Sie das Ereignis für die verschiedenen Farben auf und addieren Sie die Wahrscheinlichkeiten.
zu C: Man kann sich die Urne aufgeteilt denken in 3 Teile mit jeweils nur weißen, schwarzen und roten Kugeln, aus denen die entsprechende Anzahl von Kugeln genommen wird. Die Anzahl der günstigen Möglichkeiten erhält man dann als Produkt.
zu D: Fassen Sie schwarze und weiße Kugeln zusammen.
zu E: siehe Ereignis C.
zu F: Benutzen Sie das Gegenereignis.

c) Sie können die Glühbirnen wie Kugeln in einer Urne behandeln. Siehe auch c) zu C.

d) Teilen Sie die 49 Kugeln in die 6 gezogenen und die 43 nicht gezogenen auf.

e) zu I und II siehe Aufgabe c) zu C.
zu III: Sie können die Besetzung des ersten Autos auslosen, die übrigen fahren mit dem anderen Auto. Überlegen Sie, welche Ergebnisse bezüglich der Fragestellung günstig sind.

8.4 Vermischte Aufgaben

a) Man kann die Verteilung der 4 Freunde auf die 4 Plätze als geordnete Stichprobe ohne Zurücklegen auffassen.

b) Es handelt sich um eine ungeordnete Stichprobe ohne Zurücklegen.

c) Zu A und B: Es handelt sich um eine geordnete Stichprobe mit Zurücklegen.
Zu C und D: Überlegen Sie, auf wie viele Arten Sie die 5 bzw. die 4 richtigen Antworten auf die 10 Fragen verteilen können.

d) Rechnen Sie mit dem Gegenereignis.

9 Wahrscheinlichkeitsverteilungen

9.1 Binomialverteilung

a) I) Legen Sie X als binomialverteilte Zufallsgröße für die Anzahl der Treffer mit den Parametern p und n fest.
Verwenden Sie die Bernoulli-Formel $P(X = k) = \binom{n}{k} \cdot p^k \cdot (1-p)^{n-k}$.

II) Bestimmen Sie die Wahrscheinlichkeit für einen Fehlwurf. Legen Sie Y als binomialverteilte Zufallsgröße für die Anzahl der Fehlwürfe mit den Parametern p und n fest. Verwenden Sie die Bernoulli-Formel $P(X = k) = \binom{n}{k} \cdot p^k \cdot (1-p)^{n-k}$ zweimal.

b) I) Bestimmen Sie n, p und k und verwenden Sie die Bernoulli-Formel
$P(X = k) = \binom{n}{k} \cdot p^k \cdot (1-p)^{n-k}$.

II) Für ein Ereignis A beachten Sie den Zusammenhang zur Bernoulli-Formel
$P(X = k) = \binom{n}{k} \cdot p^k \cdot (1-p)^{n-k}$.
Für ein Ereignis B formen Sie die gegebene Wahrscheinlichkeit so um, dass die obige Formel sichtbar wird: Beachten Sie, dass für ein Gegenereignis gilt: $P(A) = 1 - P(\bar{A})$.

c) I) Verwenden Sie die Bernoulli-Formel $P(X = k) = \binom{n}{k} \cdot p^k \cdot (1-p)^{n-k}$.

II) Überlegen Sie, welche Wahrscheinlichkeiten addiert werden müssen bzw. rechnen Sie mit dem Gegenereignis $\bar{A}$ und verwenden Sie $P(A) = 1 - P(\bar{A})$.

d) I) Bestimmen Sie n, p und k und verwenden Sie die Bernoulli-Formel
$P(X = k) = \binom{n}{k} \cdot p^k \cdot (1-p)^{n-k}$.

II) Für das Ereignis A beachten Sie, dass es aus drei Ergebnissen besteht; stellen Sie den Zusammenhang zur Bernoulli-Formel $P(X = k) = \binom{n}{k} \cdot p^k \cdot (1-p)^{n-k}$ her.
Für das Ereignis B formen Sie die gegebene Wahrscheinlichkeit so um, dass die obige Formel sichtbar wird; beachten Sie, dass für ein Gegenereignis gilt: $P(A) = 1 - P(\bar{A})$.

9. Wahrscheinlichkeitsverteilungen   Tipps

e) I) Verwenden Sie zur Berechnung der Wahrscheinlichkeit $P(X \leqslant 1)$ die Bernoulli-Formel $P(X = k) = \binom{n}{k} \cdot p^k \cdot (1-p)^{n-k}$. Beachten Sie, dass $P(X \leqslant 1) = P(X = 0) + P(X = 1)$ gilt. Alternativ erhalten Sie die Wahrscheinlichkeit $P(X \leqslant 1)$ mithilfe der Wahrscheinlichkeit des Gegenereignisses und der Bernoulli-Formel.

   II) Verwenden Sie zur Berechnung die Wahrscheinlichkeiten der jeweiligen Gegenereignisse, z.B. $P(X \neq 0) = P(X = 1) + P(X = 2)$. Beachten Sie, dass gilt: $P(X = 0) + P(X = 1) + P(X = 2) = 1$.

f) I) Verwenden Sie die Bernoulli-Formel $P(X = k) = \binom{n}{k} \cdot p^k \cdot (1-p)^{n-k}$.

   II) Überlegen Sie, welche Wahrscheinlichkeiten addiert werden müssen.

g) Überlegen Sie, welche Bedeutung $P(X = k) = \binom{n}{k} \cdot p^k \cdot (1-p)^{n-k}$ bei einer Binomialverteilung mit Kettenlänge n und Trefferwahrscheinlichkeit p hat, wobei X Zufallsgröße für die Anzahl der Treffer sei.

h) Überlegen Sie zunächst, was der Term $0{,}98^n$ beschreibt, wenn 0,98 die Erfolgswahrscheinlichkeit ist, dass eine zufällig ausgewählte und sachgerecht gepflanzte Tulpenzwiebel im Frühjahr tatsächlich blüht.
    Erläutern Sie damit Ungleichung (I) und überlegen Sie, wie man zu Ungleichung (II) kommt.

i) Überlegen Sie, wie groß die Anzahl der nicht starken Raucher ist. Da man auch mit dem Gegenereignis rechnen kann, gibt es zwei richtige Lösungswege, von denen einer das Gegenereignis berechnet.

9.2 Erwartungswert und Standardabweichung

a) Bestimmen Sie die Wahrscheinlichkeiten für die möglichen Ereignisse. Den Erwartungswert E von X (Zufallsgröße für die Höhe des Gewinns) erhalten Sie, indem Sie die möglichen Auszahlungsbeträge mit den zugehörigen Wahrscheinlichkeiten multiplizieren. Die Standardabweichung erhalten Sie, indem Sie die Wurzel aus der Varianz ziehen. Verwenden Sie die Formeln: $V(X) = \sum_{i=1}^{n} \left[(x_i - \mu)^2 \cdot P(x_i)\right]$ und $\sigma = \sqrt{V(X)}$

b) Verwenden Sie jeweils die Formel: $\mu = E(X) = n \cdot p$ sowie $\sigma = \sqrt{n \cdot p \cdot (1-p)}$.

c) Bestimmen Sie die Wahrscheinlichkeiten für die möglichen Ereignisse. Den Erwartungswert E von X (Zufallsgröße für die Höhe des Gewinns) erhalten Sie, indem Sie die möglichen Auszahlungsbeträge mit den zugehörigen Wahrscheinlichkeiten multiplizieren und den Einsatz subtrahieren.

d) Legen Sie X als binomialverteilte Zufallsgröße für die Anzahl der defekten Glühbirnen mit den Parametern p und n fest. Verwenden Sie die Formeln $\mu = E(X) = n \cdot p$ und $\sigma = \sqrt{n \cdot p \cdot (1-p)}$.

e) Bestimmen Sie die Wahrscheinlichkeiten für die möglichen Ereignisse. Den Erwartungswert E von X (Zufallsgröße für die Höhe des Gewinns) erhalten Sie, indem Sie die möglichen Auszahlungsbeträge mit den zugehörigen Wahrscheinlichkeiten multiplizieren und den Einsatz subtrahieren. Beachten Sie, dass ein Spiel fair ist, wenn der Erwartungswert für den Gewinn Null beträgt.

f) Legen Sie X als binomialverteilte Zufallsgröße für die Anzahl der verdorbenen Tomaten mit den Parametern p und n fest. Verwenden Sie die Formeln $\mu = E(X) = n \cdot p$ und $\sigma = \sqrt{n \cdot p \cdot (1-p)}$.

g) Bestimmen Sie zunächst mithilfe eines Baumdiagrammes und der Pfadregeln die Wahrscheinlichkeit für das gesuchte Ereignis. Den Erwartungswert E von X (Zufallsgröße für die Höhe der Auszahlung) erhalten Sie, indem Sie die möglichen Auszahlungsbeträge mit den zugehörigen Wahrscheinlichkeiten multiplizieren und den Einsatz subtrahieren. Beachten Sie, dass ein Spiel fair ist, wenn der Erwartungswert für den Gewinn Null beträgt.

h) Den Erwartungswert E(X) der Zufallsgröße X erhalten Sie, indem Sie die möglichen Werte von x_i mit den zugehörigen Wahrscheinlichkeiten multiplizieren und die Ergebnisse addieren. Lösen Sie die Gleichung $E(X) = 0{,}3$ nach a auf. Beachten Sie, dass die Summe aller Wahrscheinlichkeiten 1 ergeben muss und bestimmen Sie damit b.

i) Bestimmen Sie den Erwartungswert von X, indem Sie die Werte von X mit der zugehörigen Wahrscheinlichkeit multiplizieren und die Ergebnisse addieren. Überlegen Sie, welchen Wert p_2 höchstens annehmen kann und bestimmen Sie damit den Maximalwert des Erwartungswerts.

j) Stellen Sie mithilfe von $\mu = n \cdot p$ und $\sigma = \sqrt{n \cdot p \cdot (1-p)}$ zwei Gleichungen auf und lösen Sie das zugehörige Gleichungssystem.

9.3 Normalverteilung

a) Bestimmen Sie die Maximalstelle und das Maximum durch $\varphi_{\mu;\sigma}(\mu) = \frac{0{,}4}{\sigma}$. Die Wendestellen liegen bei $x_1 = \mu - \sigma$ und $x_2 = \mu + \sigma$.

b) Bestimmen Sie den Erwartungswert von X, indem Sie die Maximalstelle ablesen. Die Standardabweichung σ erhalten Sie mithilfe von $\varphi_{\mu;\sigma}(\mu) = \frac{0{,}4}{\sigma}$.

c) Die gesuchten Wahrscheinlichkeiten erhalten Sie mithilfe von Integralen bzw. den zugehörigen Flächeninhalten.

d) Beachten Sie, dass beide Zufallsgrößen den gleichen Erwartungswert μ haben, so dass die Maximalstelle der zugehörigen Glockenkurven jeweils dieselbe ist. Bestimmen Sie die jeweiligen Maximalwerte durch $\varphi_{\mu;\sigma}(\mu) = \frac{0{,}4}{\sigma}$. Die jeweiligen Wendestellen erhalten Sie durch $x_1 = \mu - \sigma$ und $x_2 = \mu + \sigma$.

e) I) Bestimmen Sie die Maximalstelle der gegebenen Glockenkurve.

II) Die gesuchten Wahrscheinlichkeiten erhalten Sie mithilfe von Integralen bzw. den zugehörigen Flächeninhalten.
Beachten Sie, dass eine Linie den Flächeninhalt Null hat.

III) Überlegen Sie, in welchem Intervall X liegt und wie groß die zugehörige Wahrscheinlichkeit ist.

f) I) Bestimmen Sie jeweils die Maximalstellen der Graphen A, B und C sowie die zugehörige Standardabweichung durch $\varphi_{\mu;\sigma}(\mu) = \frac{0{,}4}{\sigma}$.

II) Überlegen Sie, welcher der drei Graphen in x-Richtung verschoben werden muss.

III) Überlegen Sie, welche Symmetrie vorliegt und wie sich eine Veränderung von μ auswirkt.

Lösungen – Analysis

1 Ableiten

Klammern und Multiplikationszeichen werden bei den Lösungen dazu verwendet, um Ausdrücke übersichtlich zu machen (z.B. um bei der Produktregel zu zeigen, wo sich u' und v' befinden).

1.1 Potenzfunktionen mit natürlichen Exponenten

a) $f'(x) = 4 \cdot 5x^4 - 2 \cdot 3x^2 = 20x^4 - 6x^2$

b) $f'(x) = 2 \cdot 3x^2 - 6 \cdot 2x = 6x^2 - 12x$

c) $f'(x) = 4x^3 - 3 \cdot 2x + 0 = 4x^3 - 6x$

d) $f'(x) = 3 \cdot (4x+1)^2 \cdot 4 = 12 \cdot (4x+1)^2$

e) $f'(x) = 5 \cdot 4 \cdot (2x^2+1)^3 \cdot 4x = 80x \cdot (2x^2+1)^3$

f) $f'(x) = 2 \cdot 3 \cdot (3x^2+x)^2 \cdot (6x+1) = 6 \cdot (3x^2+x)^2 \cdot (6x+1)$

g) $f'(x) = 3x^2 \cdot (3x+2) + x^3 \cdot 3 = 9x^3 + 6x^2 + 3x^3 = 12x^3 + 6x^2$

h) $f'(x) = 3x^2 \cdot (2x+1)^4 + x^3 \cdot 4 \cdot (2x+1)^3 \cdot 2 = 3x^2 \cdot (2x+1)^4 + 8x^3 \cdot (2x+1)^3$

i) $f'(x) = 6x^2 \cdot (3x^2+x)^3 + 2x^3 \cdot 3 \cdot (3x^2+x)^2 \cdot (6x+1)$

j) $f_a'(x) = 3ax^2 + 4ax$

k) $f_t'(x) = 3t^2x^2 - 4t$

l) $f_t'(x) = 3 \cdot (3tx^2+t^2x)^2 \cdot (6tx+t^2)$

1.2 Potenzfunktionen mit negativen Exponenten

a) Für die Funktion $f(x) = \frac{2}{x^2} = 2 \cdot x^{-2}$ ergibt sich:
$f'(x) = 2 \cdot (-2) \cdot x^{-3} = -4 \cdot x^{-3} = -\frac{4}{x^3}$

b) Für die Funktion $f(x) = 4 - \frac{2}{x} = 4 - 2 \cdot x^{-1}$ ergibt sich:
$f'(x) = 0 - 2 \cdot (-1) \cdot x^{-2} = 2 \cdot x^{-2} = \frac{2}{x^2}$

c) Für die Funktion $f(x) = 2x + \frac{2}{x^3} = 2x + 2 \cdot x^{-3}$ ergibt sich:
$f'(x) = 2 + 2 \cdot (-3) \cdot x^{-4} = 2 - 6 \cdot x^{-4} = 2 - \frac{6}{x^4}$

d) Für die Funktion $f(x) = \frac{2}{3x-4} = 2 \cdot (3x-4)^{-1}$ ergibt sich:
$f'(x) = 2 \cdot (-1) \cdot (3x-4)^{-2} \cdot 3 = -\frac{6}{(3x-4)^2}$

e) Für die Funktion $f(x) = \frac{2}{3x^2-4} = 2 \cdot (3x^2-4)^{-1}$ ergibt sich:
$f'(x) = 2 \cdot (-1) \cdot (3x^2-4)^{-2} \cdot 6x = -\frac{12x}{(3x^2-4)^2}$

f) Für die Funktion $f(x) = \frac{4}{(2x+1)^2} = 4 \cdot (2x+1)^{-2}$ ergibt sich:
$f'(x) = 4 \cdot (-2) \cdot (2x+1)^{-3} \cdot 2 = -\frac{16}{(2x+1)^3}$

g) Für die Funktion $f(x) = 3x^2 - \frac{5}{(3x-1)^3} = 3x^2 - 5 \cdot (3x-1)^{-3}$ ergibt sich:
$f'(x) = 6x - 5 \cdot (-3) \cdot (3x-1)^{-4} \cdot 3 = 6x + \frac{45}{(3x-1)^4}$

h) Für die Funktion $f(x) = \frac{3}{(2x^2+3)^4} = 3 \cdot (2x^2+3)^{-4}$ ergibt sich:
$f'(x) = 3 \cdot (-4) \cdot (2x^2+3)^{-5} \cdot 4x = -\frac{48x}{(2x^2+3)^5}$

i) Für die Funktion $f_a(x) = \frac{2a}{x^2-a} = 2a \cdot (x^2-a)^{-1}$ ergibt sich:
$f_a'(x) = 2a \cdot (-1) \cdot (x^2-a)^{-2} \cdot 2x = -\frac{4ax}{(x^2-a)^2}$

j) Für die Funktion $f_t(x) = \frac{4t}{(2x+t)^2} = 4t \cdot (2x+t)^{-2}$ ergibt sich:
$f_t'(x) = 4t \cdot (-2) \cdot (2x+t)^{-3} \cdot 2 = -\frac{16t}{(2x+t)^3}$

k) Für die Funktion $f_a(x) = 3ax^2 - \frac{a}{x^2} = 3ax^2 - ax^{-2}$ ergibt sich:
$f_a'(x) = 6ax - (-2) \cdot ax^{-3} = 6ax + \frac{2a}{x^3}$

1.3 Wurzelfunktionen

a) Mit $f(x) = \sqrt{x^2+4} = (x^2+4)^{\frac{1}{2}}$ erhält man:
$f'(x) = \frac{1}{2} \cdot (x^2+4)^{-\frac{1}{2}} \cdot 2x = \frac{x}{\sqrt{x^2+4}}$

b) Mit $f(x) = \sqrt{4x^2-2x} = (4x^2-2x)^{\frac{1}{2}}$ erhält man:
$f'(x) = \frac{1}{2} \cdot (4x^2-2x)^{-\frac{1}{2}} \cdot (8x-2) = \frac{8x-2}{2\sqrt{4x^2-2x}} = \frac{4x-1}{\sqrt{4x^2-2x}}$

c) Mit $f(x) = 6 \cdot \sqrt[3]{2x-3} = 6 \cdot (2x-3)^{\frac{1}{3}}$ erhält man:
$f'(x) = 6 \cdot \frac{1}{3} \cdot (2x-3)^{-\frac{2}{3}} \cdot 2 = \frac{4}{(2x-3)^{\frac{2}{3}}} = \frac{4}{\sqrt[3]{(2x-3)^2}}$

d) Mit $f(x) = 2x \cdot \sqrt{x^2+1} = 2x \cdot (x^2+1)^{\frac{1}{2}}$ erhält man:
$f'(x) = 2 \cdot (x^2+1)^{\frac{1}{2}} + 2x \cdot \frac{1}{2} \cdot (x^2+1)^{-\frac{1}{2}} \cdot 2x = 2 \cdot \sqrt{x^2+1} + \frac{2x^2}{\sqrt{x^2+1}}$

e) Mit $f_a(x) = 2 \cdot \sqrt{ax^2+1} = 2 \cdot (ax^2+1)^{\frac{1}{2}}$ erhält man:
$f_a'(x) = 2 \cdot \frac{1}{2} \cdot (ax^2+1)^{-\frac{1}{2}} \cdot 2ax = \frac{2ax}{\sqrt{ax^2+1}}$

1.4 Exponentialfunktionen

a) $f'(x) = 6x \cdot e^{-4x} + 3x^2 \cdot e^{-4x} \cdot (-4) = e^{-4x}(6x - 12x^2) = 6xe^{-4x}(1-2x)$

b) $f'(x) = \frac{3}{2}x^2 \cdot e^{2x} + \frac{1}{2}x^3 \cdot e^{2x} \cdot 2 = e^{2x}\left(\frac{3}{2}x^2 + x^3\right) = x^2 e^{2x}\left(\frac{3}{2} + x\right)$

c) $f'(x) = 2e^{-x} + (2x+5) \cdot e^{-x} \cdot (-1) = e^{-x}(-2x - 3) = -e^{-x}(2x+3)$

d) $f'(x) = 6x \cdot e^{-2x} + (3x^2 - 4) \cdot e^{-2x} \cdot (-2) = e^{-2x}(6x - 6x^2 + 8) = 2e^{-2x}(3x - 3x^2 + 4)$

e) $f'(x) = 2 \cdot (4x + e^{-x}) \cdot (4 + e^{-x} \cdot (-1)) = 2 \cdot (4x + e^{-x}) \cdot (4 - e^{-x})$

f) $f'(x) = 3 \cdot (e^x + e^{-x})^2 \cdot (e^x + e^{-x} \cdot (-1)) = 3 \cdot (e^x + e^{-x})^2 \cdot (e^x - e^{-x})$

g) $f_a'(x) = 2x \cdot e^{-ax} + x^2 \cdot e^{-ax} \cdot (-a) = (2x - ax^2) \cdot e^{-ax}$

h) $f_t'(x) = 2 \cdot (2tx + e^{-tx}) \cdot (2t + e^{-tx} \cdot (-t))$

i) $f_a'(x) = 3a^2 \cdot (1 - e^{ax})^2 \cdot (0 - e^{ax} \cdot a) = -3a^3 e^{ax} \cdot (1 - e^{ax})^2$

1.5 Logarithmusfunktionen

a) $f'(x) = 4 \cdot \frac{1}{2x-3} \cdot 2 = \frac{8}{2x-3}$

b) $f'(x) = 3 \cdot \frac{1}{x^2+3} \cdot 2x = \frac{6x}{x^2+3}$

c) $f'(x) = 2 \cdot \frac{1}{\frac{1}{2}x^2+x} \cdot (x+1) = \frac{2\cdot(x+1)}{\frac{1}{2}x^2+x}$

d) $f'(x) = 3 \cdot \ln(2x+3) + 3x \cdot \frac{1}{2x+3} \cdot 2 = 3 \cdot \ln(2x+3) + \frac{6x}{2x+3}$

e) $f'(x) = 2 \cdot \ln(x^2+3) + 2x \cdot \frac{1}{x^2+3} \cdot 2x = 2 \cdot \ln(x^2+3) + \frac{4x^2}{x^2+3}$

f) $f_a'(x) = 3 \cdot \frac{1}{ax+3} \cdot a = \frac{3a}{ax+3}$

g) $f_a'(x) = 2a \cdot \frac{1}{ax^2+3} \cdot 2ax = \frac{4a^2 x}{ax^2+3}$

h) $f_t'(x) = t^2 \cdot \frac{1}{tx^2+2t} \cdot 2tx = \frac{2t^3 x}{tx^2+2t}$

1.6 Trigonometrische Funktionen

a) $f'(x) = \frac{1}{6} \cdot \cos(3x^2) \cdot 6x = x \cdot \cos(3x^2)$

b) $f'(x) = \frac{1}{2} \cdot (-\sin(2x^3)) \cdot 6x^2 = -3x^2 \cdot \sin(2x^3)$

c) $f'(x) = 2 \cdot \cos\left(\frac{1}{2}x^2 + 4\right) + 2x \cdot \left(-\sin\left(\frac{1}{2}x^2 + 4\right)\right) \cdot x = 2 \cdot \cos\left(\frac{1}{2}x^2 + 4\right) - 2x^2 \cdot \sin\left(\frac{1}{2}x^2 + 4\right)$

d) $f'(x) = 2x \cdot \sin(4x+3) + x^2 \cdot \cos(4x+3) \cdot 4 = 2x \cdot \sin(4x+3) + 4x^2 \cdot \cos(4x+3)$

e) $f'(x) = 2x \cdot \cos\left(\frac{1}{2}x - 1\right) + x^2 \cdot \left(-\sin\left(\frac{1}{2}x - 1\right)\right) \cdot \frac{1}{2} = 2x \cdot \cos\left(\frac{1}{2}x - 1\right) - \frac{1}{2}x^2 \cdot \sin\left(\frac{1}{2}x - 1\right)$

f) $f'(x) = 3 \cdot (x + \cos(x))^2 \cdot (1 - \sin(x))$

g) $f_a'(x) = a^2 \cdot \cos(ax) \cdot a = a^3 \cdot \cos(ax)$

h) $f_t'(x) = 2tx \cdot \cos(t^2 x) + tx^2 \cdot (-\sin(t^2 x) \cdot t^2) = 2tx \cdot \cos(t^2 x) - t^3 x^2 \sin(t^2 x)$

i) $f_a'(x) = a \cdot \sin(ax) + ax \cdot \cos(ax) \cdot a = a \cdot \sin(ax) + a^2 x \cdot \cos(ax)$

1.7 Vermischte Aufgaben

a) $f'(x) = e^{3x} \cdot 3 \cdot \sin(2x) + e^{3x} \cdot \cos(2x) \cdot 2 = e^{3x} \cdot (3 \cdot \sin(2x) + 2 \cdot \cos(2x))$

b) Mit $f(x) = \sqrt{e^{4x} + 1} = (e^{4x} + 1)^{\frac{1}{2}}$ erhält man:
$$f'(x) = \tfrac{1}{2} \cdot (e^{4x} + 1)^{-\frac{1}{2}} \cdot 4e^{4x} = \frac{2e^{4x}}{(e^{4x}+1)^{\frac{1}{2}}} = \frac{2e^{4x}}{\sqrt{e^{4x}+1}}$$

c) Mit $f(x) = \frac{x^2}{e^{2x}} = x^2 \cdot e^{-2x}$ erhält man:
$$f'(x) = 2x \cdot e^{-2x} + x^2 \cdot e^{-2x} \cdot (-2) = e^{-2x} \cdot (2x - 2x^2) = \frac{2x - 2x^2}{e^{2x}}$$

d) $f'(x) = 8x \cdot \sin(e^{2x}) + 4x^2 \cdot \cos(e^{2x}) \cdot e^{2x} \cdot 2 = 8x \cdot \sin(e^{2x}) + 8x^2 \cdot \cos(e^{2x}) \cdot e^{2x}$

e) Mit $f(x) = \frac{2x+3}{e^{2x}} = (2x+3) \cdot e^{-2x}$ erhält man:
$$f'(x) = 2 \cdot e^{-2x} + (2x+3) \cdot e^{-2x} \cdot (-2) = (-4x - 4) \cdot e^{-2x} = \frac{-4x - 4}{e^{2x}}$$

f) Mit $f(x) = 2x \cdot \frac{1}{2x+3} = 2x \cdot (2x+3)^{-1}$ erhält man:
$$f'(x) = 2 \cdot (2x+3)^{-1} + 2x \cdot (-1) \cdot (2x+3)^{-2} \cdot 2 = \frac{2}{2x+3} - \frac{4x}{(2x+3)^2} = \frac{2(2x+3) - 4x}{(2x+3)^2} = \frac{6}{(2x+3)^2}$$

g) $f'(x) = e^x \cdot (4 - 2x)^3 + e^x \cdot 3 \cdot (4 - 2x)^2 \cdot (-2) = e^x \cdot (4 - 2x)^3 - 6e^x \cdot (4 - 2x)^2$
$ = e^x (4 - 2x) \cdot ((4 - 2x) - 6) = e^x \cdot (4 - 2x)^2 \cdot (-2x - 2)$

h) Mit $f(x) = \frac{\sin(x^2)}{e^{2x}} = \sin(x^2) \cdot e^{-2x}$ erhält man:
$$f'(x) = \cos(x^2) \cdot 2x \cdot e^{-2x} + \sin(x^2) \cdot e^{-2x} \cdot (-2) = e^{-2x} \cdot (2x \cdot \cos(x^2) - 2 \cdot \sin(x^2))$$
$$= \frac{2x \cdot \cos(x^2) - 2 \cdot \sin(x^2)}{e^{2x}}$$

i) Mit $f_a(x) = \frac{ax^2}{e^{ax}} = ax^2 \cdot e^{-ax}$ erhält man:
$$f_a'(x) = 2ax \cdot e^{-ax} + ax^2 \cdot e^{-ax} \cdot (-a) = e^{-ax} \cdot (2ax - a^2 x^2) = \frac{2ax - a^2 x^2}{e^{ax}}$$

2 Stammfunktionen und Integrale

2.1 Stammfunktionen

2.1.1 Potenzfunktionen mit natürlichen Exponenten

a) $F(x) = \frac{2}{4}x^4 - \frac{\frac{4}{3}}{3}x^3 + 2x + c = \frac{1}{2}x^4 - \frac{4}{9}x^3 + 2x + c$

b) $F(x) = \frac{10}{5}x^5 + \frac{2}{4}x^4 - \frac{1}{2}x^2 + c = 2x^5 + \frac{1}{2}x^4 - \frac{1}{2}x^2 + c$

c) $F(x) = \frac{3}{4}x^4 - \frac{4}{2}x^2 + c = \frac{3}{4}x^4 - 2x^2 + c$

Für verkettete (verschachtelte) Funktionen mit innerem *linearem* Ausdruck gilt die Integrationsregel für lineare Integration: «Äußere Stammfunktion geteilt durch innere Ableitung».

d) Lineare Integration: $F(x) = 6 \cdot \frac{\frac{1}{4}(3x-1)^4}{3} + c = \frac{1}{2}(3x-1)^4 + c$

e) Lineare Integration: $F(x) = -12 \cdot \frac{\frac{1}{3}(2x-3)^3}{2} + c = -2(2x-3)^3 + c$

f) Lineare Integration: $F(x) = 5 \cdot \frac{\frac{1}{5}(3x-4)^5}{3} + c = \frac{1}{3}(3x-4)^5 + c$

2.1.2 Potenzfunktionen mit negativen Exponenten

a) Die Stammfunktion der Funktion $f(x) = 3 \cdot x^{-2} + 4x^2$ erhält man mit der Potenzregel:
$F(x) = \frac{3}{-1} \cdot x^{-1} + \frac{4}{3}x^3 + c = -\frac{3}{x} + \frac{4}{3}x^3 + c$

b) Umschreiben des Bruchs in einen Ausdruck mit negativem Exponenten ergibt:
$f(x) = -4 \cdot x^{-3} + 2 \cdot x^3$. Daraus folgt:
$F(x) = \frac{-4}{-2} \cdot x^{-2} + \frac{2}{4} \cdot x^4 + c = \frac{2}{x^2} + \frac{1}{2}x^4 + c$

c) Umschreiben des Bruchs in einen Ausdruck mit negativem Exponenten ergibt:
$f(x) = 3 \cdot x^{-4} - 6x^2$. Daraus folgt:
$F(x) = \frac{3}{-3}x^{-3} - \frac{6}{3}x^3 + c = -\frac{1}{x^3} - 2x^3 + c$

d) Umschreiben des Bruchs in einen Ausdruck mit negativem Exponenten ergibt:
$f(x) = 4(2x-3)^{-2}$
Lineare Integration: $F(x) = 4 \frac{\frac{1}{-1}(2x-3)^{-1}}{2} + c = -2(2x-3)^{-1} + c = -\frac{2}{2x-3} + c$

e) Umschreiben des Bruchs in einen Ausdruck mit negativem Exponenten ergibt:
$f(x) = 12(4x-2)^{-4}$
Lineare Integration: $F(x) = 12 \frac{\frac{1}{-3}(4x-2)^{-3}}{4} + c = -1(4x-2)^{-3} + c = -\frac{1}{(4x-2)^3} + c$

f) Lineare Integration: $F(x) = 3 \cdot \frac{\ln|2x|}{2} + c = \frac{3}{2} \cdot \ln|2x| + c$
oder alternativ: $f(x) = \frac{3}{2} \cdot \frac{1}{x} \Rightarrow F(x) = \frac{3}{2} \cdot \ln x + c$

g) Lineare Integration: $F(x) = 6 \cdot \frac{\ln|x-2|}{1} + c = 6 \cdot \ln|x-2| + c$

h) Lineare Integration: $F(x) = 4 \cdot \frac{\ln|2x-1|}{2} + c = 2 \cdot \ln|2x-1| + c$

2.1.3 Wurzelfunktionen

a) Umschreiben in einen Ausdruck mit gebrochenem Exponenten: $f(x) = 2 \cdot (2x+1)^{\frac{1}{2}}$

Lineare Integration: $F(x) = 2 \cdot \frac{\frac{1}{3}(2x+1)^{\frac{3}{2}}}{2} + c = \frac{2}{3}(2x+1)^{\frac{3}{2}} + c = \frac{2}{3}\sqrt{(2x+1)^3} + c$

b) Umschreiben in einen Ausdruck mit negativem Exponenten: $f(x) = 3 \cdot (6x+1)^{-\frac{1}{2}}$

Lineare Integration: $F(x) = 3 \cdot \frac{\frac{1}{\frac{1}{2}}(6x+1)^{\frac{1}{2}}}{6} + c = \sqrt{6x+1} + c$

c) Umschreiben in einen Ausdruck mit negativem Exponenten: $f(x) = 4 \cdot (2x+1)^{-\frac{1}{3}}$

Lineare Integration: $F(x) = 4 \cdot \frac{\frac{1}{\frac{2}{3}}(2x+1)^{\frac{2}{3}}}{2} + c = 3 \cdot (2x+1)^{\frac{2}{3}} + c = 3 \cdot \sqrt[3]{(2x+1)^2} + c$

2.1.4 Exponentialfunktionen

a) Lineare Integration: $F(x) = \frac{3}{2}e^{2x} + c$

b) Lineare Integration: $F(x) = 4 \cdot \frac{e^{-x}}{-1} + c = -4e^{-x} + c$

c) Lineare Integration: $F(x) = 3 \cdot \frac{e^{-3x}}{-3} + \frac{1}{4}x^4 + c = -e^{-3x} + \frac{1}{4}x^4 + c$

d) Lineare Integration: $F(x) = 6 \cdot \frac{e^{3x+2}}{3} + c = 2e^{3x+2} + c$

e) Zuerst wird die Klammer aufgelöst: $f(x) = 2x^2 - 12e^{3x}$, daraus folgt:
$F(x) = 2 \cdot \frac{1}{3} \cdot x^3 - 12 \cdot \frac{1}{3} \cdot e^{3x} + c = \frac{2}{3}x^3 - 4e^{3x} + c$

f) Zuerst wird der Bruch als Potenz mit negativem Exponenten geschrieben:
$f(x) = 2 \cdot e^{-2x} + x^{-2}$, daraus folgt:
$F(x) = 2 \cdot \frac{e^{-2x}}{-2} + \frac{1}{-1}x^{-1} + c = -e^{-2x} - \frac{1}{x} + c$

2.1.5 Trigonometrische Funktionen

a) Lineare Integration: $F(x) = 3 \cdot \frac{\sin(2x+1)}{2} + c = \frac{3}{2}\sin(2x+1) + c$

b) Lineare Integration: $F(x) = 4 \cdot \frac{-\cos(-3x+2)}{-3} + c = \frac{4}{3}\cos(-3x+2) + c$

c) Lineare Integration: $F(x) = \frac{2}{3} \cdot \frac{\sin(\pi x)}{\pi} + c = \frac{2}{3\pi}\sin(\pi x) + c$

d) Lineare Integration: $F(x) = 4 \cdot \frac{\sin(4x+4)}{4} + c = \sin(4x+4) + c$

e) Lineare Integration: $F(x) = 3 \cdot \frac{-\cos(3x-9)}{3} + c = -\cos(3x-9) + c$

2.1.6 Bestimmte Stammfunktionen

a) Ansatz: $F(x) = 4x^2 - 3e^{-x} + c$. Durch Einsetzen des Punktes $P(0\,|\,5)$ erhält man:
$5 = 4 \cdot 0^2 - 3 \cdot e^{-0} + c \Rightarrow c = 8$. Die gesuchte Stammfunktion ist $F(x) = 4x^2 - 3e^{-x} + 8$.

b) Ansatz: $F(x) = \frac{1}{4} \cdot \sin(2x) + c$. Durch Einsetzen des Punktes $R\left(\frac{\pi}{4}\,\big|\,1\right)$ erhält man:
$1 = \frac{1}{4} \cdot \sin(2 \cdot \frac{\pi}{4}) + c \Rightarrow 1 = \frac{1}{4} \cdot \sin(\frac{\pi}{2}) + c$. Da $\sin(\frac{\pi}{2}) = 1$, gilt: $1 = \frac{1}{4} \cdot 1 + c \Rightarrow c = \frac{3}{4}$.
Die gesuchte Stammfunktion ist $F(x) = \frac{1}{4} \cdot \sin(2x) + \frac{3}{4}$.

2.2 Integrale

Mithilfe des Hauptsatzes der Differential- und Integralrechnung $\int_a^b f(x)dx = F(b) - F(a)$ ergibt sich:

a) $\int_1^2 (4x+3x^2)\,dx = \left[2x^2+x^3\right]_1^2 = 2\cdot 2^2 + 2^3 - (2\cdot 1^2 + 1^3) = 8+8-(2+1) = 13$

b) $\int_{-1}^0 (1+e^{-x})\,dx = \left[x+\frac{e^{-x}}{-1}\right]_{-1}^0 = [x-e^{-x}]_{-1}^0 = 0-e^{-0} - \left(-1-e^{-(-1)}\right) = -1+1+e = e$

c) $\int_1^4 \left(x+\frac{1}{\sqrt{x}}\right)dx = \int_1^4 \left(x+x^{-\frac{1}{2}}\right)dx = \left[\frac{1}{2}x^2 + \frac{1}{\frac{1}{2}}x^{\frac{1}{2}}\right]_1^4 = \left[\frac{1}{2}x^2 + 2\cdot\sqrt{x}\right]_1^4$
$= \frac{1}{2}\cdot 4^2 + 2\cdot\sqrt{4} - \left(\frac{1}{2}\cdot 1^2 + 2\cdot\sqrt{1}\right) = 9,5$

d) $\int_0^1 \left(2-\frac{1}{\sqrt[3]{x}}\right)dx = \int_0^1 \left(2-x^{-\frac{1}{3}}\right)dx = \left[2x - \frac{1}{\frac{2}{3}}x^{\frac{2}{3}}\right]_0^1 = \left[2x - \frac{3}{2}\cdot\sqrt[3]{x^2}\right]_0^1$
$= 2\cdot 1 - \frac{3}{2}\cdot\sqrt[3]{1^2} - \left(2\cdot 0 - \frac{3}{2}\cdot\sqrt[3]{0^2}\right) = 2 - \frac{3}{2} - 0 = \frac{1}{2}$

e) $\int_1^2 \left(1+\frac{3}{x^2}\right)dx = \int_1^2 \left(1+3\cdot x^{-2}\right)dx = \left[x+\frac{3}{-1}x^{-1}\right]_1^2 = \left[x-\frac{3}{x}\right]_1^2 = 2-\frac{3}{2} - \left(1-\frac{3}{1}\right) = \frac{5}{2}$

f) $\int_2^3 \frac{1}{x+2}dx = \left[\ln|x+2|\right]_2^3 = \ln|3+2| - \ln|2+2| = \ln(5) - \ln(4)$

g) $\int_2^3 \frac{4}{2x+3}dx = \left[\frac{4\cdot\ln|2x+3|}{2}\right]_2^3 = \left[2\cdot\ln|2x+3|\right]_2^3 = (2\cdot\ln|2\cdot 3+3| - 2\cdot\ln|2\cdot 2+3|)$
$= 2\cdot\ln(9) - 2\cdot\ln(7)$

h) $\int_0^1 (2x+1)^3\,dx = \left[\frac{\frac{1}{4}\cdot(2x+1)^4}{2}\right]_0^1 = \left(\frac{1}{8}\cdot(2\cdot 1+1)^4\right) - \left(\frac{1}{8}\cdot(2\cdot 0+1)^4\right) = \frac{81}{8} - \frac{1}{8} = 10$

i) $\int_0^3 \frac{4}{(x+1)^2}dx = \int_0^3 \left(4\cdot(x+1)^{-2}\right)dx = \left[\frac{4}{-1}\cdot(x+1)^{-1}\right]_0^3 = \left[-\frac{4}{x+1}\right]_0^3$
$= \left(-\frac{4}{3+1}\right) - \left(-\frac{4}{0+1}\right) = -1+4 = 3$

j) $\int_0^{\frac{\pi}{6}} (6\cdot\cos(3x))\,dx = \left[\frac{6\cdot\sin(3x)}{3}\right]_0^{\frac{\pi}{6}} = \left[2\cdot\sin(3x)\right]_0^{\frac{\pi}{6}} = 2\cdot\sin\left(3\cdot\frac{\pi}{6}\right) - (2\cdot\sin(3\cdot 0))$
$= 2\cdot 1 - 2\cdot 0 = 2$

k) $\int_0^2 (2x-2e^{-2x})\,dx = \left[x^2 - \frac{2e^{-2x}}{-2}\right]_0^2 = \left[x^2 + e^{-2x}\right]_0^2 = (2^2 + e^{-2\cdot 2}) - (0^2 + e^{-2\cdot 0})$
$= 4 + e^{-4} - 1 = 3 + e^{-4}$

l) $\int_0^{\frac{\pi}{2}} (4\cdot\sin(2x))\,dx = \left[\frac{4\cdot(-\cos(2x))}{2}\right]_0^{\frac{\pi}{2}} = [-2\cdot\cos(2x)]_0^{\frac{\pi}{2}} = -2\cdot\cos\left(2\cdot\frac{\pi}{2}\right) - (-2\cdot\cos(2\cdot 0))$
$= -2\cdot(-1) - (-2) = 4$

2.3 Integralgleichungen

a) Mithilfe des Hauptsatzes der Differential- und Integralrechnung kann man die Gleichung durch Wurzelziehen nach u auflösen:

$$\int_0^u \frac{1}{2}x^2 \, dx = \frac{9}{2}$$

$$\left[\frac{1}{6}x^3\right]_0^u = \frac{9}{2}$$

$$\frac{1}{6}u^3 - \frac{1}{6} \cdot 0^3 = \frac{9}{2}$$

$$\frac{1}{6}u^3 = \frac{9}{2}$$

$$u^3 = 27$$

$$u = 3$$

b) Mithilfe des Hauptsatzes der Differential- und Integralrechnung kann man die Gleichung durch Wurzelziehen nach u auflösen:

$$\int_1^u x^4 \, dx = \frac{31}{5}$$

$$\left[\frac{1}{5}x^5\right]_1^u = \frac{31}{5}$$

$$\frac{1}{5}u^5 - \frac{1}{5} \cdot 1^5 = \frac{31}{5}$$

$$\frac{1}{5}u^5 - \frac{1}{5} = \frac{31}{5}$$

$$u^5 - 1 = 31$$

$$u^5 = 32$$

$$u = 2$$

c) Mithilfe des Hauptsatzes der Differential- und Integralrechnung kann man die Gleichung durch Logarithmieren nach u auflösen:

$$\int_0^u 2e^x \, dx = 1$$

$$\left[2e^x\right]_0^u = 1$$

$$2e^u - (2e^0) = 1$$

$$2e^u - 2 = 1$$

$$2e^u = 3$$

$$e^u = \frac{3}{2}$$

$$u = \ln\left(\frac{3}{2}\right)$$

2.4 Flächeninhalt zwischen zwei Kurven

a) Schnittstellen bestimmen durch Gleichsetzen und Ausklammern:
$$x - x^2 = 0 \Rightarrow x \cdot (1-x) = 0 \Rightarrow x_1 = 0, \; x_2 = 1$$

Obere Kurve: $f(x)$ (z.B. durch Einsetzen für $x = \frac{1}{2}$)

$$A = \int_0^1 \left(x+1-(x^2+1)\right) dx = \int_0^1 \left(-x^2+x\right) dx = \left[-\tfrac{1}{3}x^3 + \tfrac{1}{2}x^2\right]_0^1 = -\tfrac{1}{3} + \tfrac{1}{2} - 0 = \tfrac{1}{6} \text{ FE}$$

b) Schnittstellen bestimmen durch Gleichsetzen und Wurzelziehen: $x_1 = -2, x_2 = 2$
Obere Kurve: $f(x)$ (nach unten geöffnete Parabel).

$$A = \int_{-2}^{2} \left(4 - x^2 - (x^2 - 4)\right) dx = \int_{-2}^{2} \left(-2x^2 + 8\right) dx = \left[-\tfrac{2}{3}x^3 + 8x\right]_{-2}^{2}$$
$$= -\tfrac{16}{3} + 16 - (+\tfrac{16}{3} - 16) = 32 - \tfrac{32}{3} = \tfrac{64}{3} \approx 21,33 \text{ FE}$$

c) Gesucht ist die Fläche im Intervall $I = [0; \pi]$. Schnittstellen bestimmen durch Gleichsetzen: $2 \cdot \sin(x) = -\sin(x) \Rightarrow 3 \cdot \sin(x) = 0 \Rightarrow x_1 = 0, \; x_2 = \pi$
Obere Kurve: $f(x)$, (da $2\sin(x) \geqslant 0$ und $-\sin(x) \leqslant 0$ im Intervall I gilt)

$$A = \int_0^{\pi} (2 \cdot \sin(x) - (-\sin(x))) \, dx = \int_0^{\pi} (3 \cdot \sin(x)) \, dx = \left[-3 \cdot \cos(x)\right]_0^{\pi}$$
$$= -3 \cdot \cos\pi - (-3 \cdot \cos 0) = -3 \cdot (-1) + 3 \cdot 1 = 6 \text{ FE}$$

d) Gesucht ist die Fläche im Intervall $I = [0; 1]$.
Obere Kurve: Graph von $f(x)$, da $e^x > 2x$ im Intervall I gilt.

$$A = \int_0^1 (e^x - 2x) \, dx = \left[e^x - x^2\right]_0^1$$
$$= (e^1 - 1^2) - (e^0 - 0^2) = e - 1 - 1 = e - 2 \text{ FE}$$

e) Gesucht ist die Fläche im Intervall $I = [0; 2]$. Schnittstelle bestimmen: $2 = \tfrac{1}{2}x^2 \Rightarrow x = 2$
Obere Kurve: Gerade g

$$A = \int_0^2 \left(2 - \tfrac{1}{2}x^2\right) dx = \left[2 \cdot x - \tfrac{1}{6}x^3\right]_0^2 = 2 \cdot 2 - \tfrac{1}{6} \cdot 2^3 - (2 \cdot 0 - \tfrac{1}{6} \cdot 0^3)$$
$$= 4 - \tfrac{8}{6} = \tfrac{8}{3} \text{ FE}$$

f) Den Inhalt A der markierten Fläche erhält man, indem man die markierte Fläche in zwei Teilflächen A_1 und A_2 aufteilt.

Der Graph von f schneidet die x-Achse bei $x = 1$, weil $f(1) = 1^2 - 1 = 0$.

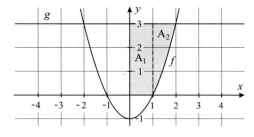

Die Schnittstelle der Geraden mit der Gleichung $y = 3$ und dem Graphen von f erhält man durch Gleichsetzen:
$$x^2 - 1 = 3$$
$$x^2 = 4$$
$$x_{1,2} = \pm 2$$

Wegen $x > 0$ kommt nur $x_1 = 2$ als Schnittstelle in Frage.
Die Fläche A_1 ist ein Rechteck mit den Seiten $a = 1$ und $b = 3$.
Damit gilt:
$$A_1 = a \cdot b = 1 \cdot 3 = 3$$

Die Fläche A_2 wird durch die Gerade g und den Graphen von f begrenzt. Den Flächeninhalt A_2 erhält man mithilfe eines Integrals. Da die Gerade g oberhalb des Graphen von f verläuft, gilt:

$$\begin{aligned} A_2 &= \int_1^2 (3 - f(x))\, dx \\ &= \int_1^2 \left(3 - (x^2 - 1)\right) dx \\ &= \int_1^2 (4 - x^2)\, dx \\ &= \left[4x - \frac{1}{3}x^3\right]_1^2 \\ &= 4 \cdot 2 - \frac{1}{3} \cdot 2^3 - \left(4 \cdot 1 - \frac{1}{3} \cdot 1^3\right) \\ &= 8 - \frac{8}{3} - 4 + \frac{1}{3} \\ &= \frac{5}{3} \end{aligned}$$

Damit erhält man für den Flächeninhalt der markierten Fläche:
$$A = A_1 + A_2 = 3 + \frac{5}{3} = \frac{14}{3}$$

Der Flächeninhalt beträgt $\frac{14}{3}$ FE.

g) Es ist $f(x) = \sqrt{3x + 9}$.
Den Flächeninhalt A zwischen dem Graphen von f und der x-Achse erhält man mithilfe eines Integrals. Zur Bestimmung der Integrationsgrenzen löst man die Gleichung $f(x) = 0$ nach x auf:
$$\sqrt{3x + 9} = 0$$
$$3x + 9 = 0$$
$$x = -3$$

Also sind die Integrationsgrenzen $x_1 = -3$ und $x_2 = 0$.
Damit erhält man für den Inhalt der markierten Fläche:

$$A = \int_{-3}^{0} (f(x) - 0)\,dx$$

$$= \int_{-3}^{0} \left(\sqrt{3x+9}\right) dx$$

$$= \int_{-3}^{0} (3x+9)^{\frac{1}{2}}\,dx$$

$$= \left[\frac{\frac{1}{\frac{3}{2}} \cdot (3x+9)^{\frac{3}{2}}}{3}\right]_{-3}^{0}$$

$$= \left[\frac{2}{9} \cdot \sqrt{3x+9}^3\right]_{-3}^{0}$$

$$= \frac{2}{9} \cdot \sqrt{3 \cdot 0 + 9}^3 - \left(\frac{2}{9} \cdot \sqrt{3 \cdot (-3) + 9}^3\right)$$

$$= \frac{2}{9} \cdot 3^3 - 0$$

$$= 6$$

Der Flächeninhalt beträgt 6 FE.

2.5 Integrale interpretieren

a) Es gilt: $\int_{-\frac{\pi}{2}}^{\frac{\pi}{2}} \cos(x)\,dx = 2$.

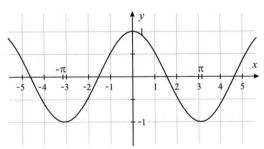

I) Da der Graph von $g(x) = \cos(x)$ achsensymmetrisch zur y-Achse ist, wird die Fläche, die vom Graphen und der x-Achse begrenzt wird, durch die y-Achse halbiert. Da das Integral als Fläche interpretiert werden kann, gilt:

$$\int_{0}^{\frac{\pi}{2}} \cos(x)\,dx = \frac{1}{2} \cdot \int_{-\frac{\pi}{2}}^{\frac{\pi}{2}} \cos(x)\,dx = \frac{1}{2} \cdot 2 = 1$$

II) Der Graph von $f(x) = 2 \cdot \cos(x)$ geht aus dem Graphen von $g(x) = \cos(x)$ durch Streckung mit Faktor 2 in y-Richtung hervor.

Wegen $\int_0^{\frac{\pi}{2}} \cos(x)dx = 1$ gilt damit:

$$\int_0^{\frac{\pi}{2}} 2 \cdot \cos(x)dx = 2 \cdot \int_0^{\frac{\pi}{2}} \cos(x)dx = 2 \cdot 1 = 2$$

III) Da der Graph von $g(x) = \cos(x)$ punktsymmetrisch zu $P\left(\frac{\pi}{2} \mid 0\right)$ ist, ist der Flächeninhalt von A_1 gleich groß wie der Flächeninhalt von A_2.

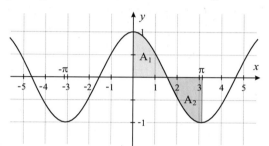

Es gilt: $\int_0^{\frac{\pi}{2}} \cos(x)dx = A_1$ und $\int_{\frac{\pi}{2}}^{\pi} \cos(x)dx = A_2$. (Der Wert von A_2 ist negativ, da sich die Fläche unterhalb der x-Achse befindet). Damit erhält man:

$$\int_0^{\pi} \cos(x)dx = A_1 - A_2 = 0$$

b) Mithilfe des Integrals $\int_0^2 f(x)dx$ wird der Flächeninhalt der Fläche zwischen dem Graphen (von $f(x) = -x^2 + 4$) und der x-Achse im Intervall $[0; 2]$ berechnet.

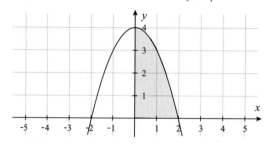

Durch Abschätzen des Flächeninhalts mithilfe der quadratischen Karos erhält man:

$$\int_0^2 f(x)dx \approx 5$$

c) Mithilfe des Integrals $\int_0^{\frac{3}{2}\pi} \sin(x)\,dx$ wird der Flächeninhalt zwischen dem Graphen von $f(x) = \sin(x)$ und der x-Achse im Intervall $\left[0;\frac{3}{2}\pi\right]$ berechnet. Da der Inhalt der Fläche oberhalb der x-Achse größer ist als der Inhalt der Fläche unterhalb der x-Achse, ist der Wert des Integrals größer als Null.

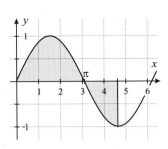

d) Mithilfe des Integrals $\int_{-1}^{0} e^x\,dx$ wird der Flächeninhalt A_1 der Fläche zwischen dem Graphen von $f(x) = e^x$ und der x-Achse im Intervall $[-1;0]$ berechnet, mithilfe des Integrals $\int_0^1 e^x\,dx$ der Flächeninhalt A_2 der Fläche zwischen dem Graphen von $f(x) = e^x$ und der x-Achse im Intervall $[0;1]$.

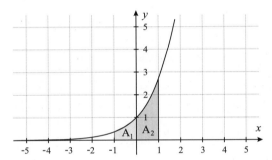

Da $A_1 < A_2$, gilt:
$$\int_{-1}^{0} e^x\,dx < \int_0^1 e^x\,dx$$

2.6 Rekonstruierter Bestand

a) Die Produktionskosten eines Werkstücks in Abhängigkeit von der produzierten Stückzahl werden durch die Funktion P mit $P(x) = \frac{20}{(x+2)^2} + 4;\ x \geq 0$ beschrieben.
(x: Stückzahl, P(x): Herstellungskosten des x-ten Werkstücks in Euro).
Mithilfe des Integrals
$$\int_0^{50} \left(\frac{20}{(x+2)^2} + 4\right) dx$$
werden die Gesamtkosten der Herstellung der 50 ersten Werkstücke berechnet, da durch das Integral die Kosten der einzelnen Werkstücke summiert werden.

b) Durch das Integral
$$\int_0^{52} f(t)\,dt$$
wird die Anzahl der Zahnpastatuben berechnet, die insgesamt innerhalb eines Jahres verkauft werden, da die verkauften Tuben pro Woche aufsummiert werden und ein Jahr 52 Wochen hat.

c) Es ist $f(t) = (t^2 - 15t + 44) \cdot e^{0,2t}$ (t in Tagen, $f(t)$ in Liter pro Tag).

Mithilfe des Integrals $\int_0^{12} ((t^2 - 15t + 44) \cdot e^{0,2t}) \, dt \approx -128,5$ wird die Abnahme des Wasservolumens im Tank innerhalb der ersten 12 Tage beschrieben, da alle momentanen Änderungsraten summiert werden. Weil das Ergebnis negativ ist, hat das Wasservolumen im Tank um etwa 128,5 Liter abgenommen.

d) Es ist $f(t) = 25 - 0,02 \cdot e^t$ (t in Tagen seit Beginn des Regens und $f(t)$ in Liter pro m² und Tag).

   I) Man erhält die Wassermenge, die insgesamt auf jeden Quadratmeter Fläche des betroffenen Gebietes niederging, mithilfe eines Integrals, da alle Niederschlagsraten während der ersten 8 Tage summiert werden:

   $$\int_0^8 (25 - 0,02 \cdot e^t) \, dt$$

   II) Mithilfe des Integrals $\int_3^5 f(t) \, dt$ berechnet man die Wassermenge, die vom 3. bis zum 5. Tag auf jeden Quadratmeter des betroffenen Gebiets niederging.

e) Es ist $f(t) = 300 \cdot e^{0,02 \cdot t}$ (t in Tagen, $f(t)$ in Anzahl der Bakterien pro Tag).

   I) Mithilfe des Integrals $\int_0^{30} (300 \cdot e^{0,02 \cdot t}) \, dt$ berechnet man die Anzahl der Bakterien, die insgesamt in den ersten 30 Tagen dazugekommen sind, da die momentanen Zuwachsraten summiert werden.

   II) Man erhält die Anzahl A der Bakterien nach 15 Tagen mithilfe eines Integrals, indem man zur Anfangsanzahl von 500 Bakterien den gesamten Zuwachs addiert:

   $$A = 500 + \int_0^{15} (300 \cdot e^{0,02 \cdot t}) \, dt$$

f) Da $f(t) = -0,5t + 3$; $t \geq 0$ die Zu- und Abflussrate beschreibt, muss man eine allgemeine Stammfunktion F bestimmen, die die Menge des im Becken vorhandenen Wassers beschreibt:

$$F(t) = -0,25t^2 + 3t + c$$

Die Konstante c wird mithilfe des Anfangswerts bestimmt. Am Anfang befinden sich 10 Liter Wasser im Becken, daher gilt:

$$F(0) = -0,25 \cdot 0^2 + 3 \cdot 0 + c = 10 \Rightarrow c = 10$$

Also ist $F(t) = -0,25 \cdot t^2 + 3t + 10$.
Um zu berechnen, wieviel Wasser das Becken nach 9 Stunden enthält, wird $t = 9$ in $F(t)$ eingesetzt:

$$F(9) = -0,25 \cdot 9^2 + 3 \cdot 9 + 10 = 16,75$$

Das Becken enthält nach 9 Stunden 16,75 Liter Wasser.

2.7 Rotationskörper

a) Es ist $f(x) = \frac{1}{4}e^{2x}$ über dem Intervall $[0;1]$. Für das Volumen des Rotationskörpers gilt:

$$V_{rot} = \pi \cdot \int_0^1 \left(\frac{1}{4}e^{2x}\right)^2 dx = \pi \cdot \int_0^1 \frac{1}{16}e^{4x} dx = \pi \cdot \left[\frac{1}{4 \cdot 16}e^{4x}\right]_0^1$$

$$= \pi \cdot \left(\frac{1}{64}e^4 - \frac{1}{64}e^0\right) = \frac{\pi}{64} \cdot (e^4 - 1) \text{ VE}$$

b) Es ist $f(x) = x^2 + 1$ über dem Intervall $[0;2]$. Für das Volumen des Rotationskörpers gilt:

$$V_{rot} = \pi \cdot \int_0^2 (x^2+1)^2 dx = \pi \cdot \int_0^2 (x^4 + 2x^2 + 1) dx = \pi \cdot \left[\frac{1}{5}x^5 + \frac{2}{3}x^3 + x\right]_0^2$$

$$= \pi \cdot \left(\frac{1}{5} 2^5 + \frac{2}{3} \cdot 2^3 + 2^1 - 0\right) = \pi \cdot \left(\frac{32}{5} + \frac{16}{3} + 2\right) = \pi \cdot \frac{206}{15} \text{ VE}$$

c) Es ist $f(x) = \frac{2}{x}$ über dem Intervall $[1;2]$. Für das Volumen des Rotationskörpers gilt:

$$V_{rot} = \pi \cdot \int_1^2 \left(\frac{2}{x}\right)^2 dx = \pi \cdot \int_1^2 \frac{4}{x^2} dx = \pi \cdot \int_1^2 4x^{-2} dx = \pi \cdot \left[\frac{4}{-1} \cdot x^{-1}\right]_1^2$$

$$= \pi \cdot (-2 - (-4)) = 2\pi \text{ VE}$$

d) Mithilfe des Terms

$$V = \pi \cdot \int_2^4 (x+1)^2 dx$$

wird das Volumen des Rotationskörpers berechnet, der entsteht, wenn die Gerade $y = x+1$ um die x-Achse rotiert. Es handelt sich dabei um einen Kegelstumpf.

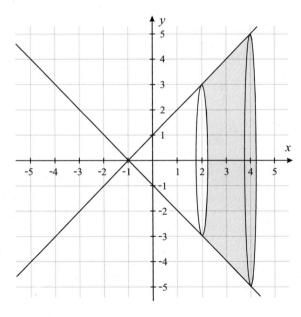

2.8 Ins Unendliche reichende Flächen

a) I) Gesucht ist die Fläche zwischen der x-Achse, y-Achse und der Kurve mit der unteren Grenze $x = 0$. Für $z > 0$ ist:

$$A(z) = \int_0^z e^{-x} dx = \left[-e^{-x}\right]_0^z = -e^{-z} - (-1) = 1 - e^{-z}$$

Geht nun $z \to \infty$, so geht $A(z) = 1 - e^{-z} \to 1$.

Es ist also $\lim\limits_{z \to \infty} A(z) = 1$, damit ist der Flächeninhalt 1 FE.

II) Gesucht ist die Fläche zwischen der x-Achse, y-Achse und der Kurve mit der unteren Grenze $x = 0$. Für $z > 0$ ist:

$$A(z) = \int_0^z e^{-3x+1} dx = \left[-\frac{1}{3} e^{-3x+1}\right]_0^z = -\frac{1}{3} e^{-3z+1} + \frac{1}{3} e$$

Für $z \to \infty$ geht $A(z) = -\frac{1}{3} e^{-3z+1} + \frac{1}{3} e \to \frac{1}{3} e$.

Es ist also $\lim\limits_{z \to \infty} A(z) = \frac{1}{3} e$, damit ist der Flächeninhalt $\frac{1}{3} e$ FE.

III) Gesucht ist die Fläche zwischen der x-Achse, y-Achse und der Kurve mit der unteren Grenze $x = 0$. Für $z > 0$ ist:

$$A(z) = \int_0^z 2e^{-4x-2} dx = \left[-\frac{1}{4} \cdot 2 e^{-4x-2}\right]_0^z = -\frac{1}{2} e^{-4z-2} + \frac{1}{2} e^{-2}$$

Für $z \to \infty$ geht $A(z) = -\frac{1}{2} e^{-4z-2} + \frac{1}{2} e^{-2} \to \frac{1}{2} e^{-2}$.

Es ist also $\lim\limits_{z \to \infty} A(z) = \frac{1}{2} e^{-2}$, damit ist der Flächeninhalt $\frac{1}{2} e^{-2}$ FE.

b) I) Um die obere Grenze zu bestimmen, wird zuerst die Nullstelle der Funktion bestimmt: $e - e^x = 0 \Rightarrow e = e^x \Rightarrow x = 1$. Der Inhalt des gesuchten Flächenstücks wird also durch eine Integration in den Grenzen von 0 bis 1 berechnet:

$$\int_0^1 (e - e^x) \, dx = \left[e \cdot x - e^x\right]_0^1 = e - e - (-1) = 1 \text{ FE.}$$

II) Um die Asymptote zu bestimmen, betrachtet man den Grenzwert für $x \to -\infty$. Es ist $\lim\limits_{x \to -\infty} f(x) = e$, da der zweite Term für kleine Werte von x gegen Null geht. Die Asymptote ist daher die Gerade mit der Gleichung $y = e$.

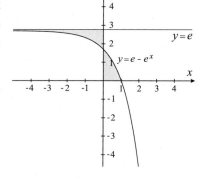

III) Um die ins Unendliche reichende Fläche zwischen der Asymptoten und der Kurve zu berechnen, muss man die Differenz zwischen der Geradengleichung und der Funktion integrieren:

$$A(z) = \int_z^0 (e - (e - e^x)) \, dx = \left[e^x\right]_z^0 = 1 - e^z.$$

Für den Grenzwert gilt: $\lim\limits_{z \to -\infty} A(z) = 1$ FE. Also sind beide Flächenstücke gleich groß.

3 Gleichungen

3.1 Potenzgleichungen

a) Die Gleichung $x^2 + 3x - 4 = 0$ lässt sich mit der pq- bzw. der abc-Formel lösen: $x_1 = 1$ und $x_2 = -4$.

b) Die Gleichung $x^2 + \frac{2}{5}x - \frac{3}{5} = 0$ lässt sich mit der pq- bzw. der abc-Formel lösen: $x_1 = \frac{3}{5}$, $x_2 = -1$.

c) Die Gleichung $(x-1) \cdot (x-4)^2 = 0$ löst man mit dem Satz vom Nullprodukt: $x - 1 = 0$ führt zur Lösung $x_1 = 1$ und $(x-4)^2 = 0$ bzw. $x - 4 = 0$ führt zur Lösung $x_2 = 4$.

d) Die Gleichung $x^2 \cdot (3x - 6) = 0$ löst man mit dem Satz vom Nullprodukt: $x^2 = 0$ führt zu $x_1 = 0$ und $3x - 6 = 0$ führt zu $x_2 = 2$.

e) Bei der Gleichung $x^3 - 4x = 0$ kann man x ausklammern: $x \cdot (x^2 - 4) = 0$. Diese Gleichung löst man mit dem Satz vom Nullprodukt: $x = 0$ führt zu $x_1 = 0$ und $x^2 - 4 = 0$ führt durch Wurzelziehen zu $x_2 = 2$ und $x_3 = -2$.

f) Bei der Gleichung $2x^4 - 3x^3 = 0$ kann man x^3 ausklammern: $x^3 \cdot (2x - 3) = 0$. Diese Gleichung löst man mit dem Satz vom Nullprodukt: $x^3 = 0$ führt zu $x_1 = 0$ und $2x - 3 = 0$ führt zu $x_2 = \frac{3}{2}$.

g) Bei der Gleichung $x^4 - 3x^3 + 2x^2 = 0$ kann man x^2 ausklammern: $x^2 \cdot (x^2 - 3x + 2) = 0$. Diese Gleichung löst man mit dem Satz vom Nullprodukt: $x^2 = 0$ führt zu $x_1 = 0$ und $x^2 - 3x + 2 = 0$ führt mithilfe der pq- oder abc-Formel zu $x_2 = 1$ und $x_3 = 2$.

h) Bei der Gleichung $x^3 - 5x^2 + 6x = 0$ kann man x ausklammern: $x \cdot (x^2 - 5x + 6) = 0$. Diese Gleichung löst man mit dem Satz vom Nullprodukt: $x_1 = 0$ und $x^2 - 5x + 6 = 0$ führt mithilfe der pq- bzw. abc-Formel zu $x_2 = 2$ und $x_3 = 3$.

i) Bei der Gleichung $x^4 - 4x^2 + 3 = 0$ führt die Substitution $x^2 = z$ zu $z^2 - 4z + 3 = 0$. Lösen mithilfe der pq- oder abc-Formel ergibt $z_1 = 1$ und $z_2 = 3$. Die Rücksubstitution $x^2 = 1$ führt durch Wurzelziehen zu $x_{1,2} = \pm 1$ und $x^2 = 3$ führt zu $x_{3,4} = \pm\sqrt{3}$.

j) Bei der Gleichung $2x^4 - 5x^2 + 2 = 0$ führt die Substitution $x^2 = z$ zu $2z^2 - 5z + 2 = 0$. Lösen mithilfe der pq- oder abc-Formel ergibt $z_1 = 2$ und $z_2 = \frac{1}{2}$. Die Rücksubstitution $x^2 = 2$ führt durch Wurzelziehen zu $x_{1,2} = \pm\sqrt{2}$ und $x^2 = \frac{1}{2}$ führt zu $x_{3,4} = \pm\sqrt{\frac{1}{2}}$.

k) Die Gleichung $2x^3 - 5 = 15$ führt zu $x^3 = 10$. Durch Wurzelziehen erhält man die Lösung $x = \sqrt[3]{10}$.

l) Die Gleichung $3x^4 + 8 = 29$ führt zu $x^4 = 7$. Durch Wurzelziehen erhält man die Lösungen $x_1 = \sqrt[4]{7}$ und $x_2 = -\sqrt[4]{7}$.

m) Die Gleichung $(1-x)^{10} = 0{,}3$ löst man durch Wurzelziehen: $1 - x = \pm \sqrt[10]{0{,}3}$. Damit erhält man die Lösungen $x_1 = 1 - \sqrt[10]{0{,}3}$ und $x_2 = 1 + \sqrt[10]{0{,}3}$.

3.2 Potenzgleichungen mit Parameter

a) Die Gleichung $x^2 + 4x + 2t = 0$ löst man mithilfe der abc-Formel:

$$x_{1,2} = \frac{-4 \pm \sqrt{4^2 - 4 \cdot 1 \cdot 2t}}{2 \cdot 1} = \frac{-4 \pm \sqrt{16 - 8t}}{2}$$

Ist der Term unter der Wurzel negativ, gibt es keine Lösung, ist er Null, gibt es eine Lösung, ist er positiv, gibt es zwei Lösungen. Dies führt zu folgenden Fallunterscheidungen:
Keine Lösung für $16 - 8t < 0$ bzw. $2 < t$.
Eine Lösung für $16 - 8t = 0$ bzw. $t = 2$.
Zwei Lösungen für $16 - 8t > 0$ bzw. $2 > t$.

b) Die Gleichung $3x^2 - 4x = 2a$ bzw. $3x^2 - 4x - 2a = 0$ löst man mithilfe der abc-Formel:

$$x_{1,2} = \frac{-(-4) \pm \sqrt{(-4)^2 - 4 \cdot 3 \cdot (-2a)}}{2 \cdot 3} = \frac{4 \pm \sqrt{16 + 24a}}{6}$$

Ist der Term unter der Wurzel negativ, gibt es keine Lösung, ist er Null, gibt es eine Lösung, ist er positiv, gibt es zwei Lösungen. Dies führt zu folgenden Fallunterscheidungen:
Keine Lösung für $16 + 24a < 0$ bzw. $a < -\frac{2}{3}$.
Eine Lösung für $16 + 24a = 0$ bzw. $a = -\frac{2}{3}$.
Zwei Lösungen für $16 + 24a > 0$ bzw. $a > -\frac{2}{3}$.

c) Die Gleichung $x^2 - 3tx + \frac{9}{4} = 0$ löst man mithilfe der abc-Formel:

$$x_{1,2} = \frac{-(-3t) \pm \sqrt{(-3t)^2 - 4 \cdot 1 \cdot \frac{9}{4}}}{2 \cdot 1} = \frac{3t \pm \sqrt{9t^2 - 9}}{2}$$

Ist der Term unter der Wurzel negativ, gibt es keine Lösung, ist er Null, gibt es eine Lösung, ist er positiv, gibt es zwei Lösungen. Dies führt zu folgenden Fallunterscheidungen:
Keine Lösung für $9t^2 - 9 < 0$ bzw. $t^2 < 1$, also $-1 < t < 1$.
Eine Lösung für $9t^2 - 9 = 0$ bzw. $t^2 = 1$, also $t_1 = -1$ und $t_2 = 1$.
Zwei Lösungen für $9t^2 - 9 > 0$ bzw. $t^2 > 1$, also $t < -1$ oder $t > 1$.

d) Die Gleichung $9x^2 - 3ux + 1 = 0$ löst man mithilfe der abc-Formel:

$$x_{1,2} = \frac{-(-3u) \pm \sqrt{(-3u)^2 - 4 \cdot 9 \cdot 1}}{2 \cdot 9} = \frac{3u \pm \sqrt{9u^2 - 36}}{18}$$

Ist der Term unter der Wurzel negativ, gibt es keine Lösung, ist er Null, gibt es eine Lösung, ist er positiv, gibt es zwei Lösungen. Dies führt zu folgenden Fallunterscheidungen:
Keine Lösung für $9u^2 - 36 < 0$ bzw. $u^2 < 4$, also $-2 < u < 2$.
Eine Lösung für $9u^2 - 36 = 0$ bzw. $u^2 = 4$, also $u_1 = -2$ und $u_2 = 2$.
Zwei Lösungen für $9u^2 - 36 > 0$ bzw. $u^2 > 4$, also $u < -2$ oder $u > 2$.

e) Die Gleichung $ax - 2x = 5$ löst man durch Ausklammern von x. Es ergibt sich:
$x \cdot (a - 2) = 5 \Rightarrow x = \frac{5}{a-2}$.
Es gibt keine Lösung, wenn der Nenner gleich Null ist: $a - 2 = 0 \Rightarrow a = 2$.
Für $a \neq 2$ gibt es genau eine Lösung.

Lösungen   3.3 *Exponentialgleichungen*

f) Die Gleichung $tx = 3x + 4$ bzw. $tx - 3x = 4$ löst man durch Ausklammern von x. Es ergibt sich: $x \cdot (t-3) = 4$ bzw. $x = \frac{4}{t-3}$.
Es gibt keine Lösung, wenn der Nenner gleich Null ist: $t - 3 = 0 \Rightarrow t = 3$.
Für $t \neq 3$ gibt es genau eine Lösung.

g) Die Gleichung $2x - 4tx = 8t$ löst man durch Ausklammern von x. Es ergibt sich: $x \cdot (2 - 4t) = 8t$ bzw. $x = \frac{8t}{2-4t}$.
Es gibt keine Lösung, wenn der Nenner gleich Null ist: $2 - 4t = 0 \Rightarrow t = \frac{1}{2}$.
Für $t \neq \frac{1}{2}$ gibt es genau eine Lösung.

h) Die Gleichung $tx = 2t$ löst man durch Fallunterscheidung:
Für $t = 0$ ergibt sich $0 = 0$, so dass es unendlich viele Lösungen gibt.
Für $t \neq 0$ ergibt sich $x = \frac{2t}{t} = 2$, also genau eine Lösung.

3.3 Exponentialgleichungen

a) Die Gleichung $3 \cdot e^{2x-1} = 9$ bzw. $e^{2x-1} = 3$ löst man durch Logarithmieren: $2x - 1 = \ln(3) \Rightarrow x = \frac{\ln(3)+1}{2}$.

b) Die Gleichung $e^{3x} - 3e^x = 0$ führt durch Ausklammern zu $e^x \cdot (e^{2x} - 3) = 0$. Mithilfe des Satzes vom Nullprodukt ergibt sich: Die Gleichung $e^x = 0$ besitzt keine Lösung, die Gleichung $e^{2x} - 3 = 0$ führt zu $x = \frac{\ln(3)}{2}$.

c) Die Gleichung $e^{5x} = 4e^{2x}$ führt zu $e^{5x} - 4e^{2x} = 0$. Klammert man e^{2x} aus, erhält man: $e^{2x} \cdot (e^{3x} - 4) = 0$. Mithilfe des Satzes vom Nullprodukt ergibt sich: Die Gleichung $e^{2x} = 0$ besitzt keine Lösung, die Gleichung $e^{3x} - 4 = 0$ führt zu $x = \frac{\ln(4)}{3}$.

d) Die Gleichung $(2x+4) \cdot (e^{2x} - 4) = 0$ löst man mit dem Satz vom Nullprodukt: $2x + 4 = 0$ führt zur Lösung $x_1 = -2$ und $e^{2x} - 4 = 0$ hat die Lösung $x_2 = \frac{\ln(4)}{2}$.

e) Die Gleichung $(2x^2 - 2) \cdot (e^{-x} - 2) = 0$ löst man mit dem Satz vom Nullprodukt: $2x^2 - 2 = 0$ führt zu den Lösungen $x_{1,2} = \pm 1$ und $e^{-x} - 2 = 0$ hat die Lösung $x_3 = -\ln(2)$.

f) Bei der Gleichung $e^{2x} - 6e^x + 5 = 0$ substituiert man $e^x = z$: Wegen $e^{2x} = (e^x)^2$ gilt $e^{2x} = z^2$. Die Gleichung $e^{2x} - 6e^x + 5 = 0$ wird damit zu $z^2 - 6z + 5 = 0$. Lösen mit pq- oder abc-Formel ergibt $z_1 = 5$ und $z_2 = 1$. Die Rücksubstitution $e^x = 5$ führt zur Lösung $x_1 = \ln(5)$, die Rücksubstitution $e^x = 1$ führt zur Lösung $x_2 = \ln(1) = 0$.

g) Bei der Gleichung $e^{4x} - 5e^{2x} + 6 = 0$ substituiert man $e^{2x} = z$: Da $e^{4x} = (e^{2x})^2$ gilt $e^{4x} = z^2$. Die Gleichung $e^{4x} - 5e^{2x} + 6 = 0$ wird damit zu $z^2 - 5z + 6 = 0$. Lösen mithilfe der pq- oder abc-Formel ergibt $z_1 = 2$ und $z_2 = 3$. Die Rücksubstitution $e^{2x} = 2$ führt zur Lösung $x_1 = \frac{\ln(2)}{2}$, die Rücksubstitution $e^{2x} = 3$ führt zur Lösung $x_2 = \frac{\ln(3)}{2}$.

h) Bei der Gleichung $2e^x - 5e^{\frac{1}{2}x} + 2 = 0$ substituiert man $e^{\frac{1}{2}x} = z$: Wegen $e^x = \left(e^{\frac{1}{2}x}\right)^2$ gilt $e^x = z^2$. Die Gleichung $2e^x - 5e^{\frac{1}{2}x} + 2 = 0$ wird damit zu $2z^2 - 5z + 2 = 0$. Lösen mit pq- oder abc-Formel ergibt $z_1 = 2$ und $z_2 = \frac{1}{2}$. Die Rücksubstitution $e^{\frac{1}{2}x} = 2$ führt zur Lösung $x_1 = 2\ln(2)$, die Rücksubstitution $e^{\frac{1}{2}x} = \frac{1}{2}$ führt zur Lösung $x_2 = 2\ln\left(\frac{1}{2}\right)$.

i) Die Gleichung $e^x - 8e^{-x} = 2$ multipliziert man mit e^x und erhält: $e^x \cdot e^x - 8e^{-x} \cdot e^x = 2e^x$ bzw. $e^{2x} - 2e^x - 8 = 0$. Substituiert man $e^x = z$ ergibt sich: $z^2 - 2z - 8 = 0$. Lösen mithilfe der pq- oder abc-Formel ergibt $z_1 = 4$ und $z_2 = -2$. Rücksubstitution $e^x = 4$ führt zur Lösung $x = \ln(4)$, die Rücksubstitution $e^x = -2$ führt zu keiner weiteren Lösung, da e^x stets größer als Null ist.

j) Die Gleichung $3 \cdot 4^x = 9$ führt zu $4^x = 3$. Durch Logarithmieren erhält man als Lösung: $x = \log_4(3)$.

k) Die Gleichung $2 \cdot 3^{4x} = 10$ führt zu $3^{4x} = 5$. Durch Logarithmieren erhält man: $4x = \log_3(5) \Rightarrow x = \frac{\log_3(5)}{4}$.

l) Die Gleichung $4 \cdot 2^{-3x} + 1 = 17$ führt zu $2^{-3x} = 4$. Durch Logarithmieren erhält man: $-3x = \log_2(4) \Rightarrow x = \frac{\log_2(4)}{-3}$.

3.4 Bruchgleichungen

a) Die Gleichung $\frac{4}{x^2} + \frac{2}{x} = 2$ wird mit x^2 multipliziert.
   Man erhält: $4 + 2x = 2x^2$ bzw. $2x^2 - 2x - 4 = 0$.
   Mithilfe der pq- bzw. abc-Formel ergeben sich die Lösungen: $x_1 = 2$ und $x_2 = -1$.

b) Die Gleichung $6 - \frac{12}{x^2+1} = 0$ wird mit $x^2 + 1$ multipliziert.
   Man erhält: $6 \cdot (x^2 + 1) - 12 = 0$ bzw. $6x^2 + 6 - 12 = 0$ bzw. $x^2 = 1$.
   Durch Wurzelziehen ergeben sich die Lösungen: $x_1 = 1$ und $x_2 = -1$.

c) Die Gleichung $x^2 - \frac{4}{x^2} = 3$ wird mit x^2 multipliziert.
   Man erhält: $x^4 - 4 = 3x^2$ bzw. $x^4 - 3x^2 - 4 = 0$.
   Substituiert man $x^2 = z$, ergibt sich: $z^2 - 3z - 4 = 0$.
   Mithilfe der pq- bzw. abc-Formel erhält man: $z_1 = 4$ und $z_2 = -1$.
   Die Resubstitution $x^2 = 4$ ergibt die Lösungen $x_1 = 2$ und $x_2 = -2$, die Resubstitution $x^2 = -1$ ergibt keine weiteren Lösungen.

d) Die Gleichung $\frac{2}{x^4} - \frac{1}{x^2} = 1$ wird mit x^4 multipliziert.
   Man erhält: $2 - x^2 = x^4$ bzw. $0 = x^4 + x^2 - 2$.
   Substituiert man $x^2 = z$, ergibt sich: $0 = z^2 + z - 2$.
   Mithilfe der pq- bzw. abc-Formel erhält man: $z_1 = 1$ und $z_2 = -2$.
   Die Resubstitution $x^2 = 1$ ergibt die Lösungen $x_1 = 1$ und $x_2 = -1$, die Resubstitution $x^2 = -2$ ergibt keine weiteren Lösungen.

e) Die Gleichung $1 - \frac{4x}{x^2+3} = 0$ wird mit $x^2 + 3$ multipliziert.
   Man erhält: $x^2 + 3 - 4x = 0$ bzw. $x^2 - 4x + 3 = 0$.
   Mithilfe der pq- bzw. abc-Formel ergeben sich die Lösungen: $x_1 = 3$ und $x_2 = 1$.

f) Die Gleichung $\frac{4}{x-2} - x = 1$ wird mit $x - 2$ multipliziert.
   Man erhält: $4 - x \cdot (x - 2) = 1 \cdot (x - 2)$ bzw. $4 - x^2 + 2x = x - 2$ bzw. $0 = x^2 - x - 6$.
   Mithilfe der pq- bzw. abc-Formel ergeben sich die Lösungen: $x_1 = 3$ und $x_2 = -2$.

g) Die Gleichung $\frac{x}{x+2} = \frac{3}{4}$ wird mit 4 und mit $x + 2$ multipliziert. Man erhält: $4x = 3 \cdot (x+2)$. Dies führt zur Lösung $x = 6$.

h) Die Gleichung $x^{-4} - 1 = 15$ führt zu $\frac{1}{x^4} = 16$ bzw. $\frac{1}{16} = x^4$. Dies führt durch Wurzelziehen zu den Lösungen $x_1 = -\frac{1}{2}$ und $x_2 = \frac{1}{2}$.

i) Die Gleichung $\frac{2x}{\sqrt{x^2+15}} = \frac{1}{2}$ wird quadriert und führt zu $\frac{4x^2}{x^2+15} = \frac{1}{4}$. Durch kreuzweises Multiplizieren ergibt sich: $16x^2 = x^2 + 15$ bzw. $x^2 = 1$. Dies führt durch Wurzelziehen zu den Lösungen $x_1 = -1$ und $x_2 = 1$.
Zur Überprüfung der erhaltenen Lösungen setzt man diese in die Ursprungsgleichung ein:

$$\frac{2 \cdot (-1)}{\sqrt{(-1)^2 + 15}} = \frac{1}{2} \Leftrightarrow \frac{-2}{\sqrt{16}} = \frac{1}{2} \Rightarrow -\frac{2}{4} = \frac{1}{2}$$

$$\frac{2 \cdot 1}{\sqrt{1^2 + 15}} = \frac{1}{2} \Leftrightarrow \frac{2}{\sqrt{16}} = \frac{1}{2} \Rightarrow \frac{2}{4} = \frac{1}{2}$$

Aufgrund der wahren Aussage ist nur $x_2 = 1$ Lösung der Gleichung.

3.5 Trigonometrische Gleichungen

a) Bei der Gleichung $\sin(3x) = 1$; $x \in [0; 2\pi]$ substituiert man $3x = z$.
Dies führt zu $\sin(z) = 1$ mit den möglichen Lösungen $z_1 = \frac{\pi}{2}$, $z_2 = \frac{5}{2}\pi$, $z_3 = \frac{9}{2}\pi$, ...
Die Resubstitution $z_1 = \frac{\pi}{2} = 3x$ ergibt $x_1 = \frac{\pi}{6}$, $z_2 = \frac{5}{2}\pi = 3x$ ergibt $x_2 = \frac{5}{6}\pi$, $z_3 = \frac{9}{2}\pi = 3x$ ergibt $x_3 = \frac{3}{2}\pi$, $z_4 = \frac{13}{2}\pi$ ergibt keine weitere Lösung, da $\frac{13}{6}\pi \notin [0; 2\pi]$
Als Lösungsmenge erhält man L $= \left\{ \frac{1}{6}\pi; \frac{5}{6}\pi; \frac{3}{2}\pi \right\}$.

b) Bei der Gleichung $\cos\left(x - \frac{\pi}{2}\right) = -1$; $x \in [-\pi; 2\pi]$ substituiert man $x - \frac{\pi}{2} = z$.
Dies führt zu $\cos(z) = -1$ mit den möglichen Lösungen $z_1 = -\pi$, $z_2 = \pi$, $z_3 = 3\pi$, ...
Die Resubstitution $z_1 = -\pi = x - \frac{\pi}{2}$ ergibt $x_1 = -\frac{\pi}{2}$, $z_2 = \pi = x - \frac{\pi}{2}$ ergibt $x_2 = \frac{3}{2}\pi$, $z_3 = 3\pi$ ergibt keine weitere Lösung.
Als Lösungsmenge erhält man L $= \left\{ -\frac{\pi}{2}; \frac{3}{2}\pi \right\}$.

c) Die Gleichung $\cos(x) \cdot (\sin(x) - 1) = 0$; $x \in [0; \pi]$ löst man mit dem Satz vom Nullprodukt: $\cos(x) = 0$ hat im angegebenen Intervall die Lösung $x = \frac{\pi}{2}$.
$\sin(x) - 1 = 0$ bzw. $\sin(x) = 1$ hat ebenfalls die Lösung $x = \frac{\pi}{2}$.
Als Lösungsmenge erhält man L $= \left\{ \frac{\pi}{2} \right\}$.

d) Die Gleichung $\sin(x) \cdot (\sin(x) + 1) = 0$; $x \in [0; 2\pi]$ löst man mit dem Satz vom Nullprodukt: $\sin(x) = 0$ hat im angegebenen Intervall die Lösungen $x_1 = 0$, $x_2 = \pi$ und $x_3 = 2\pi$.
$\sin(x) + 1 = 0$ bzw. $\sin(x) = -1$ hat die Lösung $x_4 = \frac{3}{2}\pi$.
Als Lösungsmenge erhält man L $= \left\{ 0; \pi; \frac{3}{2}\pi; 2\pi \right\}$.

e) Die Gleichung $\cos(x) \cdot (\cos(x) + 1) = 0$; $x \in [0; \pi]$ löst man mit dem Satz vom Nullprodukt: $\cos(x) = 0$ hat im angegebenen Intervall die Lösung $x_1 = \frac{1}{2}\pi$.
$\cos(x) + 1 = 0$ bzw. $\cos(x) = -1$ hat die Lösung $x_2 = \pi$.
Als Lösungsmenge erhält man L $= \left\{ \frac{1}{2}\pi; \pi \right\}$.

f) Bei der Gleichung $\sin^2(x) - 2\sin(x) = 0$; $x \in [0; 2\pi]$ klammert man $\sin x$ aus. Es ergibt sich: $\sin(x) \cdot (\sin(x) - 2) = 0$.
Diese Gleichung löst man mit dem Satz vom Nullprodukt:
$\sin(x) = 0$ hat im angegebenen Intervall die Lösungen $x_1 = 0$, $x_2 = \pi$ und $x_3 = 2\pi$.
$\sin(x) - 2 = 0$ bzw. $\sin(x) = 2$ hat keine weitere Lösung.
Als Lösungsmenge erhält man $L = \{0; \pi; 2\pi\}$.

g) Bei der Gleichung $\cos^2(x) + \cos(x) - 2 = 0$; $x \in [0; 2\pi]$ substituiert man $\cos(x) = z$.
Damit ergibt sich: $z^2 + z - 2 = 0$.
Mithilfe der pq- bzw. abc-Formel erhält man: $z_1 = 1$ und $z_2 = -2$.
Die Resubstitution $\cos(x) = 1$ ergibt im angegebenen Intervall die Lösungen $x_1 = 0$ und $x_2 = 2\pi$, die Resubstitution $\cos(x) = -2$ ergibt keine weiteren Lösungen.
Als Lösungsmenge erhält man $L = \{0; 2\pi\}$.

h) Bei der Gleichung $\sin^2(x) + 4\sin(x) + 3 = 0$; $x \in [0; 2\pi]$ substituiert man $\sin(x) = z$.
Damit ergibt sich: $z^2 + 4z + 3 = 0$.
Mithilfe der pq- bzw. abc-Formel erhält man: $z_1 = -1$ und $z_2 = -3$.
Die Resubstitution $\sin(x) = -1$ ergibt im angegebenen Intervall die Lösung $x_1 = \frac{3}{2}\pi$, die Resubstitution $\sin x = -3$ ergibt keine weiteren Lösungen.
Als Lösungsmenge erhält man $L = \{\frac{3}{2}\pi\}$.

i) Die Gleichung $(x^2 - 4) \cdot \sin\left(x - \frac{\pi}{2}\right) = 0$; $x \in [0; 2\pi]$ löst man mit dem Satz vom Nullprodukt. $x^2 - 4 = 0$ hat die Lösungen $x_{1,2} = \pm 2$, es kommt aber wegen $x \in [0; 2\pi]$ nur $x_1 = 2$ als Lösung in Frage. Bei der Gleichung $\sin\left(x - \frac{\pi}{2}\right) = 0$ substituiert man $x - \frac{\pi}{2} = z$. Dies führt zu $\sin(z) = 0$ mit den möglichen Lösungen $z_1 = 0$, $z_2 = \pi$, $z_3 = 2\pi$, ... Die Resubstitution $z_1 = 0 = x - \frac{\pi}{2}$ ergibt $x_1 = \frac{\pi}{2}$, $z_2 = \pi = x - \frac{\pi}{2}$ ergibt $x_2 = \frac{3}{2}\pi$, $z_3 = 2\pi$ ergibt keine weitere Lösung.
Als Lösungsmenge erhält man $L = \{\frac{\pi}{2}; 2; \frac{3}{2}\pi\}$.

3.6 Wurzelgleichungen

a) Die Gleichung $\sqrt{2x^2 - 5x + 6} = x$ löst man durch Quadrieren:

$$\sqrt{2x^2 - 5x + 6} = x$$
$$2x^2 - 5x + 6 = x^2$$
$$x^2 - 5x + 6 = 0$$

Mithilfe der *abc*-Formel erhält man die Lösungen $x_1 = 3$ und $x_2 = 2$.
Zur Überprüfung der erhaltenen Lösungen setzt man diese in die Ursprungsgleichung ein:

$$\sqrt{2 \cdot 3^2 - 5 \cdot 3 + 6} = 3 \Leftrightarrow \sqrt{9} = 3$$
$$\sqrt{2 \cdot 2^2 - 5 \cdot 2 + 6} = 2 \Leftrightarrow \sqrt{4} = 2$$

Aufgrund der wahren Aussagen sind $x_1 = 3$ und $x_2 = 2$ Lösungen der Gleichung.

b) Die Gleichung $\sqrt{2x+3}+3=2x$ löst man durch Quadrieren:

$$\sqrt{2x+3}+3=2x$$
$$\sqrt{2x+3}=2x-3$$
$$2x+3=(2x-3)^2$$
$$2x+3=4x^2-12x+9$$
$$0=4x^2-14x+6$$
$$0=2x^2-7x+3$$

Mithilfe der *abc*-Formel erhält man die Lösungen $x_1=3$ und $x_2=\frac{1}{2}$.
Zur Überprüfung der erhaltenen Lösungen setzt man diese in die Ursprungsgleichung ein:

$$\sqrt{2\cdot 3+3}+3=2\cdot 3 \Leftrightarrow \sqrt{9}+3=6 \Rightarrow 6=6$$
$$\sqrt{2\cdot\frac{1}{2}+3}+3=2\cdot\frac{1}{2} \Leftrightarrow \sqrt{4}+3=1 \Rightarrow 5=1$$

Aufgrund der wahren Aussage ist nur $x_1=3$ Lösung der Gleichung.

c) Die Gleichung $\sqrt{(2t-1)^2+4^2+0^2}=5$ löst man durch Quadrieren:

$$\sqrt{(2t-1)^2+4^2+0^2}=5$$
$$(2t-1)^2+4^2+0^2=25$$
$$4t^2-4t+1+16=25$$
$$4t^2-4t-8=0$$
$$t^2-t-2=0$$

Mithilfe der *abc*-Formel erhält man die Lösungen $t_1=2$ und $t_2=-1$.
Zur Überprüfung der erhaltenen Lösungen setzt man diese in die Ursprungsgleichung ein:

$$\sqrt{(2\cdot 2-1)^2+4^2+0^2}=5 \Leftrightarrow \sqrt{25}=5$$
$$\sqrt{(2\cdot(-1)-1)^2+4^2+0^2}=5 \Leftrightarrow \sqrt{25}=5$$

Aufgrund der wahren Aussagen sind $t_1=2$ und $t_2=-1$ Lösungen der Gleichung.

3.7 Betragsgleichungen

a) Die Gleichung $|6-2t|=4$ löst man durch Fallunterscheidung:
Aus $6-2t=4$ ergibt sich $t_1=1$ und aus $6-2t=-4$ ergibt sich $t_2=5$.

b) Die Gleichung $\frac{|2t-4|}{3}=2$ bzw. $|2t-4|=6$ löst man durch Fallunterscheidung:
Aus $2t-4=6$ ergibt sich $t_1=5$ und aus $2t-4=-6$ ergibt sich $t_2=-1$.

c) Die Gleichung $\frac{|12-4t|}{\sqrt{3}}=\sqrt{12}$ bzw. $|12-4t|=\sqrt{36}=6$ löst man durch Fallunterscheidung:
Aus $12-4t=6$ ergibt sich $t_1=\frac{3}{2}$ und aus $12-4t=-6$ ergibt sich $t_2=\frac{9}{2}$.

3.8 Ungleichungen

a) Die Lösungsmenge der Ungleichung $2x > x^2$ bzw. $0 > x^2 - 2x$ kann man sich anhand des Graphen der zugehörigen Funktion überlegen. Die Funktion $f(x) = x^2 - 2x$ ist eine nach oben geöffnete Normalparabel.

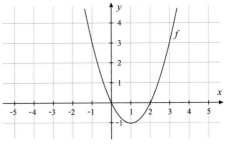

Die Lösungsmenge der Ungleichung $0 > x^2 - 2x$ enthält alle x-Werte, für die die Parabel unterhalb der x-Achse verläuft.

Die Nullstellen der Funktion erhält man durch Lösen der Gleichung $x^2 - 2x = 0$ bzw. $x \cdot (x - 2) = 0$. Die Lösungen dieser Gleichung sind $x_1 = 0$ und $x_2 = 2$. Damit verläuft die Parabel für x-Werte zwischen 0 und 2 unterhalb der x-Achse.

Damit gilt für die Lösung der Ungleichung:

$$L = \{x \in \mathbb{R} \mid 0 < x < 2\} \text{ oder } L = \,]0;2[$$

b) Die Lösungsmenge der Ungleichung $4x < x^2$ bzw. $0 < x^2 - 4x$ kann man sich anhand des Graphen der zugehörigen Funktion überlegen. $f(x) = x^2 - 4x$ ist eine nach oben geöffnete Normalparabel.

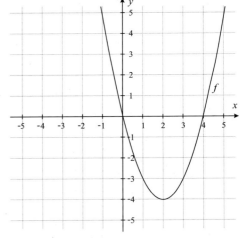

Die Lösungsmenge der Ungleichung $0 < x^2 - 4x$ enthält alle x-Werte, für die die Parabel oberhalb der x-Achse verläuft.

Die Nullstellen der Funktion erhält man durch Lösen der Gleichung $x^2 - 4x = 0$ bzw. $x \cdot (x - 4) = 0$.

Die Lösungen dieser Gleichung sind $x_1 = 0$ und $x_2 = 4$. Also verläuft die Parabel für x-Werte kleiner als Null oder größer als vier oberhalb der x-Achse.

Damit gilt für die Lösung der Ungleichung:

$$L = \{x \in \mathbb{R} \mid x < 0 \text{ oder } x > 4\}$$

c) Die Lösungsmenge der Ungleichung $x^2 + 2x < 3$ bzw. $x^2 + 2x - 3 < 0$ kann man sich anhand des Graphen der zugehörigen Funktion überlegen.

Die Funktion $f(x) = x^2 + 2x - 3$ ist eine nach oben geöffnete Normalparabel.
Die Lösungsmenge der Ungleichung $x^2 + 2x - 3 < 0$ enthält alle x-Werte, für die die Parabel unterhalb der x-Achse verläuft.
Die Nullstellen der Funktion erhält man durch Lösen der Gleichung
$$x^2 + 2x - 3 = 0$$
Mithilfe der *abc*-Formel erhält man die Lösungen $x_1 = -3$ und $x_2 = 1$.
Damit verläuft die Parabel für x-Werte,

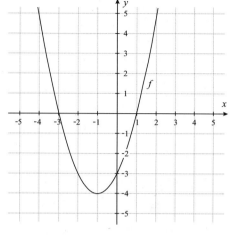

die größer als -3 und kleiner als 1 sind, unterhalb der x-Achse.
Damit gilt für die Lösung der Ungleichung: $L = \{x \in \mathbb{R} \mid -3 < x < 1\}$ oder $L = \,]-3;1[$.

d) Die Lösungsmenge der Ungleichung $x^2 + 2x > 8$ bzw. $x^2 + 2x - 8 > 0$ kann man sich anhand des Graphen der zugehörigen Funktion überlegen.

Die Funktion $f(x) = x^2 + 2x - 8$ ist eine nach oben geöffnete Normalparabel.
Die Lösungsmenge der Ungleichung $x^2 + 2x - 8 > 0$ enthält alle x-Werte, für die die Parabel oberhalb der x-Achse verläuft.
Die Nullstellen der Funktion erhält man durch Lösen der Gleichung
$$x^2 + 2x - 8 = 0$$
Mithilfe der *abc*-Formel erhält man die Lösungen $x_1 = -4$ und $x_2 = 2$.
Damit verläuft die Parabel für x-Werte,
die kleiner als -4 oder größer als 2 sind, oberhalb der x-Achse.
Damit gilt für die Lösung der Ungleichung: $L = \{x \in \mathbb{R} \mid x < -4 \text{ oder } x > 2\}$.

e) Die Lösungsmenge der Ungleichung $(x+2) \cdot e^{2x} > 0$ kann man sich folgendermaßen überlegen:
Wegen $e^{2x} > 0$ muss $x + 2 > 0$ sein, da nur dann das Produkt $(x+2) \cdot e^{2x}$ größer als Null ist. Somit erhält man: $x > -2$.
Damit gilt für die Lösung der Ungleichung: $L = \{x \in \mathbb{R} \mid x > -2\}$.

f) Die Lösungsmenge der Ungleichung $(2x-2) \cdot e^{-2x} < 0$ kann man sich folgendermaßen überlegen:
Wegen $e^{-2x} > 0$ muss $2x - 2 < 0$ sein, da nur dann das Produkt $(2x-2) \cdot e^{-2x}$ kleiner als Null ist. Somit erhält man: $2x < 2$ bzw. $x < 1$.
Damit gilt für die Lösung der Ungleichung: $L = \{x \in \mathbb{R} \mid x < 1\}$.

g) Die Lösungsmenge der Ungleichung $4 - 2^x > 1$ bzw. $3 > 2^x$ kann man sich anhand des Graphen der zugehörigen Funktion überlegen. Die Funktion $f(x) = 2^x$ ist eine Exponentialfunktion.
Die Lösungsmenge der Ungleichung $3 > 2^x$ enthält alle x-Werte, für die der Graph der Exponentialfunktion unterhalb der Geraden $y = 3$ verläuft.

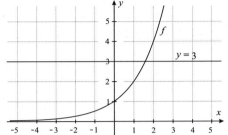

Die Schnittstellen des Graphen von f und der Geraden $y = 3$ erhält man durch Gleichsetzen:
$$3 = 2^x \Rightarrow x = \log_2(3)$$
Damit gilt für die Lösung der Ungleichung: $L = \{x \in \mathbb{R} \mid x < \log_2(3)\}$.

h) Die Lösungsmenge der Ungleichung $|4 - 2x| < 2$ kann man sich anhand des Graphen der zugehörigen Funktion überlegen.
Die Funktion $f(x) = |4 - 2x|$ ist eine Betragsfunktion.
Die Lösungsmenge der Ungleichung $|4 - 2x| < 2$ sind alle x-Werte, für die der Graph der Betragsfunktion unterhalb der Geraden $y = 2$ verläuft.

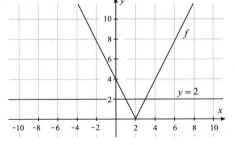

Die Schnittstellen des Graphen von f mit der Geraden $y = 2$ erhält man durch Fallunterscheidung:
Aus $4 - 2x = 2$ ergibt sich $x_1 = 1$ und aus $4 - 2x = -2$ ergibt sich $x_2 = 3$. Damit gilt für die Lösung der Ungleichung: $L = \{x \in \mathbb{R} \mid 1 < x < 3\}$.

… *Lösungen* … 4. *Funktionen und Graphen*

4 Funktionen und Graphen

4.1 Von der Gleichung zur Kurve

4.1.1 Ganzrationale Funktionen

a) g_1: $f(x) = \frac{1}{2}x + 1$. Schnittpunkt mit der y-Achse: $f(0) = \frac{1}{2} \cdot 0 + 1 = 1 \Rightarrow S(0 \mid 1)$
Schnittpunkt mit der x-Achse: $f(x) = 0$ bzw. $\frac{1}{2}x + 1 = 0$ führt zu $x = -2 \Rightarrow N(-2 \mid 0)$
Es handelt sich um eine Gerade mit y-Achsenabschnitt $b = 1$ und Steigung $m = \frac{1}{2}$.

b) g_2: $f(x) = -\frac{3}{4}x$. Schnittpunkt mit der y-Achse: $f(0) = -\frac{3}{4} \cdot 0 = 0 \Rightarrow S(0 \mid 0)$. Schnittpunkt mit der x-Achse: $f(x) = 0$ bzw. $-\frac{3}{4}x = 0$ führt zu $x = 0 \Rightarrow N(0 \mid 0)$.
Es handelt sich um eine Ursprungsgerade (Gerade durch den Koordinatenursprung) mit y-Achsenabschnitt $b = 0$ und Steigung $m = -\frac{3}{4}$.

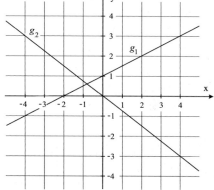

c) $f(x) = (x-1)^2 - 4$. Schnittpunkt mit der y-Achse: $f(0) = (0-1)^2 - 4 = -3 \Rightarrow S(0 \mid -3)$
Schnittpunkt mit der x-Achse: $f(x) = 0$ bzw. $(x-1)^2 - 4 = 0$ führt zu $x_1 = 3$, $x_2 = -1 \Rightarrow N_1(3 \mid 0), N_2(-1 \mid 0)$. Es handelt sich um eine Normalparabel, die um eine LE nach rechts und 4 LE nach unten verschoben wurde, d.h. eine nach oben geöffnete Normalparabel mit Scheitel bei $(1 \mid -4)$.

d) $f(x) = -x^2 + 4$. Schnittpunkt mit der y-Achse: $f(0) = -0^2 + 4 = 4 \Rightarrow S(0 \mid 4)$
Schnittpunkt mit der x-Achse: $f(x) = 0$ bzw. $-x^2 + 4 = 0$ führt zu $x_1 = 2$, $x_2 = -2$
$\Rightarrow N_1(2 \mid 0), N_2(-2 \mid 0)$.
Es handelt sich um eine Normalparabel, die an der x-Achse gespiegelt und dann um vier LE nach oben verschoben wurde, d.h. eine nach unten geöffnete Normalparabel mit S $(0 \mid 4)$.

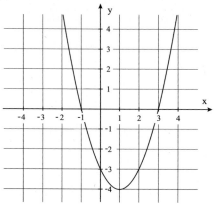

c) $f(x) = (x-1)^2 - 4$

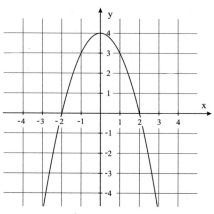

d) $f(x) = -x^2 + 4$

e) $f(x) = -\frac{1}{2}x^2 + 4,5$.
Schnittpunkt mit der y-Achse: $f(0) = -\frac{1}{2} \cdot 0^2 + 4,5 = 4,5 \Rightarrow S(0 \mid 4,5)$.
Schnittpunkt mit der x-Achse: $f(x) = 0$ bzw. $f(x) = -\frac{1}{2}x^2 + 4,5 = 0$ führt zu den Lösungen $x_1 = 3$, $x_2 = -3$. Daraus folgt: $N_1(3 \mid 0)$, $N_2(-3 \mid 0)$.
Es handelt sich um eine Normalparabel, die an der x-Achse gespiegelt, mit Faktor $\frac{1}{2}$ in y-Richtung gestaucht und um 4,5 LE nach oben verschoben wurde.

f) $f(x) = (x-1)^3 + 1$. Schnittpunkt mit der y-Achse: $f(0) = (0-1)^3 + 1 = 0 \Rightarrow S(0 \mid 0)$.
Schnittpunkt mit der x-Achse: $f(x) = 0$ bzw. $f(x) = (x-1)^3 + 1 = 0$ führt zu $x = 0 \Rightarrow N(0 \mid 0)$.
Es handelt sich um eine kubische Parabel, die um eine LE nach rechts und eine LE nach oben verschoben wurde.

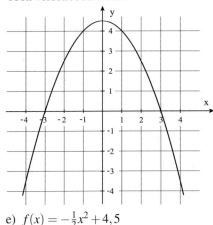
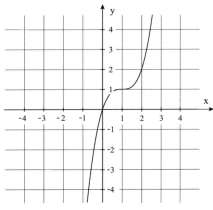

e) $f(x) = -\frac{1}{2}x^2 + 4,5$ \qquad f) $f(x) = (x-1)^3 + 1$

4.1.2 Potenzfunktionen

a) $f(x) = \frac{1}{x+1} + 2$. Asymptoten: $x + 1 = 0$ führt zu $x = -1$, senkrechte Asymptote (Pol); $x \to \pm\infty$ führt zu $y = 2$ (waagerechte Asymptote), da der Bruchterm gegen Null geht.
Der Graph von $g(x) = \frac{1}{x}$ wurde um eine LE nach links und zwei LE nach oben verschoben.

b) $f(x) = -\frac{2}{x-1}$. Asymptoten: $x - 1 = 0$ führt zu $x = 1$, senkrechte Asymptote (Pol); $x \to \pm\infty$ führt zu $y = 0$ (waagerechte Asymptote), da der Bruchterm gegen Null geht.
Der Graph der Funktion $g(x) = \frac{1}{x}$ wurde an der x-Achse gespiegelt, mit dem Faktor 2 in y-Richtung gestreckt und anschließend um eine LE nach rechts verschoben.

c) $f(x) = -\frac{3}{x-1} - 2$. Asymptoten: $x - 1 = 0$ führt zu $x = 1$, senkrechte Asymptote (Pol); $x \to \pm\infty$ führt zu $y = -2$ (waagerechte Asymptote), da der Bruchterm gegen Null geht.
Der Graph der Funktion $g(x) = \frac{1}{x}$ wurde an der x-Achse gespiegelt, mit dem Faktor 3 in y-Richtung gestreckt und anschließend um eine LE nach rechts und zwei LE nach unten verschoben.

d) $f(x) = \frac{1}{(x+1)^2} - 1$. Asymptoten: $(x+1)^2 = 0$ führt zu $x = -1$, senkrechte Asymptote (Pol); $x \to \pm\infty$ führt zu $y = -1$ (waagerechte Asymptote), da der Bruchterm gegen Null geht. Der Graph der Funktion $g(x) = \frac{1}{x^2}$ wurde um eine LE nach links und eine LE nach unten verschoben.

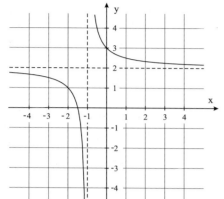

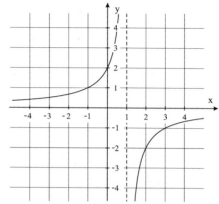

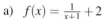

a) $f(x) = \frac{1}{x+1} + 2$

b) $f(x) = -\frac{2}{x-1}$

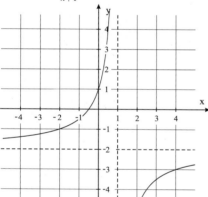

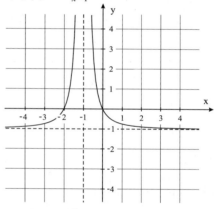

c) $f(x) = -\frac{3}{x-1} - 2$

d) $f(x) = \frac{1}{(x+1)^2} - 1$

e) $f(x) = -\frac{2}{(x+1)^2}$

Asymptoten: $(x+1)^2 = 0$ führt zu $x = -1$, senkrechte Asymptote (Pol); $x \to \pm\infty$ führt zu $y = 0$ (waagerechte Asymptote), da der Bruchterm gegen Null geht. Der Graph der Funktion $g(x) = \frac{1}{x^2}$ wurde an der x-Achse gespiegelt, mit dem Faktor 2 in y-Richtung gestreckt und dann um eine LE nach links verschoben.

f) $f(x) = -\frac{3}{(x-1)^2} + 2$

Asymptoten: $(x-1)^2 = 0$ führt zu $x = 1$, senkrechte Asymptote (Pol); $x \to \pm\infty$ führt zu $y = 2$ (waagerechte Asymptote), da der Bruchterm gegen Null geht. Der Graph der Funktion $g(x) = \frac{1}{x^2}$ wurde an der x-Achse gespiegelt, mit dem Faktor 3 in y-Richtung gestreckt und dann um eine LE nach rechts und zwei LE nach oben verschoben.

4.1 Von der Gleichung zur Kurve   Lösungen

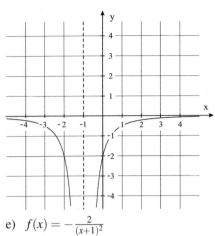

e) $f(x) = -\frac{2}{(x+1)^2}$

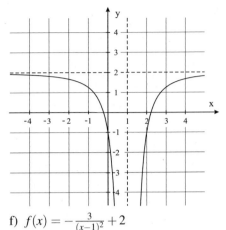

f) $f(x) = -\frac{3}{(x-1)^2} + 2$

4.1.3 Trigonometrische Funktionen

a) $f(x) = 2\sin(x)$, Periode: $p = \frac{2\pi}{1} = 2\pi$. Der Graph der Funktion $g(x) = \sin(x)$ wurde mit Faktor 2 in y-Richtung gestreckt.

b) $f(x) = \frac{1}{2}\cos(x)$, Periode: $p = \frac{2\pi}{1} = 2\pi$. Der Graph von $g(x) = \cos(x)$ wurde mit Faktor $\frac{1}{2}$ in y-Richtung gestaucht (bzw. gestreckt).

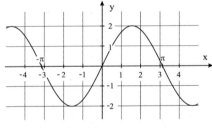

a) $f(x) = 2\sin(x)$

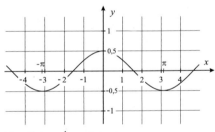

b) $f(x) = \frac{1}{2}\cos(x)$

c) $f(x) = \sin(2x)$, Periode: $p = \frac{2\pi}{2} = \pi$.
Der Graph der Funktion $g(x) = \sin(x)$ wurde mit Faktor 2 in x-Richtung gestaucht.

d) $f(x) = -\sin(2x) + 1$, Periode: $p = \frac{2\pi}{2} = \pi$.
Der Graph der Funktion $g(x) = \sin(x)$ wurde an der x-Achse gespiegelt, mit Faktor 2 in x-Richtung gestaucht und um eine LE nach oben verschoben.

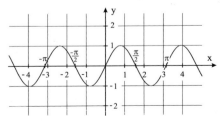

c) $f(x) = \sin(2x)$

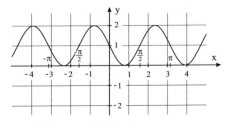

d) $f(x) = -\sin(2x) + 1$

e) $f(x) = \sin\left(\frac{1}{2}\pi(x+1)\right)$, Periode: $p = \frac{2\pi}{\frac{1}{2}\pi} = 4$. Der Graph der Funktion $g(x) = \sin(x)$ wurde in x-Richtung gestaucht und um eine LE nach links verschoben.

f) $f(x) = \frac{1}{2}\sin(\frac{\pi}{4}x) + \frac{3}{2}$, Periode: $p = \frac{2\pi}{\frac{\pi}{4}} = 8$. Der Graph der Funktion $g(x) = \sin(x)$ wurde in x-Richtung gestreckt und in y-Richtung mit Faktor $\frac{1}{2}$ gestaucht, anschließend wurde es um $\frac{3}{2}$ LE nach oben verschoben.

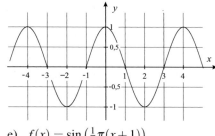 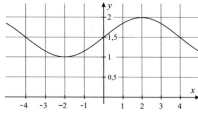

e) $f(x) = \sin\left(\frac{1}{2}\pi(x+1)\right)$ f) $f(x) = \frac{1}{2}\sin(\frac{\pi}{4}x) + \frac{3}{2}$

4.1.4 Exponentialfunktionen

a) $f(x) = e^{x-1} + 1$. Asymptote: $x \to -\infty$ führt zu $y = 1$ (waagerechte Asymptote).
Der Graph der Funktion $g(x) = e^x$ wurde um eine LE nach rechts und eine LE nach oben verschoben.

b) $f(x) = -e^{x-1} + 1$. Asymptote: $x \to -\infty$ führt zu $y = 1$ (waagerechte Asymptote).
Der Graph der Funktion $g(x) = e^x$ wurde an der x-Achse gespiegelt und anschließend um eine LE nach rechts und eine LE nach oben verschoben.

c) $f(x) = e^{-(x-1)} + 2$. Asymptote: $x \to \infty$ führt zu $y = 2$ (waagerechte Asymptote).
Der Graph der Funktion $g(x) = e^x$ wurde erst an der y-Achse gespiegelt und dann um eine LE nach rechts und zwei LE nach oben verschoben.

d) $f(x) = e^{-x+3} + 1 = e^{-(x-3)} + 1$. Asymptote: $x \to \infty$ führt zu $y = 1$ (waagerechte Asympt.).
Der Graph der Funktion $g(x) = e^x$ wurde erst an der y-Achse gespiegelt und dann um drei LE nach rechts und eine LE nach oben verschoben.

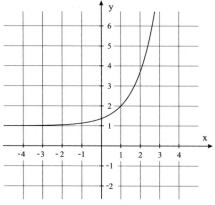 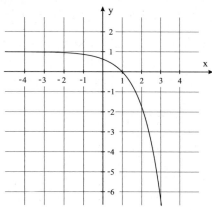

a) $f(x) = e^{x-1} + 1$ b) $f(x) = -e^{x-1} + 1$

4.2 Aufstellen von Funktionen mit Randbedingungen   *Lösungen*

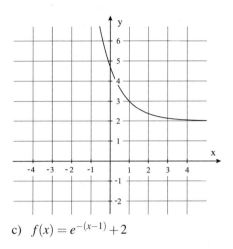
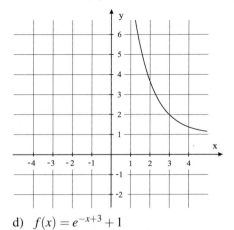

c) $f(x) = e^{-(x-1)} + 2$ d) $f(x) = e^{-x+3} + 1$

4.2 Aufstellen von Funktionen mit Randbedingungen

4.2.1 Ganzrationale Funktionen

a) Ansatz: $f(x) = ax^2 + bx + c$. Die drei Bedingungen ergeben

$$\begin{aligned} f(0) = 4 &\Rightarrow a \cdot 0^2 + b \cdot 0 + c = 4 \\ f(1) = 0 &\Rightarrow a \cdot 1^2 + b \cdot 1 + c = 0 \\ f(2) = 18 &\Rightarrow a \cdot 2^2 + b \cdot 2 + c = 18 \end{aligned}$$

Daraus ergibt sich das folgende Gleichungssystem:

$$\begin{aligned} \text{I} \quad & & & & c &= 4 \\ \text{II} \quad & a &+ b &+ c &= 0 \\ \text{III} \quad & 4a &+ 2b &+ c &= 18 \end{aligned}$$

Einsetzen von c und Auflösen von II und III führt auf $a = 11$ und $b = -15$. Damit ergibt sich für die Funktionsgleichung $f(x) = 11x^2 - 15x + 4$.

b) Ansatz: $f(x) = ax^2 + bx + c$ und $f'(x) = 2ax + b$. Die drei Bedingungen ergeben

$$\begin{aligned} f(0) = 2 &\Rightarrow a \cdot 0^2 + b \cdot 0 + c = 2 \\ f(1) = 3 &\Rightarrow a \cdot 1^2 + b \cdot 1 + c = 3 \\ f'(1) = 0 &\Rightarrow 2a \cdot 1 + b = 0 \end{aligned}$$

Daraus ergibt sich das folgende Gleichungssystem:

$$\begin{aligned} \text{I} \quad & & & c &= 2 \\ \text{II} \quad & a &+ b &+ c &= 3 \\ \text{III} \quad & 2a &+ b & &= 0 \end{aligned}$$

Einsetzen von c und Auflösen von II und III führt auf $a = -1$ und $b = 2$. Damit ergibt sich für die Funktionsgleichung $f(x) = -x^2 + 2x + 2$. (Da es sich um eine nach unten geöffnete Parabel handelt, muss $M(1 \mid 3)$ ein Hochpunkt sein.)

c) Ansatz: $f(x) = ax^2 + c$ und $f'(x) = 2ax$. Die zwei Bedingungen ergeben

$$\begin{aligned} f(1) = 6 &\Rightarrow a \cdot 1^2 + c = 6 \\ f'(1) = 2 &\Rightarrow 2a \cdot 1 = 2 \end{aligned}$$

Daraus ergibt sich das folgende Gleichungssystem:

$$\begin{aligned} a + c &= 6 \\ 2a &= 2 \end{aligned}$$

Auflösen führt auf $a = 1$ und $c = 5$. Damit ergibt sich für die Funktionsgleichung $f(x) = x^2 + 5$.

d) Ansatz: $f(x) = ax^2 + c$. Die zwei Bedingungen ergeben:

$$\begin{aligned} f(\sqrt{3}) = 0 &\Rightarrow a \cdot (\sqrt{3})^2 + c = 0 \\ f(0) = -3 &\Rightarrow a \cdot 0 + c = -3 \end{aligned}$$

Daraus ergibt sich das folgende Gleichungssystem:

$$\begin{aligned} 3a + c &= 0 \\ c &= -3 \end{aligned}$$

Auflösen führt auf $c = -3$ und $a = 1$. Damit ergibt sich für die Funktionsgleichung: $f(x) = x^2 - 3$.

e) Ansatz: $f(x) = ax^3 + bx^2 + cx + d$, $f'(x) = 3ax^2 + 2bx + c$, $f''(x) = 6ax + 2b$. Die vier Bedingungen ergeben

$$\begin{aligned} f(0) = 0 &\Rightarrow a \cdot 0^3 + b \cdot 0^2 + c \cdot 0 + d = 0 \\ f''(0) = 0 &\Rightarrow 6a \cdot 0 + 2b = 0 \\ f(2) = 2 &\Rightarrow a \cdot 2^3 + b \cdot 2^2 + c \cdot 2 + d = 2 \\ f'(2) = 0 &\Rightarrow 3a \cdot 2^2 + 2b \cdot 2 + c = 0 \end{aligned}$$

Daraus ergibt sich das folgende Gleichungssystem:

$$\begin{aligned} d &= 0 \\ 2b &= 0 \\ 8a + 4b + 2c + d &= 2 \\ 12a + 4b + c &= 0 \end{aligned}$$

Es ergeben sich $d = 0$, $b = 0$. Einsetzen in die beiden unteren Gleichungen und Auflösen nach a und c ergibt $a = -\frac{1}{8}$ und $c = \frac{3}{2} = 1{,}5$. Damit ergibt sich für die Funktionsgleichung $f(x) = -\frac{1}{8}x^3 + \frac{3}{2}x$.

f) Ansatz: $f(x) = ax^3 + bx^2 + cx + d$, $f'(x) = 3ax^2 + 2bx + c$, $f''(x) = 6ax + 2b$. Die vier Bedingungen ergeben

$$\begin{array}{llrcrcrcrcl}
f(0) = 1 & \Rightarrow & a \cdot 0^3 & + & b \cdot 0^2 & + & c \cdot 0 & + & d & = & 1 \\
f'(0) = -1 & \Rightarrow & 3a \cdot 0^2 & + & 2b \cdot 0 & + & c & & & = & -1 \\
f(-1) = 4 & \Rightarrow & a \cdot (-1)^3 & + & b \cdot (-1)^2 & + & c \cdot (-1) & + & d & = & 4 \\
f''(-1) = 0 & \Rightarrow & 6a \cdot (-1) & + & 2b & & & & & = & 0
\end{array}$$

Daraus ergibt sich das folgende Gleichungssystem:

$$\begin{array}{rcrcrcrcl}
 & & & & & & d & = & 1 \\
 & & & & c & & & = & -1 \\
-a & + & b & - & c & + & d & = & 4 \\
-6a & + & 2b & & & & & = & 0
\end{array}$$

Es ergeben sich $a = 1, b = 3, c = -1, d = 1$. Damit ergibt sich für die Funktionsgleichung $f(x) = x^3 + 3x^2 - x + 1$.

g) Ansatz: $f(x) = ax^4 + bx^2$, $f'(x) = 4ax^3 + 2bx$, $f''(x) = 12ax^2 + 2b$. Die zwei Bedingungen ergeben

$$\begin{array}{llrcrcl}
f(1) = -2{,}5 & \Rightarrow & a \cdot 1^4 & + & b \cdot 1^2 & = & -2{,}5 \\
f''(1) = 0 & \Rightarrow & 12a \cdot 1^2 & + & 2b & = & 0
\end{array}$$

Daraus ergibt sich das folgende Gleichungssystem:

$$\begin{array}{rcrcl}
a & + & b & = & -2{,}5 \\
12a & + & 2b & = & 0
\end{array}$$

Auflösen führt auf $a = \frac{1}{2}$ und $b = -3$. Damit ist die Funktionsgleichung: $f(x) = \frac{1}{2}x^4 - 3x^2$.

4.2.2 Potenzfunktionen

Die Funktionsgleichung einer einfachen Potenzfunktion mit waagerechter Asymptote a und einer Polstelle p hat folgende mögliche Form:

$$f(x) = a + \frac{b}{(x-p)^m}$$

a: Gleichung der waagerechten Asymptote; p: Polstelle; m: gerade Zahl bei Pol ohne VZW; ungerade Zahl bei Pol mit VZW; b: wird mithilfe eines gegebenen Punktes bestimmt, indem man diesen in den Ansatz einsetzt.

a) Ansatz: $f(x) = 4 + \frac{b}{(x-1)^1}$. Mit $f(2) = 6$ ergibt sich $4 + \frac{b}{(2-1)^1} = 6 \Rightarrow b = 2$, mögliche Lösung: $f(x) = 4 + \frac{2}{(x-1)}$

b) Ansatz: $f(x) = -1 + \frac{b}{(x-2)^1}$. Mit $f(1) = 4$ ergibt sich $-1 + \frac{b}{(1-2)^1} = 4 \Rightarrow b = -5$, mögliche Lösung: $f(x) = -1 - \frac{5}{(x-2)}$

c) Ansatz: $f(x) = 3 + \frac{b}{(x-1)^2}$. Mit $f(-1) = 2$ ergibt sich $3 + \frac{b}{(-1-1)^2} = 2 \Rightarrow b = -4$, mögliche Lösung: $f(x) = 3 - \frac{4}{(x-1)^2}$

d) Ansatz: $f(x) = 0 + \frac{b}{(x-2)^2}$. Mit $f(0) = 4$ ergibt sich $0 + \frac{b}{(0-2)^2} = 4 \Rightarrow b = 16$,
mögliche Lösung: $f(x) = \frac{16}{(x-2)^2}$

4.2.3 Exponentialfunktionen

Der allgemeine Ansatz der e-Funktionen ist $f(x) = a \cdot e^{kx}$. Ihre Ableitung ist $f'(x) = k \cdot a \cdot e^{kx}$.

a) Zuerst wird a bestimmt: $f(0) = 2 \Rightarrow a \cdot e^{k \cdot 0} = 2 \Rightarrow a = 2$. Anschließend setzt man dies in die Funktionsgleichung ein und bestimmt k: $f(4) = 2e^{12} \Rightarrow 2 \cdot e^{k \cdot 4} = 2 \cdot e^{12}$. Teilen durch 2 ergibt $e^{k \cdot 4} = e^{12}$. Logarithmieren mit ln führt zu $k \cdot 4 = 12 \Rightarrow k = 3$. Damit ist $f(x) = 2 \cdot e^{3x}$.

b) Zuerst wird a bestimmt: $f(0) = 3 \Rightarrow a \cdot e^{k \cdot 0} = 3 \Rightarrow a = 3$. Anschließend setzt man dies in die Funktionsgleichung ein und bestimmt k: $f(2) = 3e^8 \Rightarrow 3 \cdot e^{k \cdot 2} = 3 \cdot e^8$. Teilen durch 3 ergibt $e^{k \cdot 2} = e^8$. Logarithmieren mit ln führt zu $k \cdot 2 = 8 \Rightarrow k = 4$. Damit ist $f(x) = 3 \cdot e^{4x}$.

c) Zuerst wird wie in den vorangegangenen Aufgaben a bestimmt: $f(0) = 3 \Rightarrow a \cdot e^{k \cdot 0} = 3 \Rightarrow a = 3$. Dies setzt man in die zweite Aussage über die Ableitung ein, um k zu bestimmen: $f'(0) = 6 \Rightarrow k \cdot 3 \cdot e^{k \cdot 0} = 6 \Rightarrow k \cdot 3 = 6 \Rightarrow k = 2$. Damit ist $f(x) = 3 \cdot e^{2x}$.

d) Zuerst wird wie in den vorangegangenen Aufgaben a bestimmt: $f(0) = 2 \Rightarrow a \cdot e^{k \cdot 0} = 2 \Rightarrow a = 2$. Dies setzt man in die zweite Aussage über die Ableitung ein, um k zu bestimmen: $f'(0) = 4 \Rightarrow k \cdot 2 \cdot e^{k \cdot 0} = 4 \Rightarrow k \cdot 2 = 4 \Rightarrow k = 2$. Damit ist $f(x) = 2 \cdot e^{2x}$.

e) Wird der Graph von $g(x) = e^x$ an der x-Achse gespiegelt und um 2 LE nach rechts und 3 LE nach unten verschoben, so erhält man als Funktionsgleichung: $f(x) = -e^{x-2} - 3$.

4.2.4 Trigonometrische Funktionen

Eine verallgemeinerte Sinusfunktion hat die Gleichung $f(x) = a \cdot \sin(b \cdot (x - c)) + d$, eine verallgemeinerte Kosinusfunktion die Gleichung $f(x) = a \cdot \cos(b \cdot (x - c)) + d$.

a) Verschiebung um 3 LE nach oben: $d = 3$. Periode $p = \pi \Rightarrow b = \frac{2\pi}{p} = \frac{2\pi}{\pi} = 2$.
Keine Verschiebung nach links/rechts: $c = 0$, keine Streckung in y-Richtung: $a = 1$
Setzt man die Koeffizienten ein, erhält man als Lösung $f(x) = \sin(2x) + 3$.

b) Streckfaktor 2,5 in y-Richtung: $a = 2,5$. Periode $p = \frac{\pi}{2} \Rightarrow b = \frac{2\pi}{p} = \frac{2\pi}{\frac{\pi}{2}} = 4$.
Verschiebung um 3 LE nach rechts: $c = 3$, Verschiebung um 1,5 LE nach unten: $d = -1,5$
Setzt man die Koeffizienten ein, erhält man als Lösung $f(x) = 2,5 \cdot \sin(4(x-3)) - 1,5$.

c) Verschiebung um 2 LE nach links: $c = -2$. Verschiebung um 4 LE nach oben: $d = 4$.
Streckfaktor 0,8 in y-Richtung: $a = 0,8$, Abstand zwischen zwei Hochpunkten = Periodenlänge $\Rightarrow p = 3\pi \Rightarrow b = \frac{2\pi}{p} = \frac{2\pi}{3\pi} = \frac{2}{3}$. Setzt man die Koeffizienten ein, erhält man als Lösung $f(x) = 0,8 \cdot \cos\left(\frac{2}{3} \cdot (x+2)\right) + 4$.

d) Verschiebung um 1 LE nach rechts: $c = 1$. Verschiebung um 2 LE nach unten: $d = -2$.
Streckfaktor 1,7 in y-Richtung: $a = 1,7$. Abstand zwischen zwei Wendepunkten = halbe Periodenlänge = $\frac{\pi}{2} \Rightarrow p = 2 \cdot \frac{\pi}{2} = \pi. \Rightarrow b = \frac{2\pi}{p} = \frac{2\pi}{\pi} = 2$. Setzt man die Koeffizienten ein, erhält man als Lösung $f(x) = 1,7 \cdot \cos(2 \cdot (x-1)) - 2$.

4.3 Von der Kurve zur Gleichung

4.3.1 Ganzrationale Funktionen

Zu jeder Aufgabe gibt es verschiedene Lösungswege, diese sind bei den Tipps zu dieser Aufgabe ausführlich beschrieben.

a) 1. Ansatz als allgemeine Parabel 2. Grades $f(x) = ax^2 + bx + c$. Aus der Zeichnung liest man ab: $f(-2) = 0$, $f(-1) = 1$, $f(0) = 4$. Einsetzen in die allgemeine Funktion ergibt folgende Gleichungen:

$$\begin{aligned} 4a - 2b + c &= 0 \\ a - b + c &= 1 \\ c &= 4 \end{aligned}$$

Einsetzen von c und Auflösen der beiden oberen Gleichungen führt auf $a = 1$ und $b = 4$, damit ist $f(x) = x^2 + 4x + 4$.

2. Ansatz mit Linearfaktoren: Der Graph hat nur eine Nullstelle bei $x = -2$ und geht durch den Punkt P(0 | 4).
Also ist $f(x) = a \cdot (x+2) \cdot (x+2)$ und es gilt:
$f(0) = 4 \Rightarrow 4 = a \cdot (0+2) \cdot (0+2) \Rightarrow a = 1$.
Damit ist die Lösung $f(x) = (x+2)^2$ bzw. $f(x) = x^2 + 4x + 4$.

3. Ansatz als verschobene Normalparabel: Es handelt sich um eine um 2 LE nach links verschobene Normalparabel, daher wird $g(x) = x^2$ zu $f(x) = (x+2)^2$. Auch hier zur Kontrolle einsetzen: $f(0) = 4$, es herrscht Übereinstimmung. Ausmultiplizieren führt zu $f(x) = x^2 + 4x + 4$.

b) 1. Ansatz als allgemeine Funktion 2. Grades $f(x) = ax^2 + bx + c$. Aus der Zeichnung liest man ab: $f(-1) = -2$, $f(0) = -1$, $f(1) = 2$. Einsetzen in die allgemeine Funktion ergibt folgende Gleichungen:

$$\begin{aligned} a - b + c &= -2 \\ c &= -1 \\ a + b + c &= 2 \end{aligned}$$

Einsetzen von c und Auflösen der oberen und unteren Gleichung führt zu $a = 1$ und $b = 2$, damit ist $f(x) = x^2 + 2x - 1$.

2. Ansatz mit Linearfaktoren ist nicht möglich, da sich die Nullstellen nicht genau bestimmen lassen.

3. Ansatz als verschobene Normalparabel: Es handelt sich um eine Normalparabel, die um 1 LE nach links und um 2 LE nach unten verschoben ist:
$f(x) = x^2$ wird zu $f(x) = (x+1)^2 - 2$. Kontrolle für $x = 0$: $f(0) = -1$, d.h. Übereinstimmung. Ausmultiplizieren führt zu $f(x) = x^2 + 2x - 1$.

c) 1. Ansatz als allgemeine Funktion 2. Grades $f(x) = ax^2 + bx + c$. Aus der Zeichnung liest man ab: $f(0) = -3$, $f(1) = 0$, $f(2) = 1$. Einsetzen in die allgemeine Funktion ergibt folgende Gleichungen:

$$\begin{aligned} a + b + c &= 0 \\ 4a + 2b + c &= 1 \\ c &= -3 \end{aligned}$$

Einsetzen von c und Auflösen der beiden oberen Gleichungen führt zu $a = -1$ und $b = 4$, damit ist $f(x) = -x^2 + 4x - 3$.

2. Ansatz mit Linearfaktoren: Der Graph hat Nullstellen bei $x = 1$ und $x = 3$ und geht durch den Punkt P(2 | 1).
Also ist $f(x) = a \cdot (x-1) \cdot (x-3)$ und es gilt:
$f(2) = 1 \Rightarrow 1 = a \cdot (2-1) \cdot (2-3) \Rightarrow a = -1$.
Damit ist die Lösung $f(x) = -1 \cdot (x-1) \cdot (x-3)$ bzw. $f(x) = -x^2 + 4x - 3$.

3. Ansatz als verschobene Normalparabel: Es handelt sich um eine nach unten geöffnete Normalparabel, die um 2 LE nach rechts und um 1 LE nach oben verschoben ist: $f(x) = -x^2$ wird zu $f(x) = -(x-2)^2 + 1$. Auch hier Kontrolle für $x = 2$: $f(2) = 1$, es herrscht Übereinstimmung. Ausmultiplizieren führt zu $f(x) = -x^2 + 4x - 3$.

d) 1. Der Ansatz als allgemeine Funktion 3. Grades $f(x) = ax^3 + bx^2 + cx + d$ ist zwar möglich, aber etwas langwierig: Aus der Zeichnung kann man folgende Bedingungen ablesen: $f(-1) = 0$, $f(0) = 3$, $f(1) = 0$ und $f(3) = 0$. Einsetzen in die allgemeine Funktion ergibt folgendes Gleichungssystem:

$$\begin{aligned} -a + b - c + d &= 0 \\ d &= 3 \\ a + b + c + d &= 0 \\ 27a + 9b + 3c + d &= 0 \end{aligned}$$

Einsetzen von $d = 3$ und Lösen des Gleichungssystems führt zu $a = 1$, $b = -3$ und $c = -1$, damit ist $f(x) = x^3 - 3x^2 - x + 3$.

2. Ansatz mit Linearfaktoren: Der Graph hat Nullstellen bei $x = -1$, $x = 1$ und $x = 3$ und geht durch den Punkt P(2 | -3).
Also ist $f(x) = a \cdot (x+1) \cdot (x-1) \cdot (x-3)$ und es gilt:
$f(2) = -3 \Rightarrow -3 = a \cdot (2+1) \cdot (2-1) \cdot (2-3) \Rightarrow a = 1$.
Damit ist die Lösung $f(x) = 1 \cdot (x+1) \cdot (x-1) \cdot (x-3) = x^3 - 3x^2 - x + 3$.

4.3.2 Potenzfunktionen

Allgemein gilt, dass man zum Überprüfen der Funktionsterme (mindestens) einen der Punkte zum Schluss einsetzen sollte.

a) Der Graph der Grundfunktion $y = \frac{1}{x}$ ist um 2 LE nach rechts verschoben, also steht im Nenner $x - 2$. Die Punktprobe mit $P(3 \mid 1)$ bestätigt die Funktionsgleichung $f(x) = \frac{1}{x-2}$.

b) Der Graph der Grundfunktion $y = \frac{1}{x^2}$ ist um 1 LE nach links verschoben, also steht im Nenner $(x+1)^2$. Die Punktprobe mit $P(-2 \mid 1)$ bestätigt die Funktionsgleichung $f(x) = \frac{1}{(x+1)^2}$.

c) Der Graph der Grundfunktion $y = \frac{1}{x^2}$ ist um 1 LE nach rechts und um 1 LE nach oben verschoben. Die Punktprobe mit $P(2 \mid 2)$ bestätigt die Funktionsgleichung $f(x) = \frac{1}{(x-1)^2} + 1$.

d) Der Graph der Grundfunktion $y = \frac{1}{x}$ ist um 1 LE nach links und um 1 LE nach unten verschoben. Die Punktprobe mit $P(0 \mid 0)$ bestätigt die Funktionsgleichung $f(x) = \frac{1}{x+1} - 1$.

4.3.3 Trigonometrische Funktionen

a) Als möglichen Ansatz kann man eine Sinusfunktion der Form $f(x) = a \cdot \sin(b \cdot (x-c)) + d$ verwenden. Die «Mittelachse» des Schaubildes liegt genau auf der x-Achse, also ist der Graph der Grundfunktion $g(x) = \sin(x)$ nicht in y-Richtung verschoben, somit ist $d = 0$. Da der Graph durch den Ursprung geht, ist die Grundfunktion $g(x) = \sin(x)$ nicht in x-Richtung verschoben, somit ist $c = 0$. Da die Periode $p = 2\pi$ ist, gilt: $b = \frac{2\pi}{p} = \frac{2\pi}{2\pi} = 1$. Der Abstand des Hoch- bzw. Tiefpunkts zur «Mittelachse» (Amplitude) beträgt 2 LE, also ist der Streckfaktor in y-Richtung $a = 2$.
Eine mögliche Funktionsgleichung ist $f(x) = 2 \cdot \sin(x)$.

b) Da das Maximum des Graphen im Punkt $H(1 \mid 1,5)$ liegt, kann man eine Kosinusfunktion der Form $f(x) = a \cdot \cos(b \cdot (x-c)) + d$ verwenden. Die «Mittelachse» des Graphen liegt genau auf der x-Achse, also ist der Graph der Grundfunktion $g(x) = \cos(x)$ nicht in y-Richtung verschoben, somit ist $d = 0$. Wegen $H(1 \mid 1,5)$ ist der Graph der Grundfunktion $g(x) = \cos(x)$ um 1 LE in x-Richtung verschoben, somit ist $c = 1$. Da die Periode $p = 2\pi$ ist, gilt: $b = \frac{2\pi}{p} = \frac{2\pi}{2\pi} = 1$. Der Abstand des Hoch- bzw. Tiefpunkts zur «Mittelachse» (Amplitude) beträgt 1,5 LE, also ist der Streckfaktor in y-Richtung $a = 1,5$.
Eine mögliche Funktionsgleichung ist damit $f(x) = 1,5 \cdot \cos(x-1)$.
Bei einem Ansatz mit einer Sinusfunktion ergibt sich beispielsweise
$f(x) = 1,5 \cdot \sin(x+0,5)$, da der Graph der Grundfunktion $\sin(x)$ um 0,5 LE nach links verschoben und mit Faktor 1,5 in y-Richtung gestreckt wurde.

Lösungen   *4.3 Von der Kurve zur Gleichung*

c) Als möglichen Ansatz kann man eine Sinusfunktion der Form $f(x) = a \cdot \sin(b \cdot (x-c)) + d$ verwenden. Die «Mittelachse» des Graphen liegt genau auf der Geraden $y = 1$, also ist der Graph der Grundfunktion $g(x) = \sin(x)$ um 1 LE in y-Richtung verschoben, somit ist $d = 1$. Da der Graph durch den Punkt $(0 \mid 1)$ geht, ist die Grundfunktion $g(x) = \sin(x)$ nicht in x-Richtung verschoben, somit ist $c = 0$. Da die Periode $p = 2\pi$ beträgt, gilt: $b = \frac{2\pi}{p} = \frac{2\pi}{2\pi} = 1$. Der Abstand des Hoch- bzw. Tiefpunkts zur «Mittelachse» (Amplitude) beträgt 2 LE, also ist der Streckfaktor in y-Richtung $a = 2$.
Eine mögliche Funktionsgleichung ist damit $f(x) = 2 \cdot \sin(x) + 1$.

d) Als möglichen Ansatz kann man eine Sinusfunktion der Form $f(x) = a \cdot \sin(b \cdot (x-c)) + d$ verwenden. Die «Mittelachse» des Graphen liegt genau auf der x-Achse, also ist der Graph der Grundfunktion $g(x) = \sin(x)$ nicht in y-Richtung verschoben, somit ist $d = 0$. Da der Graph durch den Ursprung geht, ist die Grundfunktion $g(x) = \sin(x)$ nicht in x-Richtung verschoben, somit ist $c = 0$. Die Periodenlänge lässt sich an den Schnittpunkten mit der x-Achse ablesen, sie beträgt $p = 6$, also gilt: $b = \frac{2\pi}{6} = \frac{\pi}{3}$. Der Abstand des Hoch- bzw. Tiefpunkts zur «Mittelachse» (Amplitude) beträgt 4 LE, also ist der Streckfaktor in y-Richtung $a = 4$.
Eine mögliche Funktionsgleichung ist damit $f(x) = 4 \cdot \sin\left(\frac{\pi}{3}x\right)$.
Bemerkung: Diese Aussagen sind über diese Funktion nur möglich, weil vorher bekannt war, dass es sich um eine trigonometrische Funktion handelt. Wäre dies nicht bekannt, könnte es sich auch um eine Funktion der Gestalt $f(x) = ax^4 - bx^2$ handeln.

4.4 Graphen von f, f' und F

4.4.1 Von f zu f'

Es wird zuerst die Tangentensteigung in einigen Punkten näherungsweise bestimmt (z.B. mithilfe einer gezeichneten Tangente, deren Steigung dann ermittelt wird).

a)
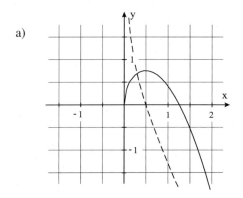

I) Antwort: nein, die Ableitungskurve hat an der Stelle $x = 0,5$ keine waagrechte Tangente, also kein relatives Maximum.

II) Antwort: ja, die Tangenten an die Ableitungskurve haben alle eine negative Steigung.

III) Antwort: ja, die Ableitungskurve verläuft für $x > 1$ unterhalb der x-Achse.

b)
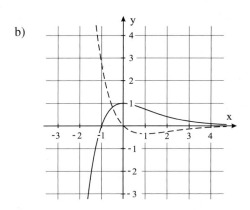

I) Antwort: ja, die Ableitungskurve hat an der Stelle $x = 1$ eine Tangente mit waagrechter Steigung sowie ein Minimum, also einen Extrempunkt.

II) Antwort: ja, bei $x = 2$ ist die Steigung der Tangente an die Ableitungskurve extremal.

III) Antwort: ja, die Ableitungskurve verläuft sogar für $x > 0$ unterhalb der x-Achse, also ist f' für $x > 1$ negativ.

c)
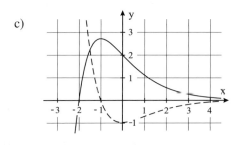

I) Antwort: nein, da die Ableitungskurve für $x < -1$ oberhalb der x-Achse verläuft.

II) Antwort: ja, bei $x = 0$ hat die Ableitungskurve eine waagrechte Tangente.

III) Antwort: nein, da $f'(0) = -1$ und $f(-1) \approx 2,7$.

4.4.2 Von f' zu f

a)

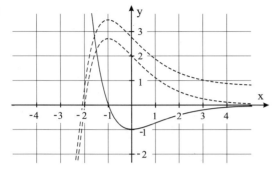

- Ableitung $f'(x)$: ——
- Mögliche Funktionen $f(x)$: - - -
- Die Funktion ist in Bezug auf Verschiebungen in y-Richtung nicht festgelegt.

I) Antwort: nein, die Ableitungskurve hat an dieser Stelle einen Extrempunkt, daher hat der Graph der Funktion für $x = 0$ einen Wendepunkt.

II) Antwort: ja, die Ableitungskurve hat an dieser Stelle eine Nullstelle und einen Vorzeichenwechsel. Dies bedeutet, dass der Graph der Funktion einen Extrempunkt für $x = -1$ besitzt. Da die Tangenten in Extrempunkten immer waagerecht sind (Steigung $= 0$), ist die Aussage richtig.

III) Antwort: nein, die Kurve der Ableitung hat an der Stelle $x = 0$ einen Tiefpunkt. Das bedeutet, dass der Graph der Funktion f an dieser Stelle einen Wendepunkt besitzt.

IV) Antwort: nein, da der Graph von f' für $0 \leqslant x \leqslant 2$ unterhalb der x-Achse verläuft und damit f streng monoton fallend ist.

b)

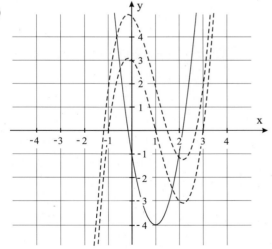

- Ableitung $f'(x)$: ——
- Mögliche Funktionen $f(x)$: - - -
- Die Funktion ist in Bezug auf Verschiebungen in y-Richtung nicht festgelegt.

I) Antwort: nein, der Graph der angegebenen Ableitungsfunktion f' hat an dieser Stelle einen Tiefpunkt. Das bedeutet, dass der Graph der Funktion f für $x = 1$ einen Wendepunkt besitzt.

II) Antwort: ja, der Graph der Ableitungsfunktion hat für $x \approx -0,2$ eine Nullstelle. Zusätzlich wechselt das Vorzeichen von f' von + nach − (die Steigung war erst positiv und ist nun negativ): Es liegt ein Hochpunkt vor.

III) Antwort: ja, da die Ableitungsfunktion mindestens den Grad 2 hat (Parabel), muss der Grad der Funktion f mindestens 3 sein.

IV) Antwort: ja, die Gerade $y = 2x$ hat die Steigung 2. Die Funktionswerte der angegebenen Ableitungsfunktion f' geben in jedem Punkt die Steigung der Funktion f an. Die Ableitungsfunktion hat für $x \approx 2,4$ den Wert $f'(2,4) = 2$. Daher ist die Tangente parallel zur Geraden $y = 2x$.

c)

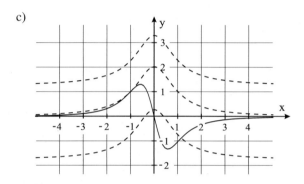

- Ableitung $f'(x)$: ———
- Mögliche Funktionen $f(x)$: - - -
- Die Funktion ist in Bezug auf Verschiebungen in y-Richtung nicht festgelegt.

I) Antwort: ja, bei $x = 0$ wechselt f' das Vorzeichen von + nach − $\Rightarrow$ Der Graph von f hat bei $x = 0$ einen Hochpunkt. Der gezeichnete Graph der Ableitungsfunktion ist ursprungssymmetrisch, damit unterscheiden sich die Steigungswerte rechts und links der y-Achse nur durch ihr Vorzeichen und der Graph von f ist y-achsensymmetrisch.

II) Antwort: ja, da der Graph von f' für $x > 0$ stets unterhalb der x-Achse verläuft und damit f streng monoton fallend ist.

III) Antwort: nein, die angegebene Ableitungsfunktion f' hat für $x = 0$ zwar eine Nullstelle, es handelt sich aber um einen Hochpunkt des Graphen von f, da an der Nullstelle ein Vorzeichenwechsel von + nach − stattfindet.

IV) Antwort: nein, die gezeichnete Ableitungsfunktion f' hat nur eine Nullstelle mit Vorzeichenwechsel. Daher besitzt der Graph von f genau einen Extrempunkt.

4.4.3 Von f zu F
Die Stammfunktion F

a)

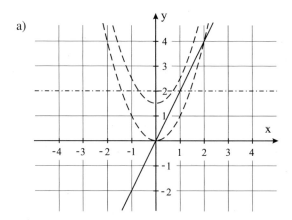

- Funktion $f(x)$: ——
- Mögliche Stammfunktionen $F(x)$: - - -
- Ableitung $f'(x)$: — · —
- Die eingezeichneten Stammfunktionen sind nur einige von vielen möglichen Stammfunktionen, da diese in Bezug auf eine Verschiebung in y-Richtung nicht festgelegt sind.

I) Antwort: ja, die Ableitung einer Geraden ist immer eine waagerechte Gerade, da die Steigung einer Geraden konstant ist. Daher ist der Graph der Ableitungsfunktion parallel zur Geraden $y = 1$.

II) Antwort: ja, da $f(x)$ die Steigung von $F(x)$ beschreibt und $f(1) = 2 = F'(1)$ ist.

III) Antwort: nein, streng monoton wachsend bedeutet für der Graph, dass die y-Werte für zunehmende x-Werte immer größer werden, dass bedeutet $f'(x) > 0$, die Steigung ist an jedem Punkt des Graphen positiv. Dies gilt zwar für f, nicht aber für f'.

IV) Antwort: ja, der Graph der Ableitungsfunktion ist eine waagerechte Gerade. Diese erfüllt die Bedingung $f'(-x) = f'(x) = 2$.

b)

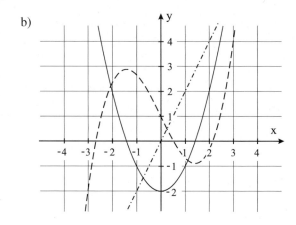

- Funktion $f(x)$: ——
- Mögliche Stammfunktionen $F(x)$: - - -
- Ableitung $f'(x)$: — · —
- Die eingezeichnete Stammfunktion ist nur eine von vielen möglichen Stammfunktionen, da diese in Bezug auf eine Verschiebung in y-Richtung nicht festgelegt sind.

I) Antwort: ja, die Ableitungskurve einer Parabel ist eine Gerade mit einer Steigung ungleich Null. Diese besitzt genau eine Nullstelle am Extrempunkt der Parabel. Da die Parabel diesen für $x = 0$ hat, liegt die Nullstelle auch im fraglichen Intervall.

II) Antwort: nein, da der Graph von f für $0 \leqslant x \leqslant 1$ stets unterhalb der x-Achse verläuft.

III) Antwort: ja, die Extremstellen einer Funktion sind Nullstellen der 1. Ableitung. Da die Funktion f die Ableitung von F ist, besitzt F genau 2 Extremstellen im Intervall. Da die Nullstellen von f an den Stellen $x \approx \pm 1{,}4$ liegen, befinden sich die Extrempunkte an den Punkten $(1{,}4 \mid (F(1{,}4))$ bzw. $(-1{,}4 \mid (F(-1{,}4))$.

Die Integralfunktion

Lässt sich der Funktionsterm der Kurve bestimmen, so ist es meist ohne Schwierigkeiten möglich, die Intergralfunktion $J_0(x)$ zu bestimmen und den entsprechenden Graphen zu zeichnen, da die Integralfunktion $J_0(x)$ eine Nullstelle für $x = 0$ besitzt, also durch $(0 \mid 0)$ geht.

Lässt sich der Funktionsterm nicht bestimmen, so verfährt man wie folgt: Es wird der orientierte Flächeninhalt benutzt, das heißt, Flächen unterhalb der x-Achse bekommen ein negatives Vorzeichen, Flächen oberhalb der x-Achse bekommen ein positives Vorzeichen. Auch wenn sich bei allen Aufgaben der Funktionsterm bestimmen lässt, werden beide Lösungsmöglichkeiten vorgestellt.

a) Es handelt sich beim gegebenen Graphen um eine drei LE nach rechts und drei LE nach unten verschobene Normalparabel. Daher kann man einen Funktionsterm aufstellen:

$$f(x) = (x-3)^2 - 3 = x^2 - 6x + 6$$

Die Integralfunktion ist damit:

$$J_0(x) = \int_0^x t^2 - 6t + 6 \, dt = \left[\tfrac{1}{3}t^3 - 3t^2 + 6t\right]_0^x = \tfrac{1}{3}x^3 - 3x^2 + 6x$$

Anhand dieses Funktionsterms lässt sich nun der Graph der Integralfunktion in dem Koordinatensystem skizzieren. Für die Skizze setzt man am besten die x-Werte der Extrempunkte bzw. der Wendepunkte ein. (Das sind die Nullstellen bzw. die Extremstellen der angegebenen Funktion.)

Alternativ kann man wie beschrieben anhand des Graphen vorgehen:

1. Der Graph der Integralfunktion $J_0(x)$ geht durch den Koordinatenursprung. Hier setzt man mit der Skizze an.

2. Als erstes werden die Stellen bestimmt, an denen die Funktion f Extrem- und Wendepunkte hat:

   $x \approx 1{,}3$: Nullstelle von f mit VZW von $+$ nach $- \Rightarrow$ Maximum von J_0

   $x = 3$: Minimum von $f \Rightarrow$ Wendestelle von J_0

   $x \approx 4{,}7$: Nullstelle von f mit VZW von $-$ nach $+ \Rightarrow$ Minimum von J_0

3. Nun wird die genaue Lage der entsprechenden Hoch-, Tief- und Wendepunkte bestimmt: Um diese zu bestimmen, benutzt man die Tatsache, dass der Wert der Integralfunktion an jeder Stelle dem (orientierten) Flächeninhalt zwischen Kurve K_f und x-Achse entspricht. Also unterteilt man die Fläche zwischen der Kurve und der x-Achse in entsprechende Flächenstücke (siehe Zeichnung). Zwischen $x = 0$ und $x = 1,3$ (Nullstelle von f) beträgt dieser Flächeninhalt ca. 3,5 FE (durch Abzählen an der Zeichnung bestimmt). Also liegt der Hochpunkt bei ca. $(1,3 \mid 3,5)$.

4. Als nächstes wird der Wendepunkt bestimmt:
Seine x-Koordinate hat den Wert $x = 3$. Die Fläche II zwischen $x \approx 1,3$ und $x = 3$ beträgt ca. $-3,5$ FE. Damit ist
$$J_0(3) = 3,5 + (-3,5) = 0$$
Entsprechend liegt der Wendepunkt bei $(3 \mid 0)$.

5. Da die Kurve achsensymmetrisch zu $x = 3$ ist, ist Fläche III genauso groß wie Fläche II. Für den Wert von $J_0(x)$ an der zweiten Extremstelle $x \approx 4,7$ gilt damit
$$J_0(4,7) = 3,5 + (-3,5) + (-3,5) = -3,5 \text{ FE}$$
Der Tiefpunkt hat damit die Koordinaten $(4,7 \mid -3,5)$.

6. Abschließend kann man noch die nächste Nullstelle von $J_0(x)$ bestimmen: Diese muss an der Stelle liegen, an der die Fläche IV genau $+3,5$ FE beträgt. Durch Abzählen (oder eine Symmetriebetrachtung) ergibt sich die Nullstelle für $x = 6$, da
$$J_0(6) = 3,5 + (-3,5) + (-3,5) + 3,5 = 0$$
Nun kann der Graph eingezeichnet werden.

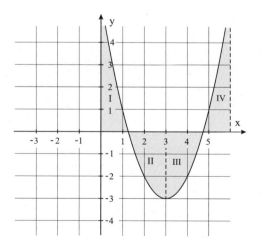
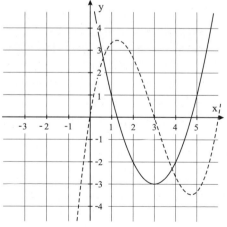

Funktion $f(x)$: ——
Ableitung $f'(x)$: —·—·

Integralfunktion $J_0(x)$: - - -
Die eingezeichnete Integralfunktion ist eindeutig festgelegt.

4.4 Graphen von f, f' und F — Lösungen

Zu den Aussagen:

I) Antwort: ja, die Integralfunktion besitzt zwar 3 Nullstellen, doch befindet sich die 3. Nullstelle außerhalb des Intervalls I.

II) Antwort: ja, die Extremstellen von $J_0(x)$ sind die Nullstellen der Funktion f. Diese befinden sich beide innerhalb des Intervalls I.

b) Es handelt sich beim gegebenen Graphen um eine zwei LE nach rechts und zwei LE nach oben verschobene Normalparabel, die nach unten geöffnet ist. Ein Funktionsterm ist:

$$f(x) = -(x-2)^2 + 2 = -x^2 + 4x - 2$$

Die Integralfunktion ist damit:

$$J_0(x) = \int_0^x -t^2 + 4t - 2 \, dt = \left[-\frac{1}{3}t^3 + 2t^2 - 2t\right]_0^x = -\frac{1}{3}x^3 + 2x^2 - 2x$$

Anhand dieses Funktionsterms lässt sich nun der Graph der Integralfunktion in das Koordinatensystem skizzieren. Für die Skizze setzt man am besten die x-Werte der Extrempunkte bzw. der Wendepunkte ein, also die Nullstellen bzw. die Extremstellen der angegebenen Funktion.

Ohne Bestimmung des Funktionsterms geht man vor wie folgt:

1. Ansetzen beim Koordinatenursprung

2. Extrem- und Wendepunkte:
   $x \approx 0,6$: Nullstelle von $f(x)$ mit VZW von $-$ nach $+$ $\Rightarrow$ Minimum von $J_0(x)$
   $x = 2$: Maximum von $f(x)$ $\Rightarrow$ Wendestelle von $J_0(x)$
   $x \approx 3,4$: Nullstelle von $f(x)$ mit VZW von $+$ nach $-$ $\Rightarrow$ Maximum von $J_0(x)$

3. Bestimmen der genauen Lage der Kurve:
   Die Fläche I beträgt ca. $-0,5$ FE, damit ist $J_0(0,6) = -0,5$ daraus folgt ein Punkt $(0,6 \mid -0,5)$.
   Die Fläche II beträgt ca. $1,8$ FE. Der Funktionswert von J_0 ist damit

$$J_0(2) = -0,5 + 1,8 = 1,3$$

Der Wendepunkt liegt also bei $(2 \mid 1,3)$.
Fläche III beträgt auch ca. $1,8$ FE. Für den Hochpunkt ist also

$$J_0(3,4) = -0,5 + 1,8 + 1,8 = 3,1$$

Der Hochpunkt liegt daher bei $(3,4 \mid 3,1)$.

4. Einen weiteren Punkt für $x = 4$ kann man noch bestimmen, indem man die Fläche IV bestimmt und dazu zählt: Fläche IV beträgt aus Symmetriegründen auch ca. $-0,5$ FE. Damit ist

$$J_0(4) = -0,5 + 1,8 + 1,8 - 0,5 = 2,6$$

Der Graph von $J_0(x)$ geht also durch den Punkt $(4 \mid 2,6)$.

4.4 Graphen von f, f' und F

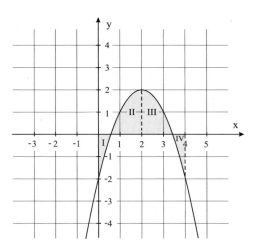
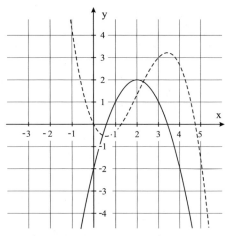

Funktion $f(x)$: ——
Ableitung $f'(x)$: —·—·

Integralfunktion $J_0(x)$: - - -
Die eingezeichnete Integralfunktion ist eindeutig festgelegt.

Zu den Aussagen:

I) Antwort: ja, die Nullstellen befinden sich bei $x = 0$, $x \approx 1,3$ und $x \approx 4,7$ und damit noch im Intervall I.

II) Antwort: ja, die Extremstellen der Integralfunktion befinden sich an den Stellen, an denen die Funktion f Nullstellen hat. Diese befinden sich mit $x \approx 0,6$ und $x \approx 3,4$ im Intervall I.

III) Antwort: nein, der Graph der Funktion f ist eine Parabel. Daraus ergibt sich, dass die Integralfunktion eine ganzrationale Funktion 3. Grades sein muss. Eine ganzrationale Funktion 3. Grades kann aber maximal zwei Extremstellen besitzen, da ihre Ableitung maximal zwei Nullstellen hat.

4.5 Kurvendiskussion

4.5.1 Elemente der Kurvendiskussion

a) Es ist $f(x) = \frac{1}{4}x^4 - x^3 + 4x - 2$, $f'(x) = x^3 - 3x^2 + 4$, $f''(x) = 3x^2 - 6x$, $f'''(x) = 6x - 6$
Einsetzen von $x = 2$: $f'(2) = 0$, $f''(2) = 0$, $f'''(2) = 6 \neq 0$. An der Stelle $x = 2$ hat der Graph von f einen Wendepunkt mit Steigung Null, also einen Sattelpunkt und keinen Tiefpunkt.

b) Es ist $f(x) = \frac{1}{x}$ und $g(x) = x^2 + 1$. Damit erhält man: $g(2) = 2^2 + 1 = 5$ und
$f(g(2)) = f(5) = \frac{1}{5}$ sowie $f(2) = \frac{1}{2}$ und $g(f(2)) = g\left(\frac{1}{2}\right) = \left(\frac{1}{2}\right)^2 + 1 = \frac{5}{4}$.
Setzt man $g(x)$ in $f(x)$ ein, ergibt sich: $f(g(x)) = \frac{1}{x^2+1}$.
Die Gleichung $f(g(x)) = 0,1$ führt zu $\frac{1}{x^2+1} = 0,1$ bzw.
$1 = 0,1x^2 + 0,1 \Rightarrow 9 = x^2 \Rightarrow x_{1,2} = \pm 3$.

c) Um zu bestimmen, für welche Werte von x der Graph der Funktion f mit $f(x) = (x+3) \cdot (x-1)$ oberhalb der x-Achse verläuft, löst man die Ungleichung $(x+3) \cdot (x-1) > 0$ durch funktionale Betrachtung: Der Graph von $f(x) = (x+3) \cdot (x-1) = x^2 + 2x - 3$ ist eine nach oben geöffnete Parabel mit den Nullstellen $x_1 = -3$ und $x_2 = 1$.
Somit verläuft der Graph von f für $x < -3$ oder $x > 1$ oberhalb der x-Achse.
Alternativ kann man die Ungleichung $(x+3) \cdot (x-1) > 0$ auch durch Fallunterscheidung lösen:

I) $x + 3 > 0$ und $x - 1 > 0$ führt zu $x > -3$ und $x > 1$, also $x > 1$
II) $x + 3 < 0$ und $x - 1 < 0$ führt zu $x < -3$ und $x < 0$, also $x < -3$

Für $x < -3$ oder $x > 1$ verläuft der Graph von f oberhalb der x-Achse.

d) Die Definitionsmenge D_f der Funktion f mit $f(x) = 3 \cdot \ln(2x - 4)$ erhält man durch Lösen der Ungleichung $2x - 4 > 0$. Daraus ergibt sich $x > 2$. Somit gilt: $D_f = \,]2;\infty[$. Für die Wertemenge W von f gilt: $W = \mathbb{R}$.

e) Für eine ganzrationale Funktion 3. Grades mit $f(1) = 4$, $f'(1) = 0$, $f''(1) < 0$, $f(0) = 2$, $f''(0) = 0$ und $f'''(0) \neq 0$ kann man folgende Aussagen treffen:
Wegen $f(1) = 4$, $f'(1) = 0$, $f''(1) < 0$ ist der Punkt $H(1 \mid 4)$ Hochpunkt des Graphen von f.
Wegen $f(0) = 2$, $f''(0) = 0$ und $f'''(0) \neq 0$ ist der Punkt $W(0 \mid 2)$ Wendepunkt des Graphen von f.
Da bei einer ganzrationalen Funktion 3. Grades der Wendepunkt der Mittelpunkt der Strecke vom Hochpunkt zum Tiefpunkt ist, hat der Tiefpunkt des Graphen von f die Koordinaten $T(-1 \mid 0)$.

f) Es ist $f(x) = x^2 \cdot e^x$. Die 1. und 2. Ableitung von f erhält man mit der Produktregel:
$f'(x) = (x^2 + 2x) \cdot e^x$ und $f''(x) = (x^2 + 4x + 2) \cdot e^x$. Setzt man $x = 0$ in $f'(x)$ ein, erhält

man:

$f'(0) = (0^2 + 2 \cdot 0) \cdot e^0 = 0$ Damit hat die Funktion hat einen möglichen Extremwert für $x = 0$. Setzt man $x = 0$ in $f''(x)$ ein, ergibt sich: $f''(0) = (0^2 + 4 \cdot 0 + 2)e^0 = 2 > 0$. Also handelt es sich um ein Minimum.

g) Um zu bestimmen, für welche Werte von x der Graph der Funktion f mit $f(x) = -x^2 + 3x + 7$ oberhalb der Geraden mit der Gleichung $y = 3$ verläuft, löst man die Ungleichung $-x^2 + 3x + 7 > 3$ durch funktionale Betrachtung: Der Graph von $f(x) = -x^2 + 3x + 7$ ist eine nach unten geöffnete Parabel. Die Schnittstellen der Parabel mit der Geraden erhält man durch Lösen der Gleichung $-x^2 + 3x + 7 = 3$ bzw. $-x^2 + 3x + 4 = 0$. Mithilfe der pq- oder abc-Formel erhält man die Schnittstellen $x_1 = -1$ und $x_2 = 4$. Somit verläuft der Graph von f für $-1 < x < 4$ oberhalb der Geraden mit der Gleichung $y = 3$.

h) Es ist $f(x) = 3x^3 + 4$, Ableiten ergibt $f'(x) = 9x^2$, $f''(x) = 18x$, $f'''(x) = 18$. Setzt man $x = 0$ in $f'(x)$ ein, erhält man: $f'(0) = 9 \cdot 0^2 = 0$. Außerdem hat $f'(x)$ bei $x = 0$ keinen Vorzeichenwechsel. Also besitzt der Graph der Funktion einen Sattelpunkt in $(0 \mid 4)$.

i) Es ist $f(x) = \frac{4}{x^2+1} = 4 \cdot (x^2 + 1)^{-1}$. Ableiten mit der Kettenregel ergibt:
$f'(x) = -4 \cdot (x^2 + 1)^{-2} \cdot 2x = -\frac{8x}{(x^2+1)^2}$. Die notwendige Bedingung $f'(x) = 0$ führt zu $-\frac{8x}{(x^2+1)^2} = 0 \Rightarrow x = 0$. Da $f'(x)$ an der Stelle $x = 0$ das Vorzeichen von + nach − wechselt, handelt es sich um einen Hochpunkt. Mit $f(0) = \frac{4}{0^2+1} = 4$ ergibt sich: H$(0 \mid 4)$.

j) Es ist $f'(x) = 2xe^{-x} + x^2 \cdot e^{-x} \cdot (-1) = (2x - x^2)e^{-x}$.
Bei Punkten mit waagerechter Tangente ist $f'(x) = 0$, also $(2x - x^2)e^{-x} = 0 \Rightarrow x_1 = 0$ und $x_2 = 2$. Um die y-Werte zu erhalten, setzt man die x-Werte in $f(x)$ ein: $y_1 = 0^2 e^{-0} = 0$ und $y_2 = 2^2 e^{-2} = 4e^{-2} \Rightarrow P_1(0 \mid 0)$ und $P_2(2 \mid 4e^{-2})$. Die Steigung einer Geraden durch die zwei Punkte ist $m = \frac{y_2 - y_1}{x_2 - x_1} = \frac{4e^{-2} - 0}{2 - 0} = 2 \cdot e^{-2}$. Eingesetzt in die Punkt-Steigungsform $y - y_1 = m \cdot (x - x_1)$ ergibt sich $y - 0 = 2e^{-2} \cdot (x - 0)$, also hat die Gerade die Gleichung $y = 2e^{-2} \cdot x$.

k) Es ist $f'(x) = 1e^{-x} + x \cdot e^{-x} \cdot (-1) = (1 - x)e^{-x}$,
$f''(x) = -1e^{-x} + (1-x)e^{-x} \cdot (-1) = (x - 2)e^{-x}$,
$f'''(x) = 1e^{-x} + (x-2)e^{-x} \cdot (-1) = (3 - x)e^{-x}$.
Setzt man $f''(x) = 0$, so erhält man $(x - 2)e^{-x} = 0 \Rightarrow x = 2$.
Setzt man $x = 2$ in $f'''(x)$ ein, so ergibt sich $f'''(2) = (3 - 2)e^{-2} \neq 0$, also existiert genau ein Wendepunkt W$(2 \mid 2e^{-2})$.

l) Es ist $f'(x) = (x - 2)^3$ und $f''(x) = 3(x - 2)^2$. Aus $f'(2) = (2 - 2)^3 = 0$, ergibt sich $x_E = 2$, somit ist die notwendige Bedingung für einen lokalen Tiefpunkt erfüllt.
Setzt man $x_E = 2$ in f'' ein, ergibt sich $f''(2) = 3 \cdot (2 - 2)^2 = 0$. Da die hinreichende Bedingung für einen Extrempunkt nicht erfüllt ist, muss der Vorzeichenwechsel (VZW)

von f' bei $x = 2$ betrachtet werden. Zur Ermittlung des VZW betrachtet man x–Werte, die kleiner bzw. größer als 2 sind:

$x < 2 \Rightarrow f'(x) < 0$, da der Term in der Klammer kleiner als Null ist und «hoch 3» das Vorzeichen beibehält.

$x > 2 \Rightarrow f'(x) > 0$, da der Term in der Klammer größer als Null ist und «hoch 3» das Vorzeichen beibehält.

Somit wechselt f' das Vorzeichen an der Stelle $x = 2$ von $-$ nach $+$.

Also hat der Graph von f bei $x = 2$ einen Tiefpunkt.

m) Es ist $f(x) = 2 \cdot \sin\left(x - \frac{\pi}{2}\right)$.

P liegt auf dem Graphen von f, da $f(\pi) = 2 \cdot \sin\left(\pi - \frac{\pi}{2}\right) = 2 \cdot \sin\left(\frac{\pi}{2}\right) = 2$.

Es ist $f'(x) = 2 \cdot \cos\left(x - \frac{\pi}{2}\right)$ (Kettenregel). Die Steigung im Punkt $P(\pi \,|\, 2)$ erhält man durch Einsetzen von $x = \pi$ in $f'(x)$: Es ist $f'(\pi) = 2 \cdot \cos\left(\pi - \frac{\pi}{2}\right) = 2 \cdot \cos\left(\frac{\pi}{2}\right) = 0$, also liegt im Punkt P eine waagrechte Tangente vor.

n) Es ist $f(x) = \frac{1}{2} \cdot \sin(2x - \pi)$,
$f'(x) = \frac{1}{2} \cdot \cos(2x - \pi) \cdot 2 = \cos(2x - \pi)$,
$f''(x) = -\sin(2x - \pi) \cdot 2 = -2 \cdot \sin(2x - \pi)$,
$f'''(x) = -2 \cdot \cos(2x - \pi) \cdot 2 = -4 \cdot \cos(2x - \pi)$.
Da $f''(\pi) = -2 \cdot \sin(2\pi - \pi) = -2 \cdot \sin(\pi) = -2 \cdot 0 = 0$
und $f'''(\pi) = -4 \cdot \cos(2\pi - \pi) = -4 \cdot \cos(\pi) = 4 \neq 0$,
hat der Graph von f bei $x = \pi$ einen Wendepunkt.

4.5.2 Symmetrie

a) Um zu begründen, dass der Graph der Funktion f mit $f(x) = \frac{1}{x^2} + 3$ achsensymmetrisch zur y-Achse ist, setzt man $-x$ in $f(x)$ ein:

$$f(-x) = \frac{1}{(-x)^2} + 3 = \frac{1}{x^2} + 3 = f(x)$$

Wegen $f(-x) = f(x)$ ist der Graph von f achsensymmetrisch zur y-Achse.

b) Da die Funktion f mit $f(x) = 3x^5 - 7{,}2x^3 + x$ nur ungerade Exponenten enthält und durch den Ursprung verläuft, erfüllt sie das Kriterium für Punktsymmetrie zum Ursprung:
$f(-x) = 3 \cdot (-x)^5 - 7{,}2 \cdot (-x)^3 + (-x) = -3x^5 + 7{,}2x^3 - x = -\left(3x^5 - 7{,}2x^3 + x\right) = -f(x)$.

c) Um zu zeigen, dass der Graph der Funktion f mit $f(x) = 2 \cdot e^{x^2 + 2} + 3$ achsensymmetrisch zur y-Achse ist, setzt man $-x$ in $f(x)$ ein:

$$f(-x) = 2 \cdot e^{(-x)^2 + 2} + 3 = 2 \cdot e^{x^2 + 2} + 3 = f(x)$$

Wegen $f(-x) = f(x)$ ist der Graph von f achsensymmetrisch zur y-Achse.

d) Um zu zeigen, dass der Graph der Funktion f mit $f(x) = -\frac{4}{x}$ punktsymmetrisch zum Ursprung ist, setzt man $-x$ in $f(x)$ ein:

$$f(-x) = -\frac{4}{-x} = -\left(-\frac{4}{x}\right) = -f(x)$$

Wegen $f(-x) = -f(x)$ ist der Graph von f punktsymmetrisch zum Ursprung.

4.5.3 Tangenten und Normalen

a) Aus $f(x) = x^2 - 4x + 2$ folgt $f'(x) = 2x - 4$. Für die Steigung m_t der Tangente im Punkt $P(1\,|-1)$ gilt: $m_t = f'(1) = 2 \cdot 1 - 4 = -2$. Setzt man $P(1\,|-1)$ und $m_t = -2$ in die Tangentengleichung $y = f'(u) \cdot (x - u) + f(u)$ ein, so erhält man $y = -2 \cdot (x - 1) + (-1)$ und damit die Tangentengleichung $t:\ y = -2x + 1$. Für die Normalensteigung m_n gilt: $m_n = -\frac{1}{m_t} = -\frac{1}{-2} = \frac{1}{2}$. Setzt man P und m_n in die Gleichung $y = -\frac{1}{f'(u)} \cdot (x - u) + f(u)$ ein, so erhält man $y = \frac{1}{2} \cdot (x - 1) + (-1)$ und damit die Normalengleichung $n:\ y = \frac{1}{2}x - \frac{3}{2}$.

b) Aus $f(x) = x^3 + x + 1$ folgt $f'(x) = 3x^2 + 1$, $f''(x) = 6x$ und $f'''(x) = 6$. Um den Wendepunkt zu bestimmen, wird die 2. Ableitung gleich Null gesetzt: $f''(x) = 6x = 0 \Rightarrow x_W = 0$. Probe in f''' ergibt $f'''(0) = 6 \neq 0$, es handelt sich also um einen Wendepunkt. Der y-Wert wird bestimmt, indem man $x_W = 0$ in $f(x)$ einsetzt, was zu $W(0\,|\,1)$ führt.
Die Tangentensteigung in W ist $m_t = f'(0) = 1$. Setzt man $W(0\,|\,1)$ und $m_t = 1$ in die Tangentengleichung $y = f'(u) \cdot (x - u) + f(u)$ ein, so erhält man $y = 1 \cdot (x - 0) + 1$ und damit die Tangentengleichung $t:\ y = x + 1$.
Für die Normalensteigung gilt: $m_n = -\frac{1}{m_t} = -\frac{1}{1} = -1$.
Setzt man $W(0\,|\,1)$ und $m_n = -1$ in die Normalengleichung $y = -\frac{1}{f'(u)} \cdot (x - u) + f(u)$ ein, so erhält man $y = -1 \cdot (x - 0) + 1$ und damit die Normalengleichung $n:\ y = -x + 1$.

c) I) Da die Steigung der Tangente schon angegeben ist, muss zuerst der Punkt P bestimmt werden, in dem die Tangente die Kurve berührt. In diesem Punkt soll die Steigung der Kurve gleich -2 sein. Daher setzt man die 1. Ableitung gleich -2.
Es ist $f(x) = x^2 + 4x - 3$ und $f'(x) = 2x + 4$. Gleichsetzen der 1. Ableitung: $f'(x) = 2x + 4 = -2 \Rightarrow x_P = -3$. Durch Einsetzen in $f(x)$ wird die y-Koordinate des Punktes bestimmt. Damit ist der gesuchte Punkt $P(-3\,|-6)$. Setzt man $P(-3\,|-6)$ und $m_t = -2$ in die Tangentengleichung $y = f'(u) \cdot (x - u) + f(u)$ ein, so erhält man $y = -2 \cdot (x - (-3)) + (-6)$ und damit die Tangentengleichung $t:\ y = -2x - 12$.

II) Da die Tangente orthogonal zu der angegebenen Geraden g ist, gilt für ihre Steigung $m_t = -\frac{1}{m_g}$, die Steigung der Tangente ist damit $m_t = -\frac{1}{-\frac{1}{3}} = 3$. Nun muss der Punkt P bestimmt werden, in dem die Tangente die Kurve berührt: Da in diesem Punkt die Steigung der Kurve gleich 3 sein muss, setzt man die 1. Ableitung gleich 3 und löst nach x auf: $f'(x) = 2x + 4 = 3 \Rightarrow x_P = -\frac{1}{2}$. Durch Einsetzen in $f(x)$ wird die y-Koordinate des Punktes bestimmt. Damit ist der gesuchte Punkt $P\left(-\frac{1}{2}\,\middle|\,-\frac{19}{4}\right)$. Setzt

man $P\left(-\frac{1}{2} \mid -\frac{19}{4}\right)$ und $m_t = 3$ in die Tangentengleichung $y = f'(u) \cdot (x-u) + f(u)$ ein, so erhält man $y = 3 \cdot \left(x - \left(-\frac{1}{2}\right)\right) + \left(-\frac{19}{4}\right)$ und damit die Tangentengleichung:
$t: y = 3x - \frac{13}{4}$.

III) Da die Tangente parallel zur angegebenen Geraden ist und die Tangentensteigung damit gleich groß ist wie die Geradensteigung, muss zuerst der Punkt P bestimmt werden, in dem die Tangente die Kurve berührt: In diesem Punkt ist die Steigung gleich 4. Daher setzt man die 1. Ableitung gleich 4: $f'(x) = 2x + 4 = 4 \Rightarrow x_P = 0$. Durch Einsetzen in $f(x)$ wird der y-Wert des Punktes bestimmt. Damit ist der gesuchte Punkt $P(0 \mid -3)$. Setzt man $P(0 \mid -3)$ und $m_t = 4$ in die Tangentengleichung $y = f'(u) \cdot (x-u) + f(u)$ ein, so erhält man $y = 4 \cdot (x-0) + (-3)$ und damit die Tangentengleichung $t: y = 4x - 3$.

d) Es ist $f(x) = \frac{4}{(x-1)^2} = 4 \cdot (x-1)^{-2}$. Den y-Wert des Punktes P erhält man, indem man $x = 3$ in $f(x)$ einsetzt: $f(3) = \frac{4}{(3-1)^2} = 1 \Rightarrow P(3 \mid 1)$. Die 1. Ableitung von f erhält man mit der Kettenregel: $f'(x) = -8 \cdot (x-1)^{-3} \cdot 1 = -\frac{8}{(x-1)^3}$. Damit ist die Tangentensteigung in $P(3 \mid 1)$: $m_t = f'(3) = -\frac{8}{(3-1)^3} = -1$. Setzt man $P(3 \mid 1)$ und $m_t = -1$ in die Tangentengleichung $y = f'(u) \cdot (x-u) + f(u)$ ein, so erhält man $y = -1 \cdot (x-3) + 1$ und damit die Tangentengleichung $t: y = -x + 4$.

Für die Normalensteigung m_n gilt: $m_n = -\frac{1}{m_t} = -\frac{1}{-1} = 1$.

Setzt man P und m_n in die Normalengleichung $y = -\frac{1}{f'(u)} \cdot (x-u) + f(u)$ ein, so erhält man: $y = 1 \cdot (x-3) + 1$ und damit die Normalengleichung $n: y = x - 2$.

e) Die Tangente berührt die Kurve in einem noch unbekannten Punkt $B(u \mid f(u))$ beziehungsweise $B(u \mid u^2 - 2u + 3)$. Die Tangentensteigung in diesem Punkt bestimmt man mithilfe der 1. Ableitung: Es ist $f(x) = x^2 - 2x + 3$ und $f'(x) = 2x - 2$. Somit gilt: $m_t = f'(u) = 2u - 2$.

Setzt man $B(u \mid f(u))$ und $m_t = f'(u)$ in die Tangentengleichung $y = f'(u) \cdot (x-u) + f(u)$ ein, so erhält man als Tangentengleichung in Abhängigkeit von u:

$$t: y = (2u-2) \cdot (x-u) + \left(u^2 - 2u + 3\right)$$

Da $P(0 \mid -6)$ auf der Tangente liegt, kann man diesen in die Tangentengleichung einsetzen: $-6 = (2u-2) \cdot (0-u) + (u^2 - 2u + 3)$ bzw. $u^2 = 9 \Rightarrow u_1 = 3$ $u_2 = -3$.

Setzt man u_1 bzw. u_2 in $B(u \mid f(u))$ ein, so erhält man $B_1(3 \mid 6)$ und $B_2(-3 \mid 18)$.

Setzt man u_1 bzw. u_2 in die Tangentengleichung ein, so erhält man:
$y = (2 \cdot 3 - 2) \cdot (x-3) + \left(3^2 - 2 \cdot 3 + 3\right)$ bzw.
$y = (2 \cdot (-3) - 2) \cdot (x - (-3)) + \left((-3)^2 - 2 \cdot (-3) + 3\right)$.

Somit ergeben sich als Tangentengleichungen $t_1: y = 4x - 6$ und $t_2: y = -8x - 6$.

4.5.4 Berührpunkte zweier Kurven

Wenn sich zwei Graphen K_f und K_g in einem Punkt $B(x_B \mid y_B)$ berühren, gelten folgende zwei Bedingungen:

Lösungen   4.5   Kurvendiskussion

1. Da B gemeinsamer Punkt ist, gilt $f(x_B) = g(x_B)$.

2. Da in B eine gemeinsame Tangente vorhanden ist, gilt $f'(x_B) = g'(x_B)$.

a) Es genügt zu zeigen, dass im Punkt $B(0\,|\,3)$ die beiden Bedingungen $f(x) = g(x)$ und $f'(x) = g'(x)$ erfüllt sind:
Es ist $f(0) = \frac{1}{5}\cdot 0^3 - 2\cdot 0^2 + 5\cdot 0 + 3 = 3$ und $g(0) = -0^2 + 5\cdot 0 + 3 = 3$, also $f(0) = g(0)$, d.h. $B(0\,|\,3)$ ist gemeinsamer Punkt.
Ferner gilt $f'(x) = \frac{3}{5}x^2 - 4x + 5$ und $g'(x) = -2x + 5$.
Es ist $f'(0) = \frac{3}{5}\cdot 0^2 - 4\cdot 0 + 5 = 5$ und $g'(0) = -2\cdot 0 + 5 = 5$,
also $f'(0) = g'(0)$, d.h. in $B(0\,|\,3)$ existiert eine gemeinsame Tangente. Somit berühren sich die beiden Kurven in $B(0\,|\,3)$.

b) Es genügt zu zeigen, dass im Punkt $B\left(\frac{1}{2}\,|\,\frac{3}{4}\right)$ die beiden Bedingungen $f(x) = g(x)$ und $f'(x) = g'(x)$ erfüllt sind:
Es ist $f\left(\frac{1}{2}\right) = \left(\frac{1}{2}\right)^2 + \frac{1}{2} = \frac{1}{4} + \frac{1}{2} = \frac{3}{4}$ und $g\left(\frac{1}{2}\right) = -4\cdot\left(\frac{1}{2}\right)^4 + 4\cdot\left(\frac{1}{2}\right)^3 + \frac{1}{2} = \frac{3}{4}$, also $f\left(\frac{1}{2}\right) = g\left(\frac{1}{2}\right)$, d.h. $B\left(\frac{1}{2}\,|\,\frac{3}{4}\right)$ ist gemeinsamer Punkt.
Ferner gilt $f'(x) = 2x$ und $g'(x) = -16x^3 + 12x^2$.
Es ist $f'\left(\frac{1}{2}\right) = 2\cdot\frac{1}{2} = 1$ und $g'\left(\frac{1}{2}\right) = -16\cdot\left(\frac{1}{2}\right)^3 + 12\cdot\left(\frac{1}{2}\right)^2 = -\frac{16}{8} + \frac{12}{4} = 1$,
also $f'\left(\frac{1}{2}\right) = g'\left(\frac{1}{2}\right)$, d.h. in $B\left(\frac{1}{2}\,|\,\frac{3}{4}\right)$ existiert eine gemeinsame Tangente. Somit berühren sich die beiden Kurven in $B\left(\frac{1}{2}\,|\,\frac{3}{4}\right)$.

c) Um mögliche Berührpunkte zu berechnen, kann man entweder die Funktionsgleichungen oder die Tangentensteigungen gleichsetzen. Anschließend muss die jeweils andere Bedingung überprüft werden. Es ist $f'(x) = x^2 - 4x + 3$ und $g'(x) = -2x + 3$.
Gleichsetzen der Tangentensteigungen führt auf $x^2 - 4x + 3 = -2x + 3$ bzw. $x^2 - 2x = 0$ mit den Lösungen $x_1 = 2$ und $x_2 = 0$.
Setzt man $x_1 = 2$ in $f(x)$ bzw. $g(x)$ ein, so ergibt sich $f(2) = \frac{1}{3}\cdot 2^3 - 2\cdot 2^2 + 3\cdot 2 + 4 = 4\frac{2}{3}$ und $g(2) = -2^2 + 3\cdot 2 + 4 = 6$, d.h. $f(2) \neq g(2)$, also liegt kein gemeinsamer Punkt vor.
Setzt man $x_2 = 0$ in $f(x)$ bzw. $g(x)$ ein, so ergibt sich $f(0) = \frac{1}{3}\cdot 0^3 - 2\cdot 0^2 + 3\cdot 0 + 4 = 4$ und $g(0) = -0^2 + 3\cdot 0 + 4 = 4$, also ist auch $f(0) = g(0)$, d.h. $B(0\,|\,4)$ ist ein Berührpunkt.

d) Um mögliche Berührpunkte zu berechnen, kann man entweder die Funktionsgleichungen oder die Tangentensteigungen gleichsetzen. Anschließend muss die jeweils andere Bedingung überprüft werden.
Es ist $f'(x) = 2x$ und $g'(x) = -x^3 + 3x^2$.
Gleichsetzen der Tangentensteigungen führt auf $2x = -x^3 + 3x^2$ bzw. $x^3 - 3x^2 + 2x = 0$ bzw. $x\cdot(x^2 - 3x + 2) = 0$ mit den Lösungen $x_1 = 0$, $x_2 = 1$ und $x_3 = 2$.
Setzt man $x_1 = 0$ in $f(x)$ bzw. $g(x)$ ein, so ergibt sich $f(0) = 0^2 + 1 = 1$ und $g(0) = -\frac{1}{4}\cdot 0^4 + 0^3 + 1 = 1$, also ist $f(0) = g(0)$, und somit $B_1(0\,|\,1)$ ein Berührpunkt.
Setzt man $x_2 = 1$ in $f(x)$ bzw. $g(x)$ ein, so ergibt sich $f(1) = 1^2 + 1 = 2$ und $g(1) = -\frac{1}{4}\cdot 1^4 + 1^3 + 1 = \frac{7}{4}$, also $f(1) \neq g(1) \Rightarrow$ kein Berührpunkt.

Setzt man $x_3 = 2$ in $f(x)$ bzw. $g(x)$ ein, so ergibt sich $f(2) = 2^2 + 1 = 5$ und $g(2) = -\frac{1}{4} \cdot 2^4 + 2^3 + 1 = 5$, also ist $f(2) = g(2)$, und somit $B_2(2 \mid 5)$ ein Berührpunkt.
Ergebnis: $B_1(0 \mid 1)$ und $B_2(2 \mid 5)$ sind Berührpunkte.

4.5.5 Funktionenscharen / Funktionen mit Parameter

a) I) Es handelt sich bei den Graphen von f_t um Geraden, die alle durch den Punkt $(2 \mid 0)$ gehen. Man kann dies an der Funktion sehen, wenn man t ausklammert: $f_t(x) = tx - 2t = t(x-2)$. Es handelt sich um eine gegenüber der Geraden $y = t \cdot x$ um 2 LE nach rechts verschobene Gerade (siehe Zeichnung).

II) Der Punkt $P_1(3 \mid 2)$ wird in die Gleichung eingesetzt: $2 = t \cdot 3 - 2 \cdot t \Rightarrow t = 2$. Die Funktion ist damit $f_2(x) = 2x - 4$.
Der Punkt $P_2(1 \mid \frac{1}{2})$ wird in die Gleichung eingesetzt: $\frac{1}{2} = t \cdot 1 - 2 \cdot t \Rightarrow t = -\frac{1}{2}$. Die Funktion ist damit $f_{-\frac{1}{2}}(x) = -\frac{1}{2}x + 1$.

b) I) Es handelt sich bei den Graphen von f_t um Parabeln, die symmetrisch zur y-Achse sind. Je nach Wert von t sind die Parabeln «gestreckt» oder «gestaucht». Für positive Werte von t sind die Parabeln nach oben geöffnet, für negative Werte sind sie nach unten geöffnet (siehe Zeichnung).

II) Der Punkt $P_1(2 \mid 2)$ wird in die Gleichung eingesetzt: $2 = t \cdot 2^2 \Rightarrow t = \frac{1}{2}$. Die Funktion ist damit $f_{\frac{1}{2}}(x) = \frac{1}{2}x^2$.
Der Punkt $P_2(-1 \mid -2)$ wird in die Gleichung eingesetzt: $-2 = t \cdot (-1)^2 \Rightarrow t = -2$. Die Funktion ist damit $f_{-2}(x) = -2x^2$.

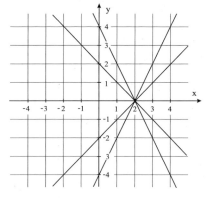
Kurvenschar a)

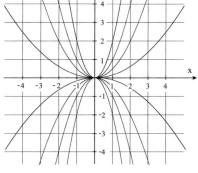
Kurvenschar b)

c) Die Ableitungen der Funktionen sind:
$f(x) = -x^2 + 2 \Rightarrow f'(x) = -2x \quad g_t(x) = tx^2 - 1 \Rightarrow g_t'(x) = 2tx$
Damit die Graphen der Funktionen im Schnittpunkt aufeinander senkrecht stehen, müssen folgende Gleichungen gelten:

$$\begin{array}{rrcl} \text{I} & f(x) & = & g_t(x) \\ \text{II} & f'(x) \cdot g_t'(x) & = & -1 \end{array}$$

Dabei ist Gleichung I die Gleichung für den Schnittpunkt und Gleichung II die Orthogonalitätsbedingung. Setzt man die Funktionen bzw. die Ableitungen ein, führt dies zu:

$$\begin{aligned}
\text{Ia} \quad & -x^2+2 = tx^2-1 \Rightarrow \quad 3 = x^2 \cdot (t+1) \Rightarrow \quad x^2 = \tfrac{3}{t+1} \\
\text{IIa} \quad & -2x \cdot 2tx = -1 \Rightarrow \quad & -4tx^2 = -1
\end{aligned}$$

Nun setzt man Gleichung Ia in Gleichung IIa ein: $-4t \cdot \tfrac{3}{t+1} = -1$. Auflösen nach t ergibt $t = \tfrac{1}{11}$. Die beiden Kurven stehen also für $t = \tfrac{1}{11}$ im Schnittpunkt senkrecht aufeinander.

d) Es ist $f_t(x) = (2x+t) \cdot e^{-x}$; $x \in \mathbb{R}$; $t \geq 0$. Um den abgebildeten Graphen der Funktionenschar f_t den jeweiligen Parameter t zuzuordnen, kann man die Nullstellen der Graphen betrachten. Die Nullstelle von f_t erhält man rechnerisch, indem man die Funktionsgleichung gleich Null setzt:
$f_t(x) = 0$ führt zu $(2x+t) \cdot e^{-x} = 0$ bzw. $2x+t = 0 \Rightarrow x = -\tfrac{t}{2}$ ist die einzige Nullstelle.
Der Graph G hat als einzige Nullstelle $x = -2$, somit gilt: $-\tfrac{t}{2} = -2 \Rightarrow t = 4$.
Der Graph G* hat als einzige Nullstelle $x = -1$, somit gilt: $-\tfrac{t}{2} = -1 \Rightarrow t = 2$.
Der Graph G** hat als einzige Nullstelle $x = 0$, somit gilt: $-\tfrac{t}{2} = 0 \Rightarrow t = 0$.
Damit gehört zu G der Parameter $t = 4$, zu G* der Parameter $t = 2$ und zu G** der Parameter $t = 0$.

Alternativ kann man auch den Schnittpunkt mit der y-Achse untersuchen. Für $x = 0$ ergibt sich: $f_t(0) = (2 \cdot 0 + t) \cdot e^{-0} = t \cdot 1 = t$. Anhand der Graphen kommt man zu den gleichen Lösungen wie oben angegeben.

e) Man erhält die Extremstellen von $f_t(x) = x \cdot e^{tx}$; $x \in \mathbb{R}$; $t < 0$, indem man die 1. Ableitung (Produkt- und Kettenregel) gleich Null setzt:
$f_t'(x) = 1 \cdot e^{tx} + x \cdot e^{tx} \cdot t = (1+tx) \cdot e^{tx} = 0$ führt zu $1+tx = 0$ bzw. $x = -\tfrac{1}{t}$.
Setzt man $x = -\tfrac{1}{t}$ in die 2. Ableitung $f_t''(x) = t \cdot e^{tx} + (1+tx) \cdot e^{tx} \cdot t = (2t+t^2 x) \cdot e^{tx}$ ein, so erhält man:
$f_t'\left(-\tfrac{1}{t}\right) = \left(2t + t^2 \cdot \left(-\tfrac{1}{t}\right)\right) \cdot e^{t \cdot \left(-\tfrac{1}{t}\right)} = t \cdot e^{-1} \neq 0 \Rightarrow x = -\tfrac{1}{t}$ ist die einzige Extremstelle von $f_t(x)$.
Da $x = 2$ Extremstelle sein soll, muss gelten: $2 = -\tfrac{1}{t} \Rightarrow t = -\tfrac{1}{2}$.
Für $t = -\tfrac{1}{2}$ hat der Graph von f_t bei $x = 2$ eine Extremstelle.

f) Die Steigung m_k im Ursprung des Graphen von f_k mit $f_k(x) = k \cdot \sin(kx)$; $x \in \mathbb{R}$; $k > 0$ erhält man, indem man $x = 0$ in die 1. Ableitung von f_k (Kettenregel) einsetzt:
$f_k'(x) = k \cdot \cos(kx) \cdot k = k^2 \cdot \cos(kx)$, d.h. $m_k = f_k'(0) = k^2 \cdot \cos(k \cdot 0) = k^2$.
Die Steigung m im Ursprung des Graphen von g mit $g(x) = 2x^3 + 4x$ erhält man, indem man $x = 0$ in die 1. Ableitung von g einsetzt:
$g'(x) = 6x^2 + 4$, d.h. $m = g'(0) = 6 \cdot 0^2 + 4 = 4$.
Da die beiden Steigungen gleich sein sollen, muss gelten: $m_k = m$ bzw. $k^2 = 4$ mit den Lösungen $k_1 = -2$ und $k_2 = 2$.
Wegen $k > 0$ haben die beiden Graphen im Ursprung nur für $k = 2$ die gleiche Steigung.

g) Man erhält die Extremstellen von $f_a(x) = \sin(ax)$; $x \in \mathbb{R}$; $0 < a < \frac{\pi}{2}$, indem man die 1. Ableitung von $f_a(x)$, die man mithilfe der Kettenregel bestimmt, gleich Null setzt:
$f_a'(x) = \cos(ax) \cdot a = 0$ führt wegen $a > 0$ zu $\cos(ax) = 0 \Rightarrow ax = \frac{\pi}{2} + k \cdot \pi$; $k \in \mathbb{Z}$.
Da $x = 3$ Extremstelle sein soll, muss gelten: $a \cdot 3 = \frac{\pi}{2} + k \cdot \pi$ bzw. $a = \frac{\pi}{6} + k \cdot \frac{\pi}{3}$.
Wegen $0 < a < \frac{\pi}{2}$ ist $a = \frac{\pi}{6}$ die einzige Lösung.
Für $a = \frac{\pi}{6}$ hat der Graph von f_a bei $x = 3$ eine Extremstelle.
Alternativ hätte man sich auch direkt, d.h. aufgrund des Verlaufs der Sinuskurve, überlegen können, dass der Graph von $f_a(x) = \sin(ax)$ für $ax = \frac{\pi}{2} + k \cdot \pi$; $k \in \mathbb{Z}$ Extremstellen hat, so dass man zum gleichen Ergebnis kommt.

4.5.6 Krümmungsverhalten von Kurven

a) Es ist $f(x) = \frac{1}{3}x^3 - x$. Zur Bestimmung des Krümmungsverhaltens benötigt man die 2. Ableitung: Es ist $f'(x) = x^2 - 1$ und $f''(x) = 2x$.
Der Graph von f ist linksgekrümmt, wenn $f''(x) > 0$ gilt: $2x > 0 \Rightarrow x > 0$. Also ist f für $x > 0$ linksgekrümmt.
Der Graph von f ist rechtsgekrümmt, wenn $f''(x) < 0$ gilt: $2x < 0 \Rightarrow x < 0$. Also ist f für $x < 0$ rechtsgekrümmt.

b) Es ist $f(x) = (x-1)^5$. Zur Bestimmung des Krümmungsverhaltens benötigt man die 2. Ableitung (Kettenregel): Es ist $f'(x) = 5 \cdot (x-1)^4$ und $f''(x) = 20 \cdot (x-1)^3$.
Der Graph von f ist linksgekrümmt, wenn $f''(x) > 0$ gilt: $20 \cdot (x-1)^3 > 0 \Rightarrow x > 1$. Also ist f für $x > 1$ linksgekrümmt.
Der Graph von f ist rechtsgekrümmt, wenn $f''(x) < 0$ gilt: $20 \cdot (x-1)^3 < 0 \Rightarrow x < 1$. Also ist f für $x < 1$ rechtsgekrümmt.

c) Es ist $f(x) = (2x-3) \cdot e^{-x}$. Zur Bestimmung des Krümmungsverhaltens benötigt man die 2. Ableitung (Produkt- und Kettenregel): Es ist $f'(x) = 2 \cdot e^{-x} + (2x-3) \cdot e^{-x} \cdot (-1)$
$= (-2x+5) \cdot e^{-x}$ und $f''(x) = -2 \cdot e^{-x} + (-2x+5) \cdot e^{-x} \cdot (-1) = (2x-7) \cdot e^{-x}$.
Der Graph von f ist linksgekrümmt, wenn $f''(x) > 0$ gilt: $(2x-7) \cdot e^{-x} > 0 \Rightarrow x > \frac{7}{2}$.
Also ist f für $x > \frac{7}{2}$ linksgekrümmt.
Der Graph von f ist rechtsgekrümmt, wenn $f''(x) < 0$ gilt: $(2x-7) \cdot e^{-x} < 0 \Rightarrow x < \frac{7}{2}$.
Also ist f für $x < \frac{7}{2}$ rechtsgekrümmt.

4.5.7 Monotonie

a) Es ist $f(x) = 6x \cdot e^x$. Mithilfe der Produktregel erhält man die 1. Ableitung von f:
$$f'(x) = 6 \cdot e^x + 6x \cdot e^x = 6 \cdot e^x (1+x)$$
Der Ausdruck $6e^x$ ist immer positiv, daher ist der Klammerausdruck dafür verantwortlich, ob $f'(x)$ positiv oder negativ ist.
Man kann folgende Fälle unterscheiden:
Für $x < -1$ ist $(1+x)$ negativ, also $f'(x) < 0$.

Für $x > -1$ ist $(1+x)$ positiv, also $f'(x) > 0$.
Somit ist f für $x < -1$ streng monoton abnehmend, für $x > -1$ ist f streng monoton zunehmend.

b) Es ist $f(x) = 3x \cdot e^{-x}$. Mithilfe der Produkt- und Kettenregel erhält man die 1. Ableitung von f:
$$f'(x) = 3 \cdot e^{-x} + 3x \cdot e^{-x} \cdot (-1) = 3 \cdot e^{-x} \cdot (1-x)$$

Der Ausdruck $3 \cdot e^{-x}$ ist immer positiv, daher ist der Klammerausdruck dafür verantwortlich, ob $f'(x)$ positiv oder negativ ist.
Man kann folgende Fälle unterscheiden:
Für $x < 1$ ist $(1-x)$ positiv, also $f'(x) > 0$.
Für $x > 1$ ist $(1-x)$ negativ, also $f'(x) < 0$.
Somit ist f für $x < 1$ streng monoton zunehmend, für $x > 1$ ist f streng monoton abnehmend.

c) Es ist $f(x) = x^3 + 2x$. Mithilfe der Potenzregel erhält man die 1. Ableitung von f:
$$f'(x) = 3x^2 + 2$$

Da der Ausdruck $3x^2$ immer größer oder gleich Null ist, gilt: $f'(x) \geq 2 > 0$.
Somit ist f für alle x streng monoton zunehmend.

4.6 Extremwertaufgaben

a) Die gesuchten Größen sind die Breite und die Länge des Spielplatzes. Da die Fläche maximal groß sein soll, stellt man für diese die Funktion auf. Die eine Seite des Spielplatzes sei x, die andere y. Für die Fläche gilt $A = x \cdot y$. Die Nebenbedingung ist die festgelegte Gesamtlänge des Zauns, von der 2 m für die Einfahrt abgezogen werden: $2x + 2y - 2 = 40$. Auflösen der Nebenbedingung nach y ergibt: $y = 21 - x$. Einsetzen des Ausdrucks für die Fläche ergibt: $A = x \cdot (21 - x)$. Damit ist die Zielfunktion: $A(x) = x \cdot (21 - x) = 21x - x^2$ mit $0 \leqslant x \leqslant 21$.
Ableiten führt zu $A'(x) = 21 - 2x$ und $A''(x) = -2$. Die 1. Ableitung wird nun gleich Null gesetzt, nach x aufgelöst und liefert $x_E = 10,5$. Einsetzen in A'' ergibt: $A''(10,5) = -2 < 0$. Da die 2. Ableitung keine Variablen mehr enthält und kleiner als Null ist, handelt es sich um ein globales Maximum. Ein Überprüfen der Fläche für die Randstellen des Intervalles ist daher nicht nötig. Zum Schluss wird y mithilfe der Nebenbedingung bestimmt: $y = 21 - 10,5 \Rightarrow y = 10,5$. Die beiden Rechteckseiten müssen also je 10,5 m lang sein, es handelt sich also um ein Quadrat. (Dies verwundert vielleicht zunächst, unter allen möglichen Rechtecken mit fest vorgegebenem Umfang hat das Quadrat immer den größten Flächeninhalt. Wäre das Tor nicht vorhanden, dann wäre die Seitenlänge des Quadrats $\frac{40\,\text{m}}{4} = 10\,\text{m}$.)

b) I) Es ist $f(x) = 6 - \frac{1}{4}x^2$. Gesucht ist ein Rechteck mit maximalem Umfang, das der angegebenen Kurve einbeschrieben werden soll. Nebenbedingung: Zwei Eckpunkte des Rechtecks müssen auf der Kurve, die anderen beiden auf der x-Achse liegen. Der Punkt auf der Kurve im 1. Quadranten sei $P(u \mid v)$ mit $v = f(u)$. Damit gilt für die Höhe $h = f(u)$. Für das Rechteck ist die Grundseite $2u$, mit $0 \leqslant u \leqslant \sqrt{24}$ ($x = \pm\sqrt{24}$ sind die Nullstellen von f). Durch Einsetzen der Nebenbedingung ergibt sich als Zielfunktion für den Umfang: $U(u) = 4 \cdot u + 2 \cdot f(u) \Rightarrow U(u) = 4u + 2 \cdot \left(6 - \frac{1}{4}u^2\right) = 4u + 12 - \frac{1}{2}u^2$. Ableiten führt auf: $U'(u) = 4 - u$. Die Ableitung wird gleich Null gesetzt, um die Extremstelle zu bestimmen: $u = 4$. Einsetzen in die 2. Ableitung $U''(u) = -1$ ergibt: $U''(4) = -1 < 0$, daraus folgt, dass es sich um ein globales Maximum handelt. Die Randstellen müssen daher nicht mehr überprüft werden. Durch Einsetzen in die Zielfunktion ergibt sich für den gesuchten Umfang:
$U(4) = 4 \cdot 4 + 2 \cdot f(4) = 16 + 2 \cdot 2 = 20\,\text{LE}$.

II) Gesucht ist ein Rechteck mit maximaler Fläche, das der angegebenen Kurve einbeschrieben werden soll. Nebenbedingung: Zwei Eckpunkte des Rechtecks müssen auf der Kurve, die anderen beiden auf der x-Achse liegen. Der Punkt auf der Kurve im 1. Quadranten sei $P(u \mid v)$ mit $v = f(u)$. Damit gilt für die Höhe $h = f(u)$. Für dieses Rechteck ist die Grundseite $2u$, mit $0 \leqslant u \leqslant \sqrt{24}$. (Es sind $x = \pm\sqrt{24}$ Schnittstellen der Kurve mit der x-Achse.) Durch Einsetzen der Nebenbedingung ergibt sich als Zielfunktion für die Fläche: $A(u) = 2 \cdot u \cdot f(u) \Rightarrow A(u) = 2u \cdot \left(6 - \frac{1}{4}u^2\right) = 12u - \frac{1}{2}u^3$. Ableiten führt auf: $A'(u) = 12 - \frac{3}{2}u^2$. Die Ableitung wird gleich Null gesetzt, um die Extremstellen zu bestimmen: $\frac{3}{2}u^2 = 12 \Rightarrow u_{1,2} = \pm\sqrt{8}$. Der Wert $-\sqrt{8}$ scheidet aus, da es sich bei u um eine Länge handelt und diese immer positiv ist. Also ist $u = \sqrt{8}$. Setzt man $u = \sqrt{8}$ in die 2. Ableitung $A''(u) = -3u$ ein, ergibt sich: $A''(\sqrt{8}) = -3\sqrt{8} < 0$. Daraus folgt, dass es sich um ein lokales Maximum handelt. Es muss noch überprüft werden, ob die Randstellen eventuell größere Funktionswerte liefern. Es ist $A(0) = 0$ und $A(\sqrt{24}) = 0$, damit existieren keine Randextremwerte und für $u = \sqrt{8}$ liegt ein globales Maximum vor. Setzt man $u = \sqrt{8}$ in die Zielfunktion ein, ergibt sich für die gesuchte Fläche: $A = 12 \cdot \sqrt{8} - \frac{1}{2} \cdot (\sqrt{8})^3 = 12 \cdot \sqrt{8} - \frac{1}{2} \cdot 8\sqrt{8} = 8 \cdot \sqrt{8}$ FE.

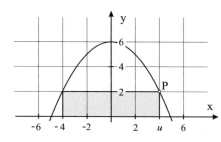 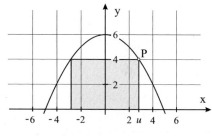

Aufgabe b) I) Aufgabe b) II)

c) Es ist $f(x) = -(x+2)e^{-x}$. Zuerst werden f' und f'' bestimmt: Mit der Produktregel folgt: $f(x) = -(x+2)e^{-x} \Rightarrow f'(x) = e^{-x}(x+1)$ und $f''(x) = -x \cdot e^{-x}$
Gesucht ist die Normale in $W(0 \mid -2)$. Es ist $m_n = -\frac{1}{f'(0)} = -\frac{1}{1} = -1$. Damit folgt für die Gleichung der Normalen: $y = -x - 2$. Bestimmung des zweiten Schnittpunktes Q der Normalen mit der Kurve G: $-(x+2)e^{-x} = -x - 2 \Rightarrow (x+2) - (x+2)e^{-x} = 0$. Ausklammern von $(x+2)$ führt nun zu: $(x+2)(1 - e^{-x}) = 0$. Damit ergibt sich $x_1 = -2$ und aus dem zweiten Faktor $x_2 = 0$. Die Lösung $x_1 = -2$ führt zum gesuchten Schnittpunkt $Q(-2 \mid 0)$.
Für den Punkt P gilt: $P(u \mid -(u+2) \cdot e^{-u})$ mit $-2 < u < 0$.
Die Grundseite des Dreiecks OPQ ist $|\overline{QO}| = 2$, die Höhe beträgt $-f(u)$. (Für $-2 < u < 0$ ist $f(u)$ negativ, die Höhe des Dreiecks muss aber eine positive Größe sein.)
Damit ergibt sich für den Flächeninhalt des Dreiecks OPQ:
$A(u) = \frac{1}{2} \cdot g \cdot h = \frac{1}{2} \cdot 2 \cdot (-f(u)) = (u+2) \cdot e^{-u}$
$A'(u) = 1 \cdot e^{-u} + (u+2) \cdot (-e^{-u}) = e^{-u}(1 - u - 2) = e^{-u} \cdot (-u - 1)$
$A''(u) = -e^{-u} \cdot (-u - 1) + e^{-u} \cdot (-1) = e^{-u}(u + 1 - 1) = e^{-u} \cdot u$
Für die Extremstelle ergibt sich damit: $e^{-u} \cdot (-u - 1) = 0 \Rightarrow -u - 1 = 0 \Rightarrow u_1 = -1$.
Einsetzen in $A''(u)$: $A''(-1) < 0 \Rightarrow$ es liegt ein lokales Maximum vor. Um zu prüfen, ob ein globales Maximum vorliegt, wird $A(-1) = (-1+2) \cdot e^1 = e$ mit den Randwerten verglichen: $A(-2) = 0$ und $A(0) = 2$. Da $A(-1) = e > 2$ ist, nimmt der Flächeninhalt für $u = -1$ ein globales Maximum an.

d) Es sind $f(x) = (2x+3) \cdot e^{-x}$ und $g(x) = e^{-x}$.
Der Punkt P liegt auf G_f und hat somit die
Koordinaten: $P(u \mid (2u+3) \cdot e^{-u})$.

Der Punkt Q liegt auf G_g und hat somit die
Koordinaten: $Q(u \mid e^{-u})$.

Die Länge l der Strecke PQ erhält man als
Differenz der y-Werte von P und Q:
$l(u) = (2u+3) \cdot e^{-u} - e^{-u} = (2u+2) \cdot e^{-u}$

Zur Bestimmung des Maximums benötigt man die 1. und 2. Ableitung (Produkt- und Kettenregel):

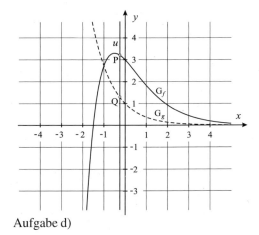

Aufgabe d)

$$l'(u) = 2 \cdot e^{-u} + (2u+2) \cdot e^{-u} \cdot (-1) = -2u \cdot e^{-u}$$
$$l''(x) = -2 \cdot e^{-u} + (-2u \cdot e^{-u}) \cdot (-1) = (2u-2) \cdot e^{-u}$$

Die 1. Ableitung wird Null gesetzt: $-2u \cdot e^{-u} = 0 \Rightarrow u_E = 0$. Setzt man $u_E = 0$ in $l''(u)$ ein, so erhält man:

$$l''(0) = (2 \cdot 0 - 2) \cdot e^{-0} = -2 < 0 \Rightarrow \text{globales Maximum}$$

Für $u = 0$ ist die Länge der Strecke PQ maximal.
Setzt man $u = 0$ in $l(u)$ ein, so erhält man: $l(0) = (2 \cdot 0 + 2) \cdot e^{-0} = 2$.
Die maximale Länge der Strecke PQ beträgt 2 LE.

4.7 Verständnis von Zusammenhängen

a) Gegeben sind die Funktionen $f(x) = 9 - x^2$ und $g(x) = x^2 - 9$.
Mithilfe des Rechenschritts (1) $9 - x^2 = x^2 - 9 \Rightarrow x_1 = -3$ und $x_2 = 3$ werden die Schnittstellen der Graphen der beiden Funktionen bestimmt.
Durch das Integral $\int_{-3}^{3} (9 - x^2 - (x^2 - 9)) \, dx = 72$ wird der Inhalt der Fläche, die von den Graphen der beiden Funktionen f und g eingeschlossen wird, bestimmt. Er beträgt 72 FE.

b) In Rechenschritt (1) wird $x = 2$ in $f(x)$ eingesetzt, so dass man den zugehörigen y-Wert erhält; damit werden die Koordinaten eines Punktes P des Graphen von f berechnet: $P(2 \mid 1)$.
In Rechenschritt (2) wird die 1. Ableitung von f bestimmt und der x-Wert des Punktes P eingesetzt; damit erhält man die (Tangenten-)Steigung $m = f'(2) = 3$ im Punkt P.
In Schritt (3) werden m und die Koordinaten von P in die Punkt-Steigungsform einer Geraden eingesetzt; so erhält man die Gleichung der Tangente in P an den Graphen von f.

c) Gegeben ist die Funktion f durch $f(x) = \frac{1}{(x+1)^2}$; $x \neq -1$.
In Rechenschritt
$$(1) \quad A(z) = \int_0^z f(x)\,dx$$
wird der Rechenausdruck für den Flächeninhalt $A(z)$ der Fläche zwischen der x-Achse, der y-Achse und dem Graphen von f sowie der Geraden $x = z$ aufgestellt.
In Rechenschritt
$$(2) \quad \int_0^z \frac{1}{(x+1)^2}\,dx = -\frac{1}{z+1} + 1$$
wird das Integral berechnet, welches den Flächeninhalt $A(z)$ in Abhängigkeit von z angibt.
In Rechenschritt
$$(3) \quad \lim_{z \to \infty} A(z) = 1$$
wird der Grenzwert von $A(z)$ für $z \to \infty$ bestimmt und damit der Flächeninhalt der nach rechts ins Unendliche reichenden Fläche. Er beträgt 1 FE.
Der gesamte Rechenweg hat folgende Darstellung:

$$A(z) = \int_0^z \frac{1}{(x+1)^2}\,dx = \int_0^z (x+1)^{-2}\,dx = \left[\frac{1}{-1}(x+1)^{-1}\right]_0^z = \left[-\frac{1}{x+1}\right]_0^z$$
$$= -\frac{1}{z+1} - \left(-\frac{1}{0+1}\right) = -\frac{1}{z+1} + 1$$

Für $z \to \infty$ geht $A(z) = -\frac{1}{z+1} + 1 \to 1$, da der Bruchterm gegen Null geht.
Es ist also $\lim\limits_{z \to \infty} A(z) = 1$, damit beträgt der Flächeninhalt 1 FE.

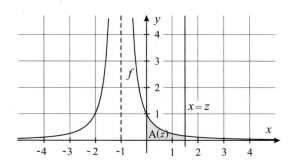

d) Eine ganzrationale Funktion f vierten Grades hat allgemein die Gleichung
$f(x) = ax^4 + bx^3 + cx^2 + dx + e$ mit $f'(x) = 4ax^3 + 3bx^2 + 2cx + d$ und
$f''(x) = 12ax^2 + 6bx + 2c$.
Als notwendige Bedingung für Wendepunkte des Graphen von f müsste man die Gleichung $f''(x) = 0$ lösen, also $12ax^2 + 6bx + 2c = 0$. Dies ist eine quadratische Gleichung, welche maximal zwei Lösungen für x hat. Damit hat der Graph von f auch nur maximal zwei Wendepunkte.
Somit gibt es keine ganzrationale Funktion vierten Grades, deren Graph drei Wendepunkte besitzt.

e) Die Graphen von f und g zeigt folgende Abbildung:

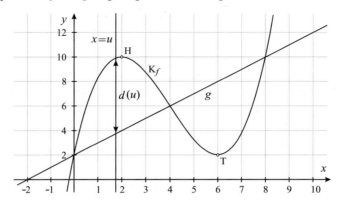

In Rechenschritt (1) schneidet die Gerade $x = u$ für $0 \leq u \leq 4$ aus den beiden Graphen eine Strecke mit der Länge $d(u)$ aus.

In Rechenschritt (2) wird die 1. Ableitung der Längenfunktion $d(u)$ gleich Null gesetzt, d.h. es werden die Extremstellen u_1 und u_2 von $d(u)$ berechnet.

In Rechenschritt (3) wird eine der Extremstellen in die 2. Ableitung von $d(u)$ eingesetzt. Da das Ergebnis negativ ist, handelt es sich um ein Maximum.

Somit hat die Strecke zwischen den beiden Graphen im Bereich $0 \leq u \leq 4$ für $u \approx 1,69$ die maximale Länge.

f) Gegeben ist die Funktion f mit $f(x) = x^2$. Ihr Graph sei K_f.

In Rechenschritt (1) werden die Koordinaten eines Punktes P, der auf dem Graphen K_f liegt, in Abhängigkeit von x festgelegt. In Rechenschritt (2) wird der Abstand von P zum Ursprung in Abhängigkeit von x bestimmt und mit $\sqrt{20}$ gleichgesetzt, d.h. der Abstand von P zum Ursprung soll $\sqrt{20}$ LE betragen. In Rechenschritt (3) werden die Lösungen der Gleichung angegeben sowie die zugehörigen Punkte, d.h. die Punkte $P_1(-2 \mid 4)$ und $P_2(2 \mid 4)$ haben vom Ursprung den Abstand $\sqrt{20}$ LE.

4.8 Umkehrfunktionen

a) Die Funktion f mit $f(x) = (x+1)^2$; $x > -1$ hat die Definitionsmenge $D_f = [-1; \infty[$ und die Wertemenge $W_f = [0; \infty[$.

Die 1. Ableitung von f erhält man mit der Kettenregel:
$$f'(x) = 2 \cdot (x+1) \cdot 1 = 2x + 2 > 0 \text{ für } x > -1$$
Damit ist f streng monoton wachsend und es existiert eine Umkehrfunktion $\bar{f}$.

Löst man $y = f(x) = (x+1)^2$ für alle $x > -1$ nach x auf, erhält man:
$$y = (x+1)^2$$
$$\sqrt{y} = x+1$$
$$\sqrt{y} - 1 = x$$

Lösungen   4.8   Umkehrfunktionen

Vertauscht man die Variablen x und y, so ist
$$\sqrt{x}-1=y$$
Somit ist
$$\bar{f}(x)=\sqrt{x}-1\,;\,x>0$$
die Umkehrfunktion von f.
Die Definitionsmenge von $\bar{f}$ ist $D_{\bar{f}}=[0;\infty[$, die Wertemenge von $\bar{f}$ ist $W_{\bar{f}}=[-1;\infty[$.

b) Die Funktion f mit $f(x)=\frac{2}{x-1}=2\cdot(x-1)^{-1}\,;\,x>1$ hat die Definitionsmenge $D_f=[1;\infty[$ und die Wertemenge $W_f=[0;\infty[$.
Die 1. Ableitung von f erhält man mit der Potenzregel:
$$f'(x)=-2\cdot(x-1)^{-2}\cdot 1=-\frac{2}{(x-1)^2}<0 \text{ für } x>1$$
Damit ist f streng monoton fallend und es existiert eine Umkehrfunktion $\bar{f}$.
Löst man $y=f(x)=\frac{2}{x-1}$ für alle $x>1$ nach x auf, erhält man:

$$y=\frac{2}{x-1}$$
$$x-1=\frac{2}{y}$$
$$x=\frac{2}{y}+1$$

Vertauscht man die Variablen x und y, so ist
$$y=\frac{2}{x}+1$$
Somit ist
$$\bar{f}(x)=\frac{2}{x}+1\,;\,x>0$$
die Umkehrfunktion von f.
Die Definitionsmenge von $\bar{f}$ ist $D_{\bar{f}}=[0;\infty[$, die Wertemenge von $\bar{f}$ ist $W_{\bar{f}}=[1;\infty[$.

c) Die Funktion f mit $f(x)=\sqrt{4+2x}=(4+2x)^{\frac{1}{2}}\,;\,x\geq -2$ hat die Definitionsmenge $D_f=[-2;\infty[$ und die Wertemenge $W_f=[0;\infty[$.
Die 1. Ableitung von f erhält man mit der Kettenregel:
$$f'(x)=\frac{1}{2}\cdot(4+2x)^{-\frac{1}{2}}\cdot 2=\frac{1}{\sqrt{4+2x}}>0 \text{ für } x>-2$$
Damit ist f streng monoton wachsend und es existiert eine Umkehrfunktion $\bar{f}$.
Löst man $y=f(x)=\sqrt{4+2x}$ für alle $x>-2$ nach x auf, erhält man:

$$y=\sqrt{4+2x}$$
$$y^2=4+2x$$
$$y^2-4=2x$$
$$\frac{1}{2}y^2-2=x$$

Vertauscht man die Variablen x und y, so ist
$$\frac{1}{2}x^2 - 2 = y$$
Somit ist
$$\overline{f}(x) = \frac{1}{2}x^2 - 2 \,;\, x \geq 0$$
die Umkehrfunktion von f.

Die Definitionsmenge von $\overline{f}$ ist $D_{\overline{f}} = [0;\infty[$, die Wertemenge von $\overline{f}$ ist $W_{\overline{f}} = [-2;\infty[$.

d) Die Funktion f mit $f(x) = 4 \cdot e^{-2x} + 2$ hat die Definitionsmenge $D_f = \mathbb{R}$ und die Wertemenge $W_f = \,]2;\infty[$.

Die 1. Ableitung von f erhält man mit Hilfe der Kettenregel:
$$f'(x) = 4 \cdot e^{-2x} \cdot (-2) = -8 \cdot e^{-2x} < 0$$

Damit ist f streng monoton fallend und es existiert eine Umkehrfunktion $\overline{f}$.

Löst man $y = f(x) = 4 \cdot e^{-2x} + 2$ nach x auf, so erhält man:
$$y = 4 \cdot e^{-2x} + 2$$
$$y - 2 = 4 \cdot e^{-2x}$$
$$\frac{y-2}{4} = e^{-2x}$$
$$\ln\left(\frac{y-2}{4}\right) = -2x$$
$$-\frac{1}{2}\ln\left(\frac{y-2}{4}\right) = x$$

Vertauscht man die Variablen x und y, so ergibt sich
$$-\frac{1}{2}\ln\left(\frac{x-2}{4}\right) = y$$

Somit ist
$$\overline{f}(x) = -\frac{1}{2}\ln\left(\frac{x-2}{4}\right) \,;\, x > 2$$
die Umkehrfunktion von f.

Die Definitionsmenge von $\overline{f}$ ist $D_{\overline{f}} = \,]2;\infty[$, die Wertemenge von $\overline{f}$ ist $W_{\overline{f}} = \mathbb{R}$.

e) Die Funktion f mit $f(x) = 4 \cdot \ln(x-2) \,;\, x > 2$ hat die Definitionsmenge $D_f = \,]2;\infty[$ und die Wertemenge $W_f = \mathbb{R}$.

Die 1. Ableitung von f erhält man mit der Kettenregel:
$$f'(x) = 4 \cdot \frac{1}{x-2} \cdot 1 = \frac{4}{x-2} < 0$$
für $x > 2$.

Damit ist f streng monoton wachsend und es existiert eine Umkehrfunktion $\overline{f}$.

Löst man $y = f(x) = 4 \cdot \ln(x-2)$ nach x auf, so erhält man:

$$y = 4 \cdot \ln(x-2)$$
$$\frac{y}{4} = \ln(x-2)$$
$$e^{\frac{y}{4}} = x-2$$
$$e^{\frac{y}{4}} + 2 = x$$

Vertauscht man die Variablen x und y, ergibt sich

$$e^{\frac{x}{4}} + 2 = y$$

Somit ist
$$\overline{f}(x) = e^{\frac{x}{4}} + 2$$

die Umkehrfunktion von f.
Die Definitionsmenge von $\overline{f}$ ist $D_{\overline{f}} = \mathbb{R}$, die Wertemenge von $\overline{f}$ ist $W_{\overline{f}} = [2; \infty[$.

f) Um zu zeigen, dass die Funktion $\overline{f}$ mit $\overline{f}(x) = \frac{1}{2}e^x + 2$ eine Umkehrfunktion der Funktion f mit $f(x) = \ln(2x-4)$ ist, setzt man den Term von $\overline{f}$ in $f(x)$ ein:

$$f(\overline{f}(x)) = \ln\left(2 \cdot \left(\frac{1}{2}e^x + 2\right) - 4\right) = \ln(e^x + 4 - 4) = \ln(e^x) = x$$

Wegen $f(\overline{f}(x)) = x$ ist $\overline{f}$ eine Umkehrfunktion der Funktion f.

g) Um zu zeigen, dass die Funktion $\overline{f}$ mit $\overline{f}(x) = \sqrt{4+8x}$ eine Umkehrfunktion der Funktion f mit $f(x) = \frac{1}{8}x^2 - \frac{1}{2}$ ist, setzt man den Term von $\overline{f}$ in $f(x)$ ein:

$$f(\overline{f}(x)) = \frac{1}{8} \cdot \left(\sqrt{4+8x}\right)^2 - \frac{1}{2} = \frac{1}{8} \cdot (4+8x) - \frac{1}{2} = \frac{1}{2} + x - \frac{1}{2} = x$$

Wegen $f(\overline{f}(x)) = x$ ist $\overline{f}$ eine Umkehrfunktion der Funktion f.

Geometrie

5 Punkte, Geraden und Ebenen

5.1 Rechnen mit Vektoren

5.1.1 Rechenregeln und Betrag

Gegeben sind die Vektoren $\vec{a} = \begin{pmatrix} -1 \\ 2 \\ 4 \end{pmatrix}$ und $\vec{b} = \begin{pmatrix} 3 \\ 1 \\ 2 \end{pmatrix}$.

a) $\vec{a} + \vec{b} = \begin{pmatrix} 2 \\ 3 \\ 6 \end{pmatrix}$ b) $\vec{a} - \vec{b} = \begin{pmatrix} -4 \\ 1 \\ 2 \end{pmatrix}$ c) $2 \cdot \vec{a} = \begin{pmatrix} -2 \\ 4 \\ 8 \end{pmatrix}$

d) $-\vec{a} = \begin{pmatrix} 1 \\ -2 \\ -4 \end{pmatrix}$ e) $2\vec{a} + 3\vec{b} = \begin{pmatrix} 7 \\ 7 \\ 14 \end{pmatrix}$

f) $\vec{a} \cdot \vec{b} = (-1) \cdot 3 + 2 \cdot 1 + 4 \cdot 2 = 7$

g) $|\vec{a}| = \sqrt{(-1)^2 + 2^2 + 4^2} = \sqrt{1 + 4 + 16} = \sqrt{21}$

h) $|\vec{b}| = \sqrt{3^2 + 1^2 + 2^2} = \sqrt{14}$

i) $|\vec{a} + \vec{b}| = \left| \begin{pmatrix} 2 \\ 3 \\ 6 \end{pmatrix} \right| = \sqrt{2^2 + 3^2 + 6^2} = \sqrt{49} = 7$

j) $\vec{a} \times \vec{b} = \begin{pmatrix} -1 \\ 2 \\ 4 \end{pmatrix} \times \begin{pmatrix} 3 \\ 1 \\ 2 \end{pmatrix} = \begin{pmatrix} 2 \cdot 2 - 4 \cdot 1 \\ 4 \cdot 3 - (-1) \cdot 2 \\ (-1) \cdot 1 - 2 \cdot 3 \end{pmatrix} = \begin{pmatrix} 0 \\ 14 \\ -7 \end{pmatrix}$

5.1.2 Orts- und Verbindungsvektoren

a) Gegeben sind die Punkte A(2|3|2), B(7|4|3) und C(1|5|−2).

Die Ortsvektoren sind: $\vec{a} = \begin{pmatrix} 2 \\ 3 \\ 2 \end{pmatrix}$, $\vec{b} = \begin{pmatrix} 7 \\ 4 \\ 3 \end{pmatrix}$, $\vec{c} = \begin{pmatrix} 1 \\ 5 \\ -2 \end{pmatrix}$.

Die Verbindungsvektoren sind:

$\overrightarrow{AB} = \vec{b} - \vec{a} = \begin{pmatrix} 7 \\ 4 \\ 3 \end{pmatrix} - \begin{pmatrix} 2 \\ 3 \\ 2 \end{pmatrix} = \begin{pmatrix} 5 \\ 1 \\ 1 \end{pmatrix}$

$$\vec{AC} = \vec{c} - \vec{a} = \begin{pmatrix} 1 \\ 5 \\ -2 \end{pmatrix} - \begin{pmatrix} 2 \\ 3 \\ 2 \end{pmatrix} = \begin{pmatrix} -1 \\ 2 \\ -4 \end{pmatrix}$$

$$\vec{BC} = \vec{c} - \vec{b} = \begin{pmatrix} 1 \\ 5 \\ -2 \end{pmatrix} - \begin{pmatrix} 7 \\ 4 \\ 3 \end{pmatrix} = \begin{pmatrix} -6 \\ 1 \\ -5 \end{pmatrix}$$

Die Längen der Dreiecksseiten erhält man mithilfe der Beträge der Verbindungsvektoren:

$$\overline{AB} = \left|\vec{AB}\right| = \left|\begin{pmatrix} 5 \\ 1 \\ 1 \end{pmatrix}\right| = \sqrt{5^2 + 1^2 + 1^2} = \sqrt{27}$$

$$\overline{AC} = \left|\vec{AC}\right| = \left|\begin{pmatrix} -1 \\ 2 \\ -4 \end{pmatrix}\right| = \sqrt{(-1)^2 + 2^2 + (-4)^2} = \sqrt{21}$$

$$\overline{BC} = \left|\vec{BC}\right| = \left|\begin{pmatrix} -6 \\ 1 \\ -5 \end{pmatrix}\right| = \sqrt{(-6)^2 + 1^2 + (-5)^2} = \sqrt{62}$$

Da alle drei Seiten des Dreiecks unterschiedlich lang sind, ist das Dreieck ABC nicht gleichschenklig.

b) I) $\vec{AB} = \begin{pmatrix} -4 \\ -2 \\ -1 \end{pmatrix}, \vec{AC} = \begin{pmatrix} -1 \\ -4 \\ -2 \end{pmatrix}, \vec{BC} = \begin{pmatrix} 3 \\ -2 \\ -1 \end{pmatrix}$.

Die Länge der Dreiecksseiten erhält man mithilfe der Beträge der Verbindungsvektoren:

$$\overline{AB} = \left|\vec{AB}\right| = \left|\begin{pmatrix} -4 \\ -2 \\ -1 \end{pmatrix}\right| = \sqrt{(-4)^2 + (-2)^2 + (-1)^2} = \sqrt{21}$$

$$\overline{AC} = \left|\vec{AC}\right| = \left|\begin{pmatrix} -1 \\ -4 \\ -2 \end{pmatrix}\right| = \sqrt{(-1)^2 + (-4)^2 + (-2)^2} = \sqrt{21}$$

Wegen $\overline{AB} = \overline{AC} = \sqrt{21}$ ist das Dreieck ABC gleichschenklig.

II) $\vec{AB} = \begin{pmatrix} 5 \\ 3 \\ -2 \end{pmatrix}, \vec{AC} = \begin{pmatrix} 4 \\ 4 \\ -2 \end{pmatrix}, \vec{BC} = \begin{pmatrix} -1 \\ 1 \\ 0 \end{pmatrix}$, es ist $\overline{AB} = \sqrt{38}, \overline{AC} = 6$

und $\overline{BC} = \sqrt{2}$, damit ist das Dreieck ABC nicht gleichschenklig.

5.1 Rechnen mit Vektoren — Lösungen

c) I)

$$\overrightarrow{OM} = \overrightarrow{OA} + \tfrac{1}{2}\overrightarrow{AB} = \begin{pmatrix} 4 \\ 1 \\ 3 \end{pmatrix} + \tfrac{1}{2}\cdot \begin{pmatrix} -6 \\ 4 \\ -8 \end{pmatrix} = \begin{pmatrix} 1 \\ 3 \\ -1 \end{pmatrix}$$

$\Rightarrow M(1\mid 3\mid -1)$

II)

$$\overrightarrow{OP} = \overrightarrow{OA} + 2\cdot \overrightarrow{AB} = \begin{pmatrix} 3 \\ -1 \\ -4 \end{pmatrix} + 2\cdot \begin{pmatrix} 1 \\ 3 \\ 9 \end{pmatrix} = \begin{pmatrix} 5 \\ 5 \\ 14 \end{pmatrix}$$

$\Rightarrow P(5\mid 5\mid 14)$

d) I)

$$\overrightarrow{OD} = \overrightarrow{OA} + \overrightarrow{BC} = \begin{pmatrix} 4 \\ 2 \\ 3 \end{pmatrix} + \begin{pmatrix} -3 \\ -7 \\ -8 \end{pmatrix} = \begin{pmatrix} 1 \\ -5 \\ -5 \end{pmatrix}$$

$\Rightarrow D(1\mid -5\mid -5)$

II)

$$\overrightarrow{OD^*} = \overrightarrow{OB} + \overrightarrow{AC} = \begin{pmatrix} 1 \\ 8 \\ 5 \end{pmatrix} + \begin{pmatrix} -6 \\ -1 \\ -6 \end{pmatrix} = \begin{pmatrix} -5 \\ 7 \\ -1 \end{pmatrix}$$

$\Rightarrow D^*(-5\mid 7\mid -1)$

III)

$$\overrightarrow{OD'} = \overrightarrow{OA} + \overrightarrow{CB} = \begin{pmatrix} 4 \\ 2 \\ 3 \end{pmatrix} + \begin{pmatrix} 3 \\ 7 \\ 8 \end{pmatrix} = \begin{pmatrix} 7 \\ 9 \\ 11 \end{pmatrix}$$

$\Rightarrow D'(7\mid 9\mid 11)$

e) I) Es ergeben sich folgende mögliche Vektorketten:

$$\overrightarrow{OD} = \overrightarrow{OA} + \overrightarrow{BC} = \begin{pmatrix} 3 \\ 1 \\ 4 \end{pmatrix} + \begin{pmatrix} 7 \\ -3 \\ 6 \end{pmatrix} = \begin{pmatrix} 10 \\ -2 \\ 10 \end{pmatrix} \Rightarrow D(10\mid -2\mid 10)$$

$$\overrightarrow{OE} = \overrightarrow{OA} + \overrightarrow{BF} = \begin{pmatrix} 3 \\ 1 \\ 4 \end{pmatrix} + \begin{pmatrix} 11 \\ 1 \\ 9 \end{pmatrix} = \begin{pmatrix} 14 \\ 2 \\ 13 \end{pmatrix} \Rightarrow E(14\mid 2\mid 13)$$

$$\overrightarrow{OG} = \overrightarrow{OC} + \overrightarrow{BF} = \begin{pmatrix} 5 \\ -2 \\ 3 \end{pmatrix} + \begin{pmatrix} 11 \\ 1 \\ 9 \end{pmatrix} = \begin{pmatrix} 16 \\ -1 \\ 12 \end{pmatrix} \Rightarrow G(16\mid -1\mid 12)$$

$$\overrightarrow{OH} = \overrightarrow{OD} + \overrightarrow{BF} = \begin{pmatrix} 10 \\ -2 \\ 10 \end{pmatrix} + \begin{pmatrix} 11 \\ 1 \\ 9 \end{pmatrix} = \begin{pmatrix} 21 \\ -1 \\ 19 \end{pmatrix} \Rightarrow H(21\mid -1\mid 19)$$

Lösungen 5.1 *Rechnen mit Vektoren*

II) Die Länge der Raumdiagonalen AG ist die Länge des Verbindungsvektors $\overrightarrow{AG}$:

$$AG = |\overrightarrow{AG}| = \left|\begin{pmatrix} 13 \\ -2 \\ 8 \end{pmatrix}\right| = \sqrt{169+4+64} = \sqrt{237}\,\text{LE}.$$

f) Bei einem schiefen Dreiecksprisma sind folgende 3 Kanten parallel: AD, BE und CF $\Rightarrow$ $\overrightarrow{AD} = \overrightarrow{BE} = \overrightarrow{CF}$. Daher gilt: $\overrightarrow{OE} = \overrightarrow{OB} + \overrightarrow{AD} = \begin{pmatrix} 5 \\ -2 \\ -1 \end{pmatrix} + \begin{pmatrix} 3 \\ 3 \\ 5 \end{pmatrix} = \begin{pmatrix} 8 \\ 1 \\ 4 \end{pmatrix}$
$\Rightarrow$ E(8 | 1 | 4)

$$\overrightarrow{OF} = \overrightarrow{OC} + \overrightarrow{AD} = \begin{pmatrix} -1 \\ 3 \\ -2 \end{pmatrix} + \begin{pmatrix} 3 \\ 3 \\ 5 \end{pmatrix} = \begin{pmatrix} 2 \\ 6 \\ 3 \end{pmatrix} \Rightarrow F(2 \mid 6 \mid 3)$$

Die Länge der Kante EF ist $|\overrightarrow{EF}| = \left|\begin{pmatrix} -6 \\ 5 \\ -1 \end{pmatrix}\right| = \sqrt{36+25+1} = \sqrt{62}\,\text{LE}.$

5.1.3 Orthogonalität von Vektoren

a) I) $\vec{a} \cdot \vec{b} = \begin{pmatrix} -1 \\ 0 \\ 1 \end{pmatrix} \cdot \begin{pmatrix} 2 \\ 2 \\ 0 \end{pmatrix} = (-1) \cdot 2 + 0 \cdot 2 + 1 \cdot 0 = -2 \Rightarrow \vec{a}$ steht nicht orthogonal auf $\vec{b}$.

II) $\vec{r} \cdot \vec{n} = \begin{pmatrix} 5 \\ -1 \\ 3 \end{pmatrix} \cdot \begin{pmatrix} 2 \\ 1 \\ -3 \end{pmatrix} = 5 \cdot 2 + (-1) \cdot 1 + 3 \cdot (-3) = 0 \Rightarrow \vec{r}$ steht orthogonal auf $\vec{n}$.

III) $\vec{z} \cdot \vec{w} = \begin{pmatrix} 2 \\ -2 \\ 4 \end{pmatrix} \cdot \begin{pmatrix} 1 \\ 3 \\ 1 \end{pmatrix} = 2 \cdot 1 + (-2) \cdot 3 + 4 \cdot 1 = 0 \Rightarrow \vec{z}$ steht orthogonal auf $\vec{w}$.

b) Es sind Vektoren zu bestimmen, deren Skalarprodukt mit $\vec{n}$ Null ergibt. Dazu kann man zwei Komponenten des Vektors frei wählen, die dritte ergibt sich dann, z.B.:

$$\vec{a} = \begin{pmatrix} 4 \\ -2 \\ 0 \end{pmatrix}, \text{denn } \vec{a} \cdot \vec{n} = \begin{pmatrix} 4 \\ -2 \\ 0 \end{pmatrix} \cdot \begin{pmatrix} 1 \\ 2 \\ -3 \end{pmatrix} = 4 \cdot 1 + (-2) \cdot 2 + 0 \cdot (-3) = 4 - 4 = 0$$

$$\vec{b} = \begin{pmatrix} 0 \\ 3 \\ 2 \end{pmatrix}, \text{denn } \vec{b} \cdot \vec{n} = \begin{pmatrix} 0 \\ 3 \\ 2 \end{pmatrix} \cdot \begin{pmatrix} 1 \\ 2 \\ -3 \end{pmatrix} = 0 \cdot 1 + 3 \cdot 2 + 2 \cdot (-3) = 6 - 6 = 0$$

$$\vec{c} = \begin{pmatrix} 5 \\ -1 \\ 1 \end{pmatrix}, \text{ denn } \vec{c} \cdot \vec{n} = \begin{pmatrix} 5 \\ -1 \\ 1 \end{pmatrix} \cdot \begin{pmatrix} 1 \\ 2 \\ -3 \end{pmatrix} = 5 \cdot 1 + (-1) \cdot 2 + 1 \cdot (-3) = 5 - 2 - 3 = 0$$

c) $\overrightarrow{AB} = \begin{pmatrix} -4 \\ 4 \\ 2 \end{pmatrix}$, $\overrightarrow{AC} = \begin{pmatrix} -6 \\ 0 \\ 6 \end{pmatrix}$, $\overrightarrow{BC} = \begin{pmatrix} -2 \\ -4 \\ 4 \end{pmatrix}$

$$\overrightarrow{AB} \cdot \overrightarrow{AC} = \begin{pmatrix} -4 \\ 4 \\ 2 \end{pmatrix} \cdot \begin{pmatrix} -6 \\ 0 \\ 6 \end{pmatrix} = 24 + 0 + 12 = 36$$

$$\overrightarrow{AB} \cdot \overrightarrow{BC} = \begin{pmatrix} -4 \\ 4 \\ 2 \end{pmatrix} \cdot \begin{pmatrix} -2 \\ -4 \\ 4 \end{pmatrix} = 8 - 16 + 8 = 0$$

$$\overrightarrow{AC} \cdot \overrightarrow{BC} = \begin{pmatrix} -6 \\ 0 \\ 6 \end{pmatrix} \cdot \begin{pmatrix} -2 \\ -4 \\ 4 \end{pmatrix} = 12 + 0 + 24 = 36$$

Da das Skalarprodukt von $\overrightarrow{AB}$ und $\overrightarrow{BC}$ gleich Null ist, stehen diese beiden Vektoren senkrecht aufeinander, d.h. das Dreieck ABC hat bei B einen rechten Winkel.

5.2 Geraden

5.2.1 Aufstellen von Geradengleichungen

Der Ortsvektor des einen Punktes wird als Stützvektor für die Gerade benutzt. Einen Richtungsvektor erhält man, indem man einen Verbindungsvektor zwischen den beiden Punkten aufstellt. Da es beliebig ist, welcher Punkt als «Stützpunkt» genommen wird bzw. in welche Richtung man den Richtungsvektor aufstellt, gibt es mehrere Lösungen. Für Aufgabe a) sind alle vier Lösungen dargestellt, für die Aufgaben b) und c) ist eine mögliche Lösung aufgeführt.

a) I) $g: \vec{x} = \begin{pmatrix} 1 \\ 0 \\ 2 \end{pmatrix} + r \cdot \begin{pmatrix} 2 \\ 1 \\ 1 \end{pmatrix}$ II) $g: \vec{x} = \begin{pmatrix} 3 \\ 1 \\ 3 \end{pmatrix} + r \cdot \begin{pmatrix} 2 \\ 1 \\ 1 \end{pmatrix}$

III) $g: \vec{x} = \begin{pmatrix} 1 \\ 0 \\ 2 \end{pmatrix} + r \cdot \begin{pmatrix} -2 \\ -1 \\ -1 \end{pmatrix}$ IV) $g: \vec{x} = \begin{pmatrix} 3 \\ 1 \\ 3 \end{pmatrix} + r \cdot \begin{pmatrix} -2 \\ -1 \\ -1 \end{pmatrix}$

b) $g: \vec{x} = \begin{pmatrix} 2 \\ 1 \\ -4 \end{pmatrix} + s \cdot \begin{pmatrix} 2 \\ -1 \\ 5 \end{pmatrix}$ c) $g: \vec{x} = \begin{pmatrix} 1 \\ 1 \\ 0 \end{pmatrix} + t \cdot \begin{pmatrix} 1 \\ 1 \\ -1 \end{pmatrix}$

5.2.2 Punktprobe

Die Ortsvektoren der Punkte werden in die Geradengleichung eingesetzt. Dann ermittelt man den Parameter mithilfe der Gleichungen des dazugehörigen Gleichungssystems. Es muss sich für alle drei Gleichungen der gleiche Parameter ergeben.

a) Einsetzen ergibt

$$\begin{array}{rrrrr} \text{I} & 2 &=& 1 &+& r \\ \text{II} & 7 &=& 3 &+& 4r \\ \text{III} & 0 &=& -2 &+& 2r \end{array}$$

Lösen der Gleichungen I, II und III führt zu $r = 1$. Also liegt der Punkt A auf der Geraden.

b) Einsetzen ergibt

$$\begin{array}{rrrrr} \text{I} & 3 &=& 1 &+& r \\ \text{II} & 11 &=& 3 &+& 4r \\ \text{III} & 3 &=& -2 &+& 2r \end{array}$$

Lösen der Gleichungen I und II führt zu $r = 2$. Lösen von Gleichung III ergibt $r = 2,5$. Dies ist ein Widerspruch. Der Punkt liegt also nicht auf der Geraden.

c) Lösen der Gleichungen I, II und III führt zu $r = -3$. Also liegt der Punkt C auf der Geraden.

5.2.3 Gegenseitige Lage von Geraden

Für einige Aufgaben ist die Lösung ausführlich dargestellt, ansonsten sind Zwischenergebnisse und das Endergebnis angegeben.

a) Die Richtungsvektoren der Geraden sind kein Vielfaches voneinander, da es kein k gibt, so dass gilt: $k \cdot \begin{pmatrix} 1 \\ 1 \\ 2 \end{pmatrix} = \begin{pmatrix} -3 \\ 4 \\ 2 \end{pmatrix}$, also können sich die Geraden schneiden oder windschief sein.

Gleichsetzen der Geraden führt zu:

$$\begin{array}{rrrrr} \text{I} & 4 + t &=& 5 &-& 3r \\ \text{II} & 2 + t &=& -4 &+& 4r \\ \text{III} & 5 + 2t &=& -1 &+& 2r \end{array}$$

Gleichung I − Gleichung II ergibt $r = 1$. Eingesetzt in Gleichung I ergibt: $t = -2$. Prüfen in Gleichung III ergibt eine wahre Aussage: $1 = 1$. Setzt man $t = -2$ in g_1 oder $r = 1$ in g_2 ein, ergibt sich der Schnittpunkt S mit $S(2\,|\,0\,|\,1)$.

b) Die Richtungsvektoren der Geraden sind kein Vielfaches voneinander, da es kein k gibt, mit: $k \cdot \begin{pmatrix} -2 \\ 1 \\ 3 \end{pmatrix} = \begin{pmatrix} 3 \\ 4 \\ 5 \end{pmatrix}$, also können sich die Geraden schneiden oder windschief sein.

5.2 Geraden — Lösungen

Gleichsetzen der Geraden führt zu:

$$\begin{aligned} \text{I} \quad & -4 - 2r = 3 + 3t \\ \text{II} \quad & r = 2 + 4t \\ \text{III} \quad & 4 + 3r = 3 + 5t \end{aligned}$$

Gleichung I + 2·Gleichung II ergibt $t = -1$. Eingesetzt in Gleichung II ergibt sich $r = -2$. Prüfen in Gleichung III ergibt eine wahre Aussage: $-2 = -2$. Setzt man $t = -1$ in g_2 oder $r = -2$ in g_1 ein, ergibt sich der Schnittpunkt S mit $S(0 \mid -2 \mid -2)$.

c) Die Richtungsvektoren der Geraden sind kein Vielfaches voneinander, da es kein k gibt, so dass gilt: $k \cdot \begin{pmatrix} 2 \\ 1 \\ -3 \end{pmatrix} = \begin{pmatrix} 4 \\ -5 \\ -1 \end{pmatrix}$.

Gleichsetzen der Geraden führt zu

$$\begin{aligned} \text{I} \quad & 1 + 2s = 5 + 4t \\ \text{II} \quad & -3 + s = 1 - 5t \\ \text{III} \quad & 5 - 3s = -3 - t \end{aligned}$$

Gleichung I − 2· Gleichung II ergibt $t = \frac{2}{7}$. Eingesetzt in Gleichung II ergibt sich $s = \frac{18}{7}$. Prüfen in Gleichung III ergibt: $-\frac{19}{7} = -\frac{23}{7}$. Dies ist ein Widerspruch, also sind die Geraden windschief.

d) Die Richtungsvektoren der Geraden sind kein Vielfaches voneinander, da es kein k gibt, so dass gilt: $k \cdot \begin{pmatrix} 2 \\ 0 \\ 1 \end{pmatrix} = \begin{pmatrix} 0 \\ 1 \\ -1 \end{pmatrix}$. Gleichsetzen der Geradengleichungen und Berechnen von t und r mit Gleichung I und II ergibt $t = \frac{1}{2}$ und $r = -1$. Prüfen in Gleichung III führt auf einen Widerspruch, also sind die Geraden windschief.

e) Prüfung der Richtungsvektoren:

$k \cdot \begin{pmatrix} 2 \\ -1 \\ 3 \end{pmatrix} = \begin{pmatrix} -2 \\ 1 \\ -3 \end{pmatrix} \Rightarrow k = -1$, d.h. die Richtungsvektoren sind ein Vielfaches voneinander (linear abhängig), also können die Geraden parallel oder identisch sein.

Man prüft nun, ob $P(4 \mid 0 \mid 1)$ der Geraden g auch auf der Geraden h liegt:

$$\begin{pmatrix} 4 \\ 0 \\ 1 \end{pmatrix} = \begin{pmatrix} 6 \\ -1 \\ 4 \end{pmatrix} + t \cdot \begin{pmatrix} -2 \\ 1 \\ -3 \end{pmatrix}$$

$4 = 6 - 2t \Rightarrow t = 1$
$0 = -1 + t \Rightarrow t = 1$
$1 = 4 - 3t \Rightarrow t = 1$, positive Punktprobe, also sind die Geraden identisch.

Lösungen   5.2   Geraden

f) Prüfung der Richtungsvektoren:

$$k \cdot \begin{pmatrix} 1 \\ -1 \\ 2 \end{pmatrix} = \begin{pmatrix} -3 \\ 3 \\ -6 \end{pmatrix} \Rightarrow k = -3,$$ d.h. die Richtungsvektoren sind ein Vielfaches von-

einander (linear abhängig), also können die Geraden parallel oder identisch sein.
Man prüft nun, ob P(1 | 2 | 3) der Geraden h auch auf der Geraden g liegt:

$$\begin{pmatrix} 1 \\ 2 \\ 3 \end{pmatrix} = \begin{pmatrix} -1 \\ 4 \\ -1 \end{pmatrix} + s \cdot \begin{pmatrix} -3 \\ 3 \\ -6 \end{pmatrix}$$

$1 = -1 - 3s \Rightarrow s = -\frac{2}{3}$
$2 = 4 + 3s \Rightarrow s = -\frac{2}{3}$
$3 = -1 - 6s \Rightarrow s = -\frac{2}{3}$, positive Punktprobe, also sind die Geraden identisch.

g) Prüfung der Richtungsvektoren:

$$k \cdot \begin{pmatrix} -2 \\ -1 \\ 3 \end{pmatrix} = \begin{pmatrix} 4 \\ 2 \\ -6 \end{pmatrix} \Rightarrow k = -2,$$ d.h. die Richtungsvektoren sind ein Vielfaches von-

einander (linear abhängig), also können die Geraden parallel oder identisch sein.
Man prüft nun, ob P(1 | 4 | −2) der Geraden g auch auf der Geraden h liegt:

$$\begin{pmatrix} 1 \\ 4 \\ -2 \end{pmatrix} = \begin{pmatrix} -1 \\ 3 \\ -1 \end{pmatrix} + r \cdot \begin{pmatrix} 4 \\ 2 \\ -6 \end{pmatrix}$$

$1 = -1 + 4r \Rightarrow r = \frac{1}{2}$
$4 = 3 + 2r \Rightarrow r = \frac{1}{2}$
$-2 = -1 - 6r \Rightarrow r = \frac{1}{6}$, dies ist ein Widerspruch, d.h. negative Punktprobe, also sind die Geraden parallel.

h) Prüfung der Richtungsvektoren:

$$k \cdot \begin{pmatrix} 4 \\ 6 \\ -8 \end{pmatrix} = \begin{pmatrix} 2 \\ 3 \\ -4 \end{pmatrix} \Rightarrow k = \frac{1}{2},$$ d.h. die Richtungsvektoren sind ein Vielfaches von-

einander (linear abhängig), also können die Geraden parallel oder identisch sein.
Man prüft nun, ob P(0 | 1 | 4) der Geraden g auch auf der Geraden h liegt:

$$\begin{pmatrix} 0 \\ 1 \\ 4 \end{pmatrix} = \begin{pmatrix} 4 \\ 8 \\ -4 \end{pmatrix} + t \cdot \begin{pmatrix} 2 \\ 3 \\ -4 \end{pmatrix}$$

$0 = 4 + 2t \Rightarrow t = -2$
$1 = 8 + 3t \Rightarrow t = -\frac{7}{3}$
$4 = -4 - 4t \Rightarrow t = -2$, Widerspruch, d.h. negative Punktprobe, also sind die Geraden parallel.

5.3 Ebenen

5.3.1 Parameterform der Ebenengleichung

a) Einer der angegebenen Punkte, z.B. A, wird als «Stützpunkt» genommen; die Verbindungsvektoren $\overrightarrow{AB}$ und $\overrightarrow{AC}$ sind dann die Spannvektoren der Ebene. Konkret ergibt sich damit:

$$E: \vec{x} = \begin{pmatrix} 1 \\ 4 \\ 3 \end{pmatrix} + r \cdot \begin{pmatrix} 1 \\ 3 \\ -6 \end{pmatrix} + s \cdot \begin{pmatrix} 2 \\ 1 \\ -2 \end{pmatrix}$$

b) Auch hier wird einer der angegebenen Punkte als Stützpunkt genommen, die Verbindungsvektoren $\overrightarrow{PQ}$ und $\overrightarrow{PR}$ ermittelt und als Spannvektoren genommen. Damit gilt:

$$E: \vec{x} = \begin{pmatrix} 3 \\ 1 \\ 2 \end{pmatrix} + r \cdot \begin{pmatrix} 1 \\ 6 \\ 1 \end{pmatrix} + s \cdot \begin{pmatrix} 1 \\ -1 \\ -3 \end{pmatrix}$$

c) Der «Stützpunkt» und der erste Spannvektor können direkt von der Geraden g übernommen werden. Den zweiten Spannvektor erhält man, indem man den Verbindungsvektor zwischen dem Stützpunkt und dem angegebenen Punkt aufstellt. Damit gilt:

$$E: \vec{x} = \begin{pmatrix} -1 \\ 2 \\ 4 \end{pmatrix} + r \cdot \begin{pmatrix} 3 \\ 6 \\ -1 \end{pmatrix} + s \cdot \begin{pmatrix} 2 \\ 1 \\ 2 \end{pmatrix}$$

d) Auch hier können der «Stützpunkt» und der erste Spannvektor direkt von der Geraden g übernommen werden. Den zweiten Spannvektor erhält man, indem man den Verbindungsvektor zwischen dem angegebenen Punkt und dem Stützpunkt aufstellt. Damit gilt:

$$E: \vec{x} = \begin{pmatrix} 7 \\ 3 \\ 2 \end{pmatrix} + r \cdot \begin{pmatrix} 1 \\ 2 \\ 1 \end{pmatrix} + s \cdot \begin{pmatrix} 7 \\ 2 \\ 0 \end{pmatrix}$$

5.3.2 Koordinatengleichung einer Ebene

Es gibt verschiedene Wege, die Koordinatenform der Ebenengleichung zu bestimmen. In der Lösung ist der Weg über die Punkt-Normalenform gewählt, weil er der anschaulichste ist. Alternativ ist es aber z.B. auch möglich, die Koordinatenform zu bestimmen, indem man die Koordinaten eines gegebenen Punktes in den Ansatz $ax_1 + bx_2 + cx_3 = d$ einsetzt und d bestimmt.

a) Die gegebene Punkt-Normalenform der Ebene E : $\left(\vec{x} - \begin{pmatrix} 3 \\ 1 \\ 2 \end{pmatrix} \right) \cdot \begin{pmatrix} 2 \\ 3 \\ 1 \end{pmatrix} = 0$ wird

Lösungen   *5.3 Ebenen*

durch Ausrechnen des Skalarprodukts in die Koordinatengleichung übergeführt:

$$\left(\begin{pmatrix} x_1 \\ x_2 \\ x_3 \end{pmatrix} - \begin{pmatrix} 3 \\ 1 \\ 2 \end{pmatrix}\right) \cdot \begin{pmatrix} 2 \\ 3 \\ 1 \end{pmatrix} = 0$$

$$(x_1 - 3) \cdot 2 + (x_2 - 1) \cdot 3 + (x_3 - 2) \cdot 1 = 0$$

$$2x_1 - 6 + 3x_2 - 3 + x_3 - 2 = 0$$

$$2x_1 + 3x_2 + x_3 = 11$$

Alternativ kann man auch die Koordinaten des Punktes $(3\,|\,1\,|\,2)$ in den Ansatz $2x_1 + 3x_2 + x_3 = d$ einsetzen:

$$2 \cdot 3 + 3 \cdot 1 + 2 = d \;\Rightarrow\; d = 11$$

Damit erhält man die Koordinatengleichung: $2x_1 + 3x_2 + x_3 = 11$.

b) Die gegebene Punkt-Normalenform der Ebene E : $\left(\vec{x} - \begin{pmatrix} -5 \\ 4 \\ -1 \end{pmatrix}\right) \cdot \begin{pmatrix} 2 \\ -1 \\ 3 \end{pmatrix} = 0$ wird

durch Ausrechnen des Skalarprodukts in die Koordinatengleichung übergeführt:

$$\left(\begin{pmatrix} x_1 \\ x_2 \\ x_3 \end{pmatrix} - \begin{pmatrix} -5 \\ 4 \\ -1 \end{pmatrix}\right) \cdot \begin{pmatrix} 2 \\ -1 \\ 3 \end{pmatrix} = 0$$

$$(x_1 + 5) \cdot 2 + (x_2 - 4) \cdot (-1) + (x_3 + 1) \cdot 3 = 0$$

$$2x_1 + 10 - x_2 + 4 + 3x_3 + 3 = 0$$

$$2x_1 - x_2 + 3x_3 = -17$$

Alternativ kann man auch die Koordinaten des Punktes $(-5\,|\,4\,|\,-1)$ in den Ansatz $2x_1 - x_2 + 3x_3 = d$ einsetzen:

$$2 \cdot (-5) + -4 + 3 \cdot (-1) = d \;\Rightarrow\; d = -17$$

Damit erhält man die Koordinatengleichung: $2x_1 - x_2 + 3x_3 = -17$.

c) Zuerst legt man fest, welcher Ortsvektor als Stützvektor benutzt wird, dann bildet man zwei Spannvektoren und errechnet mit diesen den Normalenvektor $\vec{n}$. Dieser wird in die Punkt-Normalenform eingesetzt und ausgerechnet:

Als Stützvektor wird $\vec{a}$ gewählt, damit ergibt sich für die Spannvektoren $\overrightarrow{AB} = \begin{pmatrix} 2 \\ -1 \\ 1 \end{pmatrix}$

und $\overrightarrow{AC} = \begin{pmatrix} 6 \\ 2 \\ 3 \end{pmatrix}$. Das Vektorprodukt (siehe Seite 51) der Spannvektoren ergibt $\begin{pmatrix} -5 \\ 0 \\ 10 \end{pmatrix}$.

5.3 Ebenen — Lösungen

Ausklammern von 5 führt zu $\vec{n} = \begin{pmatrix} -1 \\ 0 \\ 2 \end{pmatrix}$. Einsetzen von $\vec{a}$ und $\vec{n}$ in die Punkt-Normalenform $(\vec{x} - \vec{a}) \cdot \vec{n} = 0$ und Ausrechnen ergibt:

$$\left(\begin{pmatrix} x_1 \\ x_2 \\ x_3 \end{pmatrix} - \begin{pmatrix} 2 \\ 2 \\ 2 \end{pmatrix}\right) \cdot \begin{pmatrix} -1 \\ 0 \\ 2 \end{pmatrix} = 0 \Rightarrow (x_1 - 2) \cdot (-1) + (x_2 - 2) \cdot 0 + (x_3 - 2) \cdot 2 = 0.$$

Ordnen der Gleichung führt zu: $-x_1 + 2x_3 = 2$.
Alternativ kann man auch die Koordinaten des Punktes A(2 | 2 | 2) in den Ansatz $-x_1 + 2x_3 = d$ einsetzen:

$$-2 + 2 \cdot 2 = d \Rightarrow d = 2$$

Damit erhält man die Koordinatengleichung: $-x_1 + 2x_3 = 2$.

d) Stützvektor $= \vec{p}$, Spannvektoren $\overrightarrow{PQ} = \begin{pmatrix} 1 \\ 4 \\ -2 \end{pmatrix}$ und $\overrightarrow{PR} = \begin{pmatrix} 4 \\ -2 \\ -2 \end{pmatrix}$. Das Vektorprodukt (siehe Seite 51) der Spannvektoren ergibt $\begin{pmatrix} -12 \\ -6 \\ -18 \end{pmatrix}$. Ausklammern von (-6) führt zu $\vec{n} = \begin{pmatrix} 2 \\ 1 \\ 3 \end{pmatrix}$. Einsetzen von $\vec{p}$ und $\vec{n}$ in die Punkt-Normalenform und Ausrechnen führt zu $2x_1 + x_2 + 3x_3 = 20$.

Alternativ kann man auch die Koordinaten des Punktes P(1 | 3 | 5) in den Ansatz $2x_1 + x_2 + 3x_3 = d$ einsetzen:

$$2 \cdot 1 + 3 + 3 \cdot 5 = d \Rightarrow d = 20$$

Damit erhält man die Koordinatengleichung: $2x_1 + x_2 + 3x_3 = 20$.

e) Der Stützvektor der Geraden wird als Punkt der Ebene in der Punkt-Normalenform benutzt. Der erste Spannvektor ist der Richtungsvektor der Geraden, der zweite Spannvektor ergibt sich als Verbindungsvektor des «Stützpunktes» der Geraden zu dem gegebenen Punkt. Mit den beiden Spannvektoren wird $\vec{n}$ berechnet und über die Punkt-Normalenform die Koordinatengleichung ausgerechnet.

Stützvektor $= \vec{s} = \begin{pmatrix} 3 \\ 5 \\ 7 \end{pmatrix}$, Spannvektoren $\begin{pmatrix} 1 \\ 1 \\ 1 \end{pmatrix}$ und $\begin{pmatrix} 1 \\ -4 \\ -5 \end{pmatrix}$. Das Vektorprodukt (siehe Seite 51) der Spannvektoren und Ausklammern von (-1) führt zu $\vec{n} = \begin{pmatrix} 1 \\ -6 \\ 5 \end{pmatrix}$. Einsetzen von $\vec{s}$ und $\vec{n}$ in die Punkt-Normalenform und Ausrechnen führt zu $x_1 - 6x_2 + 5x_3 = 8$. Alternativ kann man auch die Koordinaten des Punktes (3 | 5 | 7) in den Ansatz $x_1 - 6x_2 + 5x_3 = d$ einsetzen:

$$3 - 6 \cdot 5 + 5 \cdot 7 = d \Rightarrow d = 8$$

Damit erhält man die Koordinatengleichung: $x_1 - 6x_2 + 5x_3 = 8$.

f) Stützvektor $= \vec{s} = \begin{pmatrix} 7 \\ 2 \\ 3 \end{pmatrix}$, Spannvektoren $\begin{pmatrix} 1 \\ -3 \\ -3 \end{pmatrix}$ und $\begin{pmatrix} -3 \\ 1 \\ 1 \end{pmatrix}$. Das Vektorprodukt (siehe Seite 51) der Spannvektoren und Ausklammern von 8 führt zu $\vec{n} = \begin{pmatrix} 0 \\ 1 \\ -1 \end{pmatrix}$. Einsetzen von $\vec{s}$ und $\vec{n}$ in die Punkt-Normalenform und Ausrechnen führt zu $x_2 - x_3 = -1$. Alternativ kann man auch die Koordinaten des Punktes (7 | 2 | 3) in den Ansatz $x_2 - x_3 = d$ einsetzen:

$$2 - 3 = d \Rightarrow d = -1$$

Damit erhält man die Koordinatengleichung: $x_2 - x_3 = -1$.

g) Zuerst wird der Schnittpunkt der Geraden ermittelt, um auszuschließen, dass die Geraden windschief sind. Bevor man die Gleichungen gleichsetzt, überprüft man, ob sie den gleichen Stützvektor besitzen. Der eine Richtungsvektor bildet einen Spannvektor, der andere Richtungsvektor den anderen. Mit den beiden Spannvektoren wird $\vec{n}$ berechnet und über die Punkt-Normalenform die Koordinatengleichung ausgerechnet.

Beide Geraden besitzen den gleichen Stützvektor $\vec{s} = \begin{pmatrix} 1 \\ 2 \\ 3 \end{pmatrix}$, die Spannvektoren sind $\begin{pmatrix} 1 \\ 3 \\ 4 \end{pmatrix}$ und $\begin{pmatrix} 2 \\ -1 \\ 3 \end{pmatrix}$. Damit ist $\vec{n} = \begin{pmatrix} 13 \\ 5 \\ -7 \end{pmatrix}$. Einsetzen von $\vec{s}$ und $\vec{n}$ in die Punkt-Normalenform und Ausrechnen führt zu $13x_1 + 5x_2 - 7x_3 = 2$.

Alternativ kann man auch die Koordinaten des Punktes (1 | 2 | 3) in den Ansatz $13x_1 + 5x_2 - 7x_3 = d$ einsetzen:

$$13 \cdot 1 + 5 \cdot 2 - 7 \cdot 3 = d \Rightarrow d = 2$$

Damit erhält man die Koordinatengleichung: $13x_1 + 5x_2 - 7x_3 = 2$.

h) Die Geraden besitzen nicht den gleichen Stützvektor, daher wird zuerst der Schnittpunkt der Geraden durch Gleichsetzen der dazugehörigen Gleichungen bestimmt:

$$\begin{array}{rrcrr} \text{I} & 1 + s & = & 3 + 2t \\ \text{II} & 2 + 3s & = & 3 + t \\ \text{III} & 4 + 2s & = & 7 + 3t \end{array}$$

Die Gleichung II wird mit -2 multipliziert und zu I addiert. Auflösen nach s ergibt: $s = 0$. Einsetzen in I führt zu $t = -1$. Beide Variablen müssen noch in III überprüft werden. Um den Schnittpunkt zu bestimmen, setzt man s oder t in eine der beiden Geradengleichungen ein. Der Schnittpunkt S ist damit $S\,(1\mid 2\mid 4)$. Nun wählt man wieder die beiden Richtungsvektoren als Spannvektoren und bestimmt $\vec{n}$: Damit ist $\vec{n} = \begin{pmatrix} 7 \\ 1 \\ -5 \end{pmatrix}$. Einsetzen von $\vec{s}$ und $\vec{n}$ in die Punkt-Normalenform und Ausrechnen führt zu $7x_1 + x_2 - 5x_3 = -11$. Alternativ kann man auch die Koordinaten des Punktes $S\,(1\mid 2\mid 4)$ in den Ansatz $7x_1 + x_2 - 5x_3 = d$ einsetzen:

$$7 \cdot 1 + 2 - 5 \cdot 4 = d \;\Rightarrow\; d = -11$$

Damit erhält man die Koordinatengleichung: $7x_1 + x_2 - 5x_3 = -11$.

i) Zuerst wird der Schnittpunkt durch Gleichsetzen der Gleichungen bestimmt: $s = -1$ und $t = 2$. Der Schnittpunkt S ist damit $S\,(1\mid 0\mid 2)$. Nun wählt man wieder die beiden Richtungsvektoren als Spannvektoren und bestimmt $\vec{n}$: $\vec{n} = \begin{pmatrix} -17 \\ 6 \\ 7 \end{pmatrix}$. Einsetzen von $\vec{s}$ und $\vec{n}$ in die Punkt-Normalenform und Ausrechnen führt zu $-17x_1 + 6x_2 + 7x_3 = -3$. Alternativ kann man auch die Koordinaten des Punktes $S\,(1\mid 0\mid 2)$ in den Ansatz $-17x_1 + 6x_2 + 7x_3 = d$ einsetzen:

$$-17 \cdot 1 + 6 \cdot 0 + 7 \cdot 2 = d \;\Rightarrow\; d = -3$$

Damit erhält man die Koordinatengleichung: $-17x_1 + 6x_2 + 7x_3 = -3$.

j) Zuerst wird der Schnittpunkt durch Gleichsetzen der dazugehörigen Gleichungen bestimmt:

$$\begin{array}{rrcrr} \text{I} & 1 + 3s & = & 4 + 6t \\ \text{II} & s & = & 1 + 2t \\ \text{III} & 2 + 2s & = & 1 + 4t \end{array}$$

Die Gleichung II wird mit -2 multipliziert zu III addiert. Es ergibt sich der Ausdruck $3 = 0$. Dies ist ein Widerspruch. Die Gleichung hat damit keine Lösung, d.h. die Geraden schneiden sich nicht. Da die Richtungsvektoren linear abhängig sind, sind die Geraden parallel. Der «Stützpunkt» der einen Geraden wird als Punkt in der Punkt-Normalenform benutzt.

Der erste Spannvektor der Ebene ist der Richtungsvektor der Geraden, der zweite Spannvektor ergibt sich aus dem Verbindungsvektor zwischen den «Stützpunkten» der beiden Geraden. Mit den beiden Spannvektoren wird $\vec{n}$ berechnet und über die Punkt-Normalenform die Koordinatengleichung ausgerechnet. Der Stützvektor ist $\vec{s} = \begin{pmatrix} 1 \\ 0 \\ 2 \end{pmatrix}$, die Spannvektoren sind $\begin{pmatrix} 3 \\ 1 \\ 2 \end{pmatrix}$ und $\begin{pmatrix} 3 \\ 1 \\ -1 \end{pmatrix}$. Das Vektorprodukt (siehe Seite 51) der Spannvektoren und Ausklammern von (-3) führt zu $\vec{n} = \begin{pmatrix} 1 \\ -3 \\ 0 \end{pmatrix}$. Einsetzen von $\vec{s}$ und $\vec{n}$ in die Punkt-Normalenform und Ausrechnen führt zu $x_1 - 3x_2 = 1$.

Alternativ kann man auch die Koordinaten des Punktes $(1 \mid 0 \mid 2)$ in den Ansatz $x_1 - 3x_2 = d$ einsetzen:

$$1 - 3 \cdot 0 = d \Rightarrow d = 1$$

Damit erhält man die Koordinatengleichung: $x_1 - 3x_2 = 1$.

k) Zuerst wird der Schnittpunkt durch Gleichsetzen bestimmt. Das Lösen des Gleichungssystems führt zu einem Widerspruch, daher schneiden sich die Geraden nicht. Die Richtungsvektoren sind linear abhängig $\Rightarrow$ die Geraden sind parallel. Die Ebene wird wie in der vorangehenden Aufgabe aufgestellt, die Spannvektoren sind $\begin{pmatrix} 2 \\ 1 \\ 2 \end{pmatrix}$ und $\begin{pmatrix} 2 \\ -1 \\ 2 \end{pmatrix}$.

Das Vektorprodukt (siehe Seite 51) der Spannvektoren und Ausklammern von 4 führt zu $\vec{n} = \begin{pmatrix} 1 \\ 0 \\ -1 \end{pmatrix}$.

Einsetzen in die Punkt-Normalenform und Ausrechnen führt zu $x_1 - x_3 = 0$.
Alternativ kann man auch die Koordinaten des Punktes $(0 \mid 1 \mid 0)$ in den Ansatz $x_1 - x_3 = d$ einsetzen:

$$0 - 0 = d \Rightarrow d = 0$$

Damit erhält man die Koordinatengleichung: $x_1 - x_3 = 0$.

l) Der Verbindungsvektor $\overrightarrow{AA^*}$ ist orthogonal zur Spiegelebene. Damit kann man ihn als Normalenvektor der Ebene benutzen. Dann wird der Punkt P in der Mitte der beiden Punkte ausgerechnet.

Es ist $\overrightarrow{AA^*} = \begin{pmatrix} 2 \\ -2 \\ -4 \end{pmatrix}$. Ausklammern von 2 ergibt $\vec{n} = \begin{pmatrix} 1 \\ -1 \\ -2 \end{pmatrix}$. Für $\vec{p}$ ergibt sich

$\vec{p} = \overrightarrow{OA} + \frac{1}{2} \cdot \overrightarrow{AA^*} = \begin{pmatrix} 2 \\ 3 \\ 5 \end{pmatrix}$. Einsetzen in die Punkt-Normalenform ergibt die Koordinatengleichung $x_1 - x_2 - 2x_3 = -11$.

Alternativ kann man auch die Koordinaten des Punktes P(2 | 3 | 5) in den Ansatz $x_1 - x_2 - 2x_3 = d$ einsetzen:

$$2 - 3 - 2 \cdot 5 = d \Rightarrow d = -11$$

Damit erhält man die Koordinatengleichung: $x_1 - x_2 - 2x_3 = -11$.

m) Da E die Gerade g enthalten soll, muss der Normalenvektor $\vec{n}$ senkrecht auf dem Richtungsvektor $\begin{pmatrix} 2 \\ 0 \\ -1 \end{pmatrix}$ der Geraden g stehen. Außerdem soll die Ebene E auch auf der angegebenen Ebene F mit $\vec{n_F} = \begin{pmatrix} -1 \\ 1 \\ 2 \end{pmatrix}$ senkrecht stehen. Somit muss der Normalenvektor $\vec{n}$ auch noch senkrecht auf dem Normalenvektor $\begin{pmatrix} -1 \\ 1 \\ 2 \end{pmatrix}$ stehen. Damit erhält man den Normalenvektor $\vec{n}$ von E mithilfe des Vektorprodukts (siehe Seite 51) der beiden Vektoren $\begin{pmatrix} 2 \\ 0 \\ -1 \end{pmatrix}$ und $\begin{pmatrix} -1 \\ 1 \\ 2 \end{pmatrix}$. Es ergibt sich: $\vec{n} = \begin{pmatrix} 1 \\ -3 \\ 2 \end{pmatrix}$. Setzt man $\vec{n}$ und den Stützvektor von g in die Punkt-Normalenform ein, erhält man die Koordinatenform: $x_1 - 3x_2 + 2x_3 = 4$.
Alternativ kann man auch die Koordinaten des Punktes (3 | 1 | 2) in den Ansatz $x_1 - 3x_2 + 2x_3 = d$ einsetzen:

$$3 - 3 \cdot 1 + 2 \cdot 2 = d \Rightarrow d = 4$$

Damit erhält man die Koordinatengleichung: $x_1 - 3x_2 + 2x_3 = 4$.

n) Mit drei Punkten wird eine Ebene aufgestellt. Anschließend prüft man, ob der 4. Punkt in der Ebene liegt. Da eine Punktprobe in der Parameterform relativ aufwändig ist, lohnt es sich, die Koordinatenform aufzustellen.
Als Stützvektor wird $\vec{a}$ gewählt, damit ergibt sich für die Spannvektoren $\vec{AB} = \begin{pmatrix} 2 \\ 2 \\ 2 \end{pmatrix}$ und $\vec{AC} = \begin{pmatrix} 5 \\ 1 \\ 1 \end{pmatrix}$. Das Vektorprodukt (siehe Seite 51) der Spannvektoren und Ausklammern von 8 führt zu $\vec{n} = \begin{pmatrix} 0 \\ 1 \\ -1 \end{pmatrix}$. Einsetzen in die Punkt-Normalenform und Ausrechnen ergibt: $x_2 - x_3 = -1$.
Alternativ kann man auch die Koordinaten des Punktes A(2 | 1 | 2) in den Ansatz $x_2 - x_3 = d$ einsetzen:

$$1 - 2 = d \Rightarrow d = -1$$

Damit erhält man die Koordinatengleichung: $x_2 - x_3 = -1$.

Einsetzen von D$(8 \mid -1 \mid 0)$ in die Koordinatengleichung ergibt $-1 = -1$.

Aufgrund der wahren Aussagen liegen damit alle vier Punkte in einer Ebene.

5.3.3 Punktprobe

a) Der Ortsvektor von Punkt A wird in die Ebenengleichung von E eingesetzt:

$$\begin{pmatrix} 1 \\ 3 \\ 5 \end{pmatrix} = \begin{pmatrix} 1 \\ 2 \\ -1 \end{pmatrix} + s \cdot \begin{pmatrix} 2 \\ 1 \\ 0 \end{pmatrix} + t \cdot \begin{pmatrix} -1 \\ 0 \\ 3 \end{pmatrix} \Rightarrow \begin{array}{llll} \text{I} & 1 = 1 + 2s - t \\ \text{II} & 3 = 2 + s \\ \text{III} & 5 = -1 + 3t \end{array}$$

Lösen führt zu

$$\begin{array}{lll} \text{Ia} & 2s - t = 0 \\ \text{IIa} & s = 1 \\ \text{IIIa} & 3t = 6 \end{array}$$

Entsprechend gilt: $s = 1$ und $t = 2$. Probe in Ia, indem man s und t einsetzt: $2 \cdot 1 - 2 = 0$. D.h. $0 = 0$. Die Aussage ist wahr, also liegt A in E.

Für die Punktprobe in F werden die Koordinaten von Punkt A in die Koordinatengleichung von F eingesetzt:

$$F: \ 4 \cdot 1 + 2 \cdot 3 - 3 \cdot 5 = -4$$

Es ergibt sich $-5 = -4$, ein Widerspruch, damit liegt Punkt A nicht in F.

b) Der Ortsvektor von Punkt B wird in die Ebenengleichung von E eingesetzt.

$$\begin{pmatrix} 0 \\ 1 \\ 2 \end{pmatrix} = \begin{pmatrix} 1 \\ 2 \\ -1 \end{pmatrix} + s \cdot \begin{pmatrix} 2 \\ 1 \\ 0 \end{pmatrix} + t \cdot \begin{pmatrix} -1 \\ 0 \\ 3 \end{pmatrix} \Rightarrow \begin{array}{llll} \text{I} & 0 = 1 + 2s - t \\ \text{II} & 1 = 2 + s \\ \text{III} & 2 = -1 + 3t \end{array}$$

Lösen führt zu

$$\begin{array}{lll} \text{Ia} & 2s - t = -1 \\ \text{IIa} & s = -1 \\ \text{IIIa} & 3t = 3 \end{array}$$

Entsprechend gilt: $s = -1$ und $t = 1$. Probe in Ia: $2 \cdot (-1) - 1 = -1$, d.h. $-3 = -1$. Dies ist ein Widerspruch, also liegt B nicht in E.

Für die Punktprobe in F werden die Koordinaten von Punkt B in die Koordinatengleichung von F eingesetzt:

$$F: \ 4 \cdot 0 + 2 \cdot 1 - 3 \cdot 2 = -4$$

Es ergibt sich $-4 = -4$, eine wahre Aussage, damit liegt Punkt B in F.

c) Der Ortsvektor von Punkt C wird in die Ebenengleichung von E eingesetzt.

$$\begin{pmatrix} 5 \\ 4 \\ -1 \end{pmatrix} = \begin{pmatrix} 1 \\ 2 \\ -1 \end{pmatrix} + s \cdot \begin{pmatrix} 2 \\ 1 \\ 0 \end{pmatrix} + t \cdot \begin{pmatrix} -1 \\ 0 \\ 3 \end{pmatrix} \Rightarrow \begin{array}{l} \text{I} \\ \text{II} \\ \text{III} \end{array} \begin{array}{rcl} 5 &=& 1 + 2s - t \\ 4 &=& 2 + s \\ -1 &=& -1 + 3t \end{array}$$

Lösen führt zu

$$\begin{array}{l} \text{Ia} \\ \text{IIa} \\ \text{IIIa} \end{array} \begin{array}{rcl} 2s - t &=& 4 \\ s &=& 2 \\ 3t &=& 0 \end{array}$$

Entsprechend gilt: $s = 2$ und $t = 0$. Probe in Ia: $2 \cdot 2 - 0 = 4$, d.h. $4 = 4$. Die Aussage ist wahr, also liegt C in E.

Für die Punktprobe in F werden die Koordinaten von Punkt A in die Koordinatengleichung von F eingesetzt:

$$F: \ 4 \cdot 5 + 2 \cdot 4 - 3 \cdot (-1) = -4$$

Es ergibt sich $31 = -4$, ein Widerspruch, damit liegt Punkt C nicht in F.

5.3.4 Spurpunkte

Die Spurpunkte einer Ebene liegen auf den Koordinatenachsen. Für den Spurpunkt auf der x_1-Achse sind die x_2- und die x_3-Komponente des Punktes gleich Null. Also setzt man in der Koordinatengleichung für diese 0 ein und stellt nach x_1 um. Die Spurgeraden sind die Verbindungsgeraden der entsprechenden Spurpunkte.

a) Koordinatengleichung von E: $3x_1 + 4x_2 + 3x_3 = 12$. Spurpunkt auf der x_1-Achse: Für x_2 und x_3 wird 0 eingesetzt, man erhält $3x_1 = 12 \Rightarrow x_1 = 4 \Rightarrow$ Spurpunkt $S_1(4\,|\,0\,|\,0)$. Entsprechend verfährt man für die anderen Punkte: $4x_2 = 12 \Rightarrow x_2 = 3 \Rightarrow S_2(0\,|\,3\,|\,0)$ und $3x_3 = 12 \Rightarrow x_3 = 4 \Rightarrow S_3(0\,|\,0\,|\,4)$.

b) $E: 4x_1 - 8x_2 + 4x_3 = 16$. Spurpunkte: $4x_1 = 16, \Rightarrow S_1(4\,|\,0\,|\,0)$, $-8x_2 = 16 \Rightarrow S_2(0\,|\,-2\,|\,0)$ und $4x_3 = 16 \Rightarrow S_3(0\,|\,0\,|\,4)$.

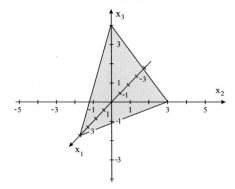
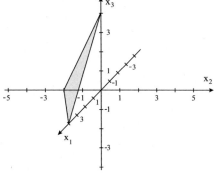

Aufgabe a) Aufgabe b)

c) $E: 3x_1 - 3x_2 - 3x_3 = 9$. Spurpunkte: $3x_1 = 9 \Rightarrow S_1(3\,|\,0\,|\,0)$, $-3x_2 = 9 \Rightarrow S_2(0\,|\,-3\,|\,0)$ und $-3x_3 = 9 \Rightarrow S_3(0\,|\,0\,|\,-3)$.

d) $E: 2x_1 + 4x_2 = 8$. Spurpunkte: $2x_1 = 8 \Rightarrow S_1(4\,|\,0\,|\,0)$ und $4x_2 = 8 \Rightarrow S_2(0\,|\,2\,|\,0)$. Da es keinen Spurpunkt auf der x_3-Achse gibt, bedeutet dies, dass die Ebene parallel zur x_3-Achse ist.

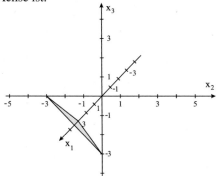
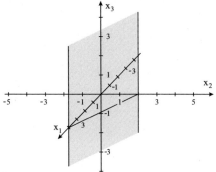

Aufgabe c) Aufgabe d)

e) $E : x_1 + 2x_3 = 4$. Spurpunkte: $x_1 = 4 \Rightarrow S_1(4\,|\,0\,|\,0)$ und $2x_3 = 4 \Rightarrow S_3(0\,|\,0\,|\,2)$. Da es keinen Spurpunkt auf der x_2-Achse gibt, bedeutet dies, dass die Ebene parallel zur x_2-Achse ist.

f) $E : 3x_2 + x_3 = 3$. Spurpunkte: $3x_2 = 3 \Rightarrow S_2(0\,|\,1\,|\,0)$ und $x_3 = 3 \Rightarrow S_3(0\,|\,0\,|\,3)$. Da es keinen Spurpunkt auf der x_1-Achse gibt, bedeutet dies, dass die Ebene parallel zur x_1-Achse ist.

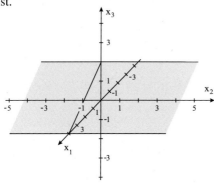

Aufgabe e)   Aufgabe f)

g) $E : x_2 = 3$. Spurpunkt: $x_2 = 3 \Rightarrow S_2(0\,|\,3\,|\,0)$. Da es keinen Spurpunkt auf der x_1- und der x_3-Achse gibt, bedeutet dies, dass die Ebene parallel zur x_1x_3-Ebene ist.

h) $E : x_1 - x_2 = 0$. Spurpunkte: $x_1 = 0 \Rightarrow S_1(0\,|\,0\,|\,0)$ und $-x_2 = 0 \Rightarrow S_2(0\,|\,0\,|\,0)$. Die x_3-Achse ist in E enthalten. Wählt man noch einen Punkt von E, z.B. $P(4\,|\,4\,|\,0)$, so kann man die Ebene darstellen.

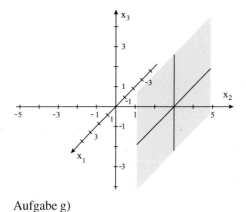
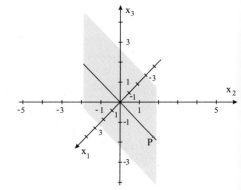

Aufgabe g)   Aufgabe h)

Lösungen   5.3   Ebenen

5.3.5   Bestimmen von Geraden und Ebenen in einem Quader

a) $\overrightarrow{OB} = \overrightarrow{OA} + \overrightarrow{OC} \Rightarrow \overrightarrow{OB} = \begin{pmatrix} 4 \\ 6 \\ 0 \end{pmatrix} \Rightarrow B(4\,|\,6\,|\,0)$

$\overrightarrow{OD} = \overrightarrow{OA} + \overrightarrow{OG} \Rightarrow D(4\,|\,0\,|\,5)$ $\overrightarrow{OE} = \overrightarrow{OB} + \overrightarrow{OG} \Rightarrow E(4\,|\,6\,|\,5)$
$\overrightarrow{OF} = \overrightarrow{OC} + \overrightarrow{OG} \Rightarrow F(0\,|\,6\,|\,5)$ $\overrightarrow{OM} = \overrightarrow{OB} + \tfrac{1}{2} \cdot \overrightarrow{OG} \Rightarrow M(4\,|\,6\,|\,2{,}5)$
$\overrightarrow{ON} = \overrightarrow{OC} + \tfrac{1}{2} \cdot \overrightarrow{OG} \Rightarrow N(0\,|\,6\,|\,2{,}5)$

b) Wenn man ein kartesisches Koordinatensystem zugrundelegt, ergibt sich aus der Zeichnung für den Normalenvektor $\vec{n} = \begin{pmatrix} 0 \\ 1 \\ 0 \end{pmatrix}$. Einsetzen von $\vec{b}$ und $\vec{n}$ in die Punkt-Normalenform ergibt für die Koordinatengleichung $x_2 = 6$.

Alternativ kann man auch die Koordinaten des Punktes $B(4\,|\,6\,|\,0)$ in den Ansatz $x_2 = d$ einsetzen:

$$6 = d$$

Damit erhält man die Koordinatengleichung: $x_2 = 6$.

c) Der Ortsvektor von A wird als Stützvektor genommen, der Verbindungsvektor von A zu N ist der Richtungsvektor. Die Gerade ist damit

$$g: \vec{x} = \begin{pmatrix} 4 \\ 0 \\ 0 \end{pmatrix} + r \cdot \begin{pmatrix} -4 \\ 6 \\ 2{,}5 \end{pmatrix}$$

Für die zweite Gerade verfährt man analog:

$$h: \vec{x} = \begin{pmatrix} 0 \\ 0 \\ 5 \end{pmatrix} + r \cdot \begin{pmatrix} 4 \\ 6 \\ -2{,}5 \end{pmatrix}$$

d) Einen Normalenvektor $\vec{n}$ der gesuchten Ebene erhält man mithilfe des Vektorprodukts (siehe Seite 51) der Spannvektoren $\overrightarrow{OE}$ und $\overrightarrow{OF}$:

$$\begin{pmatrix} 4 \\ 6 \\ 5 \end{pmatrix} \times \begin{pmatrix} 0 \\ 6 \\ 5 \end{pmatrix} = \begin{pmatrix} 0 \\ -20 \\ 24 \end{pmatrix} = 4 \cdot \begin{pmatrix} 0 \\ -5 \\ 6 \end{pmatrix} \Rightarrow \vec{n} = \begin{pmatrix} 0 \\ -5 \\ 6 \end{pmatrix}$$

Setzt man den Ortsvektor von O und $\vec{n}$ in die Punkt-Normalenform ein, erhält man als Ebenengleichung: $-5x_2 + 6x_3 = 0$.

Alternativ kann man auch die Koordinaten des Punktes $O(0\,|\,0\,|\,0)$ in den Ansatz $-5x_2 + 6x_3 = d$ einsetzen:

$$-5 \cdot 0 + 6 \cdot 0 = d \Rightarrow d = 0$$

Damit erhält man die Koordinatengleichung: $-5x_2 + 6x_3 = 0$.

5.4 Gegenseitige Lage von Geraden und Ebenen

5.4.1 Gegenseitige Lage

a) Für die Gerade gilt:
$$\begin{aligned} x_1 &= 4 + t \\ x_2 &= 6 + 2t \\ x_3 &= 2 + 3t \end{aligned}$$

Die Gerade wird als «allgemeiner Punkt» $P_t(4+t \mid 6+2t \mid 2+3t)$ in die Ebenengleichung eingesetzt:
$2 \cdot (4+t) + 4 \cdot (6+2t) + 6 \cdot (2+3t) + 12 = 0$. Auflösen der Klammern führt zu: $28t + 56 = 0$ bzw. zu $t = -2$. Setzt man $t = -2$ in P_t ein, erhält man den Schnittpunkt $S(2 \mid 2 \mid -4)$.

b) Die Gerade wird als «allgemeiner Punkt» $P_s(3+2s \mid 2+5s \mid 2+7s)$ in die Ebenengleichung eingesetzt: $2 \cdot (3+2s) + 1 \cdot (2+5s) - 3 \cdot (2+7s) = 4 \Rightarrow s = -\frac{1}{6}$. Damit ergibt sich der Schnittpunkt $S\left(\frac{8}{3} \mid \frac{7}{6} \mid \frac{5}{6}\right)$.

c) Aus der Normalenform erhält man die Koordinatenform $E: x_1 - 3x_2 - 5x_3 = 17$.
Die Gerade wird als «allgemeiner Punkt» $P_t(4+2t \mid 1-t \mid 3+t)$ in die Ebenengleichung eingesetzt:
$4 + 2t - 3 \cdot (1-t) - 5 \cdot (3+t) = 17 \Rightarrow -14 = 17$. Dies ist ein Widerspruch, die Gleichung hat keine Lösung, also ist die Gerade parallel zur Ebene.

d) Aus der Normalenform erhält man die Koordinatenform $E: -x_1 + 6x_2 - 5x_3 = -8$.
Die Gerade wird als «allgemeiner Punkt» $P_t(3+t \mid 4 \mid 7+t)$ in die Ebenengleichung eingesetzt: $-(3+t) + 6 \cdot 4 - 5 \cdot (7+t) = -8 \Rightarrow t = -1$
Einsetzen von $t = -1$ in die Geradengleichung führt zum Schnittpunkt $S(2 \mid 4 \mid 6)$.

e) Die Gerade wird als «allgemeiner Punkt» $P_s(1+2s \mid -2+s \mid 3+2s)$ in die Ebenengleichung eingesetzt: $1 \cdot (1+2s) - 1 \cdot (3+2s) = 0 \Rightarrow -2 = 0$. Dies ist ein Widerspruch, die Gleichung hat keine Lösung, also ist die Gerade parallel zur Ebene.

f) Die Gerade wird als «allgemeiner Punkt» $P_t(1+t \mid 2+3t \mid 3+4t)$ in die Ebenengleichung eingesetzt: $13 \cdot (1+t) + 5 \cdot (2+3t) - 7 \cdot (3+4t) - 2 = 0 \Rightarrow 0 = 0$. Aufgrund der wahren Aussage liegt die Gerade in der Ebene.

5.4.2 Vermischte Aufgaben

a) Als Stützvektor der Geraden wählt man $\vec{p} = \begin{pmatrix} 4 \\ 9 \\ 7 \end{pmatrix}$, der Normalenvektor der Ebene ist $\vec{n} = \begin{pmatrix} 2 \\ 1 \\ -2 \end{pmatrix}$. Nun ist ein Richtungsvektor $\vec{u}$ so zu wählen, dass $\vec{u} \cdot \vec{n} = 0$. Beispiel:

Lösungen   5.5 Gegenseitige Lage von Ebenen

$\vec{u} = \begin{pmatrix} 1 \\ -2 \\ 0 \end{pmatrix}$ oder $\vec{u} = \begin{pmatrix} 1 \\ 0 \\ 1 \end{pmatrix}$. Eine mögliche Geradengleichung ist

$$g: \vec{x} = \begin{pmatrix} 4 \\ 9 \\ 7 \end{pmatrix} + t \cdot \begin{pmatrix} 1 \\ -2 \\ 0 \end{pmatrix}; t \in \mathbb{R}$$

b) Als Stützvektor der Geraden wählt man $\vec{q} = \begin{pmatrix} 4 \\ -1 \\ 3 \end{pmatrix}$, der Normalenvektor der Ebene ist

$\vec{n} = \begin{pmatrix} 4 \\ -3 \\ 5 \end{pmatrix}$. Da $g \perp E$ ist, kann man $\vec{u} = 1 \cdot \vec{n}$ wählen (oder ein anderes Vielfaches).

Eine mögliche Geradengleichung ist

$$g: \vec{x} = \begin{pmatrix} 4 \\ -1 \\ 3 \end{pmatrix} + t \cdot \begin{pmatrix} 4 \\ -3 \\ 5 \end{pmatrix}; t \in \mathbb{R}$$

c) Die Gerade wird als «allgemeiner Punkt» $P_t(4+t \mid 6+2t \mid 8+2t)$ in die Ebenengleichung eingesetzt: $4 \cdot (4+t) - 3 \cdot (6+2t) + 8 + 2t = 7 \Rightarrow 6 = 7$. Aufgrund des Widerspruchs haben g und E keine gemeinsamen Punkte.

d) Die Gerade wird als «allgemeiner Punkt» $P_t(4+t \mid 6+2t \mid 8+3t)$ in die Ebenengleichung eingesetzt: $4 \cdot (4+t) - 2 \cdot (6+2t) = 4 \Rightarrow 4 = 4$. Aufgrund der wahren Aussage liegt die Gerade in der Ebene.

5.5 Gegenseitige Lage von Ebenen

5.5.1 Schnitt von zwei Ebenen

a) Subtrahiert man das 3-fache von Gleichung II von Gl. I, ergibt sich: $-4x_2 + 4x_3 = 12$. Wählt man $x_3 = t$, so ergibt sich: $-4x_2 + 4t = 12 \Rightarrow x_2 = -3 + t$. Setzt man $x_2 = -3 + t$ und $x_3 = t$ in Gleichung I ein, erhält man: $6x_1 - (-3+t) + t = 6 \Rightarrow x_1 = 0{,}5$. Umschreiben zu einer Geradengleichung ergibt:

$$s: \vec{x} = \begin{pmatrix} 0{,}5 \\ -3 \\ 0 \end{pmatrix} + t \cdot \begin{pmatrix} 0 \\ 1 \\ 1 \end{pmatrix}$$

b) Addiert man das 2-fache von Gleichung I zu Gleichung II, ergibt sich: $8x_2 - 8x_3 = 20$. Wählt man $x_3 = t$, so ergibt sich: $8x_2 - 8t = 20 \Rightarrow x_2 = 2{,}5 + t$. Setzt man $x_2 = 2{,}5 + t$ und $x_3 = t$ in Gleichung I ein, erhält man: $-x_1 + 2 \cdot (2{,}5+t) - 3t = 6 \Rightarrow x_1 = -1 - t$. Umschreiben zu einer Geradengleichung ergibt:

$$s: \vec{x} = \begin{pmatrix} -1 \\ 2{,}5 \\ 0 \end{pmatrix} + t \cdot \begin{pmatrix} -1 \\ 1 \\ 1 \end{pmatrix}$$

c) Wählt man in Gleichung I $x_3 = t$, so ergibt sich: $2x_2 + 4t = 8 \Rightarrow x_2 = 4 - 2t$. Setzt man $x_2 = 4 - 2t$ in Gleichung II ein, erhält man: $2x_1 + 4 - 2t = -2 \Rightarrow x_1 = -3 + t$. Umschreiben zu einer Geradengleichung ergibt:

$$s: \vec{x} = \begin{pmatrix} -3 \\ 4 \\ 0 \end{pmatrix} + t \cdot \begin{pmatrix} 1 \\ -2 \\ 1 \end{pmatrix}$$

d) Wählt man in Gleichung I $x_3 = t$, so ergibt sich: $x_1 + 2t = 6 \Rightarrow x_1 = 6 - 2t$. Setzt man $x_1 = 6 - 2t$ und $x_3 = t$ in Gleichung II ein, ergibt sich: $6 - 2t + x_2 + t = 1 \Rightarrow x_2 = -5 + t$. Umschreiben zu einer Geradengleichung ergibt:

$$s: \vec{x} = \begin{pmatrix} 6 \\ -5 \\ 0 \end{pmatrix} + t \cdot \begin{pmatrix} -2 \\ 1 \\ 1 \end{pmatrix}$$

e) Aus Gleichung I ergibt sich direkt: $4x_2 = 8 \Rightarrow x_2 = 2$. In Gleichung II setzt man $x_3 = t$, damit ist $2x_1 + 6t = 0 \Rightarrow x_1 = -3t$. Umschreiben zu einer Geradengleichung ergibt:

$$s: \vec{x} = \begin{pmatrix} 0 \\ 2 \\ 0 \end{pmatrix} + t \cdot \begin{pmatrix} -3 \\ 0 \\ 1 \end{pmatrix}$$

5.5.2 Parallele Ebenen

a) Die beiden Ebenengleichungen werden so addiert, dass x_1 wegfällt: $-2 \cdot I + II$: Es ergibt sich $0 = 1$, dies ist ein Widerspruch; es gibt keine Lösung für das Gleichungssystem, die Ebenen sind parallel. Alternativ könnte man auch die Normalenvektoren vergleichen, müsste dann aber noch eine Punktprobe machen, um die Identität auszuschließen.

b) Die Normalenvektoren $\vec{n}_E = \begin{pmatrix} -1 \\ 1 \\ 2 \end{pmatrix}$ und $\vec{n}_F = \begin{pmatrix} 2 \\ -2 \\ -4 \end{pmatrix}$ sind ein Vielfaches voneinander:

$\vec{n}_F = -2 \cdot \vec{n}_E$, also sind die beiden Ebenen parallel oder identisch. Setzt man den Stützpunkt $A(5 \mid 2 \mid -1)$ von F in E ein, ergibt sich: $-5 + 2 + 2 \cdot (-1) = 0 \Rightarrow -5 = 0$. Aufgrund des Widerspruchs liegt A nicht auf E, somit sind die beiden Ebenen (echt) parallel.

c) Die Normalenvektoren $\vec{n}_E = \begin{pmatrix} 3 \\ 6 \\ 0 \end{pmatrix}$ und $\vec{n}_F = \begin{pmatrix} -1 \\ 2 \\ 0 \end{pmatrix}$ sind ein Vielfaches voneinander:

$\vec{n}_E = -3 \cdot \vec{n}_F$, also sind die beiden Ebenen parallel oder identisch. Setzt man den Stützpunkt $A(-1 \mid 4 \mid -1)$ von F in E ein, ergibt sich: $3 \cdot (-1) + 6 \cdot 4 = 5 \Rightarrow 21 = 5$. Aufgrund des Widerspruchs liegt A nicht auf E, somit sind die beiden Ebenen (echt) parallel.

5.5.3 Orthogonale Ebenen

a) Wenn die Ebenen orthogonal zueinander sind, muss das Skalarprodukt der beiden Normalenvektoren gleich Null sein. Es ist

$$\begin{pmatrix} 3 \\ 4 \\ -2 \end{pmatrix} \cdot \begin{pmatrix} 2 \\ 1 \\ 5 \end{pmatrix} = 3 \cdot 2 + 4 \cdot 1 + (-2) \cdot 5 = 6 + 4 - 10 = 0$$

Also sind die beiden Ebenen orthogonal.

b) Um zu prüfen, ob die Ebenen E: $2x_1 - 4x_2 - 2x_3 = 7$ und F: $3x_1 + 2x_2 + x_3 = 9$ orthogonal zueinander sind, berechnet man das Skalarprodukt der beiden Normalenvektoren:

$$\begin{pmatrix} 2 \\ -4 \\ -2 \end{pmatrix} \cdot \begin{pmatrix} 3 \\ 2 \\ 1 \end{pmatrix} = 2 \cdot 3 + (-4) \cdot 2 + (-2) \cdot 1 = 6 - 8 - 2 = -4 \neq 0$$

Da das Skalarprodukt der beiden Normalenvektoren nicht Null ergibt, sind die beiden Ebenen nicht orthogonal zueinander.

c) Um zu prüfen, ob E: $2x_1 - x_2 - 4x_3 = 7$ orthogonal zu F: $\left(\vec{x} - \begin{pmatrix} -1 \\ 4 \\ -1 \end{pmatrix} \right) \cdot \begin{pmatrix} -1 \\ -2 \\ 0 \end{pmatrix} = 0$

ist, berechnet man das Skalarprodukt der beiden Normalenvektoren:

$$\begin{pmatrix} 2 \\ -1 \\ -4 \end{pmatrix} \cdot \begin{pmatrix} -1 \\ -2 \\ 0 \end{pmatrix} = 2 \cdot (-1) + (-1) \cdot (-2) + (-4) \cdot 0 = -2 + 2 + 0 = 0$$

Da das Skalarprodukt der beiden Normalenvektoren Null ergibt, sind die beiden Ebenen orthogonal zueinander.

5.5.4 Lineare Gleichungssysteme

a) Gegeben ist das Gleichungssystem:

$$\begin{array}{rrrrrrr}
\text{I} & 4x_1 & + & x_2 & - & 2x_3 & = & 9 \\
\text{II} & -2x_1 & + & 3x_2 & + & 3x_3 & = & 4 \\
\text{III} & x_1 & - & 2x_2 & - & x_3 & = & -4
\end{array}$$

Addiert man das 2-fache von Gleichung II zu Gleichung I und subtrahiert man das 4-fache von Gleichung III von Gleichung I, ergibt sich:

$$\begin{array}{rrrrrrr}
\text{I} & 4x_1 & + & x_2 & - & 2x_3 & = & 9 \\
\text{IIa} & & & 7x_2 & + & 4x_3 & = & 17 \\
\text{IIIa} & & & 9x_2 & + & 2x_3 & = & 25
\end{array}$$

Subtrahiert man das 7-fache von Gleichung IIIa vom 9-fachen von Gleichung IIa, erhält man:

$$\begin{array}{rrrrrl} \text{I} & 4x_1 + & x_2 - & 2x_3 & = & 9 \\ \text{IIa} & & 7x_2 + & 4x_3 & = & 17 \\ \text{IIIb} & & & 22x_3 & = & -22 \end{array}$$

Aus IIIb folgt: $x_3 = -1$. Einsetzen in IIa ergibt: $7x_2 + 4 \cdot (-1) = 17 \Rightarrow x_2 = 3$.
Einsetzen in I ergibt: $4x_1 + 3 - 2 \cdot (-1) = 9 \Rightarrow x_1 = 1$.
Die Lösungsmenge ist damit: $L = \{(1; 3; -1)\}$.
Somit haben die drei Ebenen, welche durch die drei Gleichungen dargestellt werden, genau einen gemeinsamen Punkt $S(1 \mid 3 \mid -1)$.

b) Gegeben ist das Gleichungssystem:

$$\begin{array}{rrrrrl} \text{I} & x_1 + & 2x_2 - & 2x_3 & = & 7 \\ \text{II} & 2x_1 & + & x_3 & = & 8 \\ \text{III} & -3x_1 + & x_2 + & 2x_3 & = & -1 \end{array}$$

Subtrahiert man Gleichung II vom 2-fachen von Gleichung I und addiert man das 3-fache von Gleichung I zu Gleichung III, ergibt sich:

$$\begin{array}{rrrrrl} \text{I} & x_1 + & 2x_2 - & 2x_3 & = & 7 \\ \text{IIa} & & 4x_2 - & 5x_3 & = & 6 \\ \text{IIIa} & & 7x_2 - & 4x_3 & = & 20 \end{array}$$

Subtrahiert man das 4-fache von Gleichung IIIa vom 7-fachen von Gleichung IIa, erhält man:

$$\begin{array}{rrrrrl} \text{I} & x_1 + & 2x_2 - & 2x_3 & = & 7 \\ \text{IIa} & & 4x_2 - & 5x_3 & = & 6 \\ \text{IIIb} & & - & 19x_3 & = & -38 \end{array}$$

Aus IIIb folgt: $x_3 = 2$. Einsetzen in IIa ergibt: $4x_2 - 5 \cdot 2 = 6 \Rightarrow x_2 = 4$.
Einsetzen in I ergibt: $x_1 + 2 \cdot 4 - 2 \cdot 2 = 7 \Rightarrow x_1 = 3$.
Die Lösungsmenge ist damit: $L = \{(3; 4; 2)\}$.
Somit haben die drei Ebenen, welche durch die drei Gleichungen dargestellt werden, genau einen gemeinsamen Punkt $S(3 \mid 4 \mid 2)$.

c) Gegeben ist das Gleichungssystem:

$$\begin{array}{rrrrrl} \text{I} & x_1 + & x_2 + & 7x_3 & = & 2 \\ \text{II} & 2x_1 - & x_2 - & 3x_3 & = & -5 \\ \text{III} & & - x_2 + & 4x_3 & = & -3 \end{array}$$

Multiplikation von I mit (-2) und Addieren zu II führt zu:

$$\begin{array}{rrrrrl} \text{I} & x_1 + & x_2 + & 7x_3 & = & 2 \\ \text{IIa} & & - 3x_2 - & 17x_3 & = & -9 \\ \text{III} & & - x_2 + & 4x_3 & = & -3 \end{array}$$

Multiplikation von III mit (-3) und Addieren zu IIa führt zu:

$$\begin{array}{rrrrrr} \text{I} & x_1 & + x_2 & + 7x_3 & = & 2 \\ \text{IIa} & & - 3x_2 & - 17x_3 & = & -9 \\ \text{IIIa} & & & - 29x_3 & = & 0 \end{array}$$

Aus IIIa folgt: $x_3 = 0$. Einsetzen in IIa ergibt: $-3x_2 - 17 \cdot 0 = -9 \Rightarrow x_2 = 3$.
Einsetzen in I ergibt: $x_1 + 3 + 7 \cdot 0 = 2 \Rightarrow x_1 = -1$.
Die Lösungsmenge ist damit: $L = \{(-1; 3; 0)\}$.
Somit haben die drei Ebenen, welche durch die drei Gleichungen dargestellt werden, genau einen gemeinsamen Punkt $S(-1 \mid 3 \mid 0)$.

d) Gegeben ist das Gleichungssystem:

$$\begin{array}{rrrrrr} \text{I} & x_1 & + 2x_2 & - x_3 & = & 4 \\ \text{II} & -x_1 & + 2x_2 & - 3x_3 & = & 6 \\ \text{III} & 2x_1 & & + 2x_3 & = & -2 \end{array}$$

Addiert man Gleichung I zu Gleichung II und subtrahiert man Gleichung III vom 2-fachen von Gleichung I, ergibt sich:

$$\begin{array}{rrrrrr} \text{I} & x_1 & + 2x_2 & - x_3 & = & 4 \\ \text{IIa} & & 4x_2 & - 4x_3 & = & 10 \\ \text{IIIa} & & 4x_2 & - 4x_3 & = & 10 \end{array}$$

Subtrahiert man Gleichung IIIa von Gleichung IIa, erhält man:

$$\begin{array}{rrrrrr} \text{I} & x_1 & + 2x_2 & - x_3 & = & 4 \\ \text{IIa} & & 4x_2 & - 4x_3 & = & 10 \\ \text{IIIa} & & & 0 & = & 0 \end{array}$$

Aufgrund der wahren Aussage gibt es unendlich viele Lösungen.
Wählt man nun in Gleichung IIa z.B. $x_3 = t$, erhält man: $4x_2 - 4t = 10 \Rightarrow x_2 = 2,5 + t$.
Einsetzen in I ergibt: $x_1 + 2 \cdot (2,5 + t) - t = 4 \Rightarrow x_1 = -1 - t$.
Damit ist die Lösungsmenge: $L = \{(-1-t; 2,5+t; t) \mid t \in \mathbb{R}\}$.
Somit haben die drei Ebenen, welche durch die drei Gleichungen dargestellt werden, eine gemeinsame Schnittgerade mit der Gleichung

$$s: \vec{x} = \begin{pmatrix} -1 \\ 2,5 \\ 0 \end{pmatrix} + t \cdot \begin{pmatrix} -1 \\ 1 \\ 1 \end{pmatrix}$$

e) Gegeben ist das Gleichungssystem:

$$\begin{array}{rrrrrr} \text{I} & 2x_1 & + x_2 & + x_3 & = & 4 \\ \text{II} & & 2x_2 & - 6x_3 & = & 4 \\ \text{III} & -3x_1 & & - 6x_3 & = & -3 \end{array}$$

Addiert man das 3-fache von Gleichung I zum 2-fachen von Gleichung III, ergibt sich:

I	$2x_1$	+	x_2	+	x_3	=	4
II			$2x_2$	−	$6x_3$	=	4
IIIa			$3x_2$	−	$9x_3$	=	6

Subtrahiert man das 2-fache von Gleichung IIIa vom 3-fachen von Gleichung II, erhält man:

I	$2x_1$	+	x_2	+	x_3	=	4
II			$2x_2$	−	$6x_3$	=	4
IIIa					0	=	0

Aufgrund der wahren Aussage gibt es unendlich viele Lösungen.
Wählt man nun in Gleichung II z.B. $x_3 = t$, erhält man: $2x_2 − 6t = 4 \Rightarrow x_2 = 2 + 3t$.
Einsetzen in I ergibt: $2x_1 + 2 + 3t + t = 4 \Rightarrow x_1 = 1 − 2t$.
Damit ist die Lösungsmenge: $L = \{(1 − 2t; 2 + 3t; t) \mid t \in \mathbb{R}\}$.
Somit haben die drei Ebenen, welche durch die drei Gleichungen dargestellt werden, eine gemeinsame Schnittgerade mit der Gleichung

$$s: \vec{x} = \begin{pmatrix} 1 \\ 2 \\ 0 \end{pmatrix} + t \cdot \begin{pmatrix} -2 \\ 3 \\ 1 \end{pmatrix}$$

f) Gegeben ist das Gleichungssystem:

I	x_1	+	$2x_2$	+	x_3	=	4
II	$-x_1$	−	$4x_2$	+	x_3	=	7
III	$2x_1$	+	$8x_2$	−	$2x_3$	=	18

Addiert man Gleichung I zu Gleichung II und subtrahiert man Gleichung III vom 2-fachen von Gleichung I, ergibt sich:

I	x_1	+	$2x_2$	+	x_3	=	4
IIa		−	$2x_2$	+	$2x_3$	=	11
IIIa		−	$4x_2$	+	$4x_3$	=	−10

Subtrahiert man Gleichung IIIa vom 2-fachen von Gleichung IIa, erhält man:

I	x_1	+	$2x_2$	+	x_3	=	4
IIa		−	$2x_2$	+	$2x_3$	=	11
IIIb					0	=	32

Gleichung IIIb ist ein Widerspruch. Damit ist das Gleichungssystem nicht lösbar und die Lösungsmenge ist leer: $L = \{\ \}$.
Somit haben die drei Ebenen, welche durch die drei Gleichungen dargestellt werden, keinen gemeinsamen Punkt.

5.5 Gegenseitige Lage von Ebenen

g) Gegeben ist das Gleichungssystem:

$$\begin{array}{rrrrrr} \text{I} & x_1 & -\ 2x_2 & +\ x_3 & = & 3 \\ \text{II} & & -5x_2 & +\ x_3 & = & 6-2r \\ \text{III} & x_1 & +\ 3x_2 & -\ 3x_3 & = & 5r \end{array}$$

Subtrahiert man Gleichung III von Gleichung I, ergibt sich:

$$\begin{array}{rrrrrr} \text{I} & x_1 & -\ 2x_2 & +\ x_3 & = & 3 \\ \text{II} & & -5x_2 & +\ x_3 & = & 6-2r \\ \text{IIIa} & & -5x_2 & +\ 4x_3 & = & 3-5r \end{array}$$

Subtrahiert man Gleichung IIIa von Gleichung II, ergibt sich:

$$\begin{array}{rrrrrr} \text{I} & x_1 & -\ 2x_2 & +\ x_3 & = & 3 \\ \text{II} & & -\ 5x_2 & +\ x_3 & = & 6-2r \\ \text{IIIb} & & & -3x_3 & = & 3+3r \end{array}$$

Aus IIIb folgt: $x_3 = -1 - r$. Einsetzen in II ergibt: $-5x_2 - 1 - r = 6 - 2r \Rightarrow x_2 = -\frac{7}{5} + \frac{1}{5}r$.
Einsetzen in I ergibt: $x_1 - 2 \cdot \left(-\frac{7}{5} + \frac{1}{5}r\right) - 1 - r = 3 \Rightarrow x_1 = \frac{6}{5} + \frac{7}{5}r$.
Die Lösungsmenge ist damit: $L = \left\{ \left(\frac{6}{5} + \frac{7}{5}r;\ -\frac{7}{5} + \frac{1}{5}r;\ -1 - r\right) \right\}$.
Somit haben die drei Ebenen, welche durch die drei Gleichungen dargestellt werden, genau einen gemeinsamen Punkt $S\left(\frac{6}{5} + \frac{7}{5}r\ \middle|\ -\frac{7}{5} + \frac{1}{5}r\ \middle|\ -1 - r\right)$, der vom Parameter r abhängt.

h) Gegeben ist das Gleichungssystem:

$$\begin{array}{rrrrrr} \text{I} & 2x_1 & -\ x_2 & +\ x_3 & = & 2r \\ \text{II} & x_1 & -\ 5x_2 & +\ 2x_3 & = & 7 \\ \text{III} & & 9x_2 & -\ 3x_3 & = & r-12 \end{array}$$

Subtrahiert man das 2-fache von Gleichung II von Gleichung I, ergibt sich:

$$\begin{array}{rrrrrr} \text{I} & 2x_1 & -\ x_2 & +\ x_3 & = & 2r \\ \text{IIa} & & 9x_2 & -\ 3x_3 & = & 2r-14 \\ \text{III} & & 9x_2 & -\ 3x_3 & = & r-12 \end{array}$$

Subtrahiert man Gleichung III von Gleichung IIa, erhält man:

$$\begin{array}{rrrrrr} \text{I} & 2x_1 & -\ x_2 & +\ x_3 & = & 2r \\ \text{IIa} & & 9x_2 & -\ 3x_3 & = & 2r-14 \\ \text{IIIa} & & & 0 & = & r-2 \end{array}$$

Für $r \neq 2$ ergibt sich in Gleichung IIIa ein Widerspruch. Damit ist das Gleichungssystem nicht lösbar und die Lösungsmenge ist leer: $L = \{\ \}$. Somit haben die drei Ebenen, welche durch die drei Gleichungen dargestellt werden, keinen gemeinsamen Punkt.

5.5 Gegenseitige Lage von Ebenen — Lösungen

Für $r = 2$ ergibt sich in Gleichung IIIa eine wahre Aussage ($0 = 0$), so dass das Gleichungssystem unendlich viele Lösungen hat:

$$
\begin{array}{rrcrcrcr}
\text{I} & 2x_1 & - & x_2 & + & x_3 & = & 4 \\
\text{IIa} & & & 9x_2 & - & 3x_3 & = & -10 \\
\text{IIIa} & & & & & 0 & = & 0
\end{array}
$$

Setzt man in Gleichung IIa $x_2 = t$, so ergibt sich: $9t - 3x_3 = -10 \Rightarrow x_3 = \frac{10}{3} + 3t$.
Setzt man $x_2 = t$ und $x_3 = \frac{10}{3} + 3t$ in Gleichung I ein, erhält man:
$2x_1 - t + \frac{10}{3} + 3t = 4 \Rightarrow x_1 = \frac{1}{3} - t$
Damit ist die Lösungsmenge: $L = \left\{ \left(\frac{1}{3} - t; t; \frac{10}{3} + 3t\right) \mid t \in \mathbb{R} \right\}$.
Somit haben für $r = 2$ die drei Ebenen, welche durch die drei Gleichungen dargestellt werden, eine gemeinsame Schnittgerade mit der Gleichung

$$s: \vec{x} = \begin{pmatrix} \frac{1}{3} \\ 0 \\ \frac{10}{3} \end{pmatrix} + t \cdot \begin{pmatrix} -1 \\ 1 \\ 3 \end{pmatrix}$$

i) Die Gerade g mit $g: \vec{x} = \begin{pmatrix} 1 \\ 0 \\ 3 \end{pmatrix} + t \cdot \begin{pmatrix} 0 \\ 1 \\ 2 \end{pmatrix}$ kann als allgemeiner Punkt umgeschrieben werden: $P_t(1 \mid t \mid 3 + 2t)$.

Dieser Punkt muss auf beiden gesuchten Ebenen liegen.
Die Gleichungen der Ebenen müssen so gewählt werden, dass der allgemeine Punkt diese erfüllt, d.h. dass beim Einsetzen eine wahre Aussage entsteht. In diesem Fall muss der Koeffizient von x_2 das (-2)-fache des Koeffizienten von x_3 sein.
Dies gilt beispielsweise für die Ebenen E: $x_1 - 2x_2 + x_3 = 4$ und F: $2x_2 - x_3 = -3$.

Lösungen 6. *Abstände, Winkel und Spiegelungen*

6 Abstände, Winkel und Spiegelungen

6.1 Abstandsberechnungen

6.1.1 Abstand Punkt – Ebene

a) Die Koordinaten des Punktes $P(2\mid 4\mid -1)$ werden in die Abstandsformel eingesetzt. Mit $E: 2x_1 - x_2 + 2x_3 = 1$ ergibt sich:

$$d(P;E) = \frac{|2\cdot 2 - 1\cdot 4 + 2\cdot(-1) - 1|}{\sqrt{2^2 + (-1)^2 + 2^2}} = \frac{|-3|}{\sqrt{9}} = 1\,\text{LE}$$

b) Die Koordinaten des Punktes $S(9\mid 4\mid -3)$ werden in die Abstandsformel eingesetzt. Mit $E: x_1 + 2x_2 + 2x_3 = -3$ ergibt sich:

$$d(S;E) = \frac{|1\cdot 9 + 2\cdot 4 + 2\cdot(-3) + 3|}{\sqrt{1^2 + 2^2 + 2^2}} = \frac{|14|}{\sqrt{9}} = \frac{14}{3}\,\text{LE}$$

c) Die Koordinaten des Punktes $Q(8\mid 1\mid 1)$ werden in die Abstandsformel eingesetzt. Mit $E: x_1 - 4x_2 - 4x_3 = 0$ ergibt sich:

$$d(Q;E) = \frac{|1\cdot 8 - 4\cdot 1 - 4\cdot 1|}{\sqrt{1^2 + (-4)^2 + (-4)^2}} = \frac{|0|}{\sqrt{33}} = 0\,\text{LE} \Rightarrow Q \in E$$

d) Die gegebene Ebenengleichung wird zuerst in die Koordinatenform umgewandelt, man erhält: $E: 2x_1 + 2x_2 + x_3 = 26$.
Die Koordinaten des Punktes $R(6\mid 9\mid 4)$ werden in die Abstandsformel eingesetzt:

$$d(R;E) = \frac{|2\cdot 6 + 2\cdot 9 + 4 - 26|}{\sqrt{2^2 + 2^2 + 1^2}} = \frac{|8|}{\sqrt{9}} = \frac{8}{3}\,\text{LE}$$

6.1.2 Abstand Punkt – Gerade

a) Einsetzen des Richtungsvektors von g und des Punktes T in die Punkt-Normalenform liefert die Hilfsebene $E_H: -2x_1 + x_2 + x_3 = -9$. Schneiden mit g ergibt den Schnittpunkt $L(8\mid 3\mid 4)$. Der Verbindungsvektor ist $\overrightarrow{LT} = \begin{pmatrix} -2 \\ -9 \\ 5 \end{pmatrix}$. Für den Betrag des Verbindungsvektors ergibt sich $|\overrightarrow{LT}| = \sqrt{(-2)^2 + (-9)^2 + 5^2} = \sqrt{110}$.
Also ist der Punkt T $\sqrt{110}$ LE von der Geraden g entfernt.
Alternativ berechnet man den Abstand mithilfe des Skalarprodukts: Der «allgemeine Punkt» ist $P_t(4-2t\mid 5+t\mid 6+t)$. Der Verbindungsvektor $\overrightarrow{TP_t}$ ist damit:

$$\overrightarrow{TP_t} = \begin{pmatrix} 4-2t \\ 5+t \\ 6+t \end{pmatrix} - \begin{pmatrix} 6 \\ -6 \\ 9 \end{pmatrix} = \begin{pmatrix} -2-2t \\ 11+t \\ -3+t \end{pmatrix}.$$

Damit dieser Vektor senkrecht auf der Geraden g steht, muss das Skalarprodukt dieses Vektors mit dem Richtungsvektor der Geraden gleich Null sein:

$$\begin{pmatrix} -2-2t \\ 11+t \\ -3+t \end{pmatrix} \cdot \begin{pmatrix} -2 \\ 1 \\ 1 \end{pmatrix} = 0 \Rightarrow 4+4t+11+t-3+t = 0 \Rightarrow 12+6t = 0 \Rightarrow t = -2$$

Einsetzen von $t = -2$ in P_t ergibt den Lotfußpunkt $L(8\,|\,3\,|\,4)$ und damit den Abstand $\sqrt{110}$ LE.

b) Einsetzen des Richtungsvektors von g und des Punktes P in die Punkt-Normalenform liefert die Hilfsebene E_H: $3x_1 - 2x_3 = 3$. Schneiden mit g ergibt den Schnittpunkt $L(1\,|\,-4\,|\,0)$. Betrag des Verbindungsvektors: $|\overrightarrow{LP}| = 7$. Der Punkt P ist 7 LE von der Geraden entfernt. Alternativ berechnet man den Abstand mithilfe des Skalarprodukts: Der «allgemeine Punkt» ist $P_t(-2+3t\,|\,-4\,|\,2-2t)$. Der Verbindungsvektor $\overrightarrow{UP_t}$ ist damit:

$$\overrightarrow{UP_t} = \begin{pmatrix} -2+3t \\ -4 \\ 2-2t \end{pmatrix} - \begin{pmatrix} -1 \\ 2 \\ -3 \end{pmatrix} = \begin{pmatrix} -1+3t \\ -6 \\ 5-2t \end{pmatrix}$$

Damit dieser Vektor senkrecht auf der Geraden g steht, muss das Skalarprodukt dieses Vektors mit dem Richtungsvektor der Geraden gleich Null sein:

$$\begin{pmatrix} -1+3t \\ -6 \\ 5-2t \end{pmatrix} \cdot \begin{pmatrix} 3 \\ 0 \\ -2 \end{pmatrix} = 0 \Rightarrow -3+9t-10+4t = 0 \Rightarrow -13+13t = 0 \Rightarrow t = 1$$

Einsetzen von $t = 1$ in P_t ergibt den Lotfußpunkt $L(1\,|\,-4\,|\,0)$ und so den Abstand 7 LE.

6.1.3 Abstand paralleler Geraden

Die Fragestellung lässt sich auf den Abstand eines Punktes zu einer Geraden zurückführen: Wenn bewiesen ist, dass die Geraden parallel sind, berechnet man den Abstand des «Stützpunktes» der einen Geraden zur anderen Geraden.

a) Wenn die Geraden parallel oder identisch sind, müssen die Richtungsvektoren linear abhängig sein. Dies lässt sich unmittelbar an den beiden Vektoren ablesen: $\begin{pmatrix} 3 \\ 0 \\ 3 \end{pmatrix} = 3 \cdot \begin{pmatrix} 1 \\ 0 \\ 1 \end{pmatrix}$. Nun wird der Abstand des «Stützpunktes» $S(2\,|\,3\,|\,4)$ der Geraden h zu g berechnet: Einsetzen des Richtungsvektors von g und des Punktes S in die Punkt-Normalenform liefert die Hilfsebene E_H: $x_1 + x_3 = 6$. Schneiden mit g ergibt den Schnittpunkt $L(3\,|\,1\,|\,3)$. Für die Länge bzw. den Betrag des Verbindungsvektors ergibt sich $|\overrightarrow{LS}| = \sqrt{6}$, damit sind die beiden Geraden $\sqrt{6}$ LE voneinander entfernt.

b) Die Richtungsvektoren sind linear abhängig, daher sind die Geraden parallel oder identisch. Nun wird der Abstand des «Stützpunktes» S der Geraden h zu g berechnet: Einsetzen des Richtungsvektors von g und des Punktes S in die Punkt-Normalenform liefert die Hilfsebene E_H : $x_1 + 3x_2 + 4x_3 = 14$. Schneiden mit g ergibt $t = 0$ und damit den Schnittpunkt L$(5 \mid -1 \mid 3)$. Für die Länge bzw. den Betrag des Verbindungsvektors ergibt sich $|\overrightarrow{LS}| = \sqrt{56}$, damit sind die beiden Geraden $\sqrt{56}$ LE voneinander entfernt.

6.1.4 Abstand Gerade – Ebene

a) Wenn g parallel zu E ist, müssen der Richtungsvektor der Geraden $\vec{u}$ und der Normalenvektor $\vec{n}$ der Ebene senkrecht aufeinander stehen:

$\vec{u} \cdot \vec{n} = 0$: $\begin{pmatrix} 2 \\ -1 \\ 3 \end{pmatrix} \cdot \begin{pmatrix} 4 \\ -1 \\ -3 \end{pmatrix} = 8 + 1 - 9 = 0 \Rightarrow$ g ist parallel zu E bzw. g könnte in E liegen. Der Abstand d von g zu E ist der Abstand des «Stützpunktes» A$(1 \mid 2 \mid 3)$ von g zu E:

$$d(g; E) = d(A; E) = \frac{|4 \cdot 1 - 1 \cdot 2 - 3 \cdot 3 - 19|}{\sqrt{4^2 + (-1)^2 + (-3)^2}} = \frac{|-26|}{\sqrt{26}} = \frac{26}{\sqrt{26}}$$

Der Abstand beträgt $\frac{26}{\sqrt{26}}$ LE.

b) Wenn g parallel zu E ist, müssen der Richtungsvektor der Geraden $\vec{u}$ und der Normalenvektor $\vec{n}$ der Ebene senkrecht aufeinander stehen:

$\vec{u} \cdot \vec{n} = 0$: $\begin{pmatrix} -2 \\ 1 \\ -1 \end{pmatrix} \cdot \begin{pmatrix} 2 \\ 1 \\ -3 \end{pmatrix} = -4 + 1 + 3 = 0 \Rightarrow$ g ist parallel zu E bzw. g könnte in E liegen. Der Abstand d von g zu E ist der Abstand des «Stützpunktes» A$(1 \mid 8 \mid 1)$ von g zu E:

$$d(g; E) = d(A; E) = \frac{|2 \cdot 1 + 8 - 3 \cdot 1 - 14|}{\sqrt{2^2 + 1^2 + (-3)^2}} = \frac{|-7|}{\sqrt{14}} = \frac{7}{\sqrt{14}}$$

Der Abstand beträgt $\frac{7}{\sqrt{14}}$ LE.

6.1.5 Abstand paralleler Ebenen

a) Wenn die Ebenen parallel zueinander liegen, müssen die beiden Normalenvektoren ein Vielfaches voneinander (linear abhängig) sein. Es ist $\vec{n}_1 = (-1) \cdot \vec{n}_2$, damit ist bewiesen, dass die Ebenen parallel liegen (bzw. identisch sein können). Man bestimmt einen Punkt P$(p_1 \mid p_2 \mid p_3)$ von E_2 und berechnet den Abstand des Punktes zu E_1. Es werden z.B. p_1 und p_2 gleich Null gesetzt: $-2 \cdot 0 + 3 \cdot 0 - 1 \cdot p_3 = -7 \Rightarrow p_3 = 7$. Damit ist P$(0 \mid 0 \mid 7)$ ein Punkt von E_2. Setzt man P und die Ebene E_1 in die Abstandsformel ein, ergibt sich:

$$d(E_1; E_2) = d(P; E_1) = \frac{|2 \cdot 0 - 3 \cdot 0 + 7 - 4|}{\sqrt{2^2 + (-3)^2 + 1^2}} = \frac{3}{\sqrt{14}} \text{ LE}$$

b) Die Normalenvektoren $\vec{n}_E = \begin{pmatrix} -1 \\ 1 \\ 2 \end{pmatrix}$ und $\vec{n}_F = \begin{pmatrix} 2 \\ -2 \\ -4 \end{pmatrix}$ sind ein Vielfaches voneinander: $\vec{n}_F = -2 \cdot \vec{n}_E$, also sind die beiden Ebenen parallel oder identisch. Setzt man den Stützpunkt $A(5 \mid 2 \mid -1)$ von F und die Ebene E in die Abstandsformel ein, ergibt sich:

$$d(E;F) = d(A;E) = \frac{|-1 \cdot 5 + 2 + 2 \cdot (-1) - 0|}{\sqrt{(-1)^2 + 1^2 + 2^2}} = \frac{|-5|}{\sqrt{6}} = \frac{5}{\sqrt{6}} \text{ LE}$$

6.1.6 Abstand windschiefer Geraden

Um den Abstand von zwei windschiefen Geraden $g: \vec{x} = \vec{a} + s \cdot \vec{u}$ und $h: \vec{x} = \vec{b} + t \cdot \vec{v}$ zu berechnen, benötigt man einen Vektor $\vec{n}$, der auf den beiden Richtungsvektoren $\vec{u}$ und $\vec{v}$ senkrecht steht. Für den Abstand d gilt dann:

$$d(g;h) = \frac{\left|\left(\vec{a} - \vec{b}\right) \cdot \vec{n}\right|}{|\vec{n}|}$$

Den Vektor $\vec{n}$ bestimmt man mithilfe des Vektorproduktes $\vec{n} = \vec{u} \times \vec{v}$.

a) Der Vektor $\vec{a} - \vec{b}$ ergibt sich aus der Differenz der beiden Stützvektoren:

$$\vec{a} - \vec{b} = \begin{pmatrix} -1 \\ -3 \\ 5 \end{pmatrix} - \begin{pmatrix} 0 \\ -4 \\ 8 \end{pmatrix} = \begin{pmatrix} -1 \\ 1 \\ -3 \end{pmatrix}$$

Den Vektor $\vec{n}$ erhält man mithilfe des Vektorprodukts: $\vec{n} = \begin{pmatrix} 4 \\ 1 \\ -1 \end{pmatrix} \times \begin{pmatrix} 2 \\ 0 \\ -1 \end{pmatrix} = \begin{pmatrix} -1 \\ 2 \\ -2 \end{pmatrix}$.

Setzt man diese in die obige Formel ein, ergibt sich:

$$d(g;h) = \frac{\left|\begin{pmatrix} -1 \\ 1 \\ -3 \end{pmatrix} \cdot \begin{pmatrix} -1 \\ 2 \\ -2 \end{pmatrix}\right|}{\sqrt{1 + 4 + 4}} = \frac{|1 + 2 + 6|}{3} = \frac{|9|}{3} = 3 \text{ LE.}$$

Der Abstand der beiden Geraden ist 3 LE.

b) Der Vektor $\vec{a} - \vec{b}$ ergibt sich aus der Differenz der beiden Stützvektoren:

$$\vec{a} - \vec{b} = \begin{pmatrix} 6 \\ 1 \\ 3 \end{pmatrix} - \begin{pmatrix} 4 \\ 5 \\ -3 \end{pmatrix} = \begin{pmatrix} 2 \\ -4 \\ 6 \end{pmatrix}$$

Lösungen   6.1 *Abstandsberechnungen*

Den Vektor $\vec{n}$ erhält man mithilfe des Vektorprodukts: $\vec{n} = \begin{pmatrix} 2 \\ 1 \\ -2 \end{pmatrix} \times \begin{pmatrix} 0 \\ 1 \\ 2 \end{pmatrix} = \begin{pmatrix} 4 \\ -4 \\ 2 \end{pmatrix}$.

Setzt man diese in die obige Formel ein, ergibt sich:

$$d(g;h) = \frac{\left| \begin{pmatrix} 2 \\ -4 \\ 6 \end{pmatrix} \cdot \begin{pmatrix} 4 \\ -4 \\ 2 \end{pmatrix} \right|}{\sqrt{16+16+4}} = \frac{|8+16+12|}{6} = \frac{36}{6} = 6 \text{ LE}.$$

Der Abstand der beiden Geraden ist 6 LE.

6.1.7 Vermischte Aufgaben

a) Die Gerade wird als «allgemeiner Punkt» geschrieben: $A_t(2+2t \mid 1+t \mid 3+2t)$.
Da der gesuchte Punkt A auf der Geraden von P und Q gleich weit entfernt ist, gilt:

$$|\overrightarrow{PA_t}| = |\overrightarrow{QA_t}|$$

Für $|\overrightarrow{PA_t}|$ ergibt sich:

$$|\overrightarrow{PA_t}| = \left| \begin{pmatrix} -3+2t \\ t \\ 3+2t \end{pmatrix} \right| = \sqrt{(-3+2t)^2 + t^2 + (3+2t)^2}$$

Für $|\overrightarrow{QA_t}|$ ergibt sich entsprechend:

$$|\overrightarrow{QA_t}| = \left| \begin{pmatrix} -4+2t \\ -2+t \\ -4+2t \end{pmatrix} \right| = \sqrt{(-4+2t)^2 + (-2+t)^2 + (-4+2t)^2}$$

Die beiden Wurzeln werden gleichgesetzt:

$$\sqrt{(2t-3)^2 + t^2 + (2t+3)^2} = \sqrt{(2t-4)^2 + (t-2)^2 + (2t-4)^2}$$
$$4t^2 - 12t + 9 + t^2 + 4t^2 + 12t + 9 = 4t^2 - 16t + 16 + t^2 - 4t + 4 + 4t^2 - 16t + 16$$
$$18 = 36t$$
$$\frac{1}{2} = t$$

Setzt man $t = \frac{1}{2}$ in A_t ein, erhält man den gesuchten Punkt $A(3 \mid 1,5 \mid 4)$.

b) Die Gerade g wird als «allgemeiner Punkt» umgeschrieben: $P_t(-1+2t \mid 4-2t \mid 1+t)$.
Setzt man P_t und die Ebene E: $x_1 - x_3 = 1$ in die Abstandsformel ein, erhält man:

$$d(P_t;E) = \frac{|-1+2t - (1+t) - 1|}{\sqrt{1^2 + 0^2 + 1^2}} = \frac{|t-3|}{\sqrt{2}}$$

Wegen $d(P_t; E) = \sqrt{8}$ erhält man die Gleichung:

$$\sqrt{8} = \frac{|t-3|}{\sqrt{2}} \text{ bzw. } 4 = |t-3|$$

Die Betragsgleichung löst man durch Fallunterscheidung:
$4 = t - 3 \Rightarrow t_1 = 7$ oder $-4 = t - 3 \Rightarrow t_2 = -1$
Setzt man $t_1 = 7$ bzw. $t_2 = -1$ in P_t ein, ergeben sich die Punkte $P_1(13|-10|8)$ und $P_2(-3|6|0)$.

c) Da die beiden gesuchten Punkte P_1 und P_2 auf g die Entfernung 3 LE vom Punkt A haben, gilt $|\overrightarrow{AP}| = 3$. Die Gerade wird als «allgemeiner Punkt» umgeschrieben und eingesetzt: $P_t(1+2t\,|\,t\,|\,2+2t)$. Damit ist

$$|\overrightarrow{AP_t}| = \left|\begin{pmatrix} 2t-2 \\ t-1 \\ 2t-2 \end{pmatrix}\right| = \sqrt{(2t-2)^2 + (t-1)^2 + (2t-2)^2} = 3$$

Die Gleichung wird zuerst quadriert, dann werden die Klammern aufgelöst. Es ergibt sich $9t^2 - 18t = 0$. Ausklammern von t oder Auflösen mithilfe der pq- oder abc-Formel führt zu $t_1 = 2$ und $t_2 = 0$. Damit sind die gesuchten Punkte $P_1(5|2|6)$ und $P_2(1|0|2)$.

d) Zuerst stellt man eine Ebenengleichung der drei Punkte auf (siehe Kapitel 5.3). Man erhält die Koordinatengleichung $E: x_1 - x_2 + x_3 = 1$. Die Höhe h der Pyramide ist der Abstand des Punktes $S(6|-2|8)$ von der Ebene E. Mithilfe der Abstandsformel ergibt sich:

$$h = \frac{|6-(-2)+8-1|}{\sqrt{1^2+(-1)^2+1^2}} = \frac{15}{\sqrt{3}} \text{ LE}$$

e) Den Abstand d des Punktes $P(4|3|-2)$ von der Ebene $E_a: 2x_2 - x_3 = a$ erhält man mit der Abstandsformel:

$$d = \frac{|2 \cdot 3 - (-2) - a|}{\sqrt{0^2 + 2^2 + (-1)^2}} = \frac{|8-a|}{\sqrt{5}}$$

Da der Abstand $\sqrt{20}$ betragen soll, muss gelten:

$$\frac{|8-a|}{\sqrt{5}} = \sqrt{20}$$
$$|8-a| = \sqrt{100}$$
$$|8-a| = 10$$

Diese Betragsgleichung löst man durch Fallunterscheidung:
$8 - a = 10 \Rightarrow a_1 = -2$ oder $8 - a = -10 \Rightarrow a_2 = 18$
Somit hat der Punkt P für $a_1 = -2$ oder $a_2 = 18$ von der Ebene E_a den Abstand $\sqrt{20}$ LE.

Lösungen   6.2   *Winkelberechnungen*

6.2 Winkelberechnungen

6.2.1 Winkel zwischen Vektoren und zwischen Geraden

Zuerst stellt man die Verbindungsvektoren auf. Anschließend setzt man in die Formel für den Winkel ein. Dabei lässt sich ohne Taschenrechner teilweise nur der Kosinuswert des Winkels bestimmen.

a)
$$\cos(\beta) = \frac{\vec{BA} \cdot \vec{BC}}{|\vec{BA}| \cdot |\vec{BC}|} = \frac{\begin{pmatrix} 2 \\ -4 \\ 4 \end{pmatrix} \cdot \begin{pmatrix} -4 \\ 2 \\ 4 \end{pmatrix}}{\sqrt{2^2+(-4)^2+4^2} \cdot \sqrt{(-4)^2+2^2+4^2}} = 0 \Rightarrow \beta = 90°$$

$$\cos(\gamma) = \frac{\vec{CA} \cdot \vec{CB}}{|\vec{CA}| \cdot |\vec{CB}|} = \frac{\begin{pmatrix} 6 \\ -6 \\ 0 \end{pmatrix} \cdot \begin{pmatrix} 4 \\ -2 \\ -4 \end{pmatrix}}{\sqrt{72} \cdot 6} = \frac{36}{\sqrt{72} \cdot 6} = \frac{6}{\sqrt{72}} = \frac{6}{\sqrt{36} \cdot \sqrt{2}} = \frac{6}{6 \cdot \sqrt{2}} = \frac{1}{\sqrt{2}}$$

$$\cos(\alpha) = \frac{\vec{AB} \cdot \vec{AC}}{|\vec{AB}| \cdot |\vec{AC}|} = \frac{\begin{pmatrix} -2 \\ 4 \\ -4 \end{pmatrix} \cdot \begin{pmatrix} -6 \\ 6 \\ 0 \end{pmatrix}}{6 \cdot \sqrt{72}} = \frac{36}{6 \cdot \sqrt{72}} = \frac{6}{\sqrt{72}} = \frac{1}{\sqrt{2}}$$

Da $\cos(\alpha) = \cos(\gamma)$ ist, bedeutet dies im Dreieck, dass auch die Winkel gleich sein müssen. Da $\beta = 90°$ ist, sind $\alpha = 45°$ und $\gamma = 45°$.

b)   I) Durch die Aufgabenstellung ist vorausgesetzt, dass sich die beiden Geraden tatsächlich schneiden, dies hätte sonst geprüft werden müssen. Der Winkel zwischen den beiden Geraden wird berechnet, indem man den Winkel zwischen den Richtungsvektoren berechnet:

$$\cos(\varphi) = \frac{\left| \begin{pmatrix} -1 \\ 3 \\ 5 \end{pmatrix} \cdot \begin{pmatrix} 7 \\ -1 \\ 2 \end{pmatrix} \right|}{\sqrt{35} \cdot \sqrt{54}} = \frac{|-7-3+10|}{\sqrt{35} \cdot \sqrt{54}} = \frac{|0|}{\sqrt{35} \cdot \sqrt{54}} = 0 \Rightarrow \varphi = 90°$$

     II) Auch hier wird der Winkel φ zwischen den Richtungsvektoren bestimmt; man erhält folgenden Rechenausdruck:

$$\cos(\varphi) = \frac{\left| \begin{pmatrix} 2 \\ -6 \\ 10 \end{pmatrix} \cdot \begin{pmatrix} 2 \\ 3 \\ 5 \end{pmatrix} \right|}{\sqrt{140} \cdot \sqrt{38}} = \frac{|4-18+50|}{\sqrt{140} \cdot \sqrt{38}} = \frac{36}{\sqrt{140} \cdot \sqrt{38}}$$

Ohne Taschenrechner oder Kosinustabelle lässt sich der Winkelwert nicht bestimmen.

6.2.2 Winkel zwischen Ebenen

a) Der Winkel zwischen zwei Ebenen wird berechnet, indem man den Winkel zwischen den Normalenvektoren berechnet. Man erhält folgenden Rechenausdruck:

$$\cos(\varphi) = \frac{\left|\begin{pmatrix} 1 \\ -1 \\ 2 \end{pmatrix} \cdot \begin{pmatrix} 6 \\ 1 \\ -1 \end{pmatrix}\right|}{\sqrt{1^2+(-1)^2+2^2} \cdot \sqrt{6^2+1^2+(-1)^2}} = \frac{|6-1-2|}{\sqrt{6}\cdot\sqrt{38}} = \frac{3}{\sqrt{6}\cdot\sqrt{38}}$$

b) Auch hier wird der Winkel zwischen den Normalenvektoren bestimmt:

$$\cos(\varphi) = \frac{\left|\begin{pmatrix} 0 \\ 4 \\ 0 \end{pmatrix} \cdot \begin{pmatrix} 6 \\ 0 \\ 5 \end{pmatrix}\right|}{4 \cdot \sqrt{6^2+5^2}} = \frac{0}{4\cdot\sqrt{61}} = 0 \Rightarrow \varphi = 90°$$

6.2.3 Winkel zwischen Gerade und Ebene

a) Der Winkel zwischen einer Geraden und einer Ebene wird berechnet, indem man den Winkel zwischen dem Richtungsvektor der Geraden und dem Normalenvektor der Ebene berechnet. Dabei wird im Unterschied zum Winkel zwischen zwei Geraden oder zwischen zwei Ebenen der *Sinus* des Winkels bestimmt:

$$\sin(\varphi) = \frac{\left|\begin{pmatrix} 1 \\ 2 \\ -1 \end{pmatrix} \cdot \begin{pmatrix} 3 \\ 5 \\ -2 \end{pmatrix}\right|}{\sqrt{6}\cdot\sqrt{38}} = \frac{|3+10+2|}{\sqrt{6}\cdot\sqrt{38}} = \frac{15}{\sqrt{6}\cdot\sqrt{38}}$$

b) Es ist:

$$\sin(\varphi) = \frac{\left|\begin{pmatrix} 0 \\ 1 \\ 0 \end{pmatrix} \cdot \begin{pmatrix} 6 \\ 10 \\ -4 \end{pmatrix}\right|}{\sqrt{1}\cdot\sqrt{152}} = \frac{|0+10+0|}{\sqrt{152}} = \frac{10}{\sqrt{4\cdot 38}} = \frac{10}{\sqrt{4}\cdot\sqrt{38}} = \frac{5}{\sqrt{38}}$$

c) Es ist:

$$\sin(\varphi) = \frac{\left|\begin{pmatrix} 1 \\ 2 \\ 3 \end{pmatrix} \cdot \begin{pmatrix} 0 \\ 0 \\ 1 \end{pmatrix}\right|}{\sqrt{14}\cdot 1} = \frac{3}{\sqrt{14}}$$

6.3 Spiegelungen

Alle Spiegelpunkte sind im Folgenden mit einem Sternchen * versehen.

6.3.1 Punkt an Punkt

Um den Punkt P an Q zu spiegeln, wird der Vektor $\overrightarrow{PQ}$ an den Ortsvektor von Q einmal angehängt. (Alternativ kann man auch an den Ortsvektor von P den Vektor $\overrightarrow{PQ}$ zweimal anhängen). Damit ist:

a) $\overrightarrow{OP^*} = \overrightarrow{OQ} + \overrightarrow{PQ} = \begin{pmatrix} 2 \\ 1 \\ 2 \end{pmatrix} + \begin{pmatrix} -1 \\ -3 \\ -3 \end{pmatrix} = \begin{pmatrix} 1 \\ -2 \\ -1 \end{pmatrix}$, also ist $P^*(1 \mid -2 \mid -1)$.

b) $\overrightarrow{OP^*} = \overrightarrow{OR} + \overrightarrow{PR} = \begin{pmatrix} 0 \\ 3 \\ -2 \end{pmatrix} + \begin{pmatrix} -3 \\ -1 \\ -7 \end{pmatrix} = \begin{pmatrix} -3 \\ 2 \\ -9 \end{pmatrix}$, also ist $P^*(-3 \mid 2 \mid -9)$.

c) $\overrightarrow{OP^*} = \overrightarrow{OS} + \overrightarrow{PS} = \begin{pmatrix} -3 \\ 1 \\ 4 \end{pmatrix} + \begin{pmatrix} -6 \\ -3 \\ -1 \end{pmatrix} = \begin{pmatrix} -9 \\ -2 \\ 3 \end{pmatrix}$, also ist $P^*(-9 \mid -2 \mid 3)$.

6.3.2 Punkt an Ebene

Um einen Punkt P an einer Ebene zu spiegeln, braucht man zuerst den sog. Lotfußpunkt L, das ist der Punkt der Ebene, der den kürzesten Abstand zu P besitzt (es wird «das Lot von P auf die Ebene gefällt»). An diesem Punkt wird P gespiegelt. L bestimmt man, indem man eine Lotgerade durch den Punkt P aufstellt und als Richtungsvektor den Normalenvektor $\vec{n}$ der Ebene benutzt.

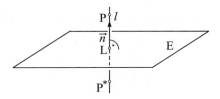

a) Die Lotgerade l hat die Gleichung $l : \vec{x} = \begin{pmatrix} 1 \\ 4 \\ 7 \end{pmatrix} + s \cdot \begin{pmatrix} 1 \\ -1 \\ -2 \end{pmatrix}$. Schneidet man l mit E: $x_1 - x_2 - 2x_3 + 11 = 0$, ergibt sich:

$$1 + s - (4 - s) - 2(7 - 2s) + 11 = 0 \Rightarrow 6s = 6 \Rightarrow s = 1$$

Setzt man $s = 1$ in l ein, ergibt sich der Lotfußpunkt $L(2 \mid 3 \mid 5)$. Nun wird A an L gespiegelt: $\overrightarrow{OA^*} = \overrightarrow{OL} + \overrightarrow{AL}$, damit ist $A^*(3 \mid 2 \mid 3)$.

b) Die Lotgerade l hat die Gleichung $l : \vec{x} = \begin{pmatrix} -1 \\ -4 \\ -9 \end{pmatrix} + t \cdot \begin{pmatrix} 2 \\ -2 \\ 1 \end{pmatrix}$. Schneidet man l mit E: $2x_1 - 2x_2 + x_3 = 6$, ergibt sich:

$$2 \cdot (-1 + 2t) - 2 \cdot (-4 - 2t) + (-9 + t) = 6 \Rightarrow t = 1$$

Setzt man $t = 1$ in l ein, ergibt sich der Lotfußpunkt $L(1 \mid -6 \mid -8)$. Nun wird S an L gespiegelt: $\overrightarrow{OS^*} = \overrightarrow{OL} + \overrightarrow{SL}$, damit ist $S^*(3 \mid -8 \mid -7)$.

c) Die Lotgerade l hat die Gleichung $l: \vec{x} = \begin{pmatrix} 2 \\ 3 \\ 4 \end{pmatrix} + r \cdot \begin{pmatrix} 4 \\ 1 \\ -1 \end{pmatrix}$. Schneidet man l mit
E: $4x_1 + x_2 - x_3 = 3$, ergibt sich:
$$4 \cdot (2+4r) + 3 + r - (4-r) = 3 \Rightarrow r = -\frac{2}{9}$$

Setzt man $r = -\frac{2}{9}$ in l ein, ergibt sich der Lotfußpunkt $L\left(\frac{10}{9} \mid \frac{25}{9} \mid \frac{38}{9}\right)$. Nun wird P an L gespiegelt: $\overrightarrow{OP^*} = \overrightarrow{OL} + \overrightarrow{PL}$, damit ist $P^*\left(\frac{2}{9} \mid \frac{23}{9} \mid \frac{40}{9}\right)$.

6.3.3 Punkt an Gerade

Ein Punkt wird an einer Geraden gespiegelt, indem man eine Hilfsebene E_H durch den Punkt und senkrecht zur Geraden aufstellt (der Richtungsvektor $\vec{u}$ der Geraden wird als Normalenvektor $\vec{n}$ benutzt). Anschließend wird die Hilfsebene mit der Geraden geschnitten und der Punkt am Schnittpunkt S von Gerade und Ebene gespiegelt.

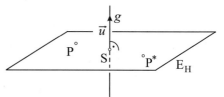

a) Setzt man P und $\vec{u}$ in die Punkt-Normalenform ein, ergibt sich:
$$E_H : \left(\begin{pmatrix} x_1 \\ x_2 \\ x_3 \end{pmatrix} - \begin{pmatrix} 2 \\ 3 \\ 4 \end{pmatrix} \right) \cdot \begin{pmatrix} 1 \\ 0 \\ 1 \end{pmatrix} = 0$$
damit hat die Hilfsebene die Gleichung $E_H : x_1 + x_3 = 6$.
Schneidet man E_H mit g, ergibt sich: $2 + t + 2 + t = 6 \Rightarrow t = 1$
Setzt man $t = 1$ in die Geradengleichung ein, erhält man den Schnittpunkt $S(3 \mid 1 \mid 3)$.
Spiegelt man P an S mithilfe einer Vektorkette, ergibt sich $P^*(4 \mid -1 \mid 2)$.

b) Setzt man B und $\vec{u}$ in die Punkt-Normalenform ein, ergibt sich die Hilfsebene
$E_H : 4x_1 - x_2 - x_3 = 21$. Schneidet man E_H mit g, erhält man $t = 2$ und damit den Schnittpunkt $S(7 \mid 4 \mid 3)$. Spiegelt man B an S mithilfe einer Vektorkette, ergibt sich $B^*(9 \mid 10 \mid 5)$.

6.3.4 Gerade an Ebene

Um eine Gerade an einer Ebene zu spiegeln, prüft man zuerst mithilfe des Skalarprodukts, ob die Gerade die Ebene schneidet oder ob die Gerade und die Ebene parallel sind; gegebenenfalls wird der Schnittpunkt berechnet. Mithilfe einer Lotgeraden und einer Vektorkette wird der Stützpunkt der Geraden an der Ebene gespiegelt. Schließlich wird der Richtungsvektor der Spiegelgeraden bestimmt.

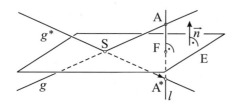 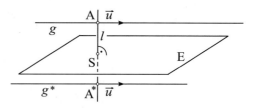

Lösungen   6.3 *Spiegelungen*

a) Die Gerade $g: \vec{x} = \begin{pmatrix} 6 \\ 2 \\ 0 \end{pmatrix} + t \cdot \begin{pmatrix} 3 \\ 1 \\ 5 \end{pmatrix}$ und die Ebene E: $x_1 - x_2 = 0$ schneiden sich, da das Skalarprodukt des Richtungsvektors der Geraden mit dem Normalenvektor der Ebene nicht Null ergibt:

$$\begin{pmatrix} 3 \\ 1 \\ 5 \end{pmatrix} \cdot \begin{pmatrix} 1 \\ -1 \\ 0 \end{pmatrix} = 3 \cdot 1 + 1 \cdot (-1) + 5 \cdot 0 = 2 \neq 0$$

Den Schnittpunkt S von g und E erhält man, indem man den «allgemeinen Punkt» $P_t(6+3t \mid 2+t \mid 5t)$ von g in E einsetzt:

$$6 + 3t - (2+t) = 0 \Rightarrow t = -2 \Rightarrow S(0 \mid 0 \mid -10)$$

Die Lotgerade l durch den Stützpunkt $A(6 \mid 2 \mid 0)$ von g hat die Gleichung:

$$l: \vec{x} = \begin{pmatrix} 6 \\ 2 \\ 0 \end{pmatrix} + s \cdot \begin{pmatrix} 1 \\ -1 \\ 0 \end{pmatrix}$$

Schneidet man l mit E, erhält man den Lotfußpunkt L:

$$6 + s - (2-s) = 0 \Rightarrow s = -2 \Rightarrow L(4 \mid 4 \mid 0)$$

Nun wird A an L gespiegelt:

$$\overrightarrow{OA^*} = \overrightarrow{OL} + \overrightarrow{AL} = \begin{pmatrix} 4 \\ 4 \\ 0 \end{pmatrix} + \begin{pmatrix} -2 \\ 2 \\ 0 \end{pmatrix} = \begin{pmatrix} 2 \\ 6 \\ 0 \end{pmatrix} \Rightarrow A^*(2 \mid 6 \mid 0)$$

Der Stützpunkt der Spiegelgeraden g^* ist beispielsweise S, der Richtungsvektor von g^* ist der Verbindungsvektor von S zu A^*. Damit ergibt sich:

$$g^*: \vec{x} = \begin{pmatrix} 0 \\ 0 \\ -10 \end{pmatrix} + r \cdot \begin{pmatrix} 2 \\ 6 \\ 10 \end{pmatrix}$$

b) Die Gerade $g: \vec{x} = \begin{pmatrix} 4 \\ 9 \\ 5 \end{pmatrix} + t \cdot \begin{pmatrix} 4 \\ -1 \\ -1 \end{pmatrix}$ und die Ebene E: $x_1 + 2x_2 + 2x_3 = 5$ sind parallel, da das Skalarprodukt des Richtungsvektors der Geraden mit dem Normalenvektor der Ebene Null ergibt:

$$\begin{pmatrix} 4 \\ -1 \\ -1 \end{pmatrix} \cdot \begin{pmatrix} 1 \\ 2 \\ 2 \end{pmatrix} = 4 \cdot 1 + (-1) \cdot 2 + (-1) \cdot 2 = 0$$

Die Lotgerade l durch den Stützpunkt A $(4 \mid 9 \mid 5)$ von g hat die Gleichung:

$$l: \vec{x} = \begin{pmatrix} 4 \\ 9 \\ 5 \end{pmatrix} + s \cdot \begin{pmatrix} 1 \\ 2 \\ 2 \end{pmatrix}$$

Schneidet man l mit E, erhält man den Lotfußpunkt L:

$$4 + s + 2 \cdot (9 + 2s) + 2 \cdot (5 + 2s) = 5 \Rightarrow s = -3 \Rightarrow L(1 \mid 3 \mid -1)$$

Nun wird A an L gespiegelt:

$$\overrightarrow{OA^*} = \overrightarrow{OL} + \overrightarrow{AL} = \begin{pmatrix} 1 \\ 3 \\ -1 \end{pmatrix} + \begin{pmatrix} -3 \\ -6 \\ -6 \end{pmatrix} = \begin{pmatrix} -2 \\ -3 \\ -7 \end{pmatrix} \Rightarrow A^*(-2 \mid -3 \mid -7)$$

Der Stützpunkt der Spiegelgeraden g^* ist A^*, der Richtungsvektor von g^* ist der Richtungsvektor von g. Damit ergibt sich:

$$g^*: \vec{x} = \begin{pmatrix} -2 \\ -3 \\ -7 \end{pmatrix} + r \cdot \begin{pmatrix} 4 \\ -1 \\ -1 \end{pmatrix}$$

6.4 Verständnis von Zusammenhängen

a) Mithilfe einer Skizze kann man die Problemstellung veranschaulichen:

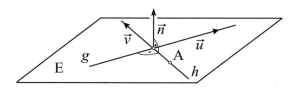

Als Stützpunkt der Geraden h kann man den Stützpunkt von g oder einen beliebigen Punkt A der Ebene E verwenden.

Der Richtungsvektor $\vec{v}$ der Geraden h ist orthogonal zum Richtungsvektor $\vec{u}$ der Geraden g und orthogonal zum Normalenvektor $\vec{n}$ der Ebene E. Damit erhält man $\vec{v}$ entweder mithilfe des Vektorprodukts: $\vec{v} = \vec{u} \times \vec{n}$ oder mithilfe der Skalarprodukte: $\vec{v} \cdot \vec{u} = 0$ und $\vec{v} \cdot \vec{n} = 0$.
Damit erhält man eine Gleichung von h: $\vec{x} = \vec{a} + t \cdot \vec{v}$.

Alternativ kann man auch eine zur Geraden g orthogonale Hilfsebene E_H durch einen Punkt A der Ebene E aufstellen, der nicht auf g liegt. Als Normalenvektor von E_H verwendet man den Richtungsvektor $\vec{u}$ der Geraden g:

$$E_H: (\vec{x} - \vec{a}) \cdot \vec{u} = 0$$

Schneidet man E_H mit g, erhält man einen Schnittpunkt S. Der Richtungsvektor $\vec{v}$ von h ist beispielsweise der Verbindungsvektor von A zu S.
Damit erhält man eine Gleichung von h: $\vec{x} = \vec{a} + t \cdot \overrightarrow{AS}$.

b) Wegen $\vec{u} \cdot \vec{v} = 0$ stehen die beiden Vektoren $\vec{u}$ und $\vec{v}$ senkrecht aufeinander.
Wegen $|\vec{u}| = 1$ und $|\vec{v}| = 2$ ist der Vektor $\vec{v}$ doppelt so lang wie der Vektor $\vec{u}$.
Damit bilden alle Punkte X mit den Ortsvektoren $\vec{x} = r \cdot \vec{u} + s \cdot \vec{v}$ mit $0 \leqslant r, s \leqslant 1$ eine rechteckige Fläche.
Das Rechteck hat die Länge $a = |\vec{u}| = 1$ und die Breite $b = |\vec{v}| = 2$.
Damit gilt für den Flächeninhalt A des Rechtecks:

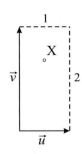

$$A = a \cdot b = 1 \cdot 2 = 2$$

Der Flächeninhalt der Figur beträgt 2 FE.

c) Die Situation veranschaulicht man am besten mithilfe einer Skizze.
Um den Abstand d von g und K zu bestimmen, berechnet man zuerst den Abstand vom Mittelpunkt M der Kugel K zur Geraden g.

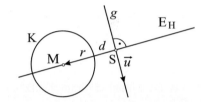

Hierzu stellt man eine Hilfsebene E_H auf, die durch M geht und orthogonal zu g ist; als Normalenvektor von E_H kann man den Richtungsvektor $\vec{u}$ von g verwenden:

$$E_H : (\vec{x} - \vec{m}) \cdot \vec{u} = 0$$

Anschließend berechnet man den Schnittpunkt S von E_H und g.
Der Abstand von M zu g ist die Länge der Strecke MS, die man mithilfe des Betrags des entsprechenden Verbindungsvektors erhält. Subtrahiert man von der Länge der Strecke MS den Radius r, so erhält man den gesuchten Abstand:

$$d = \left| \overrightarrow{SM} \right| - r$$

d) Zuerst spiegelt man den Stützpunkt A der Geraden g an der Ebene E:
Hierzu stellt man eine Lotgerade l auf, die den Punkt A enthält und orthogonal zu E ist.
Ein Normalenvektor $\vec{n}$ von E ist der Richtungsvektor von l. Damit hat l die Gleichung: $l: \vec{x} = \vec{a} + t \cdot \vec{n}$.

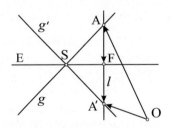

Schneidet man l und E, erhält man den Punkt F.
Den Spiegelpunkt A' erhält man mithilfe einer Vektorkette: $\overrightarrow{OA'} = \overrightarrow{OA} + 2 \cdot \overrightarrow{AF}$
Anschließend stellt man mithilfe von S und A' eine Geradengleichung der Spiegelgeraden g' auf:

$$g': \vec{x} = \vec{s} + r \cdot \overrightarrow{SA'}$$

e) Um denjenigen Punkt B auf der Geraden g zu bestimmen, der von A den kleinsten Abstand hat, stellt man zuerst eine Hilfsebene E_H auf, die durch A geht und orthogonal zu g ist; als Normalenvektor von E_H kann man den Richtungsvektor $\vec{u}$ von g verwenden:

$$E_H : (\vec{x} - \vec{a}) \cdot \vec{u} = 0$$

Der Schnittpunkt von E_H und g ist der gesuchte Punkt B.

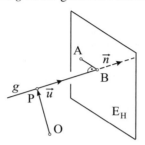

f) Die Situation veranschaulicht man am besten mithilfe einer Skizze:

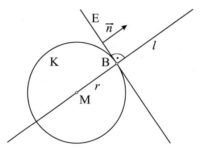

Den Kugelradius r erhält man, indem man den Abstand von $M(m_1 \mid m_2 \mid m_3)$ zur Ebene E: $ax_1 + bx_2 + cx_3 = d$ mithilfe der Abstandsformel bestimmt:

$$r = \frac{|a \cdot m_1 + b \cdot m_2 + c \cdot m_3 - d|}{\sqrt{a^2 + b^2 + c^2}}$$

Den Berührpunkt B erhält man, indem man eine Lotgerade l aufstellt, die durch den Punkt M geht und orthogonal zu E ist, d.h. man kann den Normalenvektor $\vec{n}$ der Ebene E als Richtungsvektor von l wählen:

$$l: \vec{x} = \vec{m} + t \cdot \vec{n}$$

Anschließend schneidet man l und E. Der Schnittpunkt von l und E ist gleichzeitig der Berührpunkt B.

Alternativ kann man nun den Kugelradius r bestimmen, indem man den Abstand von $M(m_1 \mid m_2 \mid m_3)$ zu $B(b_1 \mid b_2 \mid b_3)$ berechnet:

$$r = \left|\overrightarrow{MB}\right| = \sqrt{(b_1 - m_1)^2 + (b_2 - m_2)^2 + (b_3 - m_3)^2}$$

Lösungen   6.5 Flächen- und Volumenberechnungen

6.5 Flächen- und Volumenberechnungen

a) Es ist $\vec{AB} = \begin{pmatrix} 2 \\ 1 \\ 2 \end{pmatrix}$ und $\vec{AD} = \begin{pmatrix} -7 \\ -3 \\ 2 \end{pmatrix}$

Für den Flächeninhalt A des Parallelogramms benötigt man das Vektorprodukt:

$$\vec{AB} \times \vec{AD} = \begin{pmatrix} 2 \\ 1 \\ 2 \end{pmatrix} \times \begin{pmatrix} -7 \\ -3 \\ 2 \end{pmatrix} = \begin{pmatrix} 8 \\ -18 \\ 1 \end{pmatrix}$$

Somit gilt für den Flächeninhalt:

$$A = \left| \vec{AB} \times \vec{AD} \right| = \left| \begin{pmatrix} 8 \\ -18 \\ 1 \end{pmatrix} \right| = \sqrt{8^2 + (-18)^2 + 1^2} = \sqrt{389} \approx 19{,}72.$$

Der Flächeninhalt des Parallelogramms beträgt 19,72 FE.

b) Es ist $\vec{AB} = \begin{pmatrix} -2 \\ 3 \\ 4 \end{pmatrix}$ und $\vec{AC} = \begin{pmatrix} -3 \\ 1 \\ 5 \end{pmatrix}$

Für den Flächeninhalt des Dreiecks benötigt man das Vektorprodukt:

$$\vec{AB} \times \vec{AC} = \begin{pmatrix} -2 \\ 3 \\ 4 \end{pmatrix} \times \begin{pmatrix} -3 \\ 1 \\ 5 \end{pmatrix} = \begin{pmatrix} 11 \\ -2 \\ 7 \end{pmatrix}$$

Somit gilt für den Flächeninhalt:

$$A = \frac{1}{2} \cdot \left| \vec{AB} \times \vec{AC} \right| = \frac{1}{2} \cdot \left| \begin{pmatrix} 11 \\ -2 \\ 7 \end{pmatrix} \right| = \frac{1}{2} \cdot \sqrt{(11)^2 + (-2)^2 + 7^2} = \frac{1}{2} \cdot \sqrt{174} \approx 6{,}60$$

Der Flächeninhalt des Dreiecks beträgt 6,60 FE.

c) Die Spurpunkte der Ebene E mit E: $2x_1 + 3x_2 + 4x_3 = 12$ sind $S_1(6 \mid 0 \mid 0)$, $S_2(0 \mid 4 \mid 0)$ und $S_3(0 \mid 0 \mid 3)$.

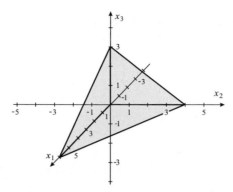

Das Volumen V der Pyramide, welche von den Spurpunkten und dem Ursprung gebildet wird, erhält man mit der Formel $V = \frac{1}{3} \cdot G \cdot h$. Die Grundfläche G wird vom Ursprung, S_1 und S_2 gebildet. Dies ist ein rechtwinkliges Dreieck mit den Kathetenlängen 6 und 4. Damit gilt:

$$G = \frac{6 \cdot 4}{2} = 12$$

Die Höhe h der Pyramide beträgt $h = 3$, da S_3 die Spitze der Pyramide ist und die x_3-Achse orthogonal zur Grundfläche steht.
Damit gilt:

$$V = \frac{1}{3} \cdot G \cdot h = \frac{1}{3} \cdot 12 \cdot 3 = 12$$

Das Volumen der Pyramide beträgt 12 VE.

d) Gegeben sind die Punkte $A(2 \mid 3 \mid 0)$, $B(1 \mid 2 \mid -2)$ und $C(3 \mid 1 \mid 2)$ sowie $S(1 \mid 3 \mid 5)$.
Für den Flächeninhalt G der Grundfläche ABC benötigt man das Vektorprodukt:

$$\overrightarrow{AB} \times \overrightarrow{AC} = \begin{pmatrix} -1 \\ -1 \\ -2 \end{pmatrix} \times \begin{pmatrix} 1 \\ -2 \\ 2 \end{pmatrix} = \begin{pmatrix} -6 \\ 0 \\ 3 \end{pmatrix}$$

Somit gilt für den Flächeninhalt:

$$G = \frac{1}{2} \cdot \left| \overrightarrow{AB} \times \overrightarrow{AC} \right| = \frac{1}{2} \cdot \left| \begin{pmatrix} -6 \\ 0 \\ 3 \end{pmatrix} \right| = \frac{1}{2} \cdot \sqrt{(-6)^2 + 0^2 + 3^2} = \frac{1}{2} \cdot \sqrt{36+9} = \frac{1}{2} \cdot \sqrt{45}$$

Das Volumen der Pyramide ABCS erhält man mit der Formel $V = \frac{1}{3} \cdot G \cdot h$.
Die Höhe h ist der Abstand des Punktes S zur Ebene E, in der die Punkte A, B und C liegen.
Eine Koordinatengleichung von E erhält man, indem man zuerst einen Normalenvektor $\vec{n}$ mithilfe des Vektorprodukts der Spannvektoren $\overrightarrow{AB}$ und $\overrightarrow{AC}$ bestimmt:

$$\overrightarrow{AB} \times \overrightarrow{AC} = \begin{pmatrix} -6 \\ 0 \\ 3 \end{pmatrix} = -3 \cdot \begin{pmatrix} 2 \\ 0 \\ -1 \end{pmatrix} \Rightarrow \vec{n} = \begin{pmatrix} 2 \\ 0 \\ -1 \end{pmatrix}$$

Die Ebene E hat damit die Koordinatenform $2x_1 - x_3 = d$.

Setzt man die Koordinaten von $A(2 \mid 3 \mid 0)$ in den Ansatz $2x_1 - x_3 = d$ ein, ergibt sich:
$2 \cdot 2 - 0 = d \Rightarrow d = 4$.

Somit hat die Ebene E die Gleichung E: $2x_1 - x_3 = 4$.

Den Abstand h des Punktes $S(1 \mid 3 \mid 5)$ zu E erhält man mit der Abstandsformel:

$$h = \frac{|2 \cdot 1 - 5 \cdot 1 - 4|}{\sqrt{2^2 + 0^2 + (-1)^2}} = \frac{|-7|}{\sqrt{5}} = \frac{7}{\sqrt{5}}$$

Damit erhält man das Volumen der Pyramide ABCS:

$$V = \frac{1}{3} \cdot G \cdot h = \frac{1}{3} \cdot \frac{1}{2} \cdot \sqrt{45} \cdot \frac{7}{\sqrt{5}} = \frac{1}{3} \cdot \frac{1}{2} \cdot \sqrt{\frac{45}{5}} \cdot 7 = \frac{1}{3} \cdot \frac{1}{2} \cdot \sqrt{9} \cdot 7 = \frac{1}{3} \cdot \frac{1}{2} \cdot 3 \cdot 7 = \frac{7}{2}$$

Das Volumen der Pyramide beträgt $\frac{7}{2}$ VE.

Stochastik

7 Baumdiagramme und Vierfeldertafeln

7.1 Ziehen mit Zurücklegen

a)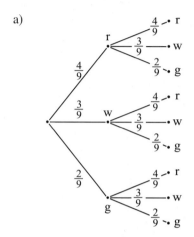

Da 4 rote, 3 weiße und 2 gelbe, also insgesamt 9 Kugeln in der Urne sind, betragen die Wahrscheinlichkeiten bei jedem Ziehen für rot (r), weiß (w) bzw. gelb (g): $\frac{4}{9}, \frac{3}{9}$ bzw. $\frac{2}{9}$.

Die Wahrscheinlichkeit für das Ereignis A, eine weiße und eine gelbe Kugel zu ziehen, erhält man mithilfe der 1. und 2. Pfadregel (Produkt- und Summenregel):

$$P(A) = P(wg) + P(gw) = \frac{3}{9} \cdot \frac{2}{9} + \frac{2}{9} \cdot \frac{3}{9} = \frac{4}{27}$$

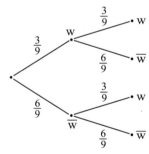

Da 3 weiße und 6 nicht weiße, also insgesamt 9 Kugeln in der Urne sind, beträgt die Wahrscheinlichkeit bei jedem Ziehen für weiß (w): $\frac{3}{9}$ und für nicht weiß ($\bar{w}$): $\frac{6}{9}$.

Die Wahrscheinlichkeit für das Ereignis B, keine weiße Kugel zu ziehen, erhält man mithilfe der 1. Pfadregel (Produktregel):

$$P(B) = P(\bar{w}\bar{w}) = \frac{6}{9} \cdot \frac{6}{9} = \frac{4}{9}$$

Lösungen   7.1 Ziehen mit Zurücklegen

b) A: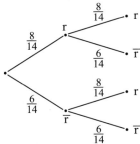

Da 8 rote und 6 nicht rote, also insgesamt 14 Kugeln in der Urne sind, beträgt die Wahrscheinlichkeit bei jedem Ziehen für rot (r): $\frac{8}{14}$ und für nicht rot ($\bar{r}$): $\frac{6}{14}$.

Die Wahrscheinlichkeit, keine rote Kugel zu ziehen, erhält man mithilfe der 1. Pfadregel (Produktregel):

$$P(\text{«keine rote Kugel»}) = P(\bar{r}\bar{r}) = \frac{6}{14} \cdot \frac{6}{14} = \frac{3}{7} \cdot \frac{3}{7} = \frac{9}{49}$$

B: Die Wahrscheinlichkeit, höchstens eine rote Kugel zu ziehen, erhält man mithilfe der 1. und 2. Pfadregel (Produkt- und Summenregel):

$$P(\text{«höchstens eine rote Kugel»}) = P(\bar{r}\bar{r}) + P(\bar{r}r) + P(r\bar{r})$$
$$= \frac{6}{14} \cdot \frac{6}{14} + \frac{6}{14} \cdot \frac{8}{14} + \frac{8}{14} \cdot \frac{6}{14}$$
$$= \frac{3}{7} \cdot \frac{3}{7} + \frac{3}{7} \cdot \frac{4}{7} + \frac{4}{7} \cdot \frac{3}{7}$$
$$= \frac{9}{49} + \frac{12}{49} + \frac{12}{49}$$
$$= \frac{33}{49}$$

Alternativ kann man auch mit dem Gegenereignis rechnen:

$$P(\text{«höchstens eine rote Kugel»}) = 1 - P(\text{«zwei rote Kugeln»})$$
$$= 1 - P(rr)$$
$$= 1 - \frac{8}{14} \cdot \frac{8}{14}$$
$$= 1 - \frac{4}{7} \cdot \frac{4}{7}$$
$$= \frac{49}{49} - \frac{16}{49}$$
$$= \frac{33}{49}$$

c) I)

Da 3 rote und 5 gelbe, also insgesamt 8 Kugeln im Behälter sind, beträgt die Wahrscheinlichkeit bei jedem Ziehen für gelb (g): $\frac{5}{8}$ und für rot (r): $\frac{3}{8}$.

Die Wahrscheinlichkeit, mindestens eine gelbe Kugel zu ziehen, erhält man mithilfe der 1. und 2. Pfadregel (Produkt- und Summenregel):

$$P(\text{«mindestens eine gelbe Kugel»}) = P(rg) + P(gr) + P(gg)$$
$$= \frac{3}{8} \cdot \frac{5}{8} + \frac{5}{8} \cdot \frac{3}{8} + \frac{5}{8} \cdot \frac{5}{8}$$
$$= \frac{55}{64}$$

Alternativ kann man auch mit dem Gegenereignis rechnen:

$$P(\text{«mindestens eine gelbe Kugel»}) = 1 - P(\text{«keine gelbe Kugel»})$$
$$= 1 - P(rr)$$
$$= 1 - \frac{3}{8} \cdot \frac{3}{8}$$
$$= \frac{55}{64}$$

II)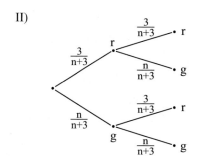

Wenn im Behälter 3 rote und eine unbekannte Anzahl (n) gelber Kugeln vorhanden sind, gibt es insgesamt $n+3$ Kugeln. Damit beträgt die Wahrscheinlichkeit bei jedem Ziehen für gelb (g): $\frac{n}{n+3}$ und für rot (r): $\frac{3}{n+3}$.

d) I)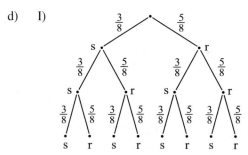

Zum Baumdiagramm passt z.B. folgende Situation:

In einer Urne befinden sich 5 rote und 3 schwarze Kugeln. Es werden drei Kugeln mit Zurücklegen gezogen, da die Wahrscheinlichkeiten beim 2. und beim 3. Zug gleich groß sind wie beim 1. Zug.

II) Die Wahrscheinlichkeit beträgt bei jedem Zug für rot (r): $\frac{5}{8}$ und für schwarz (s): $\frac{3}{8}$. Die Wahrscheinlichkeit, dass mindestens eine Kugel rot ist, erhält man am geschicktesten mithilfe des Gegenereignisses:

$$P(\text{«mindestens eine rote Kugel»}) = 1 - P(\text{«keine rote Kugel»})$$
$$= 1 - P(sss)$$
$$= 1 - \frac{3}{8} \cdot \frac{3}{8} \cdot \frac{3}{8}$$
$$= \frac{512}{512} - \frac{27}{512}$$
$$= \frac{485}{512}$$

7.2 Ziehen ohne Zurücklegen

a)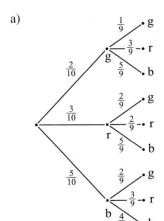

Da 2 grüne, 3 rote und 5 blaue, also insgesamt 10 Kugeln in der Urne sind, betragen die Wahrscheinlichkeiten beim 1. Ziehen für grün (g): $\frac{2}{10}$, für rot (r): $\frac{3}{10}$ und für blau (b): $\frac{5}{10}$.

Danach sind nur noch 9 Kugeln in der Urne und die Wahrscheinlichkeiten bei der 2. Ziehung hängen jeweils davon ab, welche Farbe beim 1. Mal gezogen wurde.

Die Wahrscheinlichkeit, dass eine grüne und eine rote Kugel gezogen wird, erhält man mithilfe der 1. und 2. Pfadregel (Produkt- und Summenregel):

$$P(A) = P(gr) + P(rg)$$
$$= \frac{2}{10} \cdot \frac{3}{9} + \frac{3}{10} \cdot \frac{2}{9}$$
$$= \frac{12}{90} = \frac{2}{15}$$

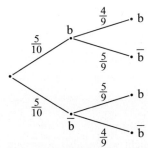

Da 5 blaue und 5 nicht blaue, also insgesamt 10 Kugeln in der Urne sind, betragen die Wahrscheinlichkeiten beim 1. Ziehen für blau (b): $\frac{5}{10}$ und für nicht blau ($\bar{b}$): $\frac{5}{10}$.

Danach sind nur noch 9 Kugeln in der Urne und die Wahrscheinlichkeiten bei der 2. Ziehung hängen jeweils davon ab, welche Farbe beim 1. Mal gezogen wurde.

Die Wahrscheinlichkeit für das Ereignis B, dass keine blaue Kugel gezogen wird, erhält man mithilfe der 1. Pfadregel (Produktregel):

$$P(B) = P(\bar{b}\bar{b}) = \frac{5}{10} \cdot \frac{4}{9} = \frac{20}{90} = \frac{2}{9}$$

b) I)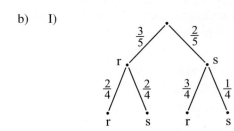

Zum Baumdiagramm passt z.B. folgende Situation:

In einer Urne befinden sich 3 rote und 2 schwarze Kugeln. Es werden zwei Kugeln ohne Zurücklegen gezogen, da die Wahrscheinlichkeiten beim 2. Zug anders sind als beim 1. Zug.

241

II) Die Wahrscheinlichkeit beträgt beim 1. Ziehen für rot (r): $\frac{3}{5}$ und für schwarz (s): $\frac{2}{5}$. Danach sind nur noch 4 Kugeln in der Urne und die Wahrscheinlichkeiten bei der 2. Ziehung hängen jeweils davon ab, welche Farbe beim 1. Mal gezogen wurde.

Die Wahrscheinlichkeit, dass beide Kugeln gleichfarbig sind, erhält man mithilfe der 1. und 2. Pfadregel (Produkt- und Summenregel):

$$P(\text{«beide Kugeln gleichfarbig»}) = P(rr) + P(ss)$$
$$= \frac{3}{5} \cdot \frac{2}{4} + \frac{2}{5} \cdot \frac{1}{4}$$
$$= \frac{6}{20} + \frac{2}{20}$$
$$= \frac{2}{5}$$

c) Das gleichzeitige Ziehen von Kugeln entspricht einem Ziehen ohne Zurücklegen. Da 7 weiße, 5 schwarze und 3 rote, d.h. insges. 15 Kugeln in der Urne sind, betragen die Wahrscheinlichkeiten beim 1. Ziehen für weiß (w): $\frac{7}{15}$, für schwarz (s): $\frac{5}{15}$ und für rot (r): $\frac{3}{15}$. Danach sind nur noch 14 Kugeln in der Urne und die Wahrscheinlichkeiten bei der 2. Ziehung hängen jeweils davon ab, welche Farbe beim 1. Mal gezogen wurde. Schließlich sind nur noch 13 Kugeln in der Urne.

Die Wahrscheinlichkeit für das Ereignis A, dass eine weiße und zwei schwarze Kugeln gezogen werden, erhält man mithilfe der 1. und 2. Pfadregel (Produkt- und Summenregel):

$$P(A) = P(wss) + P(sws) + P(ssw)$$
$$= \frac{7}{15} \cdot \frac{5}{14} \cdot \frac{4}{13} + \frac{5}{15} \cdot \frac{7}{14} \cdot \frac{4}{13} + \frac{5}{15} \cdot \frac{4}{14} \cdot \frac{7}{13}$$
$$= 3 \cdot \frac{7}{15} \cdot \frac{5}{14} \cdot \frac{4}{13}$$
$$= \frac{2}{13}$$

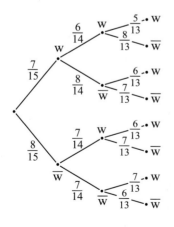

Da 7 weiße und 8 nicht weiße, also insgesamt 15 Kugeln in der Urne sind, betragen die Wahrscheinlichkeiten beim 1. Ziehen für weiß (w): $\frac{7}{15}$ und für nicht weiß $\bar{w}$: $\frac{8}{15}$.

Danach sind nur noch 14 Kugeln in der Urne und die Wahrscheinlichkeiten bei der 2. Ziehung hängen jeweils davon ab, welche Farbe beim 1. Mal gezogen wurde. Schließlich sind nur noch 13 Kugeln in der Urne.

Die Wahrscheinlichkeit für das Ereignis B, dass mindestens eine weiße Kugel gezogen wird, erhält man am geschicktesten mithilfe des Gegenereignisses:

Lösungen 7.2 Ziehen ohne Zurücklegen

$$P(B) = 1 - P(\overline{B})$$
$$= 1 - P(\overline{w}\overline{w}\overline{w})$$
$$= 1 - \frac{8}{15} \cdot \frac{7}{14} \cdot \frac{6}{13}$$
$$= 1 - \frac{8}{65} = \frac{57}{65}$$

d) I) 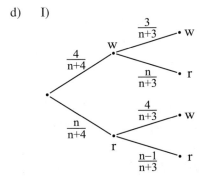 Wenn in der Urne 4 weiße und n rote Kugeln sind, gibt es insgesamt $n+4$ Kugeln. Damit beträgt die Wahrscheinlichkeit beim 1. Ziehen für weiß (w): $\frac{4}{n+4}$ und für rot (r): $\frac{n}{n+4}$.

Beim 2. Ziehen sind nur noch $n+3$ Kugeln vorhanden und die Wahrscheinlichkeiten hängen davon ab, welche Farbe schon gezogen wurde. Da die Wahrscheinlichkeit, dass beide Kugeln weiß sind, $\frac{1}{6}$ betragen soll, erhält man mithilfe der 1. Pfadregel folgende Gleichung:

$$P(\text{«beide Kugeln weiß»}) = P(ww)$$
$$\frac{1}{6} = \frac{4}{n+4} \cdot \frac{3}{n+3}$$
$$(n+4) \cdot (n+3) = 72$$
$$n^2 + 7n - 60 = 0$$
$$\Rightarrow n_1 = 5 \text{ bzw. } n_2 = -12$$

Wegen $n > 0$ kommt nur $n_1 = 5$ als Lösung in Frage.
Also waren in der Urne 5 rote Kugeln vorhanden.

II) Da die Wahrscheinlichkeit, mindestens eine weiße Kugel zu ziehen, $\frac{2}{3}$ betragen soll, erhält man (am geschicktesten) mithilfe des Gegenereignisses folgende Gleichung:

$$P(\text{«mindestens eine weiße Kugel»}) = 1 - P(\text{«keine weiße Kugel»})$$
$$\frac{2}{3} = 1 - P(rr)$$
$$\frac{2}{3} = 1 - \frac{n}{n+4} \cdot \frac{n-1}{n+3}$$
$$\frac{n}{n+4} \cdot \frac{n-1}{n+3} = \frac{1}{3}$$
$$3 \cdot n \cdot (n-1) = (n+4) \cdot (n+3)$$
$$3n^2 - 3n = n^2 + 7n + 12$$
$$2n^2 - 10n - 12 = 0$$
$$n^2 - 5n - 6 = 0$$
$$\Rightarrow n_1 = 6 \text{ bzw. } n_2 = -1$$

Wegen n > 0 kommt nur $n_1 = 6$ als Lösung in Frage.
Also waren in der Urne 6 rote Kugeln vorhanden.

e) I)

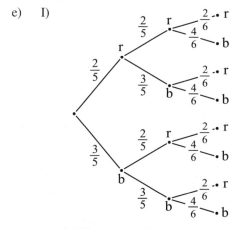

Es handelt sich um ein dreistufiges Experiment. Da 2 rote und 3 blaue Kugeln, also insgesamt 5 Kugeln, in Gefäß G_1 sind, betragen die Wahrscheinlichkeiten bei jedem Ziehen für rot (r): $\frac{2}{5}$ und für blau (b): $\frac{3}{5}$.
Da in Gefäß G_2 2 rote und 4 blaue, also insgesamt 6 Kugeln sind, beträgt die Wahrscheinlichkeit für rot (r): $\frac{2}{6}$ und für blau (b): $\frac{4}{6}$.
Die Wahrscheinlichkeit, dass mindestens 2 rote Kugeln gezogen wurden, erhält man mithilfe der 1. und 2. Pfadregel (Produkt- und Summenregel):

$$P(\text{«mind. zwei rote Kugeln»}) = P(brr) + P(rbr) + P(rrb) + P(rrr)$$
$$= \frac{3}{5} \cdot \frac{2}{5} \cdot \frac{2}{6} + \frac{2}{5} \cdot \frac{3}{5} \cdot \frac{2}{6} + \frac{2}{5} \cdot \frac{2}{5} \cdot \frac{4}{6} + \frac{2}{5} \cdot \frac{2}{5} \cdot \frac{2}{6}$$
$$= \frac{12}{150} + \frac{12}{150} + \frac{16}{150} + \frac{8}{150}$$
$$= \frac{24}{75}$$

II)

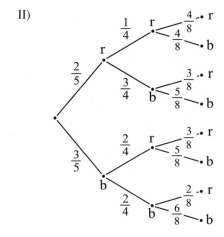

Es handelt sich um ein dreistufiges Experiment. Da 2 rote und 3 blaue, also insgesamt 5 Kugeln in Gefäß G_1 sind, betragen die Wahrscheinlichkeiten beim 1. Ziehen für rot (r): $\frac{2}{5}$ und für blau (b): $\frac{3}{5}$.
Danach sind nur noch 4 Kugeln in Gefäß G_1 und die Wahrscheinlichkeiten bei der 2. Ziehung aus G_1 hängen jeweils davon ab, welche Farbe beim 1. Mal gezogen wurde. Da die beiden Kugeln in Gefäß G_2 gelegt werden, gibt es insgesamt 8 Kugeln in G_2. Die Wahrscheinlichkeit der einzelnen Farbe hängt davon ab, was vorher gezogen wurde. Die Wahrscheinlichkeit, genau eine rote Kugel zu ziehen, erhält man

mithilfe der 1. und 2. Pfadregel (Produkt- und Summenregel):

$$P(\text{«genau eine rote Kugel»}) = P(bbr) + P(brb) + P(rbb)$$
$$= \frac{3}{5} \cdot \frac{2}{4} \cdot \frac{2}{8} + \frac{3}{5} \cdot \frac{2}{4} \cdot \frac{5}{8} + \frac{2}{5} \cdot \frac{3}{4} \cdot \frac{5}{8}$$
$$= \frac{12}{160} + \frac{30}{160} + \frac{30}{160}$$
$$= \frac{9}{20}$$

f) I)

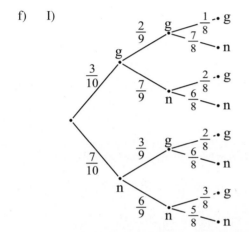

Da 3 Gewinne und 7 Nieten, also insgesamt 10 Lose in der Lostrommel sind, betragen die Wahrscheinlichkeiten beim 1. Zienen für Gewinn (g): $\frac{3}{10}$ und für Niete (n): $\frac{7}{10}$.

Danach sind nur noch 9 Lose in der Trommel und die Wahrscheinlichkeiten bei der 2. und 3. Ziehung hängen jeweils davon ab, ob ein Gewinn oder eine Niete beim 1. bzw. 2. Mal gezogen wurde.

Die Wahrscheinlichkeit, dass genau zwei Gewinne gezogen werden, erhält man mithilfe der 1. und 2. Pfadregel (Produkt- und Summenregel):

$$P(\text{«genau zwei Gewinne»}) = P(ggn) + P(gng) + P(ngg)$$
$$= \frac{3}{10} \cdot \frac{2}{9} \cdot \frac{7}{8} + \frac{3}{10} \cdot \frac{7}{9} \cdot \frac{2}{8} + \frac{7}{10} \cdot \frac{3}{9} \cdot \frac{2}{8}$$
$$= 3 \cdot \frac{3}{10} \cdot \frac{2}{9} \cdot \frac{7}{8}$$
$$= \frac{7}{40}$$

II) Die Wahrscheinlichkeit, dass der Gewinn erst beim dritten Zug gezogen wird, erhält man mithilfe der 1. Pfadregel (Produktregel):

$$P(\text{«Gewinn beim dritten Zug»}) = P(nng)$$
$$= \frac{7}{10} \cdot \frac{6}{9} \cdot \frac{3}{8}$$
$$= \frac{7}{40}$$

g) I)

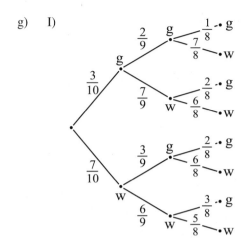

Da in der dritten Packung 3 gelbe und 7 weiße, also insgesamt 10 Tabletten sind, betragen die Wahrscheinlichkeiten beim 1. Ziehen für gelb (g): $\frac{3}{10}$ und für weiß (w): $\frac{7}{10}$.

Danach sind nur noch 9 Tabletten in der Schachtel. Die Wahrscheinlichkeiten bei der 2. und 3. Ziehung hängen also jeweils davon ab, welche Farbe beim 1. bzw. 2. Mal gezogen wurde.

Die Wahrscheinlichkeit, dass aus der dritten Packung mindestens 2 gelbe Tabletten gezogen werden, erhält man mithilfe der 1. und 2. Pfadregel (Produkt- und Summenregel):

$$P(\text{«mind. 2 gelbe Tabletten»}) = P(ggw) + P(gwg) + P(wgg) + P(ggg)$$
$$= \frac{3}{10} \cdot \frac{2}{9} \cdot \frac{7}{8} + \frac{3}{10} \cdot \frac{7}{9} \cdot \frac{2}{8} + \frac{7}{10} \cdot \frac{3}{9} \cdot \frac{2}{8} + \frac{3}{10} \cdot \frac{2}{9} \cdot \frac{1}{8}$$
$$= \frac{42}{720} + \frac{42}{720} + \frac{42}{720} + \frac{6}{720}$$
$$= \frac{11}{60}$$

II)

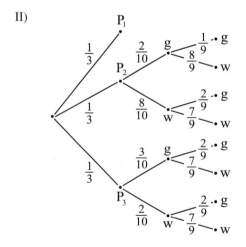

Da bei der 1. Ziehung 3 Packungen zur Verfügung stehen, beträgt die Wahrscheinlichkeit für jede Packung $\frac{1}{3}$. Da in der ersten Packung nur eine gelbe Tablette ist, können aus dieser keine 2 gelben Tabletten gezogen werden.

Aus der zweiten und dritten Packung können jeweils 2 gelbe Tabletten ohne Zurücklegen gezogen werden. Die Wahrscheinlichkeiten ändern sich dabei bei jedem Zug.

Die Wahrscheinlichkeit, dass beide Tabletten gelb sind, erhält man mithilfe der 1. und

2. Pfadregel (Produkt- und Summenregel):

$$P(\text{«beide Tabletten gelb»}) = P(P_2gg) + P(P_3gg)$$
$$= \frac{1}{3} \cdot \frac{2}{10} \cdot \frac{1}{9} + \frac{1}{3} \cdot \frac{3}{10} \cdot \frac{2}{9}$$
$$= \frac{8}{270}$$
$$= \frac{4}{135}$$

h) I) Es handelt sich um ein vierstufiges Experiment, bei welchem die Wahrscheinlichkeiten miteinander multipliziert werden. Die Wahrscheinlichkeit einer jeden Stufe erhält man mithilfe der 1. Pfadregel für das Ziehen ohne Zurücklegen:

$$P(\text{alle Karten sind rot}) = P_{(\text{Stapel1})}(rr) \cdot P_{(\text{Stapel2})}(rr)$$
$$= \left(\frac{2}{5} \cdot \frac{1}{4}\right) \cdot \left(\frac{2}{6} \cdot \frac{1}{5}\right)$$
$$= \frac{1}{150}$$

II)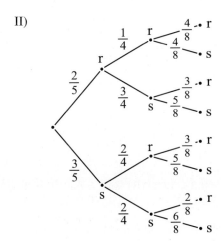

Da 2 rote und 3 schwarze, also insgesamt 5 Karten im 1. Stapel sind, betragen die Wahrscheinlichkeiten beim 1. Ziehen für rot (r): $\frac{2}{5}$ und für schwarz (s): $\frac{3}{5}$.

Danach sind nur noch 4 Karten auf dem 1. Stapel und die Wahrscheinlichkeiten bei der 2. Ziehung hängen jeweils davon ab, welche Farbe beim 1. Mal gezogen wurde. Da die beiden Karten mit dem 2. Stapel vermischt werden, gibt es insgesamt 8 Karten im 2. Stapel. Die Wahrscheinlichkeit der einzelnen Farbe hängt davon ab, was vorher gezogen wurde.

Die Wahrscheinlichkeit, dass die zuletzt gezogene Karte schwarz ist, erhält man mithilfe der 1. und 2. Pfadregel (Produkt- und Summenregel):

$$P(\text{«letzte Karte schwarz»}) = P(rrs) + P(rss) + P(srs) + P(sss)$$
$$= \frac{2}{5} \cdot \frac{1}{4} \cdot \frac{4}{8} + \frac{2}{5} \cdot \frac{3}{4} \cdot \frac{5}{8} + \frac{3}{5} \cdot \frac{2}{4} \cdot \frac{5}{8} + \frac{3}{5} \cdot \frac{2}{4} \cdot \frac{6}{8}$$
$$= \frac{8}{160} + \frac{30}{160} + \frac{30}{160} + \frac{36}{160}$$
$$= \frac{13}{20}$$

7.3 Vierfeldertafeln

7.3.1 Unabhängigkeit von Ereignissen

a) I)

	A	$\overline{A}$	
B	0,32	0,08	0,4
$\overline{B}$	0,48	0,12	0,6
	0,8	0,2	1

II)

	A	$\overline{A}$	
B	$\frac{3}{5}$	$\frac{1}{15}$	$\frac{2}{3}$
$\overline{B}$	$\frac{3}{10}$	$\frac{1}{30}$	$\frac{1}{3}$
	$\frac{9}{10}$	$\frac{1}{10}$	1

III)

	A	$\overline{A}$	
B	$\frac{1}{20}$	$\frac{1}{5}$	$\frac{1}{4}$
$\overline{B}$	$\frac{3}{20}$	$\frac{3}{5}$	$\frac{3}{4}$
	$\frac{1}{5}$	$\frac{4}{5}$	1

b) Es ist: $P(m) = \frac{90}{200} = 0,45$; $P(R) = \frac{80}{200} = 0,4$; $P(m \cap R) = \frac{36}{200} = 0,18$.
Wegen $P(m) \cdot P(R) = 0,45 \cdot 0,4 = 0,18 = P(m \cap R)$ gilt der spezielle Multiplikationssatz und die Ereignisse sind stochastisch unabhängig.
Alternativer Lösungsweg:
Man prüft nach, ob der Anteil an Rauchern unter allen Befragten genau so groß ist wie der Anteil an Rauchern unter den Männern.
Anteil der Raucher unter allen Befragten: $\frac{80}{200} = \frac{2}{5} = 0,4$.
Anteil der Raucher unter den Männern: $\frac{36}{90} = \frac{2}{5} = 0,4$.
Die Werte stimmen überein, also sind Geschlecht und Rauchverhalten stochastisch unabhängig voneinander.

c) Es ergeben sich folgende ergänzte Tafeln:

I)

	A	$\overline{A}$	
B	0,3	0,1	0,4
$\overline{B}$	0,5	0,1	0,6
	0,8	0,2	1

II)

	A	$\overline{A}$	
B	$\frac{1}{8}$	$\frac{1}{2}$	$\frac{5}{8}$
$\overline{B}$	$\frac{1}{4}$	$\frac{1}{8}$	$\frac{3}{8}$
	$\frac{3}{8}$	$\frac{5}{8}$	1

I) Wegen $P(A) \cdot P(B) = 0,8 \cdot 0,4 = 0,32 \neq 0,3 = P(A \cap B)$ sind A und B nicht stochastisch unabhängig.

II) Wegen $P(A) \cdot P(B) = \frac{3}{8} \cdot \frac{5}{8} = \frac{15}{64} \neq \frac{1}{8} = P(A \cap B)$ sind A und B nicht stochastisch unabhängig.

d)

	F	$\overline{F}$	
S	0,4	0,2	0,6
$\overline{S}$	0,3	0,1	0,4
	0,7	0,3	1

Es sind:
F: mag Fußball
S: mag Schwimmen
$\overline{F}$: mag Fußball nicht
$\overline{S}$: mag Schwimmen nicht

Gegeben sind $P(F) = 0,7$ und $P(S) = 0,6$ sowie $P(\overline{F} \cap \overline{S}) = 0,1$, da sich 10% der Schüler für keine der beiden Sportarten begeistern.

Lösungen   7.3   *Vierfeldertafeln*

Aus der Vierfeldertafel ergibt sich: $P(F \cap S) = 0,4$.

Somit begeistern sich 40 % der Schüler für beide Sportarten.

7.3.2 Bedingte Wahrscheinlichkeit

a) Es ist a: über 40 Jahre, j: bis 40 Jahre und L: Leserin.

Aus den Angaben lassen sich folgende Wahrscheinlichkeiten bestimmen:

$P(a) = \frac{60}{100} = 0,6$.

$P(L) = \frac{40}{100} = 0,4$.

$P(a \cap L) = \frac{25}{100} = 0,25$.

$P_L(a) = \frac{25}{40}$ (für die Vierfeldertafel nicht nötig).

Die ersten drei Wahrscheinlichkeiten werden in eine Vierfeldertafel eingesetzt und diese wird vervollständigt.

	L	$\overline{L}$	
a	0,25	0,35	0,6
j	0,15	0,25	0,4
	0,4	0,6	1

I) Den Anteil der Leserinnen unter den über 40-jährigen erhält man mit Hilfe der bedingten Wahrscheinlichkeit:

$$P_a(L) = \frac{P(L \cap a)}{P(a)} = \frac{0,25}{0,6} = \frac{25}{60} = \frac{5}{12}$$

II) Den Anteil der Nicht-Leserinnen unter den jüngeren Befragten (bis 40 Jahre) erhält man mit Hilfe der bedingten Wahrscheinlichkeit:

$$P_j(\overline{L}) = \frac{P(\overline{L} \cap j)}{P(j)} = \frac{0,25}{0,4} = \frac{25}{40} = \frac{5}{8}$$

b) Es ist H: HIV-positiv, $\overline{H}$: HIV-negativ, «+»: positiv getestet, «−»: negativ getestet.

Aus den Angaben lassen sich folgende Wahrscheinlichkeiten bestimmen:

$P(H) = 0,2$; $P_H(+) = 0,95$; $P_{\overline{H}}(-) = 0,9$.

Damit ist:

$P(\overline{H}) = 1 - P(H) = 0,8$.

$P(H \cap +) = P(H) \cdot P_H(+) = 0,2 \cdot 0,95 = 0,19$

$P(\overline{H} \cap -) = P(\overline{H}) \cdot P_{\overline{H}}(-) = 0,8 \cdot 0,9 = 0,72$

Somit erhält man nebenstehende Vierfeldertafel:

	H	$\overline{H}$	
+	0,19	0,08	0,27
−	0,01	0,72	0,73
	0,2	0,8	1

I) Die Wahrscheinlichkeit, dass man bei einem positiven Testergebnis tatsächlich HIV-positiv ist, erhält man mit Hilfe der bedingten Wahrscheinlichkeit:

$$P_+(H) = \frac{P(H \cap +)}{P(+)} = \frac{0,19}{0,27} = \frac{19}{27} \approx 0,70 = 70\%$$

II) Die Wahrscheinlichkeit, dass man bei einem negativen Testergebnis tatsächlich HIV-negativ ist, erhält man mit Hilfe der bedingten Wahrscheinlichkeit folgendermaßen:

$$P_-(\overline{H}) = \frac{P(\overline{H} \cap -)}{P(-)} = \frac{0,72}{0,73} = \frac{72}{73} \approx 0,99 = 99\%$$

c) Es ist a: älter als 70 Jahre, j ($=\overline{a}$): höchstens 70 Jahre, m: männlich, w($=\overline{m}$): weiblich.
Gegeben sind $P(a) = 0,3$; $P_a(m) = 0,4$ und $P_j(m) = 0,5$.
Wegen $P_a(m) = \frac{P(m \cap a)}{P(a)}$ gilt:

$$P(m \cap a) = P(a) \cdot P_a(m) = 0,3 \cdot 0,4 = 0,12$$

Es ist $P(j) = 1 - P(a) = 0,7$.
Wegen $P_j(m) = \frac{P(m \cap j)}{P(j)}$ gilt:

$$P(m \cap j) = P(j) \cdot P_j(m) = 0,7 \cdot 0,5 = 0,35$$

P(a), P(j), P(m∩a) und P(m∩j) werden in die Vierfeldertafel eingetragen und diese wird vervollständigt:

	a	j	
m	0,12	0,35	0,47
w	0,18	0,35	0,53
	0,3	0,7	1

I) Den Anteil der Männer, die höchstens 70 Jahre alt sind, erhält man mit Hilfe der bedingten Wahrscheinlichkeit:

$$P_m(j) = \frac{P(m \cap j)}{P(m)} = \frac{0,35}{0,47} = \frac{35}{47}$$

II) Den Anteil der Frauen, die über 70 Jahre alt sind, erhält man mit Hilfe der bedingten Wahrscheinlichkeit:

$$P_w(a) = \frac{P(a \cap w)}{P(w)} = \frac{0,18}{0,53} = \frac{18}{53}$$

Lösungen

8 Kombinatorik

8.1 Geordnete Stichproben mit Zurücklegen

a) Zuerst bestimmt man die Anzahl aller Möglichkeiten: Für jede der 4 Stellen gibt es 10 mögliche Ziffern, also insgesamt 10^4 Möglichkeiten.

A: Für jede Stelle stehen 5 ungerade Ziffern zur Verfügung, also 5^4 günstige Möglichkeiten.
Somit gilt für die Wahrscheinlichkeit: $P(A) = \frac{5^4}{10^4} = (\frac{5}{10})^4 = (\frac{1}{2})^4 = \frac{1}{16}$.

B: Für jede Stelle stehen 2 verschiedene Ziffern zur Verfügung, also 2^4 günstige Möglichkeiten. Somit gilt: $P(B) = \frac{2^4}{10^4} = (\frac{1}{5})^4 = \frac{1}{625}$.

C: Die erste und die zweite Ziffer können frei gewählt werden, die beiden anderen liegen dann fest: $10 \cdot 10 \cdot 1 \cdot 1 = 100$ günstige Ergebnisse, also: $P(C) = \frac{100}{10^4} = \frac{1}{100}$.

b) Für jede Perle stehen 3 Farben mit der gleichen Wahrscheinlichkeit zur Verfügung (zufällige Farbwahl).
Anzahl aller möglichen Ergebnisse: $3^6 = 729$.

A: Für jede Perle gibt es 2 Möglichkeiten (blau bzw. grün), also 2^6 günstige Ergebnisse.
Somit ist $P(A) = \frac{2^6}{3^6} = \frac{64}{729}$.

B: Die 3 letzten Perlen können frei gewählt werden, also 3^3 günstige Ergebnisse.
Somit ist $P(B) = \frac{3^3}{3^6} = \frac{1}{3^3} = \frac{1}{27}$.

C: Es gibt nur die 2 Möglichkeiten, dass mit rot bzw. mit grün begonnen wird; der Rest ist festgelegt, also 2 günstige Ergebnisse. Somit ist $P(C) = \frac{2}{3^6} = \frac{2}{729}$.

c) Für jeden der 8 Mühlesteine stehen 2 Farben zur Verfügung.
Anzahl aller möglichen Ergebnisse: $2^8 = 256$.

A: Es gibt nur 2 günstige Ergebnisse (alle schwarz oder alle weiß).
Somit ist $P(A) = \frac{2}{2^8} = \frac{1}{2^7} = \frac{1}{128}$.

B: Es gibt 8 günstige Ergebnisse, da der weiße Stein an 8 verschiedenen Stellen sein kann.
Somit ist $P(B) = \frac{8}{2^8} = \frac{1}{2^5} = \frac{1}{32}$.

C: Es gibt 2^7 günstige Ergebnisse, da die ersten 7 Steine frei gewählt werden können, der letzte aber festgelegt ist. Somit ist $P(C) = \frac{2^7}{2^8} = \frac{1}{2}$.

d) Anzahl aller möglichen Ergebnisse: $5^3 = 125$.

A: Es gibt 5^2 günstige Ergebnisse, da die beiden ersten Ziffern beliebig sind, die letzte Ziffer aber 5 sein muss. Somit ist $P(A) = \frac{5^2}{5^3} = \frac{1}{5}$.

B: Es gibt 2^3 günstige Ergebnisse, da es für jede Ziffer 2 Möglichkeiten gibt.
Somit ist $P(B) = \frac{2^3}{5^3} = \frac{8}{125}$.

C: Es gibt 4^3 günstige Ergebnisse, da es für jede Ziffer 4 Möglichkeiten gibt.
Somit ist $P(C) = \frac{4^3}{5^3} = \frac{64}{125}$.

e) Anzahl aller möglichen Ergebnisse: $5^4 = 625$.

A: Es gibt ein günstiges Ergebnis, da es für jeden Buchstaben des Wortes genau eine Möglichkeit gibt. Somit ist $P(A) = \frac{1}{5^4} = \frac{1}{625}$.

B: Es gibt ebenfalls ein günstiges Ergebnis, da es für jeden Buchstaben des Wortes genau eine Möglichkeit gibt. Somit ist $P(B) = \frac{1}{5^4} = \frac{1}{625}$.

C: Es gibt 5^3 günstige Ergebnisse, da es für die letzten drei Buchstaben des Wortes jeweils 5 Möglichkeiten gibt. Somit ist $P(C) = \frac{5^3}{5^4} = \frac{1}{5} = 0{,}2$.

D: Es gibt 5^2 günstige Ergebnisse, da es für die ersten beiden Buchstaben des Wortes jeweils 5 Möglichkeiten gibt. Somit ist $P(D) = \frac{5^2}{5^4} = \frac{1}{25} = 0{,}04$.

E: Für den anderen Buchstaben (kein T) gibt es 4 Möglichkeiten; dieser andere Buchstabe kann an jeder der 4 Stellen auftreten, also gibt es $4 \cdot 4 = 16$ günstige Ergebnisse. Somit ist $P(E) = \frac{16}{5^4} = \frac{16}{625}$.

F: Da alle Buchstaben die Rolle von T im Ereignis E übernehmen können, gibt es fünfmal so viele günstige Ergebnisse wie bei Ereignis E. Somit ist $P(F) = \frac{5 \cdot 16}{5^4} = \frac{16}{5^3} = \frac{16}{125}$.

f) Anzahl aller möglichen Ergebnisse: $5^3 = 125$.

Um an eine Stelle N oder A zu ziehen, gibt es jeweils 2 Möglichkeiten, für H dagegen nur eine Möglichkeit. Die Möglichkeiten jeder Stelle werden miteinander multipliziert, um die günstigen Ergebnisse zu erhalten.

$P(A) = \frac{2 \cdot 2 \cdot 1}{5^3} = \frac{4}{125}$ $P(B) = \frac{2 \cdot 1 \cdot 2}{5^3} = \frac{4}{125}$ $P(C) = \frac{1 \cdot 1 \cdot 1}{5^3} = \frac{1}{125}$

$P(D) = \frac{2 \cdot 2 \cdot 2}{5^3} = \frac{8}{125}$ $P(E) = \frac{4 \cdot 4 \cdot 4}{5^3} = \frac{64}{125}$

8.2 Geordnete Stichproben ohne Zurücklegen

Die Möglichkeiten pro Stufe werden jeweils miteinander multipliziert.

a) Anzahl aller möglichen Ergebnisse: $10 \cdot 9 \cdot 8 \cdot 7 \cdot 6$, da zu Beginn 10 Kugeln in der Urne sind.

$P(A) = \frac{6 \cdot 5 \cdot 4 \cdot 3 \cdot 2}{10 \cdot 9 \cdot 8 \cdot 7 \cdot 6} = \frac{4 \cdot 3}{9 \cdot 8 \cdot 7} = \frac{1}{3 \cdot 2 \cdot 7} = \frac{1}{42}$.

$P(B) = \frac{4 \cdot 3 \cdot 2 \cdot 1 \cdot 6}{10 \cdot 9 \cdot 8 \cdot 7 \cdot 6} = \frac{1}{10 \cdot 3 \cdot 7} = \frac{1}{210}$.

$P(C) = \frac{4 \cdot 9 \cdot 8 \cdot 7 \cdot 6}{10 \cdot 9 \cdot 8 \cdot 7 \cdot 6} = \frac{4}{10} = \frac{2}{5}$.

$P(D) = P(rwrwr) + P(wrwrw) = \frac{6 \cdot 4 \cdot 5 \cdot 3 \cdot 4}{10 \cdot 9 \cdot 8 \cdot 7 \cdot 6} + \frac{4 \cdot 6 \cdot 3 \cdot 5 \cdot 2}{10 \cdot 9 \cdot 8 \cdot 7 \cdot 6} = \frac{3}{9 \cdot 7} + \frac{3}{9 \cdot 2 \cdot 7} = \frac{1}{21} + \frac{1}{42} = \frac{3}{42} = \frac{1}{14}$.

b) Anzahl aller möglichen Ergebnisse: $10 \cdot 9 \cdot 8 = 720$.

$P(A) = \frac{1}{10 \cdot 9 \cdot 8} = \frac{1}{720}$.

$P(B) = \frac{3 \cdot 2 \cdot 1}{10 \cdot 9 \cdot 8} = \frac{1}{10 \cdot 3 \cdot 4} = \frac{1}{120}$.

$P(C) = \frac{9 \cdot 8 \cdot 7}{10 \cdot 9 \cdot 8} = \frac{7}{10}$.

$P(D) = \frac{7 \cdot 6 \cdot 5}{10 \cdot 9 \cdot 8} = \frac{7}{3 \cdot 8} = \frac{7}{24}$.

c) Anzahl aller möglichen Ergebnisse: $5 \cdot 4 \cdot 3 \cdot 2 \cdot 1$.

$P(A) = \frac{4 \cdot 3 \cdot 1 \cdot 2 \cdot 1}{5 \cdot 4 \cdot 3 \cdot 2 \cdot 1} = \frac{1}{5}$.

$P(B) = 1 - P(\overline{B}) = 1 - \frac{4 \cdot 3 \cdot 2 \cdot 1 \cdot 1}{5 \cdot 4 \cdot 3 \cdot 2 \cdot 1} = 1 - \frac{1}{5} = \frac{4}{5}$.

Lösungen   8.3   *Ungeordnete Stichproben ohne Zurücklegen*

d) Anzahl aller möglichen Ergebnisse: $8 \cdot 7 \cdot 6 \cdot 5 \cdot 4 \cdot 3 \cdot 2 \cdot 1$.
$P(A) = \frac{7 \cdot 6 \cdot 5 \cdot 4 \cdot 3 \cdot 2 \cdot 1 \cdot 1}{8 \cdot 7 \cdot 6 \cdot 5 \cdot 4 \cdot 3 \cdot 2 \cdot 1} = \frac{1}{8}$.
$P(B) = \frac{6 \cdot 5 \cdot 4 \cdot 3 \cdot 2 \cdot 1 \cdot 1 \cdot 1}{8 \cdot 7 \cdot 6 \cdot 5 \cdot 4 \cdot 3} = \frac{2}{8 \cdot 7} = \frac{1}{28}$.

e) Anzahl aller möglichen Ergebnisse: $6 \cdot 5 \cdot 4 \cdot 3 \cdot 2 \cdot 1$.
$P(A) = \frac{3 \cdot 2 \cdot 2 \cdot 1 \cdot 1 \cdot 1}{6 \cdot 5 \cdot 4 \cdot 3 \cdot 2 \cdot 1} = \frac{1}{5 \cdot 4 \cdot 3} = \frac{1}{60}$.
$P(B) = \frac{3 \cdot 2 \cdot 1 \cdot 3 \cdot 2 \cdot 1}{6 \cdot 5 \cdot 4 \cdot 3 \cdot 2 \cdot 1} = \frac{1}{5 \cdot 4} = \frac{1}{20}$.
$P(C) = 4 \cdot P(B) = \frac{4}{20} = \frac{1}{5}$, da es für das dreifache A insgesamt viermal so viele Möglichkeiten wie bei Ereignis B gibt.

8.3 Ungeordnete Stichproben ohne Zurücklegen

a) Die Anzahl aller möglichen Ergebnisse, wenn von 25 Kugeln 4 gezogen werden, ist:
$\binom{25}{4} = \frac{25 \cdot 24 \cdot 23 \cdot 22}{4 \cdot 3 \cdot 2 \cdot 1} = 25 \cdot 23 \cdot 22$.

A: 5 Zahlen sind durch 5 teilbar, also gibt es $\binom{5}{4}$ günstige Ergebnisse.

Damit ist $P(A) = \frac{\binom{5}{4}}{\binom{25}{4}} = \frac{5}{25 \cdot 23 \cdot 22} = \frac{1}{5 \cdot 23 \cdot 22} = \frac{1}{23 \cdot 110} = \frac{1}{2530}$.

B: 12 Zahlen sind gerade, also gibt es $\binom{12}{4}$ günstige Ergebnisse.

Damit ist $P(B) = \frac{\binom{12}{4}}{\binom{25}{4}} = \frac{\frac{12 \cdot 11 \cdot 10 \cdot 9}{4 \cdot 3 \cdot 2 \cdot 1}}{25 \cdot 23 \cdot 22} = \frac{11 \cdot 5 \cdot 9}{25 \cdot 23 \cdot 22} = \frac{9}{230}$.

C: Es gibt nur zwei günstige Ergebnisse: $\{(1,2,3,4),(1,2,3,5)\}$.

Damit ist $P(C) = \frac{2}{25 \cdot 23 \cdot 22} = \frac{1}{25 \cdot 23 \cdot 11} = \frac{1}{6325}$.

D: Das Produkt 12 ist nicht möglich, da $1 \cdot 2 \cdot 3 \cdot 4$ schon 24 ergibt. Damit ist $P(D) = 0$.

b) Wenn von 15 Kugeln 3 gezogen werden, ist die Anzahl aller möglichen Ergebnisse:
$\binom{15}{3} = \frac{15 \cdot 14 \cdot 13}{3 \cdot 2 \cdot 1} = 5 \cdot 7 \cdot 13$.

A: Von 7 weißen Kugeln 3 ziehen ergibt $\binom{7}{3}$ günstige Ergebnisse.

Damit ist $P(A) = \frac{\binom{7}{3}}{\binom{15}{3}} = \frac{\frac{7 \cdot 6 \cdot 5}{3 \cdot 2 \cdot 1}}{5 \cdot 7 \cdot 13} = \frac{7 \cdot 5}{5 \cdot 7 \cdot 13} = \frac{1}{13}$.

B: Von 7 weißen (w) Kugeln 3 ziehen, ergibt $\binom{7}{3}$ günstige Ergebnisse, von 5 schwarzen (s) Kugeln 3 ziehen, ergibt $\binom{5}{3}$ günstige Ergebnisse, von 3 roten (r) Kugeln 3 ziehen, ergibt $\binom{3}{3}$ günstige Ergebnisse.

Damit ist $P(B) = P(www) + P(sss) + P(rrr)$

$= \frac{\binom{7}{3}}{\binom{15}{3}} + \frac{\binom{5}{3}}{\binom{15}{3}} + \frac{\binom{3}{3}}{\binom{15}{3}} = \frac{\frac{7 \cdot 6 \cdot 5}{3 \cdot 2 \cdot 1}}{5 \cdot 7 \cdot 13} + \frac{\frac{5 \cdot 4 \cdot 3}{3 \cdot 2 \cdot 1}}{5 \cdot 7 \cdot 13} + \frac{\frac{3 \cdot 2 \cdot 1}{3 \cdot 2 \cdot 1}}{5 \cdot 7 \cdot 13} = \frac{7 \cdot 5 + 10 + 1}{5 \cdot 7 \cdot 13} = \frac{46}{455}$.

C: Von 7 weißen Kugeln 1 ziehen, ergibt $\binom{7}{1}$ günstige Ergebnisse, von 5 schwarzen Kugeln 2 ziehen ergibt $\binom{5}{2}$ günstige Ergebnisse, insgesamt $\binom{7}{1} \cdot \binom{5}{2}$ günstige Ergebnisse.

Damit ist $P(C) = \frac{\binom{7}{1} \cdot \binom{5}{2}}{\binom{15}{3}} = \frac{7 \cdot 10}{5 \cdot 7 \cdot 13} = \frac{2}{13}$.

D: Es gibt 12 nicht-rote Kugeln, von denen 3 gezogen werden müssen, also gibt es $\binom{12}{3}$ günstige Ergebnisse.

Damit ist $P(D) = \frac{\binom{12}{3}}{\binom{15}{3}} = \frac{\frac{12 \cdot 11 \cdot 10}{3 \cdot 2 \cdot 1}}{5 \cdot 7 \cdot 13} = \frac{2 \cdot 11 \cdot 10}{5 \cdot 7 \cdot 13} = \frac{44}{91}$.

E: Entsprechend Ereignis C ergeben sich $\binom{7}{1} \cdot \binom{5}{1} \cdot \binom{3}{1}$ günstige Ergebnisse.

8.3 Ungeordnete Stichproben ohne Zurücklegen — Lösungen

Damit ist $P(E) = \dfrac{\binom{7}{1} \cdot \binom{5}{1} \cdot \binom{3}{1}}{\binom{15}{3}} = \dfrac{7 \cdot 5 \cdot 3}{5 \cdot 7 \cdot 13} = \dfrac{3}{13}$.

F: Betrachtet man das Gegenereignis $\overline{F}$: «keine weiße Kugel», so muss man von 8 Kugeln 3 ziehen, d.h. es gibt hierfür $\binom{8}{3}$ günstige Ergebnisse.

Damit ist $P(F) = 1 - P(\overline{F}) = 1 - \dfrac{\binom{8}{3}}{\binom{15}{3}} = 1 - \dfrac{\frac{8 \cdot 7 \cdot 6}{3 \cdot 2 \cdot 1}}{5 \cdot 7 \cdot 13} = 1 - \dfrac{8 \cdot 7}{5 \cdot 7 \cdot 13} = 1 - \dfrac{8}{65} = \dfrac{57}{65}$.

c) Wenn von 10 Glühbirnen 3 herausgegriffen werden, so ist die Anzahl aller möglichen Ergebnisse: $\binom{10}{3} = \dfrac{10 \cdot 9 \cdot 8}{3 \cdot 2 \cdot 1} = 10 \cdot 3 \cdot 4$.

A: Von 8 nicht-defekten Glühbirnen werden 3 gegriffen, also gibt es $\binom{8}{3}$ günstige Ergebnisse.

Damit ist $P(A) = \dfrac{\binom{8}{3}}{\binom{10}{3}} = \dfrac{\frac{8 \cdot 7 \cdot 6}{3 \cdot 2 \cdot 1}}{\frac{10 \cdot 9 \cdot 8}{3 \cdot 2 \cdot 1}} = \dfrac{8 \cdot 7}{10 \cdot 3 \cdot 4} = \dfrac{7}{15}$.

B: Von 8 nicht-defekten Glühbirnen werden 2 gegriffen und von 2 defekten Glühbirnen wird eine gegriffen, also gibt es $\binom{8}{2} \cdot \binom{2}{1}$ günstige Ergebnisse.

Damit ist $P(B) = \dfrac{\binom{8}{2} \cdot \binom{2}{1}}{\binom{10}{3}} = \dfrac{\frac{8 \cdot 7}{2 \cdot 1} \cdot 2}{10 \cdot 3 \cdot 4} = \dfrac{8 \cdot 7}{10 \cdot 3 \cdot 4} = \dfrac{7}{15}$.

C: Von 8 nicht-defekten Glühbirnen wird eine gegriffen und von 2 defekten Glühbirnen werden 2 gegriffen, also gibt es $\binom{8}{1} \cdot \binom{2}{2}$ günstige Ergebnisse.

Damit ist $P(C) = \dfrac{\binom{8}{1} \cdot \binom{2}{2}}{\binom{10}{3}} = \dfrac{8 \cdot 1}{10 \cdot 3 \cdot 4} = \dfrac{1}{15}$.

Probe: $P(A) + P(B) + P(C) = \dfrac{7}{15} + \dfrac{7}{15} + \dfrac{1}{15} = 1$.

d) Anzahl aller möglichen Tipps, wenn von 49 Kugeln 6 gezogen werden: $\binom{49}{6}$.

Um genau 4 Richtige zu haben, müssen 4 der getippten Zahlen zu den 6 gezogenen gehören und 2 zu den nicht-gezogenen, also gibt es $\binom{6}{4} \cdot \binom{43}{2}$ günstige Ergebnisse.

Damit ist:
$P(4\text{ Richtige}) = \dfrac{\binom{6}{4} \cdot \binom{43}{2}}{\binom{49}{6}} = \dfrac{\frac{6 \cdot 5 \cdot 4 \cdot 3}{4 \cdot 3 \cdot 2 \cdot 1} \cdot \frac{43 \cdot 42}{2 \cdot 1}}{\frac{49 \cdot 48 \cdot 47 \cdot 46 \cdot 45 \cdot 44}{6 \cdot 5 \cdot 4 \cdot 3 \cdot 2 \cdot 1}} = \dfrac{3 \cdot 5 \cdot 43}{7 \cdot 47 \cdot 46 \cdot 44} = \dfrac{645}{665896} \approx \dfrac{1}{1000} = 0{,}001 = 0{,}1\,\%$.

Die Wahrscheinlichkeit beträgt etwa $0{,}1\,\%$.

e) Die Anzahl aller Möglichkeiten, aus 8 Personen 4 auszulosen, ist:
$\binom{8}{4} = \dfrac{8 \cdot 7 \cdot 6 \cdot 5}{4 \cdot 3 \cdot 2 \cdot 1} = 7 \cdot 2 \cdot 5 = 70$.

I) Von 4 Frauen können 2 mit dem Auto fahren und von 4 Männern ebenfalls 2, also gibt es $\binom{4}{2} \cdot \binom{4}{2}$ günstige Ergebnisse.

Damit ist $P(2\,\text{Frauen}, 2\,\text{Männer}) = \dfrac{\binom{4}{2} \cdot \binom{4}{2}}{\binom{8}{4}} = \dfrac{6 \cdot 6}{70} = \dfrac{18}{35}$.

II) Von 4 Frauen können 4 mit dem Auto fahren, also gibt es nur diese eine Möglichkeit.

Damit ist $P(4\,\text{Frauen}) = \dfrac{\binom{4}{4}}{\binom{8}{4}} = \dfrac{1}{70}$.

III) Die 4 Frauen fahren in einem Wagen zusammen, wenn sie entweder alle für den 1. Wagen ausgelost werden oder wenn alle Männer für den 1. Wagen ausgelost werden. Beide Ereignisse haben entsprechend Aufgabe II) die Wahrscheinlichkeit $\dfrac{1}{70}$. Die Wahrscheinlichkeit, dass die Frauen zusammen fahren, beträgt demnach $2 \cdot \dfrac{1}{70} = \dfrac{1}{35}$.

Lösungen   8.4   *Vermischte Aufgaben*

8.4   Vermischte Aufgaben

a) Es gibt insgesamt $4! = 4 \cdot 3 \cdot 2 \cdot 1 = 24$ Möglichkeiten für die Sitzverteilung.

    A: Horst muss auf Platz «2» oder «3» sitzen. Die anderen haben jeweils $3! = 6$ Möglichkeiten, sich auf die anderen Sitze zu verteilen, es gibt also 12 günstige Ergebnisse.
Damit ist $P(A) = \frac{12}{24} = \frac{1}{2}$.

    B: Entweder Horst sitzt auf Platz «1» und Peter auf Platz «4» oder umgekehrt. Die beiden anderen können jeweils noch die Sitze tauschen, also gibt es $2 \cdot 2 = 4$ günstige Ergebnisse.
Damit ist $P(B) = \frac{4}{24} = \frac{1}{6}$.

    C: Horst und Peter können entweder die Plätze «1» und «2» oder die Plätze «2» und «3» oder die Plätze «3» und «4» einnehmen. Für jeden dieser Fälle gibt es 4 Möglichkeiten (vgl. B), also insgesamt 12 günstige Ergebnisse.
Damit ist $P(C) = \frac{12}{24} = \frac{1}{2}$.

b) Für die Auswahl der Prüfungsthemen gibt es insgesamt $\binom{10}{3} = \frac{10 \cdot 9 \cdot 8}{3 \cdot 2 \cdot 1} = 120$ Möglichkeiten. Wenn der Prüfling keines (0) der Prüfungsthemen vorbereitet hat, werden aus den 4 unvorbereiteten 3 gewählt, also gibt es $\binom{4}{3}$ günstige Ergebnisse. Damit ist $P(0) = \frac{\binom{4}{3}}{\binom{10}{3}} = \frac{4}{120} = \frac{1}{30}$.

Wenn der Prüfling eines der Prüfungsthemen vorbereitet hat, werden aus den 4 unvorbereiteten 2 gewählt und aus den 6 vorbereiteten wird eines gewählt, also gibt es $\binom{4}{2} \cdot \binom{6}{1}$ günstige Ergebnisse. Damit ist $P(1) = \frac{\binom{6}{1} \cdot \binom{4}{2}}{\binom{10}{3}} = \frac{6 \cdot 6}{120} = \frac{3}{10}$.

Wenn der Prüfling zwei der Prüfungsthemen vorbereitet hat, wird aus den 4 unvorbereiteten eines gewählt und aus den 6 vorbereiteten werden 2 gewählt, also gibt es $\binom{4}{1} \cdot \binom{6}{2}$ günstige Ergebnisse. Damit ist $P(2) = \frac{\binom{6}{2} \cdot \binom{4}{1}}{\binom{10}{3}} = \frac{15 \cdot 4}{120} = \frac{1}{2}$.

Wenn der Prüfling alle drei Prüfungsthemen vorbereitet hat, werden aus den 6 vorbereiteten 3 gewählt, also gibt es $\binom{6}{3}$ günstige Ergebnisse. Damit ist $P(3) = \frac{\binom{6}{3}}{\binom{10}{3}} = \frac{\frac{6 \cdot 5 \cdot 4}{3 \cdot 2 \cdot 1}}{120} = \frac{20}{120} = \frac{1}{6}$.

c) Es handelt sich um eine geordnete Stichprobe mit Zurücklegen (bei jeder Frage gibt es 3 Antworten). Anzahl aller möglichen Ergebnisse: $3^{10} = 59049$.

    A: Bei jeder Frage gibt es 2 falsche Antworten, also
$P(A) = \frac{2^{10}}{3^{10}} = \frac{1024}{59049} = 0{,}0173 = 1{,}73\,\%$.

    B: Für die ersten 5 Fragen gibt es jeweils eine Möglichkeit, für die zweiten 5 Fragen gibt es jeweils 2 Möglichkeiten, also $P(B) = \frac{1^5 \cdot 2^5}{3^{10}} = \frac{32}{59049} = 0{,}00054 = 0{,}05\,\%$.

    C: Um die 5 richtigen Antworten auf die 10 Fragen zu verteilen, gibt es $\binom{10}{5}$ Möglichkeiten. Jede einzelne hat die Wahrscheinlichkeit von B, also
$P(C) = \binom{10}{5} \cdot \frac{1^5 \cdot 2^5}{3^{10}} = 252 \cdot \frac{2^5}{3^{10}} = \frac{252 \cdot 32}{59049} = \frac{8064}{59049} \approx 0{,}137 = 13{,}7\,\%$

    D: Um die 4 richtigen Antworten zu verteilen gibt es $\binom{10}{4} = 210$ Möglichkeiten, bei jeder der 6 falschen Antworten gibt es jeweils 2 Möglichkeiten, also $\binom{10}{4} \cdot 2^6$ günstige

Ergebnisse. Damit ist $P(D) = \frac{\binom{10}{4} \cdot 2^6}{3^{10}} = \frac{210 \cdot 64}{59049} = \frac{13440}{59049} \approx 0,228 = 22,8\,\%$.

d) Das Gegenereignis bedeutet, dass alle 8 Personen in verschiedenen Monaten Geburtstag haben. Die Anzahl aller möglichen Verteilungen ist 12^8, da für jede Person 12 Monate zur Verfügung stehen.

Nummeriert man die Personen durch, so ergeben sich $12 \cdot 11 \cdot 10 \cdot 9 \cdot 8 \cdot 7 \cdot 6 \cdot 5$ günstige Ergebnisse (keine Wiederholungen).

Damit ist $P(\text{Gegenereignis}) = \frac{12 \cdot 11 \cdot 10 \cdot 9 \cdot 8 \cdot 7 \cdot 6 \cdot 5}{12^8} = \frac{11 \cdot 7 \cdot 5 \cdot 5}{6 \cdot 6 \cdot 2 \cdot 4 \cdot 12 \cdot 12} = \frac{1925}{41472} = 0,046$.

Also gilt: P(mind. 2 Personen in einem Monat) $= 1 - 0,046 = 0,954 = 95,4\,\%$.

Die Wahrscheinlichkeit, dass von 8 Personen mindestens zwei Personen im selben Monat Geburtstag haben, ist $95,4\,\%$.

Lösungen

9 Wahrscheinlichkeitsverteilungen

9.1 Binomialverteilung

Bei einem Bernoulli-Experiment wird die Wahrscheinlichkeit P eines Ereignisses mit k Treffern mit der Trefferwahrscheinlichkeit p und der Kettenlänge n (Anzahl der Durchführungen des Experiments) mit der sogenannten Bernoulli- Formel berechnet:

$$P(X=k) = \binom{n}{k} \cdot p^k \cdot (1-p)^{n-k}$$

a) Da es bei einem Wurf des Basketballers nur die beiden Ausgänge «Treffer» oder «Fehlwurf» gibt, handelt es sich um Bernoulli-Experiment. Er hat eine Trefferwahrscheinlichkeit von 90%. Da er 10 Mal wirft, beträgt die Kettenlänge n = 10.

    I) Legt man X als Zufallsgröße für die Anzahl der Treffer fest, so ist X binomialverteilt mit den Parametern $p = 0,9$ und $n = 10$. Die Wahrscheinlichkeit, dass er genau 9 Mal trifft, erhält man mit der Bernoulli-Formel:

$$P(X=9) = \binom{10}{9} \cdot 0,9^9 \cdot (1-0,9)^{10-9} = 10 \cdot 0,9^9 \cdot 0,1 = 0,9^9$$

    II) Die Wahrscheinlichkeit für einen Fehlwurf beträgt 10%.

Legt man Y als Zufallsgröße für die Anzahl der Fehlwürfe fest, so ist Y binomialverteilt mit den Parametern $p = 0,1$ und $n = 10$. Die Wahrscheinlichkeit, dass der Basketballer höchstens einen Fehltreffer hat, erhält man mit der Bernoulli-Formel:

$$P(Y \leqslant 1) = P(Y=0) + P(Y=1)$$
$$= \binom{10}{0} \cdot 0,1^0 \cdot (1-0,1)^{10-0} + \binom{10}{1} \cdot 0,1^1 \cdot (1-0,1)^{10-1}$$
$$= 1 \cdot 1 \cdot 0,9^{10} + 10 \cdot 0,1 \cdot 0,9^9$$

b)   I) Da es bei der Stichprobe nur die beiden Ausgänge verdorben oder nicht verdorben gibt, handelt es sich um ein Bernoulliexperiment.

Die Wahrscheinlichkeit, dass eine Apfelsine verdorben ist, beträgt $p = 0,2 = \frac{1}{5}$, die Kettenlänge ist n = 5.

Legt man X als Zufallsgröße für die Anzahl der verdorbenen Apfelsinen fest, so ist X binomialverteilt mit den Parametern $n = 5$ und $p = \frac{1}{5}$. Die Wahrscheinlichkeit, dass in der Stichprobe genau eine verdorbene Apfelsine ist, erhält man mit der Bernoulli-Formel:

$$P(X=1) = \binom{5}{1} \cdot \left(\frac{1}{5}\right)^1 \cdot \left(\frac{4}{5}\right)^4$$

  II) Um ein Ereignis A anzugeben, formt man die gegebene Wahrscheinlichkeit um:

$$P(A) = \binom{5}{3} \cdot 0,2^3 \cdot 0,8^2 = P(X=3)$$

Damit lautet das Ereignis A: In der Stichprobe sind genau drei verdorbene Apfelsinen enthalten.

Um ein Ereignis B anzugeben, formt man ebenfalls die gegebene Wahrscheinlichkeit um:

$$P(B) = 1 - 0,2^5$$
$$= 1 - \binom{5}{5} \cdot 0,2^5 \cdot 0,8^0$$
$$= 1 - P(X = 5)$$

Dies ist die Wahrscheinlichkeit für das Gegenereignis zu: Es sind alle 5 Apfelsinen verdorben.

Damit lautet das Ereignis B: Es ist mindestens eine Apfelsine nicht verdorben.

c) I) Da die Zufallsgröße X binomialverteilt ist mit $p = 0,2$ und $n = 20$, gilt:

$$P(X = 2) = \binom{20}{2} \cdot 0,2^2 \cdot (1 - 0,2)^{18} = \binom{20}{2} \cdot 0,2^2 \cdot 0,8^{18}$$

II) Aufgrund der Binomialverteilung mit $p = 0,2$ und $n = 20$ gilt ebenfalls:

$$P(X < 2) = P(X = 0) + P(X = 1)$$
$$= \binom{20}{0} \cdot 0,2^0 \cdot 0,8^{20} + \binom{20}{1} \cdot 0,2^1 \cdot 0,8^{19}$$

und

$$P(X \neq 1) = 1 - P(X = 1)$$
$$= 1 - \binom{20}{1} \cdot 0,2^1 \cdot 0,8^{19}$$

d) I) Da es bei einer Zwiebel nur die beiden Ausgänge «keimen» oder «nicht keimen» gibt, handelt es sich um ein Bernoulliexperiment.

Die Wahrscheinlichkeit, dass eine Zwiebel keimt, beträgt $p = 90\% = 0,9$. Die Kettenlänge ist $n = 20$. Damit gilt für die Wahrscheinlichkeit, dass von 20 Zwiebeln alle keimen:

$$P(X = 20) = \binom{20}{20} \cdot 0,9^{20} \cdot 0,1^0 = 1 \cdot 0,9^{20} \cdot 1 = 0,9^{20}$$

II) Um ein Ereignis A anzugeben, formt man die gegebene Wahrscheinlichkeit um:

$$P(A) = \binom{20}{18} \cdot 0,9^{18} \cdot 0,1^2 + \binom{20}{19} \cdot 0,9^{19} \cdot 0,1^1 + 0,9^{20}$$
$$= P(X = 18) + P(X = 19) + P(X = 20)$$
$$= P(X \geq 18)$$

Damit lautet das Ereignis A: Mindestens 18 Zwiebeln keimen.

Um ein Ereignis B anzugeben, formt man ebenfalls die gegebene Wahrscheinlichkeit um:

$$P(B) = 1 - 0,1^{20}$$
$$= 1 - \binom{20}{0} \cdot 0,9^0 \cdot 0,1^{20}$$
$$= 1 - P(X = 0)$$

Dies ist die Wahrscheinlichkeit für das Gegenereignis zu: Es keimt keine der 20 Zwiebeln.
Damit lautet das Ereignis B: Es keimt mindestens eine der Zwiebeln.

e) Eine Zufallsgröße X ist binomialverteilt mit der Trefferwahrscheinlichkeit p und dem Stichprobenumfang n = 2.

I) Für p = 0,4 erhält man die Wahrscheinlichkeit $P(X \leq 1)$ mithilfe der Bernoulli-Formel:

$$P(X \leq 1) = P(X = 0) + P(X = 1)$$
$$= \binom{2}{0} \cdot 0,4^0 \cdot (1-0,4)^{2-0} + \binom{2}{1} \cdot 0,4^1 \cdot (1-0,4)^{2-1}$$
$$= 1 \cdot 1 \cdot 0,6^2 + 2 \cdot 0,4 \cdot 0,6$$
$$= 0,36 + 2 \cdot 0,24$$
$$= 0,36 + 0,48$$
$$= 0,84$$

Alternativ erhält man die Wahrscheinlichkeit $P(X \leq 1)$ mithilfe der Wahrscheinlichkeit des Gegenereignisses und der Bernoulli-Formel:

$$P(X \leq 1) = 1 - P(X = 2)$$
$$= 1 - \binom{2}{2} \cdot 0,4^2 \cdot (1-0,4)^{2-2}$$
$$= 1 - 1 \cdot 0,4^2 \cdot 0,6^0$$
$$= 1 - 0,4^2$$
$$= 1 - 0,16$$
$$= 0,84$$

Die Wahrscheinlichkeit für $P(X \leq 1)$ beträgt 0,84.

II) Mithilfe der Wahrscheinlichkeiten der jeweiligen Gegenereignisse erhält man:

$$P(X \neq 0) + P(X \neq 1) + P(X \neq 2) = (P(X = 1) + P(X = 2)) + (P(X = 0) + P(X = 2))$$
$$+ (P(X = 0) + P(X = 1))$$
$$= 2 \cdot (P(X = 0) + P(X = 1) + P(X = 2))$$
$$= 2 \cdot 1$$
$$= 2$$

Somit gilt für jeden Wert von p:

$$P(X \neq 0) + P(X \neq 1) + P(X \neq 2) = 2$$

f) I) Da die Zufallsgröße X binomialverteilt ist mit p = 0,4 und n = 10, gilt:

$$P(X = 1) = \binom{10}{1} \cdot 0,4^1 \cdot (1 - 0,4)^9 = \binom{10}{1} \cdot 0,4^1 \cdot 0,6^9$$

II) Anhand der gegebenen Abbildung kann man folgende Wahrscheinlichkeiten näherungsweise ablesen:

$P(X=4)$	$\approx$	$0,25$	$P(X=8)$	$\approx$	$0,01$
$P(X=5)$	$\approx$	$0,20$	$P(X=9)$	$\approx$	$0,00$
$P(X=6)$	$\approx$	$0,11$	$P(X=10)$	$\approx$	$0,00$
$P(X=7)$	$\approx$	$0,04$			

Damit gilt:

$$P(3 < X < 6) = P(X = 4) + P(X = 5) \approx 0,25 + 0,20 = 0,45$$

und

$$P(X > 6) = P(X = 7) + P(X = 8) + P(X = 9) + P(X = 10)$$
$$\approx 0,04 + 0,01 + 0,00 + 0,00$$
$$= 0,05$$

g) Allgemein gilt für eine binomialverteilte Zufallsgröße X mit Kettenlänge n und Trefferwahrscheinlichkeit p: Die Wahrscheinlichkeit für genau k Treffer beträgt:

$$P(X = k) = \binom{n}{k} \cdot p^k \cdot (1-p)^{n-k}$$

In diesem Fall beschreibt X die Anzahl der Überraschungseier, die eine Filmfigur enthalten, wenn man zufällig 20 Eier erwirbt: n = 20, p = $\frac{1}{5}$.
Die Rechnung:

$$\binom{20}{2} \cdot \left(\frac{1}{5}\right)^2 \cdot \left(\frac{4}{5}\right)^{18} \approx 0,137$$

liefert somit die Wahrscheinlichkeit $P(X = 2)$.
Damit beträgt die Wahrscheinlichkeit, dass bei 20 Eiern genau zwei Eier eine Figur aus dem Film enthalten, etwa 13,7%.

h) Laut Verpackungsangabe kommt es bei sachgerechter Pflanzung einer Tulpenzwiebel im nächsten Frühjahr mit einer Wahrscheinlichkeit von $p = 0,98$ zu einer Blüte. $0,98^n$ ist also die Wahrscheinlichkeit, dass von n ($n \in \mathbb{N}$) sachgerecht gepflanzten Tulpenzwiebeln alle n Zwiebeln im nächsten Frühjahr zu einer Blüte kommen. Ungleichung (I) beschreibt die Bedingung für die Wahrscheinlichkeit, dass alle n gepflanzten Tulpenzwiebeln im nächsten Frühjahr blühen, größer als 75 % ist:

$$0,98^n > 0,75$$

Ungleichung (II) beschreibt die Lösung von Ungleichung (I): $n < 14,24$.
Also dürfen höchstens 14 Tulpenzwiebeln gepflanzt werden, wenn gewährleistet werden soll, dass mit einer Wahrscheinlichkeit von mehr als 75 % alle gepflanzten Tulpenzwiebeln blühen.

i) Legt man X als Zufallsgröße für die Anzahl der erfolgreich entwöhnten nicht starken Raucher fest, so ist X binomialverteilt mit den Parametern $n = 8$ und $p = 0,7$. Die Wahrscheinlichkeit, dass bei genau fünf der acht nicht starken Raucher die Entwöhnung erfolgreich ist, erhält man mit der Bernoulliformel $P(X = 5) = \binom{8}{5} \cdot 0,7^5 \cdot 0,3^3$. Also beschreibt Term (v) diesen Sachverhalt.
Wenn bei genau fünf der acht nicht starken Raucher die Entwöhnung erfolgreich ist, so ist bei genau drei der acht nicht starken Raucher die Entwöhnung nicht erfolgreich. Legt man Y als Zufallsgröße für die Anzahl der nicht erfolgreich entwöhnten nicht starken Raucher fest, so ist Y binomialverteilt mit den Parametern $n = 8$ und $q = 1 - p = 0,3$. Die Wahrscheinlichkeit, dass bei genau drei der acht nicht starken Raucher die Entwöhnung nicht erfolgreich ist, erhält man mit der Bernoulliformel $P(Y = 3) = \binom{8}{3} \cdot 0,3^3 \cdot 0,7^5$. Also beschreibt Term (i) diesen Sachverhalt.
Somit beschreiben (i) und (v) die gesuchte Wahrscheinlichkeit.

9.2 Erwartungswert und Standardabweichung

a) Da in der Urne 1 weiße, 1 rote und 8 schwarze Kugeln sind, beträgt die Wahrscheinlichkeit für weiß: $\frac{1}{10}$, für rot: $\frac{1}{10}$ und für schwarz: $\frac{8}{10}$. Man legt X als Zufallsgröße für die Höhe des Gewinns fest. Damit erhält man für den Gewinn folgende Verteilung:

Ereignis	Gewinn x_i	$P(x_i)$	$x_i \cdot P(x_i)$	$(x_i - \mu)^2$	$(x_i - \mu)^2 \cdot P(x_i)$
weiß	4	0,1	0,4	$2,8^2 = 7,84$	0,784
rot	8	0,1	0,8	$6,8^2 = 46,24$	4,624
schwarz	0	0,8	0	$(-1,2)^2 = 1,44$	1,152
Summe			$\mu = E(X) = 1,2$		$V(X) = 6,56$

Die Varianz V(X) ergibt sich als Summe der letzten Spalte:

$$V(X) = \sum_{i=1}^{n} \left[(x_i - \mu)^2 \cdot P(x_i)\right] = 0,784 + 4,624 + 1,152 = 6,56.$$

Die Standardabweichung σ erhält man durch $\sigma = \sqrt{V(X)} = \sqrt{6,56}$.
Der Erwartungswert für den Gewinn beträgt 1,20 Euro, die Standardabweichung etwa $\sqrt{6,56}$ Euro.

b) I) Mit $n = 80$ und $p = 0,3$ ergibt sich für den Erwartungswert:

$$\mu = E(X) = n \cdot p = 80 \cdot 0,3 = 24$$

Für die Standardabweichung gilt:

$$\sigma = \sqrt{n \cdot p \cdot (1-p)} = \sqrt{80 \cdot 0,3 \cdot (1-0,3)} = \sqrt{16,8}$$

II) Mit $E(X) = 20$ und $n = 50$ ergibt sich für die Trefferwahrscheinlichkeit:

$$20 = 50 \cdot p \Rightarrow p = \frac{2}{5} = 0,4$$

Für die Standardabweichung gilt:

$$\sigma = \sqrt{n \cdot p \cdot (1-p)} = \sqrt{50 \cdot 0,4 \cdot (1-0,4)} = \sqrt{12}$$

III) Mit $E(X) = 12$ und $p = 0,6$ ergibt sich für die Kettenlänge:

$$12 = n \cdot 0,6 \Rightarrow n = \frac{12}{0,6} = 20$$

Für die Standardabweichung gilt:

$$\sigma = \sqrt{n \cdot p \cdot (1-p)} = \sqrt{20 \cdot 0,6 \cdot (1-0,6)} = \sqrt{4,8}$$

c) Die Wahrscheinlichkeit beträgt für 1 €: $\frac{180}{360} = \frac{1}{2}$, für 3 €: $\frac{120}{360} = \frac{1}{3}$ und für 4 €: $\frac{60}{360} = \frac{1}{6}$. Damit ergibt sich für die Auszahlungsbeträge folgende Verteilung:

Auszahlungsbetrag x_i in €	$P(x_i)$	$x_i \cdot P(x_i)$
1	$\frac{1}{2}$	$\frac{1}{2}$
3	$\frac{1}{3}$	1
4	$\frac{1}{6}$	$\frac{2}{3}$

Sei X Zufallsgröße für die Höhe des Gewinns. Den Erwartungswert von X erhält man, indem man die möglichen Auszahlungsbeträge mit den zugehörigen Wahrscheinlichkeiten multipliziert und den Einsatz von 2 Euro subtrahiert:

$$E(X) = 1 \cdot \frac{1}{2} + 3 \cdot \frac{1}{3} + 4 \cdot \frac{1}{6} - 2 = \frac{1}{2} + 1 + \frac{2}{3} - 2 = \frac{1}{6}$$

Der Erwartungswert beträgt also etwa $\frac{1}{6}$ €.

d) Legt man X als Zufallsgröße für die Anzahl der defekten Glühbirnen fest, so ist X binomialverteilt mit den Parametern n = 150 und p = 0,04 (4 %).
Damit gilt für den Erwartungswert:

$$E(X) = \mu = n \cdot p = 150 \cdot 0,04 = 6$$

Für die zugehörige Standardabweichung ergibt sich:

$$\sigma = \sqrt{n \cdot p \cdot (1-p)} = \sqrt{150 \cdot 0,04 \cdot 0,96} = \sqrt{5,76}$$

Bei einer Entnahme von 150 Glühbirnen hat man durchschnittlich mit 6 defekten Glühbirnen zu rechnen. Die zugehörige Standardabweichung beträgt $\sqrt{5,76}$ Glühbirnen.

e) Da in der Urne 4 weiße, 4 rote und 2 schwarze Kugeln sind, beträgt die Wahrscheinlichkeit für weiß (w): $\frac{4}{10} = 0,4$, für rot (r): $\frac{4}{10} = 0,4$ und für schwarz (s): $\frac{2}{10} = 0,2$. Damit ergibt sich für die Auszahlungsbeträge folgende Verteilung:

Ereignis	Auszahlungsbetrag x_i in €	$P(x_i)$	$x_i \cdot P(x_i)$
weiß	1	0,4	0,4
rot	2	0,4	0,8
schwarz	0	0,2	0
Summe		1	1,2

Sei X Zufallsgröße für die Höhe des Gewinns. Den Erwartungswert von X erhält man, indem man die möglichen Auszahlungsbeträge mit den zugehörigen Wahrscheinlichkeiten multipliziert und den Einsatz von 1 Euro subtrahiert:

$$E(X) = 1 \cdot 0{,}4 + 2 \cdot 0{,}4 + 0 \cdot 0{,}2 - 1 = 1{,}2 - 1 = 0{,}2$$

Der Erwartungswert beträgt $0{,}20$ €.
Da der Erwartungswert nicht Null ist, ist das Spiel auch nicht fair. Es wird in diesem Fall der Spieler begünstigt, da der Erwartungswert des Spielers positiv ist.

f) Legt man X als Zufallsgröße für die Anzahl verdorbener Tomaten fest, so ist X binomialverteilt mit den Parametern $n = 30$ und $p = 0{,}2$ (20 %).
Damit ergibt sich für den Erwartungswert:

$$E(X) = \mu = n \cdot p = 30 \cdot 0{,}2 = 6$$

Für die zugehörige Standardabweichung gilt:

$$\sigma = \sqrt{n \cdot p \cdot (1-p)} = \sqrt{30 \cdot 0{,}2 \cdot 0{,}8} = \sqrt{4{,}8}.$$

Bei einer Entnahme von 30 Tomaten sind durchschnittlich 6 verdorbene Tomaten zu erwarten. Die zugehörige Standardabweichung beträgt $\sqrt{4{,}8}$.

g)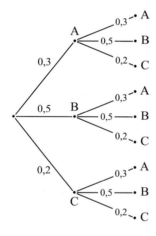

Die Wahrscheinlichkeiten für die Buchstaben A, B und C betragen bei jedem Drehen:
$P(A) = 0{,}3$
$P(B) = 0{,}5$
$P(C) = 0{,}2$

Die Wahrscheinlichkeit, dass zwei gleiche Buchstaben erscheinen, erhält man mithilfe der 1. und 2. Pfadregel (Produkt- und Summenregel):

$$\begin{aligned} P(\text{«zwei gleiche Buchstaben»}) &= P(AA) + P(BB) + P(CC) \\ &= 0{,}3 \cdot 0{,}3 + 0{,}5 \cdot 0{,}5 + 0{,}2 \cdot 0{,}2 \\ &= 0{,}09 + 0{,}25 + 0{,}04 \\ &= 0{,}38 \end{aligned}$$

Sei X Zufallsgröße für die Höhe des Gewinns. Den Erwartungswert von X erhält man, indem man den möglichen Auszahlungsbetrag mit der zugehörigen Wahrscheinlichkeit multipliziert und den Einsatz subtrahiert:

$$E(X) = 10 \cdot 0{,}38 + 0 \cdot (1 - 0{,}38) - 4 = 3{,}8 - 4 = -0{,}2$$

Der Erwartungswert beträgt $-0,20$ Euro.

Da der Erwartungswert nicht Null ist, ist das Spiel auch nicht fair. Es wird der Spieler benachteiligt.

h) Den Erwartungswert E(X) der Zufallsgröße X erhält man, indem man die möglichen Werte von x_i mit den zugehörigen Wahrscheinlichkeiten multipliziert und die Ergebnisse addiert:

$$E(X) = -5 \cdot 0,1 + (-1) \cdot a + 0 \cdot b + 3 \cdot 0,3 = -0,5 - a + 0,9 = 0,4 - a$$

Wegen $E(X) = 0,3$ erhält man folgende Gleichung:

$$0,3 = 0,4 - a \Rightarrow a = 0,1$$

Da die Summe aller Wahrscheinlichkeiten 1 ergeben muss, gilt mit $a = 0,1$:

$$0,1 + 0,1 + b + 0,3 = 1 \Rightarrow b = 0,5$$

i) Um zu zeigen, dass der Erwartungswert von X nicht größer als $2,2$ sein kann, bestimmt man den Erwartungswert von X:

$$E(X) = 0 \cdot p_1 + 1 \cdot \frac{3}{10} + 2 \cdot \frac{1}{5} + 3 \cdot p_2 = \frac{7}{10} + 3 \cdot p_2$$

Für die Summe der Wahrscheinlichkeiten gilt:

$$p_1 + \frac{3}{10} + \frac{1}{5} + p_2 = 1 \Rightarrow p_2 = 1 - \frac{3}{10} - \frac{1}{5} - p_1$$

Da die Summe der Wahrscheinlichkeiten nicht größer als 1 sein darf, gilt:

$$p_2 \leqslant 1 - \frac{3}{10} - \frac{1}{5} = \frac{1}{2}$$

Damit gilt für den Erwartungswert:

$$E(X) \leqslant \frac{7}{10} + 3 \cdot \frac{1}{2} = 2,2$$

Somit kann der Erwartungswert von X nicht größer als $2,2$ sein.

j) Mithilfe von $\mu = n \cdot p$ und $\sigma = \sqrt{n \cdot p \cdot (1-p)}$ kann man zwei Gleichungen aufstellen:

$$n \cdot p = 8$$
$$\sqrt{n \cdot p \cdot (1-p)} = \sqrt{1,6}$$

Setzt man $n \cdot p = 8$ in die zweite Gleichung ein, ergibt sich:

$$\sqrt{8 \cdot (1-p)} = \sqrt{1,6}$$
$$8 \cdot (1-p) = 1,6$$
$$1 - p = 0,2$$
$$0,8 = p$$

Setzt man $p = 0,8$ in die erste Gleichung ein, erhält man: $n \cdot 0,8 = 8 \Rightarrow n = 10$.
Somit hat die binomialverteilte Zufallsgröße die Parameter $n = 10$ und $p = 0,8$.

9.3 Normalverteilung

a) Da die normalverteilte Zufallsgröße X den Erwartungswert $\mu = 6$ und die Standardabweichung $\sigma = 2$ hat, hat die zugehörige Glockenkurve ihr Maximum bei $x = 6$ mit

$$\varphi_{\mu;\sigma}(6) = \frac{0{,}4}{\sigma} = \frac{0{,}4}{2} = 0{,}2$$

Die Wendestellen liegen bei

$$x_1 = \mu - \sigma = 6 - 2 = 4 \text{ und } x_2 = \mu + \sigma = 6 + 2 = 8$$

Damit ergibt sich folgende Glockenkurve:

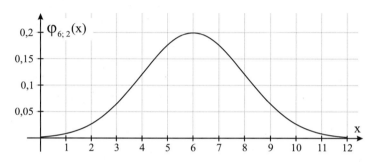

b) Anhand der gegebenen Glockenkurve kann man ablesen, dass das Maximum bei $x = 20$ liegt, somit gilt für den Erwartungswert: $\mu = 20$.

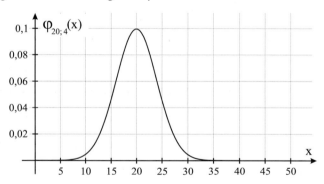

Die Standardabweichung σ erhält man mithilfe von $\varphi_{\mu;\sigma}(\mu) = \frac{0{,}4}{\sigma}$.
Wegen $\varphi_{20;\sigma}(20) = 0{,}1$ ergibt sich:

$$0{,}1 = \frac{0{,}4}{\sigma} \Rightarrow \sigma = \frac{0{,}4}{0{,}1} = 4$$

Die Standardabweichung beträgt 4.

c) Die gesuchten Wahrscheinlichkeiten erhält man mithilfe von Integralen bzw. den zugehörigen Flächeninhalten:

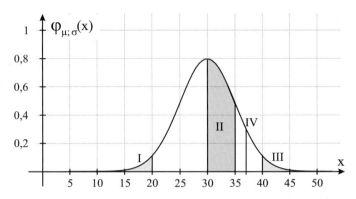

I) $P(X < 20)$,   II) $P(30 \leqslant X < 35)$,   III) $P(X > 40)$,   IV) $P(X = 37) = 0$

d) Die normalverteilte Zufallsgröße X hat den Erwartungswert $\mu = 12$ und die Standardabweichung $\sigma_1 = 2$, die normalverteilte Zufallsgröße Y hat ebenfalls den Erwartungswert $\mu = 12$, aber die Standardabweichung $\sigma_2 = 4$.

Beide Glockenkurven haben das Maximum bei $x = 12$. Der Maximalwert der Glockenkurve von X liegt bei

$$\varphi_{12;2}(12) = \frac{0{,}4}{\sigma_1} = \frac{0{,}4}{2} = 0{,}2$$

Der Maximalwert der Glockenkurve von Y liegt bei

$$\varphi_{12;4}(12) = \frac{0{,}4}{\sigma_2} = \frac{0{,}4}{4} = 0{,}1$$

Die Wendestellen von X liegen bei $x_1 = 12 - 2 = 10$ und $x_2 = 12 + 2 = 14$, die Wendestellen von Y liegen bei $x_1 = 12 - 4 = 8$ und $x_2 = 12 + 4 = 16$. Man erhält damit die Glockenkurve von Y, indem man die Glockenkurve von X in y-Richtung staucht und in x-Richtung streckt.

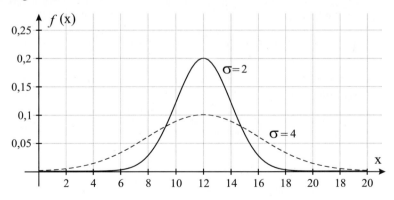

e) I) Anhand der gegebenen Glockenkurve kann man ablesen, dass das Funktionsmaximum bei $x = 6$ liegt, somit gilt für den Erwartungswert: $\mu = 6$.

II) 1) $P(X = 5) = 0$, da die zugehörige Fläche eine Linie mit Flächeninhalt Null ist.

2) $P(6 - \sigma < X < 6 + \sigma) = P(3 < X < 9)$ entspricht dem Flächeninhalt der Fläche zwischen dem Graphen der Dichtefunktion und der x-Achse im Intervall $[3; 9]$.

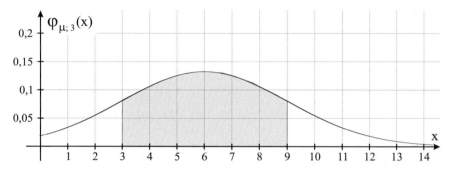

III) Die Rechnung $P(0 \leqslant X \leqslant 12) \approx 0,954$ beschreibt die Wahrscheinlichkeit, dass die Zufallsgröße X im Intervall $[0; 12]$ liegt. Diese Wahrscheinlichkeit beträgt etwa $95,4\%$. Das Intervall
$$[0; 12] = [6 - 2 \cdot 3; 6 + 2 \cdot 3]$$
ist gleichzeitig das 2σ-Intervall um den Erwartungswert $\mu = 6$.

f) I) Der Graph A gehört zum Wertepaar von Z, da er das Maximum bei $x = 11$ hat und für die Standardabweichung gilt:
$$\varphi_{11;\sigma}(11) \approx 0,13 \approx \frac{0,4}{3} = \frac{0,4}{\sigma} \Rightarrow \sigma = 3$$

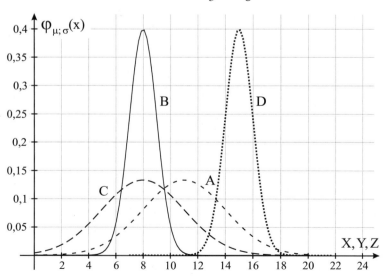

Der Graph B gehört zum Wertepaar von X, da er das Maximum bei $x = 8$ hat und für die Standardabweichung gilt:

$$\varphi_{8;\sigma}(8) = 0{,}4 = \frac{0{,}4}{1} = \frac{0{,}4}{\sigma} \Rightarrow \sigma = 1$$

Der Graph C gehört zum verbleibenden Wertepaar von Y.

II) Der Graph von D entsteht aus dem Graphen von B durch Verschiebung um 7 LE in positive x-Richtung, da die zugehörige Zufallsgröße den Erwartungswert 15 und dieselbe Standardabweichung wie der Graph von B hat.

III) Bei $x = \mu$ ist jeweils das Maximum des Graphen der Dichtefunktion einer normalverteilten Zufallsgröße.
Der Graph der Dichtefunktion ist achsensymmetrisch zur Geraden mit der Gleichung $x = \mu$.
Eine Veränderung von μ bewirkt daher eine Verschiebung des Graphen entlang der x-Achse.

Pflichtteil 2020*

Tipps ab Seite 272, Lösungen ab Seite 274

Aufgabe 1

Der Graph der Funktion f mit $f(x) = \frac{4}{x^2}$ schneidet die Gerade mit der Gleichung $y = 4$ im Punkt $P(1 \mid 4)$ und die Gerade mit der Gleichung $y = 1$ im Punkt $Q(2 \mid 1)$.
Berechnen Sie den Inhalt der markierten Fläche.

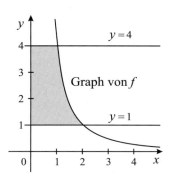

(2,5 VP)

Aufgabe 2

Für jeden Wert von $a \in \mathbb{R} \setminus \{0\}$ ist eine Funktion f_a gegeben durch $f_a(x) = a \cdot (x-2)^3$ und $x \in \mathbb{R}$.

a) Zeigen Sie, dass die in $\mathbb{R}$ definierte Funktion F mit $F(x) = \frac{1}{2} \cdot (x-2)^4 + 3$ eine Stammfunktion von f_2 ist.

b) Untersuchen Sie mithilfe von Skizzen, für welche Werte von a sich unter den Stammfunktionen von f_a solche befinden, die nur negative Funktionswerte haben.

(2,5 VP)

Aufgabe 3

Abgebildet ist der Graph einer Funktion F.
F ist Stammfunktion einer ganzrationalen Funktion f.

a) Geben Sie eine Nullstelle von f im abgebildeten Bereich an.

b) Bestimmen Sie 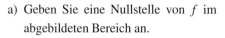.

c) Begründen Sie, dass die Funktion f im Bereich $0,5 \leqslant x \leqslant 1,5$ streng monoton fallend ist.

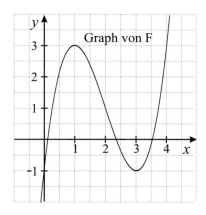

(2,5 VP)

---

*Die Aufgaben wurden an die Vorgaben des Abiturs 2023 angepasst

Aufgabe 4

Eine Gerade ist orthogonal zur Ebene E: $x_1 - x_3 = 5$ und schneidet die x_1-Achse in einem Punkt, der vom Punkt $P(0 \mid 2 \mid 1)$ den Abstand 3 hat.
Bestimmen Sie eine Gleichung einer solchen Geraden.

(2,5 VP)

Aufgabe 5

In einer Bäckerei werden handgemachte Berliner (ein Süßgebäck) hergestellt. In einer Tagesproduktion sind 60% der Berliner mit Marmelade gefüllt, der Rest ist ungefüllt. 25% der mit Marmelade gefüllten Berliner und 50% der nicht mit Marmelade gefüllten Berliner sind mit Zuckerguss überzogen, die übrigen sind mit Puderzucker bestreut.

a) Berechnen Sie den Anteil der Berliner, die mit Zuckerguss überzogen sind.

b) Beschreiben Sie die Bedeutung des Terms $\frac{0{,}6 \cdot 0{,}25}{0{,}6 \cdot 0{,}25 + 0{,}4 \cdot 0{,}5}$ im Sachzusammenhang.

(2,5 VP)

Aufgabe 6

Eine normalverteilte Zufallsgröße X mit der Standardabweichung $\sigma = 3$ hat folgende Dichtefunktion:

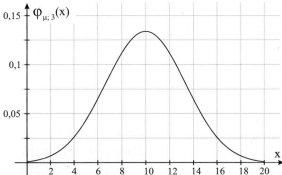

a) Geben Sie den Erwartungswert von X an.

b) Erläutern Sie anhand der gegebenen Abbildung, wie man folgende Wahrscheinlichkeiten bestimmen kann:
   I) $P(X = 8)$ II) $P(10 - \sigma < X < 10 + \sigma)$

c) Eine normalverteilte Zufallsvariable Y hat den doppelten Erwartungswert und die doppelte Standardabweichung wie X.
Erläutern Sie, wie der Graph der Dichtefunktion von Y aus dem Graphen der Dichtefunktion von X hervorgeht und skizzieren Sie den Graphen der Dichtefunktion von Y.

(2,5 VP)

Tipps Abitur 2020

1. Den Inhalt A der markierten Fläche erhalten Sie, indem Sie zwei Teilflächen A_1 und A_2 berechnen und addieren. Verwenden Sie als Teilfläche A_1 ein Rechteck mit den Seiten a und b und benutzen Sie die Formel $A_1 = a \cdot b$. Die Teilfläche A_2 erhalten Sie mithilfe eines Integrals. Beachten Sie, dass der Graph von f oberhalb von $y = 1$ verläuft. Verwenden Sie den Hauptsatz der Differential- und Integralrechnung: $\int_a^b f(x)dx = \left[F(x)\right]_a^b = F(b) - F(a)$, wobei F eine Stammfunktion von f ist.

2. a) Setzen Sie $a = 2$ in f_a ein, um $f_2(x)$ zu erhalten. Um zu zeigen, dass die Funktion F eine Stammfunktion von f_2 ist, bestimmen Sie die 1. Ableitung von F.
   Falls $F'(x) = f_2(x)$ ist F eine Stammfunktion von f_2.

   b) Bestimmen Sie eine allgemeine Stammfunktion F_a von f_a. Überlegen Sie, wie die Graphen von F_a aus dem Graphen von $g(x) = x^4$ durch Streckungen und Verschiebungen hervorgehen. Skizzieren Sie für $a > 0$ und $a < 0$ verschiedene Graphen. Überlegen Sie, für welche Werte von a die Graphen stets unterhalb der x-Achse verlaufen.

3. a) Beachten Sie, dass Nullstellen von f diejenigen Stellen sind, an denen der Graph von F Punkte mit einer waagrechten Tangente hat.

   b) Verwenden Sie zur Lösung den Hauptsatz der Differential- und Integralrechnung:
   $\int_a^b f(x)dx = \left[F(x)\right]_a^b = F(b) - F(a)$, wobei F eine Stammfunktion von f ist.
   Lesen Sie die Funktionswerte von F anhand der Abbildung ab.

   c) Betrachten Sie die Krümmung des Graphen von F im angegebenen Bereich. Beachten Sie, dass $F''(x) = f'(x)$ ist. Falls $f'(x) < 0$ gilt, ist f streng monoton fallend.

4. Beachten Sie, dass der Richtungsvektor $\vec{u}$ einer Geraden g, die orthogonal zu einer Ebene E ist, ein Vielfaches des Normalenvektors $\vec{n}$ der Ebene ist. Verwenden Sie also als Richtungsvektor $\vec{u}$ von g den Normalenvektor $\vec{n}$ der Ebene E. Da die Gerade g die x_1-Achse in einem Punkt schneidet, können Sie als Ansatz für die Koordinaten des Schnittpunkts $Q(a\,|\,0\,|\,0)$ verwenden. Beachten Sie, dass der Punkt Q vom Punkt P den Abstand 3 haben soll, sodass der zugehörige Verbindungsvektor den Betrag 3 haben muss. Stellen Sie damit eine Gleichung auf uns lösen Sie diese durch Quadrieren nach a auf. Bestimmen Sie die möglichen Koordinaten von Q und damit die Geradengleichung von g.

5. Bezeichnen Sie mit M: Der Berliner ist mit Marmelade gefüllt, mit $\overline{M}$: Der Berliner ist nicht mit Marmelade gefüllt, mit Z: Der Berliner ist mit Zuckerguss überzogen und mit $\overline{Z}$: Der Berliner ist mit Puderzucker überzogen. Bestimmen Sie anhand der gegebenen Daten $P(M)$, $P_M(Z)$ und $P_{\overline{M}}(Z)$. Damit können Sie ein Baumdiagramm zeichnen und durch Differenzenbildung vervollständigen.

   a) Den Anteil der mit Puderzucker überzogenen Berliner erhalten Sie mit Hilfe der Pfadregeln: $P(\overline{Z}) = P(M \cap \overline{Z}) + P(\overline{M} \cap Z)$.

b) Die Bedeutung des gegebenen Terms können Sie sich mit Hilfe des Baumdiagramms so erschließen, dass eine bedingte Wahrscheinlichkeit berechnet wird.

6. a) Bestimmen Sie die Maximalstelle der gegebenen Glockenkurve.

   b) Die gesuchten Wahrscheinlichkeiten erhalten Sie mithilfe von Integralen bzw. den zugehörigen Flächeninhalten.
   Beachten Sie, dass eine Linie den Flächeninhalt Null hat.

   c) Überlegen Sie, wie der Graph der Dichtefunktion von X in x-Richtung verschoben und in x- bzw. y-Richtung gestreckt bzw. gestaucht werden muss. Beachten Sie dabei, dass für das Maximum einer Glockenkurve gilt: $\varphi_{\mu,\sigma}(\mu) \approx \frac{0{,}4}{\sigma}$.

Lösungen Abitur 2020

1. Den Inhalt A der markierten Fläche erhält man, indem man zwei Teilflächen A_1 und A_2 berechnet und addiert.

   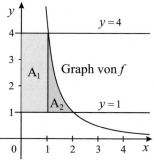

   Die Teilfläche A_1 ist ein Rechteck mit den Seiten $a = 1$ und $b = 3$. Damit gilt:
   $$A_1 = a \cdot b = 1 \cdot 3 = 3$$

   Die Teilfläche A_2 erhält man mithilfe eines Integrals.
   Da der Graph von f oberhalb der Geraden $y = 1$ verläuft, gilt mithilfe des Hauptsatzes der Differential- und Integralrechnung:

   $$\begin{aligned} A_2 &= \int_1^2 (f(x) - 1)\,dx \\ &= \int_1^2 \left(\frac{4}{x^2} - 1\right) dx \\ &= \int_1^2 (4 \cdot x^{-2} - 1)\,dx \\ &= \left[\frac{4}{-1} \cdot x^{-1} - 1x\right]_1^2 \\ &= \left[-\frac{4}{x} - x\right]_1^2 \\ &= -\frac{4}{2} - 2 - \left(-\frac{4}{1} - 1\right) \\ &= 1 \end{aligned}$$

   Damit erhält man:
   $$A = A_1 + A_2 = 3 + 1 = 4$$

   Somit beträgt der Flächeninhalt der markierten Fläche 4 FE.

2. a) Es ist $f_a(x) = a \cdot (x-2)^3$.
   Setzt man $a = 2$ in f_a ein, erhält man: $f_2(x) = 2 \cdot (x-2)^3$.
   Um zu zeigen, dass die Funktion F mit $F(x) = \frac{1}{2} \cdot (x-2)^4 + 3$ eine Stammfunktion von f_2 ist, bestimmt man die 1. Ableitung von F:
   $$F'(x) = \frac{1}{2} \cdot 4 \cdot (x-2)^3 + 0 = 2 \cdot (x-2)^3 = f_2(x)$$
   Wegen $F'(x) = f_2(x)$ ist F eine Stammfunktion von f_2.

   b) Eine allgemeine Stammfunktion F_a von f_a hat die Gleichung $F_a(x) = \frac{a}{4} \cdot (x-2)^4 + c$.
   Die Graphen von F_a gehen aus dem Graphen von $g(x) = x^4$ durch Streckung mit dem

Faktor $\frac{a}{4}$ in y-Richtung (ist $a < 0$ ist der Graph zusätzlich an der x-Achse gespiegelt), Verschiebung um 2 LE in positive x-Richtung und Verschiebung um c LE in y-Richtung hervor.

Für $a < 0$ und $a > 0$ kann man folgende Graphen skizzieren:

Für $a > 0$ sind die Graphen von F_a nach oben geöffnet und haben einen Tiefpunkt mit den Koordinaten $T(2 \mid c)$.

Für $a < 0$ sind die Graphen von F_a nach unten geöffnet und haben einen Hochpunkt mit den Koordinaten $H(2 \mid c)$.

Somit gibt es nur für $a < 0$ und $c < 0$ Stammfunktionen von f_a, die nur negative Funktionswerte haben.

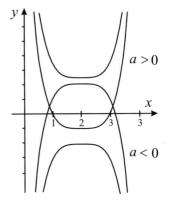

3. a) Nullstellen von f sind an denjenigen Stellen, an denen der Graph von F Punkte mit einer waagrechten Tangente hat, da wegen $f(x) = 0$ auch $F'(x) = 0$ gelten muss. Die Nullstellen von f sind im abgebildeten Bereich $x_1 = 1$ und $x_2 = 3$, da der Graph von F an diesen Stellen Extremstellen hat.

b) Mithilfe des Hauptsatzes der Differential- und Integralrechnung kann man das gegebene Integral berechnen. Anhand der Abbildung kann man Funktionswerte von F ablesen:

$$\int_1^2 f(x)dx = \Big[F(x)\Big]_1^2 = F(2) - F(1) = 1 - 3 = -2$$

c) Um zu begründen, dass die Funktion f im Bereich $0,5 \leqslant x \leqslant 1,5$ streng monoton fallend ist, kann man sich Folgendes überlegen:
Der Graph von F ist für $0,5 \leqslant x \leqslant 1,5$ rechtsgekrümmt, also gilt für diesen Bereich: $F''(x) < 0$.
Wegen $F''(x) = f'(x)$ gilt damit für diesen Bereich: $f'(x) < 0$.
Somit ist f im Bereich $0,5 \leqslant x \leqslant 1,5$ streng monoton fallend.

4. Für eine Gerade g, die orthogonal zur Ebene E: $x_1 - x_3 = 5$ ist, kann man als Richtungsvektor $\vec{u}$ den Normalenvektor $\vec{n} = \begin{pmatrix} 1 \\ 0 \\ -1 \end{pmatrix}$ der Ebene E verwenden.

Da die Gerade g die x_1-Achse in einem Punkt schneidet, kann man als Ansatz für die Koordinaten des Schnittpunkts $Q(a \mid 0 \mid 0)$ verwenden.

Da der Punkt Q vom Punkt $P(0 \mid 2 \mid 1)$ den Abstand 3 haben soll, muss der zugehörige Verbindungsvektor den Betrag 3 haben. Damit ergibt sich folgende Gleichung, die man nach a durch Quadrieren auflösen kann:

$$\left|\overrightarrow{PQ}\right| = 3$$

$$\left|\begin{pmatrix} a \\ -2 \\ -1 \end{pmatrix}\right| = 3$$

$$\sqrt{a^2 + (-2)^2 + (-1)^2} = 3$$

$$\sqrt{a^2 + 5} = 3$$

$$a^2 + 5 = 9$$

$$a^2 = 4$$

$$a_{1,2} = \pm 2$$

Für $a = 2$ hat der Schnittpunkt von g mit der x_1-Achse die Koordinaten $Q_1(2 \mid 0 \mid 0)$. Somit hat die Gerade g beispielsweise die Gleichung:

$$g: \vec{x} = \begin{pmatrix} 2 \\ 0 \\ 0 \end{pmatrix} + t \cdot \begin{pmatrix} 1 \\ 0 \\ -1 \end{pmatrix}$$

Alternativ kann man auch für $a = -2$ eine Gleichung für die Gerade g aufstellen.

5. Man bezeichnet mit M: Der Berliner ist mit Marmelade gefüllt, mit $\overline{\text{M}}$: Der Berliner ist nicht mit Marmelade gefüllt, mit Z: Der Berliner ist mit Zuckerguss überzogen und mit $\overline{\text{Z}}$: Der Berliner ist mit Puderzucker überzogen.
Da 60% der Berliner mit Marmelade gefüllt sind, gilt: $P(M) = 0,6$.
Da 25% der mit Marmelade gefüllten Berliner und 50% der nicht mit Marmelade gefüllten Berliner mit Zuckerguss überzogen sind, gilt: $P_M(Z) = 0,25$ und $P_{\overline{M}}(Z) = 0,5$.
Damit kann man ein Baumdiagramm zeichnen und durch Differenzen- und Summenbildung vervollständigen:

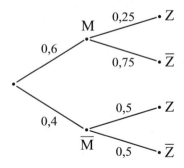

a) Den Anteil der mit Puderzucker überzogenen Berliner erhält man mit Hilfe der Pfadregeln:

$$P(\overline{Z}) = P(M \cap \overline{Z}) + P(\overline{M} \cap Z)$$
$$= 0,6 \cdot 0,75 + 0,4 \cdot 0,5$$
$$= 0,45 + 0,2$$
$$= 0,65$$
$$= 65\%$$

Somit beträgt der Anteil der mit Puderzucker überzogenen Berliner 65 %.

b) Die Bedeutung des Terms $\frac{0,6 \cdot 0,25}{0,6 \cdot 0,25 + 0,4 \cdot 0,5}$ kann man sich mit Hilfe des Baumdiagramms erschließen:

$$\frac{0,6 \cdot 0,25}{0,6 \cdot 0,25 + 0,4 \cdot 0,5} = \frac{P(M \cap Z)}{P(M \cap Z) + P(\overline{M} \cap Z)}$$
$$= \frac{P(M \cap Z)}{P(Z)}$$
$$= P_Z(M)$$

Somit berechnet man mit Hilfe des gegebenen Terms den Anteil der mit Zuckerguss überzogenen Berliner, die mit Marmelade gefüllt sind.

6. a) Anhand der gegebenen Glockenkurve kann man ablesen, dass das Funktionsmaximum bei $x = 10$ liegt, somit gilt für den Erwartungswert: $\mu = 10$.

   b) I) Die Wahrscheinlichkeit $P(X = 8) = 0$, da die zugehörige Fläche eine Linie mit Flächeninhalt Null ist.

   II) Die Wahrscheinlichkeit

   $$P(10 - \sigma < X < 10 + \sigma) = P(10 - 3 < X < 10 + 3)$$
   $$= P(7 < X < 13)$$

   entspricht dem Flächeninhalt der Fläche zwischen dem Graphen der Dichtefunktion und der x-Achse im Intervall $[7\,;13]$.

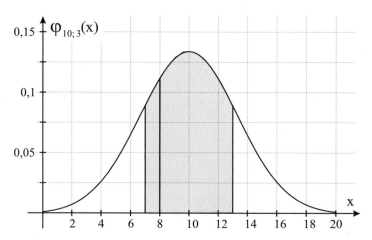

c) Der Graph der Dichtefunktion von Y geht aus dem Graphen der Dichtefunktion von X durch Verschiebung um 10 LE nach rechts hervor, da das Maximum des Graphen von Y bei $x = 2 \cdot 10 = 20$ liegt. Da die Standardabweichung von X verdoppelt wird, ergibt sich wegen $\varphi_{\mu,\sigma}(\mu) \approx \frac{0{,}4}{\sigma}$ für das Maximum der Glockenkurve von Y: $\varphi_{20;6}(20) \approx \frac{0{,}4}{6} = \frac{\frac{0{,}4}{3}}{2} = \frac{\varphi_{10;3}(10)}{2}$. Damit wird der Graph der Dichtefunktion von X in y-Richtung mit dem Faktor $\frac{1}{2}$ gestreckt (bzw. gestaucht) und auch in x-Richtung mit dem Faktor 2 gestreckt, damit der Flächeninhalt unter der Glockenkurve gleich groß bleibt. Die Wendestellen des Graphen der Dichtefunktion von Y liegen bei $x_1 = \mu - \sigma = 20 - 6 = 14$ und $x_2 = \mu + \sigma = 20 + 6 = 26$.

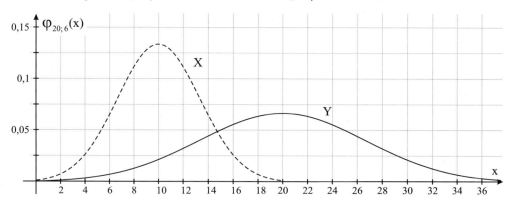

Pflichtteil 2021* – Aufgabensatz 1

Tipps ab Seite 281, Lösungen ab Seite 283

Aufgabe 1

Gegeben ist die Funktion f mit $f(x) = e^{-2x+1} + 1$.
Die Abbildung zeigt den Graphen G_f sowie die Tangente an G_f an der Stelle $x = \frac{1}{2}$.

a) Weisen Sie nach, dass diese Tangente die Steigung -2 hat.

(1 VP)

b) Berechnen Sie den Flächeninhalt des Dreiecks, das diese Tangente mit den Koordinatenachsen einschließt.

(1,5 VP)

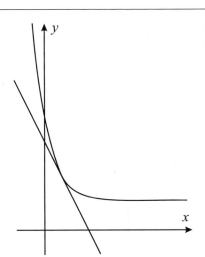

Aufgabe 2

Die Abbildung zeigt den Graphen der Funktion f mit $f(x) = 1 + x^2$ sowie die Geraden $g: y = 2$ und $h: y = 5$.
Bestimmen Sie den Inhalt der markierten Fläche.

(2,5 VP)

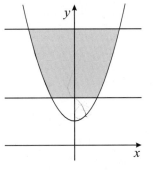

Aufgabe 3

Gegeben sind die Funktionen f und g mit $f(x) = a + \frac{b}{x^2+c}$ und $g(x) = a + \frac{b}{(x+c)^2}$. Die Abbildung zeigt den Graphen einer der beiden Funktionen sowie seine Asymptoten.

a) Begründen Sie, dass es sich bei dem abgebildeten Graphen nicht um den Graphen von f handeln kann. (1 VP)

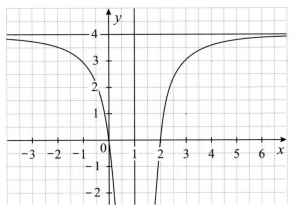

b) Bestimmen Sie für die Funktion g die Werte von a, b und c. (1,5 VP)

---

*Der Pflichtteil wurde an die neuen Bestimmungen für das Abitur ab 2023 angepasst.

Aufgabe 4

Gegeben sind die Ebenen E und F sowie die Ebenenschar G_r ($r \in \mathbb{R}$).

$$E: \quad x_1 - 5x_2 - 2x_3 = 6$$
$$F: \quad 2x_1 - x_2 - x_3 = 3$$
$$G_r: \quad 9x_2 + 3x_3 = r + 11$$

a) Stellen Sie die Ebene G_7 in einem Koordinatensystem dar. (1 VP)

b) Für einen Wert von r besitzen E, F und G_r eine gemeinsame Schnittgerade. Bestimmen Sie diesen Wert von r.

(1,5 VP)

Aufgabe 5

Gegeben sind der Punkt $P(-1 \mid 1 \mid -1)$ und die Gerade $g: \vec{x} = \begin{pmatrix} 1 \\ -1 \\ 7 \end{pmatrix} + t \cdot \begin{pmatrix} 1 \\ 2 \\ -2 \end{pmatrix}$, $t \in \mathbb{R}$.

Der Punkt $Q(3 \mid 3 \mid 3)$ liegt auf der Geraden g.

a) Zeigen Sie, dass Q derjenige Punkt auf g ist, der zu P den kleinsten Abstand hat.

(1 VP)

b) Bestimmen Sie die Koordinaten eines Punktes R auf der Geraden g, für den das Dreieck PQR den Flächeninhalt 27 hat.

(1,5 VP)

Aufgabe 6

a) Die Abbildung stellt die Wahrscheinlichkeitsverteilung einer Zufallsgröße X dar.

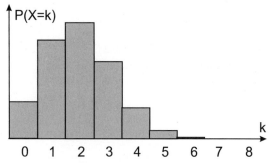

Begründen Sie, dass $P(X = 2) < 0,5$ gilt.

(1 VP)

b) Für eine binomialverteilte Zufallsgröße Y mit den Parametern $n = 8$ und $0 < p < 1$ gilt $P(Y = 1) = 2 \cdot P(Y = 0)$.

Berechnen Sie den Wert von p.

(1,5 VP)

Tipps Abitur 2021 – Aufgabensatz 1

1. a) Um nachzuweisen, dass die Tangente t an G_f an der Stelle $x = \frac{1}{2}$ die Steigung $m = -2$ hat, verwenden Sie die 1. Ableitung von f, die Sie mit der Kettenregel bestimmen. Die Steigung m der Tangente t erhalten Sie, indem Sie $x = \frac{1}{2}$ in $f'(x)$ einsetzen.

   b) Den Flächeninhalt A des Dreiecks, das die Tangente t an G_f an der Stelle $x = \frac{1}{2}$ mit den Koordinatenachsen einschließt, erhalten Sie mit der Formel $A = \frac{1}{2} \cdot g \cdot h$. Dazu stellen Sie zuerst die Gleichung der Tangente t mithilfe des Ansatzes $y = m \cdot x + c$ auf. Dafür benötigen Sie noch den y-Wert des Berührpunktes B, den Sie erhalten, indem Sie $x = \frac{1}{2}$ in $f(x)$ einsetzen. Setzen Sie die Koordinaten von B und die Steigung m in den Ansatz $y = m \cdot x + c$ ein. Den Schnittpunkt S von t mit der y-Achse erhalten Sie, indem Sie $x = 0$ in die Gleichung von t einsetzen. Den Schnittpunkt N von t mit der x-Achse erhalten Sie, indem Sie die Gleichung von t gleich Null setzen und nach x auflösen. Skizzieren Sie das rechtwinklige Dreieck ONS und bestimmen Sie die Grundseite g und die Höhe h.

2. Den Inhalt A der markierten Fläche erhalten Sie, indem Sie zwei Teilflächen A_1 und A_2 berechnen, addieren und aus Symmetriegründen mit zwei multiplizieren. Dazu bestimmen Sie zuerst die Schnittstellen des Graphen von f mit den Geraden g und h durch Gleichsetzen. Verwenden Sie als Teilfläche A_1 ein Rechteck mit den Seiten a und b und benutzen Sie die Formel $A_1 = a \cdot b$. Die Teilfläche A_2 erhalten Sie mithilfe eines Integrals. Beachten Sie, dass der Graph von f unterhalb der Geraden h verläuft. Verwenden Sie den Hauptsatz der Differential- und Integralrechnung: $\int_a^b f(x)\mathrm{d}x = \Big[F(x)\Big]_a^b = F(b) - F(a)$, wobei F eine Stammfunktion von f ist.

3. a) Setzen Sie $-x$ in $f(x)$ ein und überlegen Sie, welche Art von Symmetrie beim Graphen von f vorliegt.

   b) Bestimmen Sie die Gleichungen der Asymptoten des abgebildeten Graphen. Damit erhalten Sie a und c. Bestimmen Sie die Koordinaten eines Punktes des Graphen und setzen Sie diese in $g(x)$ ein, um b zu bestimmen.

4. a) Setzen Sie $r = 7$ in G_r ein, um die Gleichung der Ebene G_7 zu erhalten. Um diese Ebene in einem Koordinatensystem darzustellen, bestimmen Sie zuerst die Spurpunkte der Ebene, also die Schnittpunkte mit den Koordinatenachsen. Die Koordinaten des Spurpunkts S_1 mit der x_1-Achse erhalten Sie, indem Sie $x_2 = 0$ und $x_3 = 0$ in die Gleichung von G_7 einsetzen. Bei einem Widerspruch gibt es keinen Spurpunkt. Die Koordinaten des Spurpunkts S_2 mit der x_2-Achse erhalten Sie, indem Sie $x_1 = 0$ und $x_3 = 0$ in die Gleichung von G_7 einsetzen. Die Koordinaten des Spurpunkts S_3 mit der x_3-Achse erhalten Sie, indem Sie $x_1 = 0$ und $x_2 = 0$ in die Gleichung von G_7 einsetzen. Überlegen Sie, ob die Ebene zu einer Achse parallel sein kann.

b) Die Schnittgerade von E, F und G_r erhalten Sie, indem Sie ein Gleichungssystem aufstellen und mithilfe des Gaußverfahrens vereinfachen. Überlegen Sie, welche Bedingung dann gelten muss, damit das Gleichungssystem unendlich viele Lösungen hat, was bei einer wahren Aussage der Fall ist.

5. a) Um zu zeigen, dass Q derjenige Punkt auf g ist, der zu P den kleinsten Abstand hat, betrachten Sie das Skalarprodukt des Vektors $\overrightarrow{QP}$ mit dem Richtungsvektor $\vec{u}$ der Geraden g. Falls $\overrightarrow{QP} \cdot \vec{u} = 0$ stehen $\overrightarrow{QP}$ und $\vec{u}$ senkrecht aufeinander und der Punkt Q ist derjenige Punkt auf g, der zu P den kleinsten Abstand hat.

b) Skizzieren Sie die Problemstellung. Beachten Sie, dass das Dreieck PQR die Grundseite $g = \overline{RQ}$ und die Höhe $h = \overline{QP}$ hat. Die Höhe h erhalten Sie, indem Sie den Betrag des Vektors $\overrightarrow{QP}$ berechnen. Mithilfe der Formel $A_{\text{Dreieck}} = \frac{1}{2} \cdot g \cdot h$ erhalten Sie die Länge der Grundseite $g = \overline{RQ}$. Stellen Sie dazu eine Gleichung auf und lösen Sie diese nach g auf. Bestimmen Sie die Länge des Richtungsvektors $\vec{u}$ der Geraden g. Die Koordinaten eines Punktes R erhalten Sie mithilfe einer Vektorkette.

6. a) Bestimmen Sie anhand der gegebenen Abbildung $P(X \leqslant 1) = P(X = 0) + P(X = 1)$ im Vergleich zu $P(X = 2)$. Beachten Sie, dass $P(X \leqslant 2) < 1$ ist.

b) Verwenden Sie die Bernoulli-Formel $P(X = k) = \binom{n}{k} \cdot p^k \cdot (1-p)^{n-k}$. Stellen Sie anhand der gegebenen Bedingung eine Gleichung auf und lösen Sie diese nach p auf.

Lösungen Abitur 2021 – Aufgabensatz 1

1. Es ist $f(x) = e^{-2x+1} + 1$.

   a) Um nachzuweisen, dass die Tangente t an G_f an der Stelle $x = \frac{1}{2}$ die Steigung $m = -2$ hat, verwendet man die 1. Ableitung von f, die man mit der Kettenregel bestimmt:

   $$f'(x) = e^{-2x+1} \cdot (-2) = -2 \cdot e^{-2x+1}$$

   Die Steigung m der Tangente t erhält man, indem man $x = \frac{1}{2}$ in $f'(x)$ einsetzt:

   $$m = f'\left(\frac{1}{2}\right) = -2 \cdot e^{-2 \cdot \frac{1}{2}+1} = -2 \cdot e^0 = -2 \cdot 1 = -2$$

   Somit hat die Tangente t die Steigung -2.

   b) Den Flächeninhalt A des Dreiecks, das die Tangente t an G_f an der Stelle $x = \frac{1}{2}$ mit den Koordinatenachsen einschließt, erhält man mit der Formel $A = \frac{1}{2} \cdot g \cdot h$. Dafür stellt man zuerst die Gleichung der Tangente t mithilfe des Ansatzes $y = m \cdot x + c$ auf. Dazu benötigt man noch den y-Wert des Berührpunktes B, den man erhält, indem man $x = \frac{1}{2}$ in $f(x)$ einsetzt:

   $$y = f\left(\frac{1}{2}\right) = e^{-2 \cdot \frac{1}{2}+1} + 1 = e^0 + 1 = 1 + 1 = 2 \Rightarrow B\left(\frac{1}{2} \mid 2\right)$$

   Setzt man die Koordinaten von B und $m = -2$ in den Ansatz $y = m \cdot x + c$ ein, ergibt sich:

   $$2 = -2 \cdot \frac{1}{2} + c$$
   $$2 = -1 + c$$
   $$3 = c$$

   Die Tangente t hat also die Gleichung $y = -2x + 3$.
   Den Schnittpunkt S von t mit der y-Achse erhält man, indem man $x = 0$ in die Gleichung von t einsetzt:

   $$y = -2 \cdot 0 + 3 = 3 \Rightarrow S(0 \mid 3)$$

   Den Schnittpunkt N von t mit der x-Achse erhält man, indem man die Gleichung $y = 0$ nach x auflöst:

   $$-2x + 3 = 0$$
   $$-2x = -3$$
   $$x = \frac{3}{2}$$

Damit hat N die Koordinaten $N\left(\frac{3}{2} \mid 0\right)$.
Das rechtwinklige Dreieck ONS hat die
Grundseite $g = \frac{3}{2}$ und die Höhe $h = 3$.
Damit gilt:

$$A = \frac{1}{2} \cdot g \cdot h = \frac{1}{2} \cdot \frac{3}{2} \cdot 3 = \frac{9}{4}$$

Das Dreieck hat damit einen Flächeninhalt von $\frac{9}{4}$ FE.

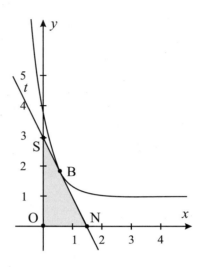

2. Es ist $f(x) = 1 + x^2$.

   Den Inhalt A der markierten Fläche erhält man, indem man zwei Teilflächen A_1 und A_2 berechnet. Da der Graph von f achsensymmetrisch zur y-Achse ist (der Funktionsterm von f hat nur gerade Exponenten), genügt es, den Flächeninhalt rechts der y-Achse zu berechnen und dann zu verdoppeln.

   Dazu bestimmt man zuerst die Schnittstellen des Graphen von f mit den Geraden $g: y = 2$ und $h: y = 5$ durch Gleichsetzen:

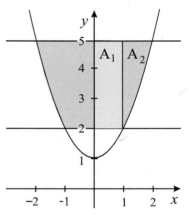

$$f(x) = 2$$
$$1 + x^2 = 2$$
$$x^2 = 1$$
$$x_{1,2} = \pm 1$$

und

$$f(x) = 5$$
$$1 + x^2 = 5$$
$$x^2 = 4$$
$$x_{3,4} = \pm 2$$

Die Teilfläche A_1 ist ein Rechteck mit den Seiten $a = 1$ und $b = 3$. Damit gilt:

$$A_1 = a \cdot b = 1 \cdot 3 = 3$$

Die Teilfläche A_2 erhält man mithilfe eines Integrals. Da der Graph von f unterhalb der Geraden $h: y = 5$ verläuft, gilt mithilfe des Hauptsatzes der Differential- und Integralrechnung:

$$\begin{aligned}
A_2 &= \int_1^2 (5 - f(x))\, dx \\
&= \int_1^2 (5 - (1 + x^2))\, dx \\
&= \int_1^2 (4 - x^2)\, dx \\
&= \left[4x - \frac{1}{3}x^3 \right]_1^2 \\
&= 4 \cdot 2 - \frac{1}{3} \cdot 2^3 - \left(4 \cdot 1 - \frac{1}{3} \cdot 1^3 \right) \\
&= 8 - \frac{8}{3} - \left(4 - \frac{1}{3} \right) \\
&= 8 - \frac{8}{3} - 4 + \frac{1}{3} \\
&= 4 - \frac{7}{3} \\
&= \frac{5}{3}
\end{aligned}$$

Damit erhält man:

$$A = 2 \cdot (A_1 + A_2) = 2 \cdot \left(3 + \frac{5}{3} \right) = 2 \cdot \frac{14}{3} = \frac{28}{3}$$

Somit beträgt der Flächeninhalt der markierten Fläche $\frac{28}{3}$ FE.

3. Gegeben sind die Funktionen f und g mit $f(x) = a + \frac{b}{x^2 + c}$ und $g(x) = a + \frac{b}{(x+c)^2}$.

   a) Wegen
   $$f(-x) = a + \frac{b}{(-x)^2 + c} = a + \frac{b}{x^2 + c} = f(x)$$
   ist der Graph von f achsensymmetrisch zur y-Achse. Der abgebildete Graph ist aber achsensymmetrisch zur senkrechten Asymptote $x = 1$. Somit kann es sich bei dem abgebildeten Graphen nicht um den Graphen von f handeln.

   b) Der abgebildete Graph hat die Asymptoten $x = 1$ und $y = 4$ und geht durch den Ursprung $O(0 \mid 0)$.
   Für $x \to \pm\infty$ geht $g(x) \to a$. Damit gilt: $a = 4$.
   Aufgrund der senkrechten Asymptote $x = 1$ gilt: $c = -1$.
   Setzt man die Koordinaten von $O(0 \mid 0)$ in den Ansatz $g(x) = 4 + \frac{b}{(x-1)^2}$ ein, ergibt

sich:

$$0 = 4 + \frac{b}{(0-1)^2}$$
$$0 = 4 + b$$
$$b = -4$$

Somit hat die Funktion g die Werte $a = 4$, $b = -4$ und $c = -1$.

4. Gegeben sind die Ebenen E: $x_1 - 5x_2 - 2x_3 = 6$, F: $2x_1 - x_2 - x_3 = 3$ und die Ebenenschar $G_r: 9x_2 + 3x_3 = r + 11$.

   a) Setzt man $r = 7$ in G_r ein, erhält man die Gleichung der Ebene $G_7: 9x_2 + 3x_3 = 18$. Um diese Ebene in einem Koordinatensystem darzustellen, bestimmt man zuerst die Spurpunkte der Ebene, also die Schnittpunkte mit den Koordinatenachsen.
   Die Koordinaten des Spurpunkts S_1 mit der x_1-Achse erhält man, indem man $x_2 = 0$ und $x_3 = 0$ in die Gleichung von G_7 einsetzt:

   $$9 \cdot 0 + 3 \cdot 0 = 18 \;\Rightarrow\; 0 = 18$$

   Aufgrund des Widerspruchs gibt es keinen Spurpunkt S_1, so dass die Ebene G_7 parallel zur x_1-Achse ist.
   Die Koordinaten des Spurpunkts S_2 mit der x_2-Achse erhält man, indem man $x_1 = 0$ und $x_3 = 0$ in die Gleichung von G_7 einsetzt:

   $$9x_2 + 3 \cdot 0 = 18 \;\Rightarrow\; x_2 = 2 \;\Rightarrow\; S_2(0 \mid 2 \mid 0)$$

   Die Koordinaten des Spurpunkts S_3 mit der x_3-Achse erhält man, indem man $x_1 = 0$ und $x_2 = 0$ in die Gleichung von G_7 einsetzt:

   $$9 \cdot 0 + 3x_3 = 18 \;\Rightarrow\; x_3 = 6 \;\Rightarrow\; S_3(0 \mid 0 \mid 6)$$

   Damit kann man G_7 einzeichnen:

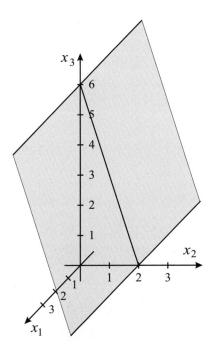

b) Die Schnittgerade von E, F und G_r erhält man, indem man folgendes Gleichungssystem aufstellt und mithilfe des Gaußverfahrens vereinfacht:

$$\begin{array}{rrrrrrr} \text{I} & x_1 & - & 5x_2 & - & 2x_3 & = & 6 \\ \text{II} & 2x_1 & - & x_2 & - & x_3 & = & 3 \\ \text{III} & & & 9x_2 & + & 3x_3 & = & r + 11 \end{array}$$

Subtrahiert man Gleichung II vom 2-fachen von Gleichung I, ergibt sich:

$$\begin{array}{rrrrrrr} \text{I} & x_1 & - & 5x_2 & - & 2x_3 & = & 6 \\ \text{IIa} & & - & 9x_2 & - & 3x_3 & = & 9 \\ \text{III} & & & 9x_2 & + & 3x_3 & = & r + 11 \end{array}$$

Addiert man Gleichung IIa und Gleichung III, erhält man:

$$\begin{array}{rrrrrrr} \text{I} & x_1 & - & 5x_2 & - & 2x_3 & = & 6 \\ \text{IIa} & & - & 9x_2 & - & 3x_3 & = & 9 \\ \text{III} & & & & & 0 & = & r + 20 \end{array}$$

Damit das Gleichungssystem unendlich viele Lösungen hat, muss gelten $0 = 0$. Dies führt zu:

$$0 = r + 20 \Rightarrow r = -20$$

Somit besitzen E, F und G_r für $r = -20$ eine gemeinsame Schnittgerade.

5. Gegeben sind der Punkt $P(-1 \mid 1 \mid -1)$, die Gerade $g: \vec{x} = \begin{pmatrix} 1 \\ -1 \\ 7 \end{pmatrix} + t \cdot \begin{pmatrix} 1 \\ 2 \\ -2 \end{pmatrix}$, $t \in \mathbb{R}$ und der Punkt $Q(3 \mid 3 \mid 3)$ auf g.

a) Um zu zeigen, dass Q derjenige Punkt auf g ist, der zu P den kleinsten Abstand hat (Q ist dann der Lotfußpunkt), betrachtet man das Skalarprodukt des Vektors

$$\overrightarrow{QP} = \begin{pmatrix} -4 \\ -2 \\ -4 \end{pmatrix} \text{ mit dem Richtungsvektor } \vec{u} = \begin{pmatrix} 1 \\ 2 \\ -2 \end{pmatrix} \text{ der Geraden } g:$$

$$\overrightarrow{QP} \cdot \vec{u} = \begin{pmatrix} -4 \\ -2 \\ -4 \end{pmatrix} \cdot \begin{pmatrix} 1 \\ 2 \\ -2 \end{pmatrix} = (-4) \cdot 1 + (-2) \cdot 2 + (-4) \cdot (-2) = -4 - 4 + 8 = 0$$

Wegen $\overrightarrow{QP} \cdot \vec{u} = 0$ stehen $\overrightarrow{QP}$ und $\vec{u}$ senkrecht aufeinander.

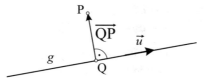

Somit ist der Punkt Q derjenige Punkt auf g, der zu P den kleinsten Abstand hat.

b) Um die Koordinaten eines Punktes R auf der Geraden g, für den das Dreieck PQR den Flächeninhalt 27 hat, zu bestimmen, skizziert man die Problemstellung:

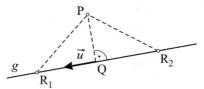

Das Dreieck PQR hat die Grundseite $g = \overline{RQ}$ und die Höhe $h = \overline{QP}$.
Die Höhe h erhält man, indem man den Betrag des Vektors $\overrightarrow{QP}$ berechnet:

$$h = \left|\overrightarrow{QP}\right| = \left|\begin{pmatrix} -4 \\ -2 \\ -4 \end{pmatrix}\right| = \sqrt{(-4)^2 + (-2)^2 + (-4)^2} = \sqrt{36} = 6$$

Aus $A_{\text{Dreieck}} = \frac{1}{2} \cdot g \cdot h$ ergibt sich die Länge der Grundseite g:

$$27 = \frac{1}{2} \cdot g \cdot h$$

$$27 = \frac{1}{2} \cdot \overline{RQ} \cdot 6$$

$$9 = \overline{RQ}$$

Der Richtungsvektor $\vec{u}$ der Geraden g hat folgende Länge:

$$|\vec{u}| = \left|\begin{pmatrix} 1 \\ 2 \\ -2 \end{pmatrix}\right| = \sqrt{1^2 + 2^2 + (-2)^2} = \sqrt{9} = 3$$

Damit erhält man die Koordinaten eines Punktes R mithilfe einer Vektorkette:

$$\overrightarrow{OR_1} = \overrightarrow{OQ} + 3 \cdot \vec{u} = \begin{pmatrix} 3 \\ 3 \\ 3 \end{pmatrix} + 3 \cdot \begin{pmatrix} 1 \\ 2 \\ -2 \end{pmatrix} = \begin{pmatrix} 6 \\ 9 \\ -3 \end{pmatrix} \Rightarrow R_1(6 \mid 9 \mid -3)$$

oder

$$\overrightarrow{OR_2} = \overrightarrow{OQ} - 3 \cdot \vec{u} = \begin{pmatrix} 3 \\ 3 \\ 3 \end{pmatrix} - 3 \cdot \begin{pmatrix} 1 \\ 2 \\ -2 \end{pmatrix} = \begin{pmatrix} 0 \\ -3 \\ 9 \end{pmatrix} \Rightarrow R_2(0 \mid -3 \mid 9)$$

6. a) Um zu begründen, dass $P(X = 2) < 0,5$ gilt, kann man sich Folgendes überlegen: Anhand der gegebenen Abbildung kann man ablesen:
$P(X \leqslant 1) = P(X = 0) + P(X = 1) > P(X = 2)$.
Wegen $P(X \leqslant 2) < 1$ und $P(X \leqslant 1) > P(X = 2)$ muss daher gelten:

$$P(X \leqslant 2) < 1$$
$$P(X \leqslant 1) + P(X = 2) < 1$$
$$P(X = 2) < 1 - P(X \leqslant 1)$$
$$P(X = 2) < 0,5$$

b) Mithilfe der Bernoulli-Formel kann man für eine binomialverteilte Zufallsgröße Y mit den Parametern n = 8 und $0 < p < 1$ und der Bedingung $P(Y = 1) = 2 \cdot P(Y = 0)$ folgende Gleichung aufstellen und nach p auflösen:

$$P(Y = 1) = 2 \cdot P(Y = 0)$$
$$\binom{8}{1} \cdot p^1 \cdot (1-p)^{8-1} = 2 \cdot \binom{8}{0} \cdot p^0 \cdot (1-p)^{8-0}$$
$$8 \cdot p \cdot (1-p)^7 = 2 \cdot 1 \cdot 1 \cdot (1-p)^8$$
$$8 \cdot p \cdot (1-p)^7 = 2 \cdot (1-p)^8$$
$$4 \cdot p = 1 - p$$
$$5 \cdot p = 1$$
$$p = \frac{1}{5}$$

Somit gilt für $p = \frac{1}{5}$ die Gleichung $P(Y = 1) = 2 \cdot P(Y = 0)$.

Pflichtteil 2021* – Aufgabensatz 2

Tipps ab Seite 292, Lösungen ab Seite 294

Aufgabe 1

Gegeben ist die Funktion f mit $f(x) = 4x - x^2$. Die Abbildung zeigt ihren Graphen G_f sowie die Tangenten an G_f in den Schnittpunkten mit der x-Achse.

a) Weisen Sie nach: Die Tangente an G_f an der Stelle $x = 0$ hat die Steigung 4. (0,5 VP)

b) Die beiden Tangenten schneiden sich in einem Punkt S. Berechnen Sie den Abstand des Punktes S vom Ursprung. (2 VP)

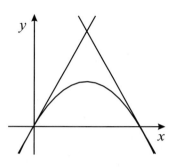

Aufgabe 2

Die Abbildung zeigt die Graphen der Funktionen f und g mit $f(x) = e^{-x}$ und $g(x) = x + 1$, deren Schnittpunkt auf der y-Achse liegt.

Die Graphen begrenzen mit der x-Achse und der Geraden $x = u$ ($u > 0$) eine Fläche. Diese Fläche wird von der y-Achse in zwei inhaltsgleiche Teilflächen geteilt. Berechnen Sie den Wert von u. (2,5 VP)

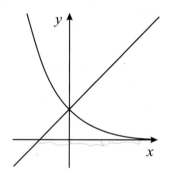

Aufgabe 3

Die Abbildung zeigt den Graphen einer trigonometrischen Funktion. Bestimmen Sie einen möglichen Funktionsterm. (2,5 VP)

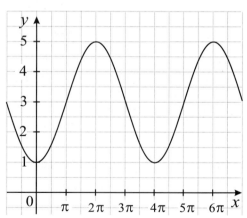

---

*Der Pflichtteil wurde an die neuen Bestimmungen für das Abitur ab 2023 angepasst.

Aufgabe 4

Gegeben ist die Ebene E: $3x_2 - 4x_3 = 2$.

a) Beschreiben Sie die besondere Lage von E im Koordinatensystem.

(0,5 VP)

b) Die Ebene F ist orthogonal zu E und hat zur x_1-Achse den Abstand 2. Bestimmen Sie eine mögliche Koordinatengleichung von F.

(2 VP)

Aufgabe 5

Ein Verein erhält eine Lieferung gebrauchter Computer und Bildschirme. Von den 10 Computern und 15 Bildschirmen funktionieren jeweils drei Geräte nicht. Jemand wählt zufällig einen Computer und einen Bildschirm aus.

a) Berechnen Sie die Wahrscheinlichkeit dafür, dass beide ausgewählten Geräte funktionieren.

(1 VP)

b) Nach Inbetriebnahme der zwei ausgewählten Geräte stellt sich heraus, dass beide Geräte funktionieren. Anschließend wählt jemand aus den übrigen Geräten der Lieferung zwei Computer aus. Berechnen Sie die Wahrscheinlichkeit dafür, dass mindestens einer der beiden zuletzt ausgewählten Computer funktioniert.

(1,5 VP)

Aufgabe 6

Nadja und Victor sind Bogenschüützen und trainieren oft gemeinsam. Die Wahrscheinlichkeiten in der abgebildeten Vierfeldertafel beruhen auf ihren bisherigen Trainingsergebnissen. Beschrieben wird eine Situation, in der beide jeweils einen Schuss abgeben.

Nadja/Victor	V	$\overline{V}$	
N	0,28		
$\overline{N}$		0,18	
			1

V: «Victor trifft ins Zentrum.»
N: «Nadja trifft ins Zentrum.»

Die Ereignisse N und V sind unabhängig voneinander.
Nadja trifft besser als Victor.
Berechnen Sie die Wahrscheinlichkeit, dass Nadja ins Zentrum trifft.

(2,5 VP)

Tipps Abitur 2021 – Aufgabensatz 2

1. a) Um nachzuweisen, dass die Tangente t_1 an G_f an der Stelle $x = 0$ die Steigung 4 hat, verwenden Sie die 1. Ableitung von f, die Sie mit der Potenzregel bestimmen. Die Steigung m_1 der Tangente t_1 erhalten Sie, indem Sie $x = 0$ in $f'(x)$ einsetzen.

    b) Um die Koordinaten des Schnittpunkts S der beiden Tangenten zu berechnen, benötigen Sie beide Tangentengleichungen. Bestimmen Sie die Gleichung von t_1 mithilfe der gegebenen Steigung und des Ursprungs. Um die Gleichung von t_2 zu bestimmen, benötigen Sie zuerst die Nullstellen von f. Dazu lösen Sie die Gleichung $f(x) = 0$ nach x auf. Verwenden Sie den Satz vom Nullprodukt. Damit erhalten Sie einen Punkt N, durch den t_2 verläuft. Die Steigung m_2 der Tangente t_2 erhalten Sie, indem Sie den entsprechenden x-Wert in $f'(x)$ einsetzen. Setzen Sie die Koordinaten von N und m_2 in den Ansatz $y = m \cdot x + c$ ein. Die Koordinaten des Schnittpunkts S von t_1 und t_2 erhalten Sie durch Gleichsetzen der Tangentengleichungen. Lösen Sie die erhaltene Gleichung nach x auf. Den y-Wert von S erhalten Sie, indem Sie den x-Wert in t_1 oder t_2 einsetzen. Den Abstand d des Punktes S vom Ursprung erhalten Sie mit der Abstandsformel bzw. dem Satz des Pythagoras.

2. Bestimmen Sie zuerst die Koordinaten des Schnittpunkts S der Graphen von f und g auf der y-Achse, indem Sie $x = 0$ in $f(x)$ oder $g(x)$ einsetzen. Die Koordinaten des Schnittpunkts N von g mit der x-Achse erhalten Sie, indem Sie die Gleichung $g(x) = 0$ nach x auflösen. Den Flächeninhalt A_1 des rechtwinkligen Dreiecks NOS erhalten Sie mit der Formel $A_1 = \frac{1}{2} \cdot g \cdot h$. Bestimmen Sie dazu die Grundseite g und die Höhe h des Dreiecks. Die Teilfläche A_2 erhalten Sie mithilfe eines Integrals. Beachten Sie, dass der Graph von f oberhalb der x-Achse verläuft und durch die Gerade $x = u$ ($u > 0$) begrenzt wird, und verwenden Sie den Hauptsatz der Differential- und Integralrechnung:
    $\int_a^b f(x)dx = \Big[F(x)\Big]_a^b = F(b) - F(a)$, wobei F eine Stammfunktion von f ist. Stellen Sie wegen $A_1 = A_2$ eine Gleichung auf und lösen Sie diese durch Logarithmieren nach u auf.

3. Da ein Tiefpunkt des gegebenen Graphen auf der y-Achse liegt, können Sie als Ansatz für eine trigonometrische Funktion geschickterweise $f(x) = -a \cdot \cos(b \cdot (x-c)) + d$ verwenden. Bestimmen Sie die Mittellinie und damit d, die Amplitude und damit a und die Periode p und damit $b = \frac{2\pi}{p}$. Überlegen Sie, ob die Kosinusfunktion in x-Richtung verschoben ist, und bestimmen Sie c.

4. a) Um den Schnittpunkt von E mit der x_1-Achse zu bestimmen, setzen Sie $x_2 = 0$ und $x_3 = 0$ in die Gleichung von E ein. Falls sich ein Widerspruch ergibt, hat E mit der x_1-Achse keinen gemeinsamen Punkt.

    b) Beachten Sie, dass der Normalenvektor $\vec{n_F}$ der Ebene F orthogonal zum Normalenvektor $\vec{n_E}$ von E und orthogonal zum Richtungsvektor $\vec{u}$ der x_1-Achse sein muss, d.h. das Skalarprodukt der beiden Vektoren muss jeweils Null ergeben. Wählen Sie $\vec{n_F}$

Tipps   *Pflichtteil 2021 – Aufgabensatz 2*

so, dass diese beiden Bedingungen erfüllt sind. Alternativ können Sie $\vec{n_F}$ auch mit dem Vektorprodukt bestimmen. Damit erhalten Sie einen Ansatz für eine Koordinatengleichung von F. Wenn F zur x_1-Achse den Abstand 2 haben soll, muss auch der Ursprung O zu F den Abstand 2 haben. Setzen Sie die Koordinaten von O in die Abstandsformel ein, stellen Sie eine Gleichung auf und lösen Sie diese durch Fallunterscheidung nach d auf.

5. a) Bestimmen Sie die Wahrscheinlichkeiten, dass ein Computer bzw. ein Bildschirm funktionieren. Bezeichnen Sie mit C: Computer funktioniert und mit B: Bildschirm funktioniert, und verwenden Sie die Pfadregel.

    b) Überlegen Sie, wie viele Computer es noch gibt und wie viele davon funktionieren bzw. nicht funktionieren. Die Wahrscheinlichkeit dafür, dass mindestens einer der beiden ausgewählten Computer funktioniert, erhalten Sie mithilfe des Gegenereignisses. Beachten Sie, dass es sich um Ziehen ohne Zurücklegen handelt, so dass sich die Wahrscheinlichkeiten beim zweiten Zug ändern. Verwenden Sie zur Berechnung der Wahrscheinlichkeit die Pfadregeln.

6. Bezeichnen Sie die Wahrscheinlichkeit, dass Nadja ins Zentrum trifft, mit x und bestimmen Sie die übrigen Einträge der Vierfeldertafel durch Summen- bzw. Differenzbildung in Abhängigkeit von x. Beachten Sie, dass die Ereignisse N und V unabhängig voneinander sind, d.h. es gilt: $P(N) \cdot P(V) = P(N \cap V)$. Stellen Sie damit eine Gleichung auf und lösen Sie diese mit Hilfe der *pq*- oder *abc*-Formel nach x auf. Beachten Sie, dass nur ein x-Wert als Lösung in Frage kommt, da Nadja besser als Victor trifft.

Lösungen Abitur 2021 – Aufgabensatz 2

1. Es ist $f(x) = 4x - x^2$.

   a) Um nachzuweisen, dass die Tangente t_1 an G_f an der Stelle $x = 0$ die Steigung 4 hat, verwendet man die 1. Ableitung von f, die man mit der Potenzregel bestimmt:
   $$f'(x) = 4 - 2x$$
   Die Steigung m_1 der Tangente t_1 erhält man, indem man $x = 0$ in $f'(x)$ einsetzt:
   $$m_1 = f'(0) = 4 - 2 \cdot 0 = 4$$
   Somit hat die Tangente t_1 die Steigung 4.

   b) Um die Koordinaten des Schnittpunkts S der beiden Tangenten zu berechnen, benötigt man beide Tangentengleichungen. Da t_1 die Steigung $m_1 = 4$ hat und durch den Ursprung geht, hat t_1 die Gleichung $y = 4x$.
   Um die Gleichung von t_2 zu bestimmen, benötigt man zuerst die Nullstellen von f. Dazu löst man die Gleichung $f(x) = 0$ nach x auf:
   $$4x - x^2 = 0$$
   $$x \cdot (4 - x) = 0$$
   Mit dem Satz vom Nullprodukt erhält man die Lösung $x_1 = 0$ und aus $4 - x = 0$ die Lösung $x_2 = 4$. Die Tangente t_2 geht damit durch den Punkt N(4 | 0).
   Die Steigung m_2 der Tangente t_2 erhält man, indem man $x = 4$ in $f'(x)$ einsetzt:
   $$m_2 = f'(4) = 4 - 2 \cdot 4 = -4$$
   Setzt man die Koordinaten von N und $m_2 = -4$ in den Ansatz $y = m \cdot x + c$ ein, ergibt sich:
   $$0 = -4 \cdot 4 + c$$
   $$0 = -16 + c$$
   $$16 = c$$
   Die Tangente t_2 hat die Gleichung $y = -4x + 16$.
   Die Koordinaten des Schnittpunkts S von t_1 und t_2 erhält man durch Gleichsetzen der Tangentengleichungen:
   $$4x = -4x + 16$$
   $$8x = 16$$
   $$x = 2$$

Den y-Wert von S erhält man, indem man $x = 2$ in t_1 oder t_2 einsetzt:

$$y = 4 \cdot 2 = 8 \Rightarrow S(2 \mid 8)$$

Der Schnittpunkt S hat die Koordinaten $S(2 \mid 8)$.
Den Abstand d des Punktes S vom Ursprung erhält man mit der Abstandsformel bzw. dem Satz des Pythagoras:

$$d = \sqrt{(2-0)^2 + (8-0)^2} = \sqrt{68}$$

Der Abstand von S zum Ursprung beträgt $\sqrt{68}$ LE.

2. Es ist $f(x) = e^{-x}$ und $g(x) = x + 1$.
Die angegebene Fläche wird durch die y-Achse in zwei inhaltsgleiche Teilflächen A_1 und A_2 geteilt.

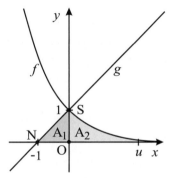

Die Teilfläche A_1 ist ein rechtwinkliges Dreieck NOS.
Die Koordinaten des Schnittpunkts S der Graphen von f und g auf der y-Achse erhält man, indem man $x = 0$ in $f(x)$ oder $g(x)$ einsetzt:

$$y = f(0) = e^{-0} = 1 \Rightarrow S(0 \mid 1)$$

Die Koordinaten des Schnittpunkts N von g mit der x-Achse erhält man, indem man die Gleichung $g(x) = 0$ nach x auflöst:

$$x + 1 = 0 \Rightarrow x = -1 \Rightarrow N(-1 \mid 0)$$

Die Teilfläche A_1 ist daher ein rechtwinkliges Dreieck NOS mit der Grundseite $g = 1$ und der Höhe $h = 1$. Damit gilt:

$$A_1 = \frac{1}{2} \cdot g \cdot h = \frac{1}{2} \cdot 1 \cdot 1 = \frac{1}{2}$$

Die Teilfläche A_2 erhält man mithilfe eines Integrals. Da der Graph von f oberhalb der x-Achse verläuft und durch die Gerade $x = u$ ($u > 0$) begrenzt wird, gilt mithilfe des Hauptsatzes der Differential- und Integralrechnung:

$$A_2 = \int_0^u f(x)\,dx$$
$$= \int_0^u \left(e^{-x}\right)dx$$
$$= \left[\frac{e^{-x}}{-1}\right]_0^u$$
$$= \left[-e^{-x}\right]_0^u$$
$$= -e^{-u} - \left(-e^{-0}\right)$$
$$= -e^{-u} + e^0$$
$$= -e^{-u} + 1$$

Wegen $A_1 = A_2$ kann man folgende Gleichung nach u durch Logarithmieren auflösen:

$$\frac{1}{2} = -e^{-u} + 1$$
$$e^{-u} = \frac{1}{2}$$
$$-u = \ln\left(\frac{1}{2}\right)$$
$$u = -\ln\left(\frac{1}{2}\right)$$

Somit wird für $u = -\ln\left(\frac{1}{2}\right)$ die angegebene Fläche von der y-Achse in zwei inhaltsgleiche Teilflächen geteilt.

3. Als Ansatz für eine trigonometrische Funktion kann man $f(x) = -a \cdot \cos(b \cdot (x-c)) + d$ verwenden, da bei $x = 0$ ein Tiefpunkt ist.
   Da die Mittellinie $y = 3$ ist, gilt: $d = 3$.
   Da die Amplitude 2 beträgt, gilt: $a = 2$.
   Da die Periode $p = 4\pi$ beträgt, gilt: $b = \frac{2\pi}{p} = \frac{2\pi}{4\pi} = \frac{1}{2}$.
   Da die Kosinusfunktion nicht in x-Richtung verschoben ist, gilt: $c = 0$.
   Damit erhält man als möglichen Funktionsterm:

   $$f(x) = -2 \cdot \cos\left(\frac{1}{2}x\right) + 3$$

4. Gegeben ist die Ebene E: $3x_2 - 4x_3 = 2$.

   a) Zur Beschreibung der Lage von E überlegt man, ob Spurpunkte existieren. Um den Schnittpunkt von E mit der x_1-Achse zu bestimmen, setzt man $x_2 = 0$ und $x_3 = 0$ in die Gleichung von E ein: $3 \cdot 0 - 4 \cdot 0 = 2 \Rightarrow 0 = 2$.
   Aufgrund des Widerspruchs hat E mit der x_1-Achse keinen gemeinsamen Punkt.
   Somit ist E parallel zur x_1-Achse.

b) Wenn die Ebene F orthogonal zu E ist, muss der Normalenvektor $\vec{n}_F$ der Ebene F orthogonal zum Normalenvektor $\vec{n}_E = \begin{pmatrix} 0 \\ 3 \\ -4 \end{pmatrix}$ der Ebene sein, d.h. $\vec{n}_F$ ist so zu wählen, dass das Skalarprodukt der beiden Normalenvektoren Null ergibt. Außerdem muss die Ebene F parallel zur x_1-Achse sein, d.h. $\vec{n}_F$ ist so zu wählen, dass das Skalarprodukt von $\vec{n}_F$ und dem Richtungsvektor $\vec{u} = \begin{pmatrix} 1 \\ 0 \\ 0 \end{pmatrix}$ der x_1-Achse Null ergibt.

Beispielsweise kann man $\vec{n}_F = \begin{pmatrix} 0 \\ 4 \\ 3 \end{pmatrix}$ wählen, denn dann gilt:

$$\vec{n}_E \cdot \vec{n}_F = \begin{pmatrix} 0 \\ 3 \\ -4 \end{pmatrix} \cdot \begin{pmatrix} 0 \\ 4 \\ 3 \end{pmatrix} = 0 \cdot 0 + 3 \cdot 4 + (-4) \cdot 3 = 0$$

und

$$\vec{u} \cdot \vec{n}_F = \begin{pmatrix} 1 \\ 0 \\ 0 \end{pmatrix} \cdot \begin{pmatrix} 0 \\ 4 \\ 3 \end{pmatrix} = 1 \cdot 0 + 0 \cdot 4 + 0 \cdot 3 = 0$$

Alternativ kann man $\vec{n}_F$ auch mit dem Vektorprodukt bestimmen:

$$\vec{n}_E \times \vec{u} = \begin{pmatrix} 0 \\ 3 \\ -4 \end{pmatrix} \times \begin{pmatrix} 1 \\ 0 \\ 0 \end{pmatrix} = \begin{pmatrix} 0 \\ -4 \\ -3 \end{pmatrix} = -1 \cdot \begin{pmatrix} 0 \\ 4 \\ 3 \end{pmatrix} \Rightarrow \vec{n}_F = \begin{pmatrix} 0 \\ 4 \\ 3 \end{pmatrix}$$

Damit hat eine Koordinatengleichung von F den Ansatz: F: $4x_2 + 3x_3 = d$.
Wenn F zur x_1-Achse den Abstand 2 haben soll, muss auch der Ursprung $O(0 \mid 0 \mid 0)$ zu F den Abstand 2 haben. Setzt man die Koordinaten von O in die Abstandsformel ein, ergibt sich folgende Gleichung, die man nach d auflösen kann:

$$\frac{|4 \cdot 0 + 3 \cdot 0 - d|}{\sqrt{0^2 + 4^2 + 3^2}} = 2$$

$$\frac{|-d|}{5} = 2$$

$$|-d| = 10$$

Die Betragsgleichung kann man durch Fallunterscheidung lösen:
Aus $-d = 10$ ergibt sich $d_1 = -10$ und aus $-d = -10$ ergibt sich $d_2 = 10$.
Somit hat F die Gleichung F: $4x_2 + 3x_3 = -10$ oder F: $4x_2 + 3x_3 = 10$.

5. a) Die Wahrscheinlichkeit, dass ein ausgewählter Computer funktioniert, beträgt $\frac{7}{10}$, die Wahrscheinlichkeit, dass ein Bildschirm funktioniert, beträgt $\frac{12}{15} = \frac{4}{5}$. Bezeichnet

man mit C: Computer funktioniert und mit B: Bildschirm funktioniert, so erhält man die Wahrscheinlichkeit dafür, dass beide ausgewählten Geräte funktionieren, mithilfe der Pfadregel:

$$P(\text{beide Geräte funktionieren}) = P(CB) = \frac{7}{10} \cdot \frac{4}{5} = \frac{28}{50} = \frac{14}{25}$$

Die Wahrscheinlichkeit beträgt $\frac{14}{25}$.

b) Nach Inbetriebnahme der zwei ausgewählten Geräte gibt es noch 9 Computer, von denen sechs funktionieren und drei nicht funktionieren. Die Wahrscheinlichkeit dafür, dass mindestens einer der beiden ausgewählten Computer funktioniert, erhält man mithilfe des Gegenereignisses: «Keiner der beiden ausgewählten Computer funktioniert». Da es sich um Ziehen ohne Zurücklegen handelt, ändern sich die Wahrscheinlichkeiten beim zweiten Zug. Damit ergibt sich mithilfe der Pfadregeln:

$$P(\text{mindestens ein Computer funktioniert}) = 1 - P(\text{kein Computer funktioniert})$$
$$= 1 - \frac{3}{9} \cdot \frac{2}{8}$$
$$= 1 - \frac{1}{3} \cdot \frac{1}{4}$$
$$= 1 - \frac{1}{12}$$
$$= \frac{11}{12}$$

Die Wahrscheinlichkeit beträgt $\frac{11}{12}$.

6. Bezeichnet man die Wahrscheinlichkeit, dass Nadja ins Zentrum trifft, mit x, so erhält man die übrigen Einträge der Vierfeldertafel durch Summen- bzw. Differenzbildung in Abhängigkeit von x:

Nike/Victor	V	$\overline{V}$	
N	0,28	$x - 0,28$	x
$\overline{N}$	$0,82 - x$	0,18	$1 - x$
	$1,1 - x$	$x - 0,1$	1

Da die Ereignisse N und V unabhängig voneinander sind, gilt: $P(N) \cdot P(V) = P(N \cap V)$. Damit erhält man folgende Gleichung:

$$x \cdot (1,1 - x) = 0,28$$
$$1,1x - x^2 = 0,28$$
$$0 = x^2 - 1,1x + 0,28$$

Mit Hilfe der pq- oder abc-Formel erhält man die Lösungen $x_1 = 0,7$ und $x_2 = 0,4$. Da Nadja besser als Victor trifft, kommt nur $x = 0,7$ als Lösung in Frage. Somit trifft Nadja mit einer Wahrscheinlichkeit von 70 % ins Zentrum.

Pflichtteil 2022* – Aufgabensatz 1

Tipps ab Seite 302, Lösungen ab Seite 304

Aufgabensatz 1

Aufgabe 1

Die Abbildung zeigt die Graphen der Funktionen f mit $f(x) = 4 - \frac{4}{x^2}$ und g mit $g(x) = 15 - 3x^2$, $x > 0$, sowie die Gerade mit der Gleichung $x = 1$.

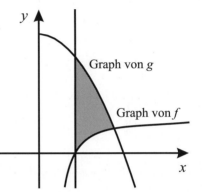

Graph von g

Graph von f

a) Zeigen Sie, dass sich die Graphen von f und g an der Stelle $x_0 = 2$ schneiden. (0,5 VP)

b) Berechnen Sie den Inhalt der markierten Fläche. (2 VP)

Aufgabe 2

Betrachtet werden die in ℝ definierten Funktionen f und F, wobei F eine Stammfunktion von f ist. Die Abbildung in der Anlage zeigt den Graphen G_F von F.

a) Bestimmen Sie den Wert des Integrals $\int_1^7 f(x)\,dx$. (1 VP)

b) Bestimmen Sie den Funktionswert von f an der Stelle $x_0 = 1$. Veranschaulichen Sie Ihr Vorgehen in der Abbildung. (1,5 VP)

Aufgabe 3

Gegeben sind die in ℝ definierten ganzrationalen Funktionen f_k mit $f_k(x) = x^4 + (2-k) \cdot x^3 - k \cdot x^2$ mit $k \in \mathbb{R}$.

a) Begründen Sie, dass der Graph von f_2 symmetrisch bezüglich der y-Achse ist. (0,5 VP)

b) Es gibt einen Wert von k, für den $x_W = 1$ eine Wendestelle von f_k ist. Berechnen Sie diesen Wert von k. (2 VP)

Aufgabe 4

Ermitteln Sie eine Gleichung derjenigen quadratischen Funktion g, die die beiden folgenden Eigenschaften hat:

- Der Graph von g schneidet die Gerade mit der Gleichung $y = \frac{1}{4}x + 1$ im Punkt P(0 | 1) unter einem rechten Winkel.

- Die x- und die y- Koordinate des Extrempunkts des Graphen von g stimmen überein. (2,5 VP)

Aufgabe 5

Wird der Punkt P(1 | 2 | 3) an der Ebene E gespiegelt, so ergibt sich der Punkt Q(7 | 2 | 11).

a) Bestimmen Sie eine Gleichung von E in Koordinatenform. (1,5 VP)

b) Auf der Gerade durch P und Q liegen die Punkte R und S symmetrisch bezüglich E; dabei liegt R bezüglich E auf der gleichen Seite wie P.
Der Abstand von R und S ist doppelt so groß wie der Abstand von P und Q.
Bestimmen Sie die Koordinaten von R.

(1 VP)

Aufgabe 6

Für ein Spiel wird ein Behälter mit 100 Kugeln gefüllt. Dafür stehen rote und blaue Kugeln zur Verfügung. Vor jedem Spiel legt der Spieler die Anzahl der blauen Kugeln im Behälter fest. Anschließend wird dem Behälter eine Kugel zufällig entnommen. Ist diese Kugel rot, so wird dem Spieler die festgelegte Anzahl blauer Kugeln in Cent ausgezahlt; ist die Kugel blau, so beträgt die Auszahlung 10 Cent. Ermitteln Sie, wie der Spieler die Anzahl blauer Kugeln für ein Spiel festlegen muss, damit der Erwartungswert der Auszahlung möglichst groß ist. (2,5 VP)

Abbildung zu Aufgabe 2 (Pflichtteil Aufgabensatz 1)

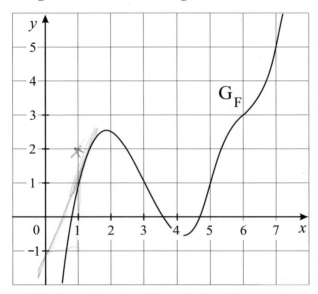

Tipps Abitur 2022 – Aufgabensatz 1

1. a) Um zu zeigen, dass sich die Graphen von f und g an der Stelle $x_0 = 2$ schneiden, setzen Sie $x_0 = 2$ jeweils in $f(x)$ und $g(x)$ ein. Falls $f(x_0) = g(x_0)$ ist, schneiden sie sich.

   b) Den Inhalt A der markierten Fläche erhalten Sie mithilfe eines Integrals. Bestimmen Sie anhand der Abbildung die Integrationsgrenzen x_1 und x_2. Beachten Sie, dass der Graph von g oberhalb des Graphen von f verläuft, so dass gilt:
   $A = \int_{x_1}^{x_2} (g(x) - f(x)) \, dx$. Vereinfachen Sie den Term und verwenden Sie den Hauptsatz der Differential- und Integralrechnung:
   $\int_a^b f(x) dx = \left[F(x)\right]_a^b = F(b) - F(a)$, wobei F eine Stammfunktion von f ist.

2. a) Den Wert des gegebenen Integrals erhalten Sie mithilfe des Hauptsatzes der Differential- und Integralrechnung: $\int_a^b f(x) dx = \left[F(x)\right]_a^b = F(b) - F(a)$, wobei F eine Stammfunktion von f ist. Die Funktionswerte von F können Sie anhand des gegebenen Graphen von F ablesen.

   b) Den Funktionswert von f an der Stelle $x_0 = 1$ erhalten Sie, indem Sie die Steigung der Tangente an den gegebenen Graphen von F an der Stelle $x_0 = 1$ bestimmen, da F eine Stammfunktion von f ist und damit $F'(1) = f(1)$ gilt. Zeichnen Sie die Tangente und das zugehörige Steigungsdreieck ein und bestimmen Sie anhand der Zeichnung die zugehörige Steigung.

3. a) Setzen Sie $k = 2$ in $f_k(x)$ ein und bestimmen Sie $f_2(x)$. Beachten Sie, ob die Gleichung von f_2 nur gerade oder nur ungerade Exponenten enthält. Alternativ können Sie auch $-x$ in $f_2(x)$ einsetzen. Falls $f_2(-x) = f_2(x)$, ist der Graph von f_2 symmetrisch bezüglich der y-Achse.

   b) Die Wendestellen von f_k erhalten Sie mit der 2. Ableitung von f_k. Wenn $x_W = 1$ eine Wendestelle von f_k ist, muss gelten: $f_k''(1) = 0$. Lösen Sie die entstandene Gleichung nach k auf.

4. Als Ansatz für die Gleichung einer quadratischen Funktion g verwenden Sie $g(x) = ax^2 + bx + c$ mit $g'(x) = 2ax + b$.
   Da der Graph von g die Gerade mit der Gleichung $y = \frac{1}{4}x + 1$ im Punkt $P(0 \mid 1)$ unter einem rechten Winkel schneidet, erhalten Sie zwei Bedingungen, aus denen sich b und c ergeben. Die Koordinaten des Extrempunkts E_a des Graphen von g erhalten Sie, indem Sie die Gleichung $g'(x) = 0$ nach x auflösen. Bestimmen Sie den zugehörigen y-Wert, indem Sie den erhaltenen x-Wert in $g(x)$ einsetzen. Lösen Sie die Gleichung $x = y$ nach a auf.

5. a) Beachten Sie, dass der Mittelpunkt M von P und Q ein Punkt der Ebene E ist und der Verbindungsvektor von P zu Q senkrecht auf E steht. Skizzieren Sie die Problemstellung. Die Koordinaten des Mittelpunkts M von P und Q erhalten Sie mit

der Mittelpunktsformel: M $\left(\frac{p_1+q_1}{2} \mid \frac{p_2+q_2}{2} \mid \frac{p_3+q_3}{2}\right)$. Den Verbindungsvektor von P zu Q erhalten Sie als Differenz der Ortsvektoren: $\overrightarrow{PQ} = \vec{q} - \vec{p}$. Bestimmen Sie daraus einen Normalenvektor $\vec{n}$ von E. Stellen Sie damit eine allgemeine Koordinatengleichung $ax_1 + bx_2 + cx_3 = d$ von E auf und setzen Sie die Koordinaten von M in diesen Ansatz ein.

　b) Skizzieren Sie die Problemstellung. Die Koordinaten von R erhalten Sie mithilfe einer geeigneten Vektorkette.

6. Bezeichnen Sie mit b: eine blaue Kugel wird gezogen und mit r: eine rote Kugel wird gezogen. Legen Sie n für die Anzahl der blauen Kugeln fest, und bestimmen Sie damit die Anzahl der roten Kugeln in Abhängigkeit von n. Bestimmen Sie die Wahrscheinlichkeit, eine blaue Kugel zu ziehen, in Abhängigkeit von n; ebenso die Wahrscheinlichkeit, eine rote Kugel zu ziehen. Den Erwartungswert E(n) der Auszahlung erhalten Sie, indem Sie die Auszahlungsbeträge (in Cent) mit den entsprechenden Wahrscheinlichkeiten multiplizieren und die Ergebnisse addieren. Damit der Erwartungswert der Auszahlung möglichst groß ist, bestimmen Sie das Maximum von E(n) mithilfe der 1. und 2. Ableitung von E(n). Als notwendige Bedingung lösen Sie die Gleichung $E'(n) = 0$ nach n auf. Prüfen Sie mithilfe der 2. Ableitung, ob ein Maximum vorliegt.

Lösungen Abitur 2022 – Aufgabensatz 1

1. Es ist $f(x) = 4 - \frac{4}{x^2}$ und $g(x) = 15 - 3x^2$, $x > 0$.

   a) Um zu zeigen, dass sich die Graphen von f und g an der Stelle $x_0 = 2$ schneiden, setzt man $x_0 = 2$ jeweils in $f(x)$ und $g(x)$ ein:

   $$f(2) = 4 - \frac{4}{2^2} = 4 - \frac{4}{4} = 4 - 1 = 3$$
   $$g(2) = 15 - 3 \cdot 2^2 = 15 - 3 \cdot 4 = 15 - 12 = 3$$

   Wegen $f(2) = g(2)$ schneiden sich die Graphen von f und g an der Stelle $x_0 = 2$.

   b) Den Inhalt A der markierten Fläche erhält man mithilfe eines Integrals. Die Integrationsgrenzen sind $x_1 = 1$ und $x_2 = 2$. Da der Graph von g oberhalb des Graphen von f verläuft, erhält man mit dem Hauptsatz der Differential- und Integralrechnung:

   $$\begin{aligned} A &= \int_1^2 (g(x) - f(x))\,dx \\ &= \int_1^2 \left(15 - 3x^2 - \left(4 - \frac{4}{x^2}\right)\right)dx \\ &= \int_1^2 \left(15 - 3x^2 - 4 + \frac{4}{x^2}\right)dx \\ &= \int_1^2 \left(11 - 3x^2 + 4x^{-2}\right)dx \\ &= \left[11x - x^3 + \frac{4}{-1}x^{-1}\right]_1^2 \\ &= \left[11x - x^3 - \frac{4}{x}\right]_1^2 \\ &= 11 \cdot 2 - 2^3 - \frac{4}{2} - \left(11 \cdot 1 - 1^3 - \frac{4}{1}\right) \\ &= 22 - 8 - 2 - (11 - 1 - 4) \\ &= 12 - 6 \\ &= 6 \end{aligned}$$

   Der Inhalt der markierten Fläche beträgt 6 FE.

2. a) Den Wert des Integrals $\int_1^7 f(x)\,dx$ erhält man mithilfe des Hauptsatzes der Differential- und Integralrechnung. Die Funktionswerte von F können anhand des gegebenen Graphen von F abgelesen werden:

   $$\int_1^7 f(x)\,dx = F(7) - F(1) = 5 - 1 = 4$$

b) Den Funktionswert von f an der Stelle $x_0 = 1$ erhält man, indem man die Steigung der Tangente t an den gegebenen Graphen von F an der Stelle $x_0 = 1$ bestimmt, da F eine Stammfunktion von f ist und damit $F'(1) = f(1)$ gilt:

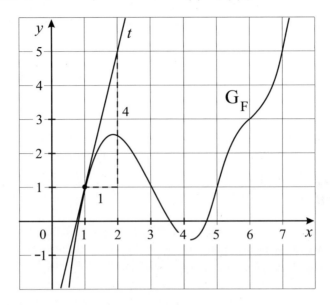

Anhand der Abbildung ergibt sich:

$$f(1) = F'(1) \approx 4$$

3. Es ist $f_k(x) = x^4 + (2-k) \cdot x^3 - k \cdot x^2$ mit $k \in \mathbb{R}$.

   a) Setzt man $k = 2$ in $f_k(x)$ ein, ergibt sich die Gleichung von f_2:

   $$f_2(x) = x^4 + (2-2) \cdot x^3 - 2 \cdot x^2 = x^4 - 2 \cdot x^2$$

   Da die Gleichung der ganzrationalen Funktion f_2 nur gerade Exponenten enthält, ist der Graph von f_2 symmetrisch bezüglich der y-Achse.
   Alternativ kann man auch $-x$ in $f_2(x)$ einsetzen:

   $$f_2(-x) = (-x)^4 - 2 \cdot (-x)^2 = x^4 - 2 \cdot x^2 = f_2(x)$$

   Wegen $f_2(-x) = f_2(x)$, ist der Graph von f_2 symmetrisch bezüglich der y-Achse.

   b) Die Wendestellen von f_k erhält man mit der 2. Ableitung von f_k:

   $$f_k'(x) = 4x^3 + 3 \cdot (2-k) \cdot x^2 - 2k \cdot x$$
   $$f_k''(x) = 12x^2 + 6 \cdot (2-k) \cdot x - 2k$$

Wenn $x_W = 1$ eine Wendestelle von f_k ist, muss gelten: $f_k''(1) = 0$.
Die entstandene Gleichung löst man nach k auf:

$$12 \cdot 1^2 + 6 \cdot (2-k) \cdot 1 - 2k = 0$$
$$12 + 12 - 6k - 2k = 0$$
$$24 - 8k = 0$$
$$24 = 8k$$
$$k = 3$$

Somit ist $x_W = 1$ für $k = 3$ eine Wendestelle von f_k.

4. Als Ansatz für die Gleichung einer quadratischen Funktion g verwendet man
$g(x) = ax^2 + bx + c$ mit $g'(x) = 2ax + b$.
Da der Graph von g die Gerade mit der Gleichung $y = \frac{1}{4}x + 1$ im Punkt $P(0 \mid 1)$ schneidet, gilt: $g(0) = 1$.
Da der Graph von g die Gerade mit der Gleichung $y = \frac{1}{4}x + 1$ im Punkt $P(0 \mid 1)$ unter einem rechten Winkel schneidet, gilt: $g'(0) = -\frac{1}{\frac{1}{4}} = -4$.
Mithilfe dieser beiden Bedingungen ergibt sich:

$$g(0) = 1 \Rightarrow a \cdot 0^2 + b \cdot 0 + c = 1 \Rightarrow c = 1$$
$$g'(0) = -4 \Rightarrow 2a \cdot 0 + b = -4 \Rightarrow b = -4$$

Damit erhält man: $g(x) = ax^2 - 4x + 1$ mit $g'(x) = 2ax - 4$.
Die Koordinaten des Extrempunkts E_a des Graphen von g erhält man, indem man die Gleichung $g'(x) = 0$ nach x auflöst:

$$2ax - 4 = 0 \Rightarrow x = \frac{4}{2a} = \frac{2}{a}$$

Setzt man $x = \frac{2}{a}$ in $g(x)$ ein, ergibt sich:

$$g\left(\frac{2}{a}\right) = a \cdot \left(\frac{2}{a}\right)^2 - 4 \cdot \left(\frac{2}{a}\right) + 1 = a \cdot \frac{4}{a^2} - \frac{8}{a} + 1 = \frac{4}{a} - \frac{8}{a} + 1 = -\frac{4}{a} + 1$$

Damit hat der Extrempunkt die Koordinaten $E_a\left(\frac{2}{a} \mid -\frac{4}{a} + 1\right)$.
Wenn die x- und die y- Koordinate des Extrempunkts E_a des Graphen von g übereinstimmen, so gilt: $x = y$.
Damit erhält man folgende Gleichung, die man nach a auflösen kann:

$$\frac{2}{a} = -\frac{4}{a} + 1$$
$$\frac{6}{a} = 1$$
$$6 = a$$

Somit erhält man:
$$g(x) = 6x^2 - 4x + 1$$

5. Wird der Punkt P(1 | 2 | 3) an der Ebene E gespiegelt, so ergibt sich der Punkt Q(7 | 2 | 11).

   a) Der Mittelpunkt M von P und Q ist ein Punkt der Ebene E, der Verbindungsvektor von P zu Q steht senkrecht auf E.

   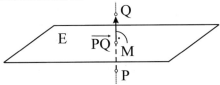

   Die Koordinaten des Mittelpunkts M von P und Q erhält man mit der Mittelpunktsformel:
   $$M\left(\frac{1+7}{2} \mid \frac{2+2}{2} \mid \frac{3+11}{2}\right) = M(4 \mid 2 \mid 7)$$

   Den Verbindungsvektor von P zu Q erhält man als Differenz der Ortsvektoren:
   $$\overrightarrow{PQ} = \vec{q} - \vec{p} = \begin{pmatrix} 7 \\ 2 \\ 11 \end{pmatrix} - \begin{pmatrix} 1 \\ 2 \\ 3 \end{pmatrix} = \begin{pmatrix} 6 \\ 0 \\ 8 \end{pmatrix} = 2 \cdot \begin{pmatrix} 3 \\ 0 \\ 4 \end{pmatrix} \Rightarrow \vec{n} = \begin{pmatrix} 3 \\ 0 \\ 4 \end{pmatrix}$$

   Ein Normalenvektor $\vec{n}$ von E ist also beispielsweise der Vektor $\vec{n} = \begin{pmatrix} 3 \\ 0 \\ 4 \end{pmatrix}$.

   Damit hat eine Koordinatengleichung von E den Ansatz: $E: 3x_1 + 4x_3 = d$.
   Setzt man die Koordinaten von M in diesen Ansatz ein, ergibt sich:
   $$3 \cdot 4 + 4 \cdot 7 = d \Rightarrow d = 40$$

   Somit hat E die Koordinatenform $E: 3x_1 + 4x_3 = 40$.

   b) Auf der Geraden durch P und Q liegen die Punkte R und S symmetrisch bezüglich E, wobei R bezüglich E auf der gleichen Seite wie E liegt. Außerdem ist der Abstand von R und S doppelt so groß wie der Abstand von P und Q. Daraus ergibt sich folgende Anordnung:

   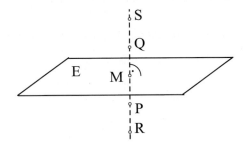

Die Koordinaten von R erhält man mithilfe einer Vektorkette:

$$\overrightarrow{OR} = \overrightarrow{OM} + 2 \cdot \overrightarrow{MP} = \begin{pmatrix} 4 \\ 2 \\ 7 \end{pmatrix} + 2 \cdot \begin{pmatrix} -3 \\ 0 \\ -4 \end{pmatrix} = \begin{pmatrix} -2 \\ 2 \\ -1 \end{pmatrix}$$

Somit hat der Punkt R die Koordinaten R(−2 | 2 | −1).

6. Man bezeichnet mit b: eine blaue Kugel wird gezogen und mit r: eine rote Kugel wird gezogen.
   Legt man n für die Anzahl der blauen Kugeln fest, so gibt es 100 − n rote Kugeln.
   Die Wahrscheinlichkeit, eine blaue Kugel zu ziehen, beträgt P(b) = $\frac{n}{100}$.
   Die Wahrscheinlichkeit, eine rote Kugel zu ziehen, beträgt P(r) = $\frac{100-n}{100}$.
   Den Erwartungswert E(n) der Auszahlung erhält man, indem man die Auszahlungsbeträge (in Cent) mit den entsprechenden Wahrscheinlichkeiten multipliziert und die Ergebnisse addiert:

$$E(n) = 10 \cdot P(b) + n \cdot P(r)$$
$$= 10 \cdot \frac{n}{100} + n \cdot \frac{100-n}{100}$$
$$= \frac{10n}{100} + \frac{100n - n^2}{100}$$
$$= \frac{110n - n^2}{100}$$

Damit der Erwartungswert der Auszahlung möglichst groß ist, bestimmt man das Maximum von E(n) mithilfe der 1. und 2. Ableitung von E(n):

$$E'(n) = \frac{110 - 2n}{100}$$
$$E''(n) = \frac{-2}{100} = -\frac{1}{50}$$

Als notwendige Bedingung löst man die Gleichung E'(n) = 0 nach n auf:

$$\frac{110 - 2n}{100} = 0$$
$$110 - 2n = 0$$
$$n = 55$$

Wegen E''(55) = −$\frac{1}{50}$ < 0 handelt es sich um ein Maximum.
Somit müsste der Spieler 55 blaue Kugeln für ein Spiel festlegen, damit der Erwartungswert der Auszahlung möglichst groß wird.

Pflichtteil 2022* – Aufgabensatz 2

Tipps ab Seite 312, Lösungen ab Seite 314

Aufgabensatz 2

Aufgabe 1

Abgebildet sind die Graphen der Funktionen f und g mit $f(x) = 4 - 3x^2$ und $g(x) = \sin\left(\frac{\pi}{2}x\right)$.

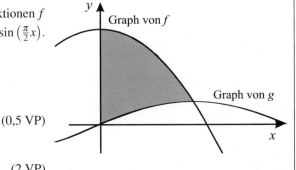

a) Zeigen Sie, dass sich die beiden Graphen an der Stelle $x_0 = 1$ schneiden. (0,5 VP)

b) Berechnen Sie den Inhalt der markierten Fläche. (2 VP)

Aufgabe 2

Der Graph G_f der Funktion f besitzt den Tiefpunkt $T(1|-2)$. Der Graph der Funktion g mit $g(x) = \frac{1}{9}x^3 - 3x$ entsteht, indem G_f um a Einheiten nach rechts und um b Einheiten nach unten verschoben wird. Bestimmen Sie die Werte von a und b. (2,5 VP)

Aufgabe 3

Die Graphen einer Schar ganzrationaler Funktionen dritten Grades berühren die x-Achse im Punkt $O(0\,|\,0)$.
Jeder Graph der Schar besitzt die Extremstelle $x_0 = -2$.
Untersuchen Sie, ob alle Graphen der Schar den Punkt $P(-3\,|\,0)$ gemeinsam haben. (2,5 VP)

Aufgabe 4

Gegeben sind die Ebene E: $2x_1 + 3x_2 - 4x_3 = 12$ und für jedes $a \in \mathbb{R}$ eine Gerade

$$g_a: \vec{x} = \begin{pmatrix} -1 \\ 5 \\ 3 \end{pmatrix} + t \cdot \begin{pmatrix} a \\ -5 \\ -4 \end{pmatrix}, \, t \in \mathbb{R}.$$

a) Bestimmen Sie den Wert von a, für den die Gerade g_a parallel zu E ist. (1 VP)

b) Für jedes $a \in \mathbb{R}$ ist P_a der Schnittpunkt von g_a mit der x_1x_3-Ebene. Bestimmen Sie den Wert von a, für den P_a in E liegt. (1,5 VP)

Aufgabe 5

Gegeben sind die parallelen Geraden

$$g: \vec{x} = \begin{pmatrix} 6 \\ 5 \\ -2 \end{pmatrix} + s \cdot \begin{pmatrix} 1 \\ 4 \\ -1 \end{pmatrix}, \, s \in \mathbb{R} \text{ und } h: \vec{x} = \begin{pmatrix} 0 \\ -1 \\ 4 \end{pmatrix} + t \cdot \begin{pmatrix} 1 \\ 4 \\ -1 \end{pmatrix}, \, t \in \mathbb{R}.$$

a) Der Punkt A(4 | −3 | 0) liegt auf g. Weisen Sie nach, dass A derjenige Punkt auf g ist, der vom Punkt B(0 | −1 | 4) den kleinsten Abstand hat. (1 VP)

b) Die Gerade h ist die Bildgerade von g bei einer Spiegelung an der Ebene E. Ermitteln Sie eine Gleichung von E. (1,5 VP)

Aufgabe 6

Gegeben sind die im Folgenden beschriebenen Zufallsgrößen X und Y:

- Ein Würfel, dessen Seiten mit den Zahlen von 1 bis 6 durchnummeriert sind, wird zweimal geworfen. X gibt die Summe der dabei gewürfelten Zahlen an.

- Aus einem Behälter mit 60 schwarzen und 40 weißen Kugeln wird zwölfmal nacheinander jeweils eine Kugel zufällig entnommen und wieder zurückgelegt. Y gibt die Anzahl der entnommenen schwarzen Kugeln an.

a) Begründen Sie, dass die Wahrscheinlichkeit $P(X=4)$ mit der Wahrscheinlichkeit $P(X=10)$ übereinstimmt.

(1 VP)

b) Die Wahrscheinlichkeitsverteilungen von X und Y werden jeweils durch eines der folgenden Diagramme I, II und III dargestellt. Ordnen Sie X und Y jeweils dem passenden Diagramm zu und begründen Sie Ihre Zuordnung.

(1,5 VP)

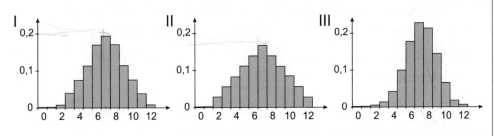

Tipps Abitur 2022 – Aufgabensatz 2

1. a) Um zu zeigen, dass sich die Graphen von f und g an der Stelle $x_0 = 1$ schneiden, setzen Sie $x_0 = 1$ jeweils in $f(x)$ und $g(x)$ ein. Falls $f(x_0) = g(x_0)$ ist, schneiden sie sich.

   b) Den Inhalt A der markierten Fläche erhalten Sie mithilfe eines Integrals. Bestimmen Sie anhand der Abbildung die Integrationsgrenzen x_1 und x_2. Beachten Sie, dass G_f oberhalb von G_g verläuft, daher gilt: $A = \int_{x_1}^{x_2} (f(x) - g(x))\,dx$. Verwenden Sie den Hauptsatz der Differential- und Integralrechnung:
   $\int_a^b f(x)\,dx = \left[F(x)\right]_a^b = F(b) - F(a)$, wobei F eine Stammfunktion von f ist.

2. Bestimmen Sie die Koordinaten des Tiefpunkts T^* des Graphen der Funktion g mithilfe der 1. und 2. Ableitung von g. Als notwendige Bedingung lösen Sie die Gleichung $g'(x) = 0$ nach x auf. Als hinreichende Bedingung setzen Sie die erhaltenen x-Werte in $g''(x)$ ein. Falls das Ergebnis größer als Null ist, handelt es sich um einen Tiefpunkt. Den zugehörigen y-Wert erhalten Sie, indem Sie den x-Wert in $g(x)$ einsetzen. Bestimmen Sie a und b anhand der Verschiebung des Tiefpunkts T zu T^*.

3. Als Ansatz für eine Schar ganzrationaler Funktionen dritten Grades verwenden Sie $f(x) = ax^3 + bx^2 + cx + d$ mit $f'(x) = 3ax^2 + 2bx + c$. Stellen Sie anhand der gegebenen Eigenschaften drei Bedingungen auf und lösen Sie das zugehörige lineare Gleichungssystem so, dass nur der Parameter a vorhanden ist. Geben Sie damit $f_a(x)$ an. Um zu untersuchen, ob alle Graphen der Schar den Punkt P gemeinsam haben, setzen Sie den x-Wert von P in $f_a(x)$ ein. Falls das Ergebnis gleich ist wie der y-Wert von P, ist P ein Punkt aller Graphen der Schar.

4. a) Um den Wert von a zu bestimmen, für den die Gerade g_a parallel zu E ist, verwenden Sie das Skalarprodukt des Normalenvektors $\vec{n}$ von E und des Richtungsvektors $\vec{u}_a$ der Geraden g_a. Lösen Sie die Gleichung $\vec{n} \cdot \vec{u}_a = 0$ nach a auf.

   b) Die Koordinaten des Schnittpunkts P_a von g_a mit der x_1x_3-Ebene erhalten Sie, indem Sie die Koordinaten des allgemeinen Punkts P_t von g_a in die Gleichung $x_2 = 0$ einsetzen. Setzen Sie den erhaltenen t-Wert in P_t ein. Um den Wert von a zu bestimmen, für den P_a in E liegt, setzen Sie die Koordinaten von P_a in die Gleichung von E ein und lösen die entstandene Gleichung nach a auf.

5. a) Skizzieren Sie die Problemstellung. Um nachzuweisen, dass der Punkt A auf g derjenige Punkt auf g ist, der vom Punkt B den kleinsten Abstand hat, berechnen Sie das Skalarprodukt des Vektors $\overrightarrow{AB}$ und des Richtungsvektors $\vec{u}$ von g. Falls $\overrightarrow{AB} \cdot \vec{u} = 0$ ist, hat A von g vom Punkt B von h den kleinsten Abstand.

Tipps   *Pflichtteil 2022 – Aufgabensatz 2*

b) Beachten Sie, dass die Punkte A und B symmetrisch zu E liegen. Beachten Sie, dass der Mittelpunkt M von A und B ein Punkt der Ebene E ist und der Vektor $\overrightarrow{AB}$ senkrecht auf E steht. Skizzieren Sie die Problemstellung. Die Koordinaten des Mittelpunkts M von A und B erhalten Sie mit der Formel: M $\left(\frac{a_1+b_1}{2} \mid \frac{a_2+b_2}{2} \mid \frac{a_3+b_3}{2}\right)$. Bestimmen Sie aus dem Vektor $\overrightarrow{AB}$ einen Normalenvektor $\vec{n}$ von E. Stellen Sie damit eine allgemeine Koordinatengleichung $ax_1 + bx_2 + cx_3 = d$ von E auf und setzen Sie die Koordinaten von M in diesen Ansatz ein.

6. a) Die Wahrscheinlichkeit, dass die Summe vier beträgt, erhalten Sie mithilfe der Pfadregeln. Die Wahrscheinlichkeit, dass die Summe zehn beträgt, erhalten Sie ebenfalls mithilfe der Pfadregeln.

b) Legen Sie Y als binomialverteilte Zufallsgröße für die Anzahl der schwarzen Kugeln mit den Parametern n und p fest. Beachten Sie, dass wegen $p \neq 0,5$ die Zufallsgröße Y nicht symmetrisch verteilt ist. Ordnen Sie das entsprechende Diagramm zu. Für die Wahrscheinlichkeitsverteilung von X kommen die beiden anderen Diagramme in Frage. Um zu ermitteln, welches der beiden anderen Diagramme zu X gehört, können Sie verschiedene Wahrscheinlichkeiten berechnen, z. B. $P(X = 2)$, $P(X = 3)$ und $P(X = 4)$. Überlegen Sie, bei welchem Diagramm die Verhältnisse passen.

Lösungen Abitur 2022 – Aufgabensatz 2

1. Es ist $f(x) = 4 - 3x^2$ und $g(x) = \sin\left(\frac{\pi}{2}x\right)$.

    a) Um zu zeigen, dass sich die beiden Graphen an der Stelle $x_0 = 1$ schneiden, setzt man $x_0 = 1$ jeweils in $f(x)$ und $g(x)$ ein:
    $$f(1) = 4 - 3 \cdot 1^2 = 4 - 3 = 1$$
    $$g(1) = \sin\left(\frac{\pi}{2} \cdot 1\right) = 1$$
    Wegen $f(1) = g(1)$ schneiden sich die beiden Graphen an der Stelle $x_0 = 1$.

    b) Den Inhalt A der markierten Fläche erhält man mithilfe eines Integrals. Die Integrationsgrenzen sind $x_1 = 0$ und $x_2 = 1$, was man anhand der gegebenen Abbildung ablesen kann. Da der Graph von f oberhalb des Graphen von g verläuft, erhält man mit dem Hauptsatz der Differential- und Integralrechnung:

    $$A = \int_0^1 (f(x) - g(x))\,dx$$
    $$= \int_0^1 \left(4 - 3x^2 - \sin\left(\frac{\pi}{2}x\right)\right) dx$$
    $$= \left[4x - x^3 - \frac{-\cos\left(\frac{\pi}{2}x\right)}{\frac{\pi}{2}}\right]_0^1$$
    $$= \left[4x - x^3 + \frac{2}{\pi} \cdot \cos\left(\frac{\pi}{2}x\right)\right]_0^1$$
    $$= 4 \cdot 1 - 1^3 + \frac{2}{\pi} \cdot \cos\left(\frac{\pi}{2} \cdot 1\right) - \left(4 \cdot 0 - 0^3 + \frac{2}{\pi} \cdot \cos\left(\frac{\pi}{2} \cdot 0\right)\right)$$
    $$= 4 - 1 + \frac{2}{\pi} \cdot \cos\left(\frac{\pi}{2}\right) - \left(0 - 0 + \frac{2}{\pi} \cdot \cos(0)\right)$$
    $$= 3 + \frac{2}{\pi} \cdot 0 - \left(\frac{2}{\pi} \cdot 1\right)$$
    $$= 3 - \frac{2}{\pi}$$

    Der Inhalt der markierten Fläche beträgt $3 - \frac{2}{\pi}$ FE.

2. Um a und b zu bestimmen, berechnet man zuerst den Tiefpunkt T* des Graphen der Funktion g mit $g(x) = \frac{1}{9}x^3 - 3x$, den man mithilfe der 1. und 2. Ableitung von g erhält:
    $$g'(x) = \frac{1}{3}x^2 - 3$$
    $$g''(x) = \frac{2}{3}x$$

Als notwendige Bedingung löst man die Gleichung $g'(x) = 0$ nach x auf:

$$\frac{1}{3}x^2 - 3 = 0$$
$$x^2 = 9$$
$$x_{1,2} = \pm 3$$

Als hinreichende Bedingung setzt man $x_1 = 3$ und $x_2 = -3$ in $g''(x)$ ein:

$$g''(3) = \frac{2}{3} \cdot 3 = 2 > 0 \text{ Tiefpunkt}$$
$$g''(-3) = \frac{2}{3} \cdot (-3) = -2 < 0 \text{ Hochpunkt}$$

Damit hat der Graph von g bei $x = 3$ einen Tiefpunkt.
Den zugehörigen y-Wert erhält man, indem man $x = 3$ in $g(x)$ einsetzt:

$$y = g(3) = \frac{1}{9} \cdot 3^3 - 3 \cdot 3 = \frac{1}{9} \cdot 27 - 9 = 3 - 9 = -6$$

Damit hat der Graph von g den Tiefpunkt $T^*(3 \mid -6)$.
Da der Graph G_f der Funktion f den Tiefpunkt $T(1 \mid -2)$ besitzt und der Graph der Funktion g entsteht, indem G_f um a Einheiten nach rechts und um b Einheiten nach unten verschoben wird, kann man a und b anhand der Verschiebung des Tiefpunkts T zu T^* ermitteln:

$$a = x_{T^*} - x_T = 3 - 1 = 2$$
$$b = y_T - y_{T^*} = -2 - (-6) = 4$$

3. Als Ansatz für eine Schar ganzrationaler Funktionen dritten Grades verwendet man
$f(x) = ax^3 + bx^2 + cx + d$ mit $f'(x) = 3ax^2 + 2bx + c$.
Da die Graphen von f die x-Achse im Punkt $O(0 \mid 0)$ berühren, gelten die Bedingungen: $f(0) = 0$ und $f'(0) = 0$.
Da jeder Graph der Schar die Extremstelle $x_0 = -2$ besitzt, gilt: $f'(-2) = 0$.
Damit erhält man folgendes Gleichungssystem:

$$\begin{array}{rrrrrrrl}
\text{I} & a \cdot 0^3 & + & b \cdot 0^2 & + & c \cdot 0 & + \; d & = 0 \\
\text{II} & 3a \cdot 0^2 & + & 2b \cdot 0 & + & c & & = 0 \\
\text{III} & 3a \cdot (-2)^2 & + & 2b \cdot (-2) & + & c & & = 0
\end{array}$$

Aus Gleichung I erhält man $d = 0$.
Aus Gleichung II erhält man $c = 0$.
Setzt man $c = 0$ in Gleichung III ein, ergibt sich: $12a - 4b = 0$ bzw. $b = 3a$.
Damit erhält man die Gleichung der Schar:

$$f_a(x) = ax^3 + 3ax^2$$

Um zu untersuchen, ob alle Graphen der Schar den Punkt P($-3\mid 0$) gemeinsam haben, setzt man $x = -3$ in $f_a(x)$ ein:

$$f_a(-3) = a \cdot (-3)^3 + 3a \cdot (-3)^2 = a \cdot (-27) + 3a \cdot 9 = -27a + 27a = 0$$

Wegen $f_a(-3) = 0$ haben alle Graphen der Schar den Punkt P($-3\mid 0$) gemeinsam.

4. Gegeben sind E: $2x_1 + 3x_2 - 4x_3 = 12$ und $g_a: \vec{x} = \begin{pmatrix} -1 \\ 5 \\ 3 \end{pmatrix} + t \cdot \begin{pmatrix} a \\ -5 \\ -4 \end{pmatrix}$, $a, t \in \mathbb{R}$.

   a) Um den Wert von a zu bestimmen, für den die Gerade g_a parallel zu E ist, verwendet man das Skalarprodukt des Normalenvektors $\vec{n} = \begin{pmatrix} 2 \\ 3 \\ -4 \end{pmatrix}$ von E und des Richtungsvektors $\vec{u}_a = \begin{pmatrix} a \\ -5 \\ -4 \end{pmatrix}$ der Geraden g_a. Dazu löst man die Gleichung $\vec{n} \cdot \vec{u}_a = 0$ nach a auf:

   $$\begin{pmatrix} 2 \\ 3 \\ -4 \end{pmatrix} \cdot \begin{pmatrix} a \\ -5 \\ -4 \end{pmatrix} = 0$$

   $$2 \cdot a + 3 \cdot (-5) + (-4) \cdot (-4) = 0$$
   $$2a - 15 + 16 = 0$$
   $$2a = -1$$
   $$a = -\frac{1}{2}$$

   Für $a = -\frac{1}{2}$ sind E und g_a parallel.

   b) Die Koordinaten des Schnittpunkts P_a von g_a mit der x_1x_3-Ebene erhält man, indem man die Koordinaten des allgemeinen Punkts $P_t(-1+ta \mid 5-5t \mid 3-4t)$ von g_a in die Gleichung $x_2 = 0$ einsetzt:

   $$5 - 5t = 0 \Rightarrow t = 1$$

   Setzt man $t = 1$ in P_t ein, erhält man: $P_a(-1+a \mid 0 \mid -1)$.
   Um den Wert von a zu bestimmen, für den P_a in E liegt, setzt man die Koordinaten von P_a in die Gleichung von E ein und löst die entstandene Gleichung nach a auf:

   $$2 \cdot (-1 + a) + 3 \cdot 0 - 4 \cdot (-1) = 12$$
   $$-2 + 2a + 4 = 12$$
   $$2a = 10$$
   $$a = 5$$

Für $a = 5$ liegt P_a in E.

5. Es ist $g: \vec{x} = \begin{pmatrix} 6 \\ 5 \\ -2 \end{pmatrix} + s \cdot \begin{pmatrix} 1 \\ 4 \\ -1 \end{pmatrix}$, $s \in \mathbb{R}$ parallel zu $h: \vec{x} = \begin{pmatrix} 0 \\ -1 \\ 4 \end{pmatrix} + t \cdot \begin{pmatrix} 1 \\ 4 \\ -1 \end{pmatrix}$, $t \in \mathbb{R}$.

   a) Um nachzuweisen, dass der Punkt $A(4 \mid -3 \mid 0)$ derjenige Punkt auf g ist, der vom Punkt $B(0 \mid -1 \mid 4)$ auf h den kleinsten Abstand hat, berechnet man das Skalarprodukt des Vektors $\overrightarrow{AB} = \begin{pmatrix} -4 \\ 2 \\ 4 \end{pmatrix}$ und des Richtungsvektors $\vec{u} = \begin{pmatrix} 1 \\ 4 \\ -1 \end{pmatrix}$ von g.

   Man erhält:

   $$\overrightarrow{AB} \cdot \vec{u} = \begin{pmatrix} -4 \\ 2 \\ 4 \end{pmatrix} \cdot \begin{pmatrix} 1 \\ 4 \\ -1 \end{pmatrix} = -4 \cdot 1 + 2 \cdot 4 + 4 \cdot (-1) = -4 + 8 - 4 = 0$$

   Wegen $\overrightarrow{AB} \cdot \vec{u} = 0$ hat A von g vom Punkt B von h den kleinsten Abstand.

   b) Die Gerade h ist die Bildgerade von g bei einer Spiegelung an der Ebene E. Damit liegen auch die Punkte A und B symmetrisch zu E.

   Der Mittelpunkt M von A und B ist ein Punkt der Ebene E.
   Die Koordinaten des Mittelpunkts M von A und B erhält man mit der Mittelpunktsformel:

   $$M\left(\frac{4+0}{2} \mid \frac{-3+(-1)}{2} \mid \frac{0+4}{2}\right) = M(2 \mid -2 \mid 2)$$

   Der Vektor $\overrightarrow{AB} = \begin{pmatrix} -4 \\ 2 \\ 4 \end{pmatrix} = 2 \cdot \begin{pmatrix} -2 \\ 1 \\ 2 \end{pmatrix}$ steht senkrecht auf E. Ein Normalenvektor $\vec{n}$ von E ist also beispielsweise der Vektor $\vec{n} = \begin{pmatrix} -2 \\ 1 \\ 2 \end{pmatrix}$.

Damit hat eine Koordinatengleichung von E den Ansatz: E: $-2x_1 + x_2 + 2x_3 = d$.
Setzt man die Koordinaten von M in diesen Ansatz ein, ergibt sich:

$$-2 \cdot 2 - 2 + 2 \cdot 2 = d \;\Rightarrow\; d = 2$$

Somit hat E die Koordinatenform: E: $-2x_1 + x_2 + 2x_3 = -2$.

6. a) Die Zufallsgröße X gibt die Summe der gewürfelten Zahlen bei zweimaligem Werfen eines Würfels an.
   Die Wahrscheinlichkeit, dass die Summe vier beträgt, erhält man mithilfe der Pfadregeln:

   $$P(X=4) = P(13) + P(22) + P(31) = \frac{1}{6} \cdot \frac{1}{6} + \frac{1}{6} \cdot \frac{1}{6} + \frac{1}{6} \cdot \frac{1}{6} = \frac{3}{36} = \frac{1}{12}$$

   Die Wahrscheinlichkeit, dass die Summe zehn beträgt, erhält man ebenfalls mithilfe der Pfadregeln:

   $$P(X=10) = P(46) + P(55) + P(64) = \frac{1}{6} \cdot \frac{1}{6} + \frac{1}{6} \cdot \frac{1}{6} + \frac{1}{6} \cdot \frac{1}{6} = \frac{3}{36} = \frac{1}{12}$$

   Somit stimmt die Wahrscheinlichkeit $P(X=4)$ mit der Wahrscheinlichkeit $P(X=10)$ überein.

   b) Legt man Y als Zufallsgröße für die Anzahl der schwarzen Kugeln fest, so ist Y binomialverteilt mit den Parametern $n = 12$ und $p = \frac{60}{100} = 0{,}6$. Wegen $p \neq 0{,}5$ ist Y nicht symmetrisch verteilt. Somit kommt für Y nur das Diagramm III in Frage, da dieses eine asymmetrische Verteilung darstellt.
   Die Wahrscheinlichkeitsverteilung von X ist symmetrisch. Somit kommen für X Diagramm I und II in Frage.
   Um zu ermitteln, welches der beiden Diagramme zu X gehört, kann man verschiedene Wahrscheinlichkeiten berechnen:

   $$P(X=2) = P(22) = \frac{1}{6} \cdot \frac{1}{6} = \frac{1}{36}$$

   $$P(X=3) = P(12) + P(21) = \frac{1}{6} \cdot \frac{1}{6} + \frac{1}{6} \cdot \frac{1}{6} = \frac{2}{36}$$

   $$P(X=4) = P(13) + P(22) + P(31) = \frac{1}{6} \cdot \frac{1}{6} + \frac{1}{6} \cdot \frac{1}{6} + \frac{1}{6} \cdot \frac{1}{6} = \frac{3}{36}$$

   Damit kann man erkennen, dass gilt:

   $$P(X=3) = 2 \cdot P(X=2) \text{ und } P(X=4) = 3 \cdot P(X=2)$$

   Dies trifft nur bei Diagramm II zu.
   Somit gehört Y zu Diagramm III und X zu Diagramm II.